　　本书为2012年重庆市软科学计划项目（cstc2011cx-rkxB00061），还获得2013年重庆市"三特行动计划"特色专业建设项目（行政管理）、2013年中央财政支持地方高校发展专项资金项目（公共管理）出版资助。

重庆留学史研究

以留学人物·留学政策为中心

(1898—1966)

淳于淼泠　潘丽霞　著

中国社会科学出版社

图书在版编目（CIP）数据

重庆留学史研究/淳于淼泠，潘丽霞著．—北京：中国社会科学
出版社，2014.5
ISBN 978 - 7 - 5161 - 5316 - 1

Ⅰ.①重…　Ⅱ.①淳…②潘…　Ⅲ.①留学教育—教育史—研究—
重庆市—近现代　Ⅳ.①G649.29

中国版本图书馆 CIP 数据核字（2014）第 306560 号

出 版 人	赵剑英
责任编辑	吴丽平
责任校对	李冰洁
责任印制	李寡寡

出　　　版	中国社会科学出版社
社　　　址	北京鼓楼西大街甲 158 号（邮编 100720）
网　　　址	http://www.csspw.cn
	中文域名：中国社科网　　010 - 64070619
发 行 部	010 - 84083685
门 市 部	010 - 84029450
经　　　销	新华书店及其他书店

印　　　装	北京君升印刷有限公司
版　　　次	2014 年 5 月第 1 版
印　　　次	2014 年 5 月第 1 次印刷

开　　　本	710 × 1000　1/16
印　　　张	19.5
插　　　页	2
字　　　数	310 千字
定　　　价	59.00 元

前　言

　　2013年是欧美同学会百年华诞。重庆的广大归国留学人员为了缅怀百年留学史，秉承留学报国、造福家乡的奉献精神，以无愧于这个伟大时代的中国梦，在原重庆大学党委书记、重庆欧美同学会会长祝家麟教授的倡议下，决定用回顾重庆留学史的方式来庆祝欧美同学会成立100周年。祝家麟会长的提议得到了重庆市委统战部、重庆市科委、西南政法大学的大力支持。欧美同学会重庆分会很快就组成了以祝家麟会长、龚卫国常务副会长为组长的"重庆留学史"项目组，并由西南政法大学淳于淼泠、梁勇主持申报了重庆市软科学计划项目"重庆文化高地崛起的历史渊源——重庆留学史研究"，正式立项后开始了撰写《重庆留学史研究》的一系列工作。

　　中国在这百年多的历史上，几次留学热潮的兴起，形成了一支数逾10万的留学生群体。这一新型的知识群体，在中国近代化过程中扮演了重要角色。有浴血奋战的革命老前辈，有引领科技先锋的学术巨子，也有少数卖国求荣的洋奴；当然，更多的是在各个领域默默耕耘、勤劳建树的学子们。留学群体在政治、经济、科技、教育、文化的所作所为，无论是积极的，还是消极的，都对中国社会的发展产生了巨大影响。所以，对这一群体的研究，和对以他们为核心的留学史的研究，其重要性是不言而喻的。

　　留学史的研究发端于教育史，主要是因为早期留学归国者从事教育工作的很多，因而引起了教育史研究者的注意。进入20世纪90年代后，中国大陆对留学史的研究日益重视，相关专著、论文不断涌现。不过，现有的留学史研究成果主要集中在宏大叙事等方面，作为某一地区史的研究，尚不多见。

　　重庆是一座历史悠久的城市，虽然地处西南内陆，但开埠通商早，在中国近代化的发展中，重庆人以开拓进取的精神，书写了气贯长虹、可歌可泣的重庆史。而作为重庆历史发展中重要组成部分的重庆留学史，虽然已有相关的研究成果问世，但专门对重庆留学史进行历史性考察、描述和勾画其发展过程，并展示重庆留学人物对重庆社会发展影响的学术成果目前尚未问世，本书在这方面也算是一次新的尝试。

　　2013 年 10 月 21 日，习近平总书记在欧美同学会成立 100 周年庆祝大会上发表重要讲话，高度评价我国留学以来前后五代留学人员的作用和贡献。其中，从 1978 年改革开放迄今的第五代留学生是中国历史上最为庞大的留学大潮，重庆也不例外。面对内容繁复、留学人物众多的重庆留学史，考虑到时间、工作量和难度等因素，本书着重选取了重庆从清末留日热潮到改革开放前的留学史作为研究对象；以重庆留学史的发展过程为纬线，以各个留学时期的重要留学人物、留学政策为经线，力求尽可能清晰地展示重庆留学史的发展过程和重庆留学人物的风采和贡献，让读者对重庆人的出国留学历史有一个较为真实而全面的了解。其中所描述的留学人物主要来自三个方面：第一，重庆籍留学生；第二，在重庆求学由重庆出发出国留学的；第三，在重庆本土做出重大贡献的客籍留学生。全书共分为四部分。

　　第一部分，重庆学子"负笈东洋"。本部分重点：第一，系统梳理了重庆自清末以来，留学日本的缘起和概况；第二，通过留学人物的描述展示了重庆留日学生在辛亥革命中的主导作用；第三，邹容及其《革命军》所产生的历史影响与现实意义。

　　第二部分，重庆的留法勤工俭学运动。有关留法勤工俭学运动的前期研究成果较多，在此基础上，本部分重点描述了重庆的赵世炎、聂荣臻以及由重庆出发前往法国留学的邓小平等老一辈无产阶级革命家在法国留学的经历并寻找救国真理的心路历程，有助于人们理解中国为什么会选择马克思主义和走上了社会主义道路。本部分还对重庆留法勤工俭学兴起的诸多因素进行了比较细致的分析，以说明任何一种教育都是需要政府财政、公益资金投入的。

　　第三部分，抗战前后重庆的留学。这一部分，由于重庆在抗战时期政治地位的显著提升和著名留学人物的云集重庆，而且中国的出国留学经过一段时间的发展，其留学管理也逐渐规范化。为此，本部分主要立足于重庆在抗日战争时期作为首都的特殊历史地位，着重介绍了中国留学管理政策的发展过程和留学生教育救国、科技救国的历史传承。

第四部分，新中国成立初期的留学教育。本部分以新中国成立初期国际、国内时代背景对中国留学教育以及重庆留学教育的深刻影响为重点，在分析重庆留学教育基本特征的基础上，对这一历史时期的留学教育给予了评价。通过查阅档案资料，还较全面地介绍了重庆留学前苏联和东欧等国家的情况，整理出了新中国成立至"文化大革命"前重庆所培养的留学人才。

本书的主要特点是在历史叙述中描绘人物；用人物诠释历史，即在重庆留学史的发展过程中，充分展示重庆留学生的进步性；同时又将重庆留学生置身于社会变革的前沿；既勾勒出了重庆留学史发展的主干线，又突出了重庆优秀留学人物对中国社会发展、对重庆社会进步的突出贡献。

作为一个研究项目，"重庆留学史研究"可以算是基本完成，而作为学术研究的重庆留学史，对于我们来说则是刚刚起步。我们希望今后有更多的同行关注和研究重庆留学史，拙著若能起到抛砖引玉的作用，将甚感欣慰。在此，非常感谢潘洵教授（西南大学党委宣传部部长）、鲜于浩教授（西南交通大学）、靳明全教授（重庆市抗战文史研究基地主任）、周棉教授（徐州师范大学留学生与近代中国研究中心主任）等专家的悉心指导和专业性建议。本书还吸取了学术界不少研究成果的精华，恕未能一一列出，在此谨一并表示衷心的感谢和敬意。此外，西南政法大学政治与公共管理学院硕士研究生罗敏、马旭琴、吴蜜、林晓慧、阳芳芳、孙杨、李良萍、黄雪君、杨爱琴以及重庆大学的本科生冀文、吴佳、王睿婕协助了资料的整理、参考文献的编排等，均在此加以说明并致谢！

中国社会科学出版社历史与考古出版中心关注地方史的研究，对本书的出版给予了大力支持；责任编辑吴丽平为本书付出了辛勤的劳动，提出了具有相当专业水准的修改意见，对此，项目组全体成员深表谢意！

本书各章撰写人员是：第一章，淳于淼泠、李锋、王维、梅竹、周兴艳；第二章，淳于淼泠、梁勇、刘亚晶、申晓敏、刘静；第三章，淳于淼泠、郭春甫、类延村；第四章，潘丽霞、岳德顺。

全书的审稿工作由祝家麟会长完成。

由于涉及时间较长、内容繁复，本书的资料收集和研究难免不足，遗漏、缺点和错误在所难免，诚望学界专家、读者不吝赐教，为感！

2013 年 10 月

目　录

第 一 章

重庆学子"负笈东洋"

清末的中国社会满目疮痍，内忧外患。为了摆脱危机，走出困境，有识之士希望"教育救国"。清朝廷也试图通过新政及教育改革来挽救摇摇欲坠的朝廷。1901 年，清朝廷在宣布新政时便把"兴学育才"提到了首要地位："为政之道，首在得人，况值时局艰危，尤应破格求才，以资治理。"① 而培养"新政"所需人才的途径无外乎有二，一是走出国门到国外学习，二是自己创办新式教育。于是兴办新式学校和鼓励青年人出国留学便成为清末教育改革的主要内容。

对于清政府来说，兴办新式学校最困难的是匮乏具有现代知识结构的合格师资和管理人才的不足。如果大批聘请外国教师，不仅费用大，而且也不能保证达到预期的效果。所以，"清廷认为最能在短期内见效的办法就是派遣中国的士人出国留学，尤其是到日本留学"②。而相对于广大留学生来说，出洋留学则是提升自我、寻求真理、挽救民族危亡的最佳途径。

位于四川盆地东南部华蓥山南麓、扼长江与嘉陵江汇合口的重庆，"水陆冲衢，商贾云集，百物萃聚"③，到清代中期已发展成为一个商业性城市。1891 年 3 月，根据中英《烟台续增专条》重庆成立海关，正式开埠。同时，重庆的传统教育也比较发达，19 世纪末，重庆已有不少的书院和私塾，是四川东部的文化教育中心。

---

① 朱寿朋：《光绪朝东华录》（五），中华书局 1958 年，第 4666 页。
② 隗瀛涛：《近代重庆城市史》，四川大学出版社 1991 年版，第 667 页。
③ 王尔鉴：《巴县志》，乾隆二十六年刻本。

开埠后的重庆，在政治、经济、文化等方面与国内、国际的联系交流大大加强，成为留学运动的重要策源地之一。优秀的重庆儿女、一代留日精英，富于理想、勇于实践，在新式教育、出国留学中施展才华，为沉闷落后的社会、为古老闭塞的山城带来了民主革命的新思想、新知识、新技术，书写了无愧于时代、无愧于家乡的留学史话，留下了宝贵的历史遗产。

第一节　新式教育与重庆的留日

一　清末的留学举措

甲午战争后中国人开始重新认识日本。1895 年中日甲午海战，堂堂大清帝国惨败于昔日的不庭之国日本，遭遇了前所未有的国耻，泱泱天朝妄自尊大的中国传统文化受到了毁灭性的打击，严重的民族危机迫使广大仁人志士急于寻找一条拯救国家的道路。清朝廷官僚与士大夫开始理性地反思战败原因，重新冷静地审视日本。当国人把目光转向这个曾几何时对中国亦步亦趋、敬而师之的"蕞尔小国"日本时，人们发现，"伊藤、山县、榎本、陆奥诸人，皆二十年前出洋之学生也，愤其国为西洋所胁，率其徒百余人分诣德、法、英诸国，或学政治、工商，或学水陆兵法，学成而归，用力将相，政事一变，雄视东方"。[①] 于是，朝野上下形成了一个共识，即日本强大的主要原因是注重教育和学习西方。国人开始意识到发展教育和学习西方的必要性、紧迫性，并认为维新变法后崛起的日本似乎是值得中国学习的，正如毛泽东所说的"日本人向西方学习有成效，中国人也想向日本人学"。[②]

1898 年 6 月 1 日，"百日维新" 10 天前，"六君子"之一的杨深秀提交一份请愿书向皇帝建议："日本变新之始，遣聪明学生出洋学习，于泰西诸学灿然美备，中华欲游学而成，其必自日本始"，[③] 力劝清政

---

①　陈学恂、田正平：《中国近代教育史资料汇编——留学教育》，上海教育出版社 1991 年版，第 44 页。

②　《毛泽东选集》第 2 卷，人民出版社 1991 年，第 1470 页。

③　《游学门下》，见《约章成案汇览》卷 32。

府选拔优秀学生去日本留学。另据《德宗景皇帝实录》记载，光绪皇帝曾下旨要求派遣留学生和鼓励官员出国考察："出国游学，西洋不如东洋，东洋路近省费，文字相近，易于通晓。且一切西书均经日本择要翻译，着即拟订章程，咨催各省迅速即选定学生陆续咨送，各部院如有讲求时务愿往游学人员，亦一并咨送，切毋延缓"。①

另外，当时朝野热衷日本的另一个重要原因是日本以天皇为核心的君主立宪制度，更符合清当政者的利益，既不动摇清贵族的统治，又可依靠君主立宪来富国强兵，巩固清朝政权。1898 年 6 月至 9 月清朝廷的"百日维新"，公布了 40 多项改革的命令，其中包括强调教育改革和公派学生留日，但能够付诸实施的政令很少。同年 9 月 21 日慈禧太后囚禁了光绪皇帝并开始逮捕维新的领导者，杨深秀和另外 5 人被处决，康有为和梁启超亡命日本。这次政变除了现代学校的建立和其他少量的改革措施被保留外，改革的大部分计划流产。至于是否废除向日本派遣留学生的举措却没有明确涉及。

改革的失败，使广大进步青年更加认识到了清朝统治者的腐败无能，纷纷抱着"远涉重洋，入彼学府，采其精英，保我国土"② 的愿望，义无反顾地选择了留学救亡之路。由留日学生主编的《留学生鉴》中称："朝政之不振，学问之不修，社会之腐败，土地之日狭，强邻之日薄。"③ 日本之所以成为当时中国留学救亡的热点，主要是因为日本在输入西洋文化时取精用弘，成为最早步入西方阵营的东方强国。中国急于拯救民族危机的爱国人士，将留学东瀛作为学习西洋文化、富国强兵的捷径。1903 年第 7 号中国的《大陆》杂志就道出了广大留学生的心声："日本学习欧美，故其强同于欧美，吾若学习欧美如日本，则其强亦必如日本然。吾文学风习去欧美甚远，势难直接为之，不若间接以学习日本之为便。"

为适应这种形势，一批留日指南的书籍也陆续问世，如《东瀛学

---

① 《德宗景皇帝实录》，卷 422。

② 《留东别记》，第 3 页。转引自李喜所《清末留日学生与拒俄运动》，载《天津师范大学学报》1981 年第 2 期。

③ 东京留学生：《留学生鉴》，东京启智书社 1903 年，第 13 页。

校举概》、《日本学校述略》、《日本游学指南》、《日本留学执掌》、《留学生鉴》等。它们在介绍留学日本有关事宜的同时，还大力宣传留日与救亡的密切关系，使为救亡而留日的呼声日渐高涨。沉重的民族危机促使广大正直青年热切盼望通过留学救国；一批维新人士、封建官僚，也改变了抱残守缺的心态，积极倡导留学日本。

以湖广总督张之洞为代表的一批封疆大吏，从巩固清朝的根本利益出发，也极力主张派遣留学生到日本学习。张之洞在其著名的《劝学篇》中透彻地论述了留学日本的意义："至游学之国，西洋不如东洋，一路近省费，可多遣；二去华近，易考察；三东文近于中文，易通晓；四西书甚繁，凡西学不切要者，东人已删节而酌改之。中东情势风俗相近，易仿行，事半功倍，无过于此。"因此，"我取径于东洋，力省效速，若自欲求精求备，东洋学毕，再赴西洋，有何不可"。①

张之洞大力倡导留学日本的主张得到了社会各方面的积极响应，如梁启超就提出"以东文为主，而辅以西文，以政学为先，而次以艺学"。②康有为也指出："日本胜我，亦非其将相兵士能胜我也，其国遍设各学，才艺足用，实能胜我也。"③康有为和他的学生梁启超被视为倡导赴日留学的代表人物，"在康梁思想的影响下，总觉得中国应该向日本学习，走明治维新的道路"。④当时国内"变法之要求益切，一切新政均须人办理，于是疆吏之奏新政者无不以游学为言"。⑤一时间，全国营造出了一个留学日本的热潮，从朝廷封疆大臣、部院大臣到普通读书人，"个个莫不以留学的利益来鼓吹来号召"。⑥1898年，张之洞奏请派遣湖北留日学生并取得成功，成为各省派遣留日学生的表率。

对于广大赴日本的中国留学生来说，除了朝廷的鼓励外，还与中日

①　苑书义等主编：《张之洞全集》第 12 册《诗文》，河北人民出版社 1998 年版，第 9378 页。

②　梁启超：《大同译书局叙例》，见《饮冰室文集类编》上，741 页。

③　汤志钧主编：《康有为政论集》，中华书局 1981 年版，第 307 页。

④　吴玉章：《辛亥革命》，人民出版社 1961 年版，第 53 页。

⑤　舒新成：《近代中国留学史》，上海书店出版社 2001 年版，第 31 页。

⑥　陈青之：《中国教育史》，《民国丛书》第 1 编 48 册，上海书店 1989 年版，第 623 页。

两国得天独厚的地理文化环境有关。日本与中国一衣带水，就官方而言，路途近便，花费少，并便于对留学生进行考察，因而乐于派遣。同样，对于自费留学者来说，路程短，路费少，又能达到留学的目的，留学日本自然是很有诱惑力的。根据《中国留美幼童书信集》记载，"到日本航程六天"，而"横渡太平洋花了二十八天"。① 暂且撇开路费不说，单是一个月左右的海上航行就让人几乎不堪承受了，相比之下，赴日之行易于接受得多。另外，出国留学，攻克语言是一大难关。由于日语中有大量的日汉字，故当时人们认为学习日文比学习英文更容易，"数日而小成，数月而大成"。② 况且，"日本之文物得自中国者十八九，中国产货无所不有，其席地而坐尤恍惚我之三代，有异乡感无异国感。……而今日之日本其国势且日进，凡中国人之至此者，但有振触爱国之感情，决不至为离乡之悲叹也"。③

　　那时，在日本留学的中国人通过各种方式，鼓动亲朋好友前往日本留学，为留日热潮的形成起到了不小的作用。地处内陆的四川留日学生也不例外，在报上刊登文章，呼吁家乡同胞不畏艰苦前往日本学习：

　　　　……日本以同州同种同文，故思抚东亚共抵西欧，用汲汲焉。举扶桑之文明饷遗我大陆，故自中人留学之属开而内地壮游之士奋一航东渡，数载于兹，卒业者方归，继武者旋至许游学约千人而蜀人不过二十分之一。"合本年来者乃有四十余人"，岂非以不便交通蔽于时事之故耶？

　　　　……中国以文明号宇内而学校无专门，故农工商不解新法，人人志科目（小、中、大学无区别，无年限），故少壮老皆误空文且材学究任意授徒，故师不尊而弟愈陋。教科书不编定本，故家为教而人为学。日本不然，各学有专科（如农有农科，工有工科，皆

------

　　① 温秉忠：《一个留美幼童的回忆》，转引自陈学恂、田正平主编《中国近代教育史资料汇编：留学教育》，上海教育出版社 2007 年版，第 145 页。

　　② 梁启超：《论学日本文之益》，《清议报》第 10 册（1899 年 3 月）。

　　③ 《劝同乡父老遣子弟航洋游学书》，载留日学生自办刊物《游学译编》1903 年 6 期。转引自张枬、王忍之编《辛亥革命前十年时论选集》第 1 卷上册，上海三联出版社 1997 年版，第 387 页。

由普通入专门学）。

　　……中国之不强，因人人有倚赖之劣根性。子倚父，弟倚兄，贫者倚亲族，因循自误。志士所讥余热因人，英雄所耻，自古名世莫不从艰苦中来。日本维新诸杰之西游也，附商舶为役夫，藉苦工资学费，大丈夫有志竟成，谁能阻我苦学界中人进步？①

　　从 1898 年开始，留学日本事实上已成为清朝廷的一项国策。朝廷多次号召青年留学，并采取种种奖励政策，如许诺授以各种官职等。1903 年 10 月，根据张之洞的奏请，清朝廷颁布《奖励游学毕业生章程》，规定中国游学生在日本各学堂毕业者，视所学等差，给以奖励。凡中国留日学生在日本普通中学 5 年毕业，得优等文凭者，给予拔贡出身，分别留用；在日本文部省直辖之各高等院校及程度相当的各项实业学校 3 年毕业，得学士文凭者，给予翰林出身；5 年毕业，得日本博士文凭者，除给予翰林出身外，还给予翰林升阶。这实际上给热衷于仕途的青年们开辟了另一条便利的道路。通过科举考试步入仕途的路没有了，但留学又开辟了新的仕途之路。于是，不少读书人都以出洋留学作为仕途发展的一条重要捷径。清朝廷对回国留学生采用的赏出身、授官职的奖励办法虽然被世人讥讽为"洋科举"，但在当时无疑激发了广大青年留学的积极性。

　　除了升官进爵的奖励外，财政不足的清朝还鼓励自费留学。张之洞、刘坤一等也鼓励各省人士自费出洋游学，毕业回国后给以同等待遇。由于清政府对自费留学资格不加限制，不问出身，不论学历，自费留学人数自然迅速增加，并超过了官费人数。1903 年，清朝廷下令自费留学生只要家长报名，通过省学务处考试，就可以领取咨文出国，办事人员不准刁难勒索。后来又补充规定自费生若考入外国大学也可以转为官费培养。自费生如果经费不足或因病住院，国家亦可酌情给予补助。

　　除了清政府推行新政、改革教育，以及地方政府的经济援助外，留学日本在当时蔚然成风还与日本方面的积极态度有关。日本一些文武大

---

① 《鹭江报》，汇论：《留学日本四川同乡会敬致蜀人劝游学启》，1903 年，第 43 册。

员不时游说中国政府要派遣学生留学日本。1898 年，日本驻北京公使矢野文雄致函向中国政府提出建议，称日本政府"拟与中国倍敦友谊，知悉中国需才孔急，倘选派学生出洋习业，我国自应支其经费……人数约以二百人为限"。① 该建议得到日本政府的重视，一些接收中国留学生的官办学校在日本陆续创办。为了吸引更多的中国人留学日本，同时又能缓解日本国内教育资源不足的困境，日本官方还向清政府建议推行留日速成教育。据吴汝伦《函札笔谈》记载，时任日本文部大臣的菊池大麓向其建议："今欲造就应用人才，当思速成之法。"② 除日本官方外，日本民间人士也积极游说。朱必谦（朱蕴章）是重庆首批官费留日学生，1899 年，他陪同四川总督奎俊所派遣的武官丁鸿臣、文官沈澜清赴日本考察，了解先期赴日的中国留学生情况。据他回忆："不久（1900 年）井户辰三亦来，即上成都与川督奎俊商洽，除聘日本武官为武备学堂教习外，并允先派学生前赴日本肆业。事关初举，必须奏请立案。井户辰三返渝告我，业已允派学生，其定额为二十人。"③ 在井户辰三的多次建议下，四川总督奎俊先后派遣候补道员周善培等官员赴日本考察政治、实业、学校、警政、兵政等情况，并多次派员留日考察留学事务，为派遣留日学生作准备。当然，日本吸引中国留学生的主要目的是为了扩张其实力。如当时日本的舆论就希望："支那既渴望教育，日本教育家苟趁此时机荣喙于支那教育问题，握其实权，则日后之在支那，为教育上之主动者，为知识上之母国。种子一播则将来万种之权，皆由是而起"。④

对于新政急需的人才，清朝廷则采用速成留学的措施。如兴办新式教育所需要的师资和准备实行宪政所需要的政治、法律。另外，针对留日的发展情况，清朝廷也改变了洋务运动时期单一的官派方式，采取中央与地方分派、公费与自费并举的方针。中央各部、地方各省，以及各

---

① ［日］实藤惠秀：《中国人留学日本史》，北京大学出版社 2012 年版，第 18 页。

② 吴汝伦：《函札笔谈》，《东游丛录》，东京三省堂 1902 年版，第 38 页。

③ 朱必谦：《对〈四川学生官费留日考订〉之商榷》，《四川文史资料选辑》第 15 辑，四川人民出版社 1964 年版，第 218 页。

④ 黄福庆：《清末留日学生》，转引自王奇生《中国留学生的历史轨迹》，湖北教育出版社 1992 年版，第 93 页。

工商矿局，都可以根据自己的需要和具体情况酌情选派。"自经此种奖励与限制的督促，于是学者群起：因考察无资格无学业的限制，而国内骤改学校，又急需人才，于是去日者大半以习速成与普通为目的。"①所以，清末留学日本前几年的都是以学习师范和政法为首要任务，而且多半是速成生。

在清朝廷实行新政、改革教育的推动下，地方政府也兴办了大批学堂，并积极推动留学以解决办学人才匮乏、师资不足的当务之急。四川当局为了解决师资缺乏的问题，采取的主要对策是"派遣士子赴东、西洋留学，主要是日本。在省城成都、川东重镇重庆等地设立了留学预备机构，逐年派遣出国。除官费生外有公费、自费及津贴生等名目"。②1902年，四川设立了学务处，统筹开办新式学堂。当时四川的几位总督都有志于要使四川"二百二十万方里之地，六千八百七十余万之人民胥有文明灌输之一日"。③

1902年，四川学政吴郁生派遣学生出洋学习师范教育，1903年，时任四川总督的锡良选派了20名学生到日本学习师范教育，第二年又派周凤翔带领160名学生赴日进入师范速成科学习，1905年又从留日自费生中挑选8人和省城高等师范学堂选派21名，一律给予官费，前往日本学习铁路、农业、工业等专业，后又挑选了13名官费留学生，到日本学习。为了支持年轻人出洋留学，各县还有留学贷款资助。如崇庆县规定留学欧美每年600元，留学日本每年300元，毕业后分六年偿还④；还有学校直接为本校学生提供留学经费的。这些举措为清末四川留学日本提供了方便，并促进了四川的留日热潮的形成。《万国公报》曾报道留日学生："一千九百五年增至八千六百二十人。其人于各省中独无甘肃。湖南人居百分之十七，湖北人居百分之十四，四川人居百分之十三，江苏人居百分之十二，浙江人居百分之八，直隶广东人皆居百分之七，云南人居百分之五。"⑤

---

① 舒新城：《近代中国留学史》，上海书店出版社2001年版，第35页。

② 熊明安：《四川教育史稿》，四川教育出版社1993年版，第191页。

③ 《公牍》，《四川学报》1905年第1册。

④ 《崇庆县志·各校学生毕业表》，民国十五年（1926）印。

⑤ 《万国公报》1906年第270期。

清末留学日本被称为"到此为止的世界史上最大规模的学生出洋运动"。① 这种"如潮涌来"的中国近代留学史上最大规模出洋运动的另一大特点便是其留学群体的构成"最为混杂"②。从留学生的年龄、学历来看，有白发苍苍的老翁，有乳臭未除的幼童；有新式学堂的毕业生，有科场出身，有缠足妇女，亦有蓄发"和尚"。而且多数人在留学日本之前甚至不懂日语，有的只能入日本中小学学习。对此，当时的新闻报纸将留日学生大致分为了四等："一愿学专门，有志于实业者；二愿学师范，有志于教育者；三愿学政法，有志于改革者；至于其第四，则以博名誉求利禄而已矣。"③

二　重庆的新式学堂

"清代之教育完全沿袭前代，吾人称之为旧教育。以学校而言，有专教贵族子弟之宗学，专教八旗子弟之旗学，专教武官之武学，以及为一般士人入仕而设之府、州、县学、国子监、翰林院与书院，尚有为农民子弟自由设立之社学、义学，不论官学、私学，其最终目的均在经由科举考试达到入仕之目的。"④

清代重庆是川东地区的文化教育中心，旧教育比较发达，官办教学机构有府学、县学，此外民间还有大量的书院、私塾、义学等教育机构。据统计，到光绪年间，重庆有书院59所，私塾300所⑤。但是，当时旧教育体制在内容和形式上都无法满足重庆开埠后新的商品经济发展的需要。与此同时，重庆"虽然僻处西南，但变法维新的思想也极为流行"。"当变法的诏书，一道道传下来的时候，我们这些赞成变法的人真是欣喜若狂。"⑥ 同中国各地一样，在甲午战败的刺激下，严重的民族危机唤醒了重庆人民的民族意识和爱国激情，开始

---

①　费正清：《剑桥中国晚清史》（下），中国社会科学出版社1985年版，第393页。

②　四川省地方志编纂委员会编纂：《四川省志·教育志》，方志出版社2000年版，第330页。

③　《万国公报》1906年第270期。

④　陈琼莹：《清季留学政策初探》，台湾文史哲出版社1989年版，第1页。

⑤　王小全、张丁等：《老档案》，重庆出版社2007年版，第48、50页。

⑥　吴玉章：《吴玉章回忆录》，中国青年出版社1978年版，第7、9页。

重视外来文化，并对其表现出了较强的求知欲望。1892 年，在洋务运动的推动下，重庆乃至于四川新式教育萌芽的标志——洋务启蒙学堂创立。

　　重庆洋务启蒙学堂的创办人是时任川东道道台的黎庶昌①。黎庶昌是曾国藩的幕僚，担任过中国驻英、法、西班牙等国参赞，还两度出任中国驻日公使，对日本明治维新后的变化较为了解。民国《巴县志》对重庆洋务启蒙学堂的记载较为简单："清光绪十八年，遵义黎庶昌备兵川东，创设洋务学堂，拨取颖秀之士凡二十人，肄业其中，习中文、英文、算学三科，重庆之有学堂自此始。"② 下面简单谈谈黎庶昌办学的过程。

　　光绪十八年（1892）十二月廿六日，黎庶昌在给成都将军和四川总督的文中谈及了他创办重庆洋务启蒙学堂的理由：

　　　　窃维治事之要，贵在因时。方今中外通商，华洋互市，既与通使，文学不谙，性情相隔，语言莫识，志欲难知，遇有交涉之端，既不能□□□（引者按：因档案残损而无法识别的文字用"□"标出，以下同），不能导而通之，一彼一此之间，所以易生疑惑也。③

　　当时的中国，经过鸦片战争，中外通商已经较为顺利，在中外贸易交往过程中，国内特别缺乏懂得西方语言及商战的人才。重庆位于两江交汇之地，商贸发达，随着对外开放程度的加深，会有越来越多的洋人来到重庆。这促使重庆更应该未雨绸缪，培养翻译等人才。故黎庶昌认为：

　　　　二十年来东南各省透参消息多□□洋务学堂之设，以肄习各国

---

　　①　川东道是明代驻扎于巴县、达州、涪州的道台的普通称谓，清代专指驻扎于重庆府巴县的川东分巡兵备道。

　　②　巴县县志办公室：《巴县志选注》第 7 卷《学校》，重庆出版社 1989 年版，第 430 页。

　　③　《巴县档案》，全宗 6，目录 6，卷 5944。

语言文字为要，考求制造为先，风气大开，颇□□。重庆水陆要冲，五方杂处。自上年间开设洋关，西人之来游历者，日多一日。地方人士，□□殊服，虽不免间有惊疑，而其通达时务之绅商，亦知华洋交涉，或为不□□□，以中外隔阂，亟宜设法，开通风气。①

鉴于此，光绪十八年（1892）三月，黎庶昌决定在重庆开设洋务启蒙学堂，亲自制定了《洋务启蒙学堂章程十一条》和洋务学堂的课程表及作息时间表：每日九点钟至十一点钟教习汉字；每日十一点钟至一点钟教习洋学；每日一点钟后至两点钟开饭；每日两点钟后至四点钟教习算学；逢礼拜日专教习汉学。

该洋务启蒙学堂于 1892 年七月初一开堂。当时投考者 500 余名，因于其中酌选聪颖子弟以 20 名为额②。按照《洋务启蒙学堂章程十一条》的规定，录取学生、聘请教师、筹集经费、考试奖惩等其他事务都由黎庶昌主办。学堂的经费，最初由黎庶昌捐赠养廉银。后为将学堂长期办理下去，他计划每月于海关监督公费和洋税解费内分别提银 60 两，每年合计银 1400 余两用于学堂开销。

有关学生的前途，黎庶昌的打算是，三年后考核优异者分送天津、金陵学堂及上海广方言馆等处再继续学习外语一两年③，此后作为翻译分派出国。而留在重庆的学生，"如遇西南数省扩充电线或开设机器局，有当洋文之处，请于此项生徒中酌量取用"。值得一提的是，黎庶昌还从该学堂选拔了 12 名优秀学生出国留学。临行前黎庶昌告诫他们说："该生等此行，原为游历学艺而设。西洋艺术，门径多端，自应听其性之所近学习。而兵船、炮台、枪炮、铁厂、测量等属，尤宜切意考

---

① 《巴县档案》，全宗 6，目录 6，卷 5944。
② 洋务启蒙学堂当时招收的 20 名学生名单：李蓟园、曾纪云、赖齐贤、李关君、徐芳、倪择惠、金必昌、龚立勋、马国桢、陈正贵、李国章、游成名、黄圣炜、王祥麟、张兴邦、蒋心璞、董发名、王洪、彭尔钧、罗映辉。
③ 19 世纪 60 年代，中国产生了三个名为"同文馆"的外语学校，分别是 1862 年建立于北京的京师同文馆、1863 年建立的上海同文馆（又称为"广方言馆"），以及 1864 年建于广州的同文馆。

究，用收实效。黎监督之名，西洋各国人人皆知。重庆洋学堂之设，西人早传为美谈。幸勿辱身，以为监督玷。来去以三年为限。学成归国，或充翻译官员，或充通事，或襄助各商店办事，谋衣食，建功名，无投不利。"①

重庆洋务启蒙学堂的创立得到了当时的好评。成都将军和川督称赞曰："留心洋务，通达治体，实堪嘉尚，如禀立案。"② 时任北洋大臣的李鸿章也批示："禀折阅悉。渝城新设洋务启蒙学堂，酌选聪颖生徒教习各国语言文字算学等事，筹指款项，按月于监督公费内提银六十两，洋税解费内提银六十两，作为堂中用度，以期持久不废，办理甚为妥协"；南洋大臣刘坤一则批示，"该道捐廉创设洋务启蒙学堂培植人材，冀开通风气，殊堪嘉慰。"

遗憾的是，该学堂后因"黎去职，遂即停止"。③ 之后，1895 年，川东副使在重庆"兴设中西学堂"，"延订巴县汪桂武孝廉为中文教习，其课西文者则向司翻译之吴君平伯，屠君仙根也"。④ 重庆中西学堂在四川产生了较大的影响，各地"承风而起者方接踵"。⑤ 1898 年，江津县创办西文学堂，以"讲求实学，博通时务"为办学宗旨。

20 世纪伊始的中国，外有列强群起，国势岌岌；国内各种社会矛盾激化，危机重重，迫使清朝统治者变法求救。而建立现代教育体制，培养新政人才便是清朝廷的重要举措。1902 年 8 月 15 日清政府颁布《钦定学堂章程》，宣布"废科举，行新学"⑥，改革旧教育体制，发展新式教育，规定各府、直隶厅、州设立中学堂；各州县设立小学堂；省属书院改为大学堂；府、直隶厅属书院改为中学堂；散厅、州、县所属的书院改为小学堂；并责令各地选派人员赴日本学习师范教育。1903

① 黄万机：《黎庶昌评传》，贵州人民出版社 1992 年版，第 178 页。
② 《巴县档案》，全宗 6，目录 6，卷 5944。
③ 以上材料参见《巴县档案》，全宗 6，目录 6，卷 5944。
④ 《渝报》光绪二十三年，第 2 册，第 20 页。
⑤ 刘行道：《川东建置中学堂述义》，《渝报》光绪二十三年，第 8 册。
⑥ 由清末管学大臣张百熙主持拟定的《钦定学堂章程》又称"壬寅学制"，包括《钦定蒙学堂章程》、《钦定小学堂章程》、《钦定中学堂章程》、《钦定高等学堂章程》、《钦定京师大学堂章程》及《考选入学章程》，是中国近代第一个由官方制定、颁布的学制体系文件。

年清政府又颁布了《奏定学堂章程》①，进一步健全西方式的学校体系，在学校课程设置、学校管理等方面都作了详细规定。1905 年 9 月，清政府宣布从次年起正式废除科举制度，同年底作为新式教育最高行政机构的学部②正式成立。随后经学部奏准，1906 年年底设置新式省级教育行政机构——提学使司，设提学史一人；同时还规定各州县设置劝学所③，作为县级教育行政机构。

作为清朝新政重要内容的新式学堂，清朝廷主要是通过严格考核，建立督导、视学官等制度来推动各地兴办新式学堂。在兴办新式学堂的热潮中，重庆由于"地居要冲，得风气之先"④，新式学堂如雨后春笋，成为全国新式教育最发达的地区之一。1905 年，重庆江津聚奎高等小学堂成立，1906 年改为省立聚奎高等小学堂，先后聘请多名留日归国学生任教，其教学仪器、标本等也都是从日本购回的，还设置了校医。开办不久，就有许多县的学子纷纷前来求学。巴县人曾吉之与同赴日本留学归来的李梧荪一道倡议创办了川东师范学堂。

重庆近代教育从 1902 年开始，到 1910 年达到高峰。1904 年，四川全省共有各类学堂 150 余所，而又以重庆最多。据清学部《第三次教育统计图》统计，1909 年重庆所属各州县学堂数量在四川省名列前茅。例如当时的涪州共有学堂 360 所，居四川之首，而巴县也有学堂 229 所，居全川第三，到 1911 年，重庆府中学堂（1904 年）等中学四所，丰盛（1901 年）、正蒙公塾等小学 24 所，以及巴县师范传习所、川东师范学校（1906 年）、实验工学团（1904 年）、女工讲习所、科学

① 《奏定学堂章程》是 1903 年（光绪二十九年）7 月清政府命张百熙、荣禄、张之洞以日本学制为蓝本，重新拟订的学堂章程，于 1904 年 1 月公布并开始逐步实施，至 1911 年辛亥革命以后废止。这是中国近代第一个正式施行的学制，中国教育发展至此才有严格的程度划分、严格的教学年限规定、完整的相互衔接的学校系统，也才有管理各级各类学堂的统一规范。因当年是旧历的癸卯年，故又称"癸卯学制"。
② 学部是 1905 年 12 月清政府批准成立的统辖全国教育的最高教育行政机构，原来的国子监并入其中。1906 年，学部奏定官制，建立内部组织机构和相应的规范，中国近代教育行政体制逐渐完备。
③ 1906 年，学部借鉴近代日本的地方教育制度制定了《劝学所章程》，要求各省推行劝学所制度，即各厅、州、县应各于本地择地特设公所一处，名曰某处劝学所。
④ 《四川官报》，"新闻"，甲辰第 20 册。

预备学堂（1905 年）、实业学堂、公立法政专门学堂、私立树坤女学校
（1906 年）、体育学校等各类学校 45 所，① 学堂种类比较齐全，有普通
学堂、师范学堂、专门学堂，有的学堂学生多达六七百人。这些新式学
堂除了讲授中国经学外，还教授西方的政治、历史、自然科学，成为传
播西学的重要场所。

1906 年，学部要求出国留学生在外语方面应能直接听说，"其赴日
本者，资格宜限定，有未合格者，应先在本国学堂补习，否则概不咨
送"。② 为此，留日语言预备学校也纷纷创办。

在重庆，值得一提的是辛亥革命烈士卞小吾 1905 年 2 月专为留学
日本者创办东文速成学堂。1905 年 1 月 27 日，《重庆日报》第 84 号，
刊登了"重庆东文学堂"创建的广告："希望日本留学者，在本学堂进
行基础培训，可达到相当于日本高中教育三年的水平，相当于毫无基础
去日留学五年的水平。"③

东文速成学堂地址设在重庆黄楠街，由卞小吾主持，聘请日本人竹
川藤太郎为总理兼任日语教员，日本人小野和暨矾参与组织并担任教
习。学堂共有日本教员 3 人，中国教员 2 人。日本教习直接用日语给学
生授课。东文速成学堂"其特色注重精神教育，一洗奴隶腐败之风。
凡来学者，无论学年久暂，皆必使确知国民之责任，完其个人之资格而
后已"，被称为"渝中独一无二之学堂"④。

三　重庆留日的概况

1896 年日本在重庆设置领事馆，随即向中国学生开放，教授日语、
英语等知识，如邹容、杨庶堪、朱必谦（朱蕴章）等人就曾在日本领
事馆内学习外语。清末四川当局为了解决兴办新式学堂所急需的师资聘
请了大量的日本人来四川任教。这些日本教习散布于四川各地，传播日

---

① 周勇：《重庆辛亥革命史》，重庆出版社 1986 年版，第 35 页。
② 锡良：《锡良遗稿（奏议）》第一册，收录于《中国近代史资料丛书》，中华书局
1959 年版，第 562 页。
③ ［日］加藤雅彦：《梦断巴蜀竹川藤太郎和他的〈重庆日报〉》，向蜀珍等译，四川人
民出版社 1995 年版，第 207 页。
④ 《广益丛报》1905 年第 2 期，纪事 13。

本近代文化科学知识，对于鼓励重庆学子负笈东瀛起到了一定的推动作用。百闻不如一见，四川当局也派官员出访考察日本。这些人回来后，由于亲身感受到日本的强大，不仅自己坚定了学习日本的决心，而且还将自己的感受广为宣传，鼓励大家留学日本，宣传孙中山的革命思想。如朱必谦从日本回重庆后，立即与庶堪（杨庶堪）等人筹办《广益丛报》，设留学通讯处，对重庆人留学日本有一定的推动作用，四川首批官费留日学生中，四川的只有 8 人，其中重庆的就有 3 人①。

重庆最早推动留学日本的是永川人黄秉湘。黄秉湘是鸦片战争中在台湾抗英的著名爱国将领黄开基的后人，永川史上唯一的翰林，与他同科的状元是立宪派的著名人物张謇。受时代的影响，黄秉湘思想开明，主张维新，崇尚实业救国，早年在江西兴办过煤矿，后与梁启超、蔡锷、范旭东等成为志同道合的朋友。据《容闳传》中记载，四川的黄秉湘、贵州的吴子光等人为了推动本地的维新改革，希望得到中国留学第一人容闳的指点，后通过梁启超的介绍拜访了容闳，"与容纯甫先生言商务大计"。②

1902 年，黄秉湘在永川创办了达用学堂（即今永川中学的前身），亲自担任校长。达用学堂的课程设置有国学、外语、格致（自然科学的总称，包括数学、物理、化学、生物、生理等）、体育等，并聘请了日本人山田策吉为日文教习，神田正雄为体操教习，这或许是四川最早的外教了。"达用学堂开了巴蜀新式教育之先河，意义深远。培养之莘莘学子，纷纷奔赴成都、重庆、北京、上海、武汉乃至日本、美国、西欧等地求学深造，成为成渝地区民主主义革命之重要力量。"这其中就有黄秉湘的儿子、重庆最早的留日学生黄大暹。

黄大暹（1883—1917 年 7 月）是黄秉湘的长子，1898 年夏天，黄大暹在江西新式学堂"经济学堂"创办人邹殿书的带领下，赴日本游历两个多月。回国后，黄大暹对日本维新变法、国强民富羡慕不已。1899 年，为官清廉的黄秉湘求助于曾任驻日公使的李盛铎先生，帮助黄

---

①　向楚、朱必谦等：《蜀军政府成立前后》，《四川文史资料选辑》第一辑，政协四川省委员会、四川省省志编辑委员会 1979 年版，第 22 页。

②　刘中国、黄晓东：《容闳传》，珠海出版社 2003 年版，第 137 页。

大暹获得了两年官费留学日本的机会，成为湖南总督张之洞选派的 11 名留日学生之一。同年秋黄大暹赴日本，进入柔道创始人嘉纳治五郎办的亦乐书院学习，成为重庆最早的官费留日学生①。

1901 年，当时的四川总督奎俊采纳日本陆军大尉井户川辰的建议，挑选年纪在 20 岁左右，"聪颖端谨"的青年学子赴日留学，每名学生每年由四川省供给学费和零用钱白银 2001 两，学习期限为三年。② 首批名单中共有 22 人，由候补知府李立元带领赴日，其中重庆的有邹容、陈崇功、胡景伊、龚秉权等人。邹容因不满政府，被以"品行不端为由"，取消了官费留日资格。但这并没有打击邹容的留学热情。当年秋天，邹容离开重庆到上海补习日语，并于 1902 年 9、10 月间到达日本，③ 就读于东京神田同文书院。而胡景伊进入日本陆军士官学校学习军事，毕业回四川后对训练新军起到了重要的作用。陈崇功则成为同盟会重庆支部的重要领导人。

此后，僻处西南的四川、重庆已风气大开，各县无论是繁盛之区，还是僻壤之地，都派了留学生，赴日留学者络绎不绝，数量逐年增加，在 1904—1905 年四川省留学日本达到高潮。据相关资料统计，1905 年 1 月重庆的留日学生共有 82 人，其中重庆府 53 人（江北 2 人、巴县 14 人、江津 14 人、长寿 7 人、大足 1 人、永川 2 人、荣昌 3 人、綦江 2 人、南川 1 人、璧山 1 人、合川 1 人、铜梁 1 人、定远 2 人、涪州 2 人）；夔州 15 人（奉节 3 人、云阳 3 人、万县 6 人、巫山 1 人、大宁 1 人、开县 1 人）；酉阳 7 人（秀山 2 人、黔江 2 人、彭水 1 人，不详 2 人）；忠州 6 人（丰都 1 人、垫江 1 人、梁山 1 人；不详 3 人）；石柱 1

① 据日本文学博士松本龟次郎《中华留学生教育小史》一书记载"明治三十二（1899）年 10 月 7 日下午，迁校至三畸町一丁目二番地。下午二时，嘉纳先偕内堀文氏来校与学生见面。在此之前，戢翼翚（湖北人）来校，他现在在专门学校攻读；还有横滨领事之子邹瑞昌（安徽人，25 岁）、熊垓（江西人，17 岁）、黄大暹（四川人，17 岁）、李盛衔（江西人，19 岁）等 5 人"。转引自〔日〕实藤惠秀《中国人留学日本史》，北京大学出版社 2012 年版，第 21—22 页。
② 胡沙：《四川学生官费留日考订》，《四川文史资料选辑》第六辑，政协四川省委员会、四川省省志编辑委员会 1980 年版，第 208 页。
③ 何一民：《邹容留学日本时间考》，《史学月刊》1985 年第 4 期。

人①。其中巫山的李友梁，曾修《巫山县志》，时年已 65 岁，是留学生中最长者，在日本弘文学院学习普通科。②

　　重庆地区留日热潮的兴起，除了与当时中国社会的思潮有关之外，还与重庆地方官员和当地乡绅的开明进步有关。为了推动重庆新式教育的发展，他们不仅详尽规划了派遣留日学生的近期目的、长远目标、选拔留日学生的标准和管理，以及经费来源等，而且还深有远见地指出，要造就适合于中国的人才，绝不能以日本的教育为正宗而舍己。这些集中体现在清末重庆府太守张振之有关派遣学生留学日本的奏章中，现抄录于下：

　　　　窃以为富强之基关乎学校，学校人才之善否，必以师范之优劣为归。木无大匠斫之反伤，玉无良工琢之终害。居今日而求师范，滥竽者无裨于教，合格者实鲜其人。故开设学堂即能改革书院积习，务令教有常课，习有常业。不过，较未改之先稍有区别，若与之言教育之精神，学科之秩序，夫固未有以合也。近来各处纷纷开办学堂，而卒鲜成效者，职是之故。卑府有鉴于此，自上年筹办学堂以来，无时不以延访为事。

　　　　现在卑府学堂督同员绅悉心研究延聘教习，遵照□宪檄专习师范，已于四月初一日开学先行试办，三月作为预备之期。教习初基端在师范，今日一师范即他日百数十生徒之矩，今日一生徒又他日千百师范之矩。入堂之选皆授业之人，推衍广赜影响甚大，倘不力求改良明示方针，不特刻少成材而谬种相延，何以育青年而端士习然，欲不入歧途立收近效，舍派人留学东洋专习师范，别无他法。前奉□宪檄饬属各派学生赴日本专习管理学校之法，并颁发方直牧所著州县学校谋始，伏读一过，深识远虑，钦佩实深。

　　　　现在周监督业已到渝，本属学生亦由卑府遵饬考验榜示，并连别属投到，各生姓名分别造册送监督，按名带赴日本照章学习。因思川省区域甚广，在在皆需师范，即以重属而论，如学堂溥通开

①　王笛：《清末四川留日学生概述》，《四川大学学报》1987 年第 1 期。
②　《大陆（1902）》1905 年第 3 卷第 10 期，第 2—4 页。

办，需师实多，断非百数十人之力所能给，况学者牛毛成者麟角，其期满而归者，未必尽人可师，学成而返者断难各地皆遍。人材如此缺乏，教育何以完全，卑府因集绅乡商拟，于府学堂内学生由卑府督同教习随时试验，择其年齿稍长，中学尚优，知趣平正，不涉轻燥之士，挑派九人赶于日本九月学期、当我秋季七月二十二日以前送赴东京弘文学院专习速成师范科，每名学贷川资三百金，以八个月卒业。俟师范足用后，即行添派武备实业专科以广造就。

惟查邪说之风潮日甚，少年之心性易移，况日本虽主欧学亦以自保国粹为主义，如以彼学讲授即为正宗，又何以适我相当之人格，成我可造之人材。欲求教育之溥通趋向之纯正，泯舍己从人之见，作达材成德之功，势非随时研究检查不可。拟就卑府学堂中教员文案善于调查之员遴选一人作为监督率同前往，仍一律入弘文学院专习师范，连学生共十员名，一律给费。以上监督及学生学成归国必须于本属充当教习，认尽义务三年，始准应聘他往。每年选派学生一次即选派监督一员。俾堂中教习文案诸有教育之责者均可陆续前往。俾得咸迪旧学时长新知，师友互为观摩，邪诐无由荧惑查有。

至于留学款项每年实需银三千两，自应预筹的款先由卑府学堂经费项下每年提出银三千两专为留学十员名之用。如学堂实有不敷再拟酌派本属公款摊缴。今日提缴之费未必能敷一学生之用而异日开学需人或不至受一师之益。在各属亦当乐为筹划共劝斯举，阖属绅衿意见相同，旋据巴县湖南议叙知县杜成章等悉心斟酌，拟定章程十条呈请核定立案以期久远。卑府伏查该绅等所拟章程似为妥协，用持据呈转详，可否仰恳。

计开拨款游学大要事目十条：一、由中学堂经费项下每年提出常款银三千两作为咨送留学十名永远公费，汇交地方妥绅收支，无论将来何项公事不得挪用。二、选派学生自应专从中学堂选取平日品学俱优而无习气嗜好者考验咨送，藉资鼓励。三、此项学生拟照前学宪吴奏定游学章程，尽重属合格之人咨送，凡别属及外省人均不得冒籍与选。四、学生年岁亦照前学宪吴奏定游学章程，以十六岁至三十五岁为合格。五、学生临考验时，除自具且结外，并觅该地方公正绅士三人，加结担保，始准与考，如咨送后不能卒业，或卒业后不尽义务者均惟出结担保人是问。六、此项学生专习师范，查日本弘文书院师范速成以一年为卒业之期，学费川资应按照算发每名给银三百两，卒业后得有证书即须归国不得借故久留，致旷教育。七、本郡师范卒业已足敷用之时，学生程度亦渐增高即就此项经费改送武备实业各科专门学校，肄业其名额则就经费原数核定，师范一项即行停止。八、学生卒业及有别项事，故必须退校归国者，即由派去监督预先知会酌选往补，俾免旷额。九、留学例派监督料理一切，所派必系堂中教习文案各员方于学务有益，每年每班轮流前往，仍应一律入校肄业，俾节经费而广教员。十、卒业之监督及学生回国后须在本郡各学堂尽三年义务以后方准自行设教。①

上述举措，国内颇有影响的《东方杂志》对重庆留日情况也有如下的报道：

　　重庆中学提款三千金，选派学生十人出洋游学，闻后当岁一派送，永以为例。又有黄君某等三十余人亦自备资斧赴东。②
　　合州官绅协议，以宾兴岁入款作为出洋留学费，业经考选二十余人送往日本游学。③

另外，为了吸引中国留学生，日本当时有几所高校还与中国签约接收自费留学生。这些签约学生还可以获得一定的官费补助。

除了经济方面的因素外，在入学资格要求方面，日本的要求没有欧美那样高，相对容易入学。在1906年9月，"长寿县民立第一小学堂张佑贤、杨重持、卢翰卿、左元臣、舒品轩等结伴自费到日本留学。当

---

　　①　具体内容可参见《广益丛报》，奏牍：重庆府张振之太守详请提款资遣游学公文，1905年，06/61，第5—7页。
　　②　"各省游学汇志"，《东方杂志》1905年第2卷第2期。
　　③　"各省游学汇志"，《东方杂志》1906年第3卷第5期。

时，长寿县自费留学日本的已达 13 人之多"。①

　　1906 年 8 月，清学部举行了第二次留学生毕业考试，成绩优秀的 9 人都是留学欧美的，这引起中国和日本的震动。针对此情况，清朝驻日本公使杨枢提出两项对策，一是必须在本省学堂有五年之资格者；二是必须有两年以上临时日文预备者。② 另外，1906 年以前官费派遣的大量留学生回国从事新政和教育改革所需要的工作，满足了教育、军事、政治等方面的需要后官费生日益减少，竞争激烈。留学日本的门槛抬高和官费名额的减少，客观上抑制了留日热潮。四川的留日学生也从高峰期的 800 人减少到 1911 年的 300 人。在重庆，清末留学日本的发展过程大致如下：

　　在 1899—1903 年初，是重庆的留学日本的初兴时期，留日学生较少，其中官费生多，所进的学校也只有 6 所，大多数只接受了中等教育，学习师范的较多。显然这是清政府当局兴办新式学堂急需培养新式师资的结果。清末重庆派遣留日学生也是为了适应当时形势的需要，尽快培养出兴办新式教育所需要的师资力量。

　　1904—1905 年，重庆的留学日本进入高潮，留日学生的数量猛增至数百人。这主要是重庆当局为自费留学大开方便之门，据 1905 年锡良奏称："自风气盛开，东游相继，官费而外，自费游留者，不少于四、五百人。"③ 由于自费留日学生在选择学校、专业方面不受官方的限制，可以根据自己的兴趣爱好选择学校和专业。所以，这一时期重庆留日学生的学习范围也呈现出一定的广泛性，留学的学校也由原来的 6 所发展到了 35 所，大学、中学，甚至还有小学，不过仍以中等教育为主，所学的科目有法政、商业、铁道、师范、警务、英语、工业染织、数学、水道、体育、造纸、印刷、机械、物理、陆军、测量等，表明当时留日的重庆学子渴望吸收新的知识。

---

　　① 重庆市教育委员会编：《重庆教育志》，重庆出版社 2002 年版，第 736 页。
　　② 黄庆福：《清末留日学生》，《近代史研究所专刊》（34），台北中研院 1975 年，第 86 页。
　　③ 中国科学院历史研究所第三所主编：《锡良遗稿》，中华书局 1959 年版，第 522 页。另外，根据《四川学报》1905 年第 8—11 册连载的《四川游学日本诸生调查表》记载共有留日学生 398 人，其中自费生 198 人，与留日初期以官费生为主正好相反。

1906年后，重庆留日学生学习师范的则明显减少，但留日学生的质量有所提高，短期速成的留日生没有了。这主要有两方面的原因，一是留日学生师范专业学成归国后，大都在重庆各级中小学堂、专门学堂任教，缓解了新式教育师资不足的问题；二是清政府加强了对实业留日学生的派遣和奖励，使之成为清末留日专业上的一个新特点。1905年，清政府下诏各省兴办实业，四川获准设立川汉铁路公司，需要大量的工程、建筑、铁路、机车制造、管理方面的人才。于是重庆在派往日本的官费、自费留学生中学习机械、应用化学、采矿、冶金、土木、电气、兵器制造等专业的学生便越来越多。1908—1911年，毕业于日本高等学校的重庆留日学生约有157人，铁道、工业、农业等方面留日学生数量较前一时期有明显增加，约94人。这些都反映了清末重庆近代工业、农业、交通运输业一定程度的发展和对新人才的需要。但是，在当时民主革命热潮的影响下，重庆留日学生还是有不少选择学习军事、法律政治专业的。因为，经过戊戌维新运动，重庆近代知识分子感到仅学习西方的科技是不能解决中国问题的，产生了"改革政治非精研政治不可"的想法和学习外国先进的政治、法律、军事、警务等的愿望。

总的来说，重庆留日学生通过在日本的学习，开阔了视野，扩大了重庆与外界的交往，在清末民初急剧的社会变革中，他们突出表现在以下几个方面。第一，积极从事革命活动。在日本留学期间，重庆留日学生目睹了明治维新给日本带来的显著变化，认为挽救中国则必须进行革命，他们中许多人后来都加入了孙中山先生领导的同盟会，在辛亥革命中舍身家，丢性命，造就了一批革命志士。与此同时，他们把民主与共和思想传进了重庆，促进了重庆社会思想的进步。第二，实业救国。重庆留日学生回国后，积极开办实业，创办了重庆早期的民营企业，发展了民族工商业，促进了重庆的经济发展。第三，教育救国。大批留日学生归国后，不少人到各级学堂担任教习，在重庆教育园地上辛勤耕耘，并积极创办新式学堂，推动了重庆新式教育的发展。

进入民国后，重庆留学日本的进步青年，继承发扬了清末留日学生的革命传统，继续寻找救国之路。他们积极接受新思想、新理论，从追随孙中山的三民主义到信仰马克思主义，成为重庆地区早期的马克思主义者和共产党人。杨闇公、漆南薰、秦伯卿、李初梨等是其中杰出的代表。

据《重庆教育志》统计，民国初期至抗战爆发前，重庆地区有留日生200人，名单如下：

巴县：张鹏、邓胥功、罗工亮、谢达、董仁治、杨学优、谢昌渠、仝中华、朱涛、黄梦萍、陶敬之、李扶荪、沈懋德、沈起予、苏孟守、陈秉直、向克谐、向克琴、曹腾芬、沈明德、黄大中、祁和馨、董鸿诗、董鸿训、童显汉、田时雨、沈在铨、沈月书、吕少怀、李可极、佘耀彤、吴郎西、李肇甫、李肇嘉、黄孝庚、董仁治、魏弼、邝维桢、杨芳、江藩、潘慎、李柯、向南阳、刘世贤、朱儒珍、周晓峰、董仁清、邝宁、沈毓芬、佘耀荣、周德鸿、沈明伦、沈在仁、郭受龄、陈嗣煌、胡景伊、向隅、冯学宪、梅茂熊、卢惠休、何世吉、董游碧琼、向维明、吴雯鲁、彭文藻、彭祖贤、罗廷光、涂守愚、熊正常、黄君策、许素芳、张忠恒、谭昌和、王逸梅；

江津县：高巍、夏鸿勋、王泽、邓奕仙、邓奕绶、吴伯鸿、周振明、刘作利、邱采芹、冷廷旸、樊有辉、桂煜澜、漆宗裳、陈永权、龚南光、周相文、谢乃非、刘琼、李成章、李成志、胡玉麟、刘蔚如、蔡书镕、陈永观、吴高源、邓燮枢、邓燮仙、邓燮任、李祚膏、李初梨、袁绍钱、周新友、袁治熙、袁帮诰、漆树芬、江树、江导岷、吴国相、李先见、李奕任、李国定、夏名儒、夏奚若、谢作民、刁本立、王紫渊、李亚农、漆鲁鱼、彭洒嘉、段江淮；

长寿县：卢融、舒心澂、舒心禹、杨泽、付谊荪、张致中、杨南克、傅志清、李培业、吕策、李光宣、杨范五、蒙智渊、韩锡琪、韩任民、卢相书、栾剑秋、向铸贤、张宗载、黄斌裳、傅克军、傅迪；

永川县：曾德钰、龚其慎、曾祥熙、李福祥、方云藻、刁成玉、贺孝铭、黄孝逸；

铜梁县：李光鳌、刘祖章、文曾哲、周仿溪、刘思九、汪端本；

江北县：戴正诚、戴正善、戴乾金、宋拓予；

潼南县：杨闇公、杨尚度、杨尚溥、邓崇德、吴开运、徐飞琼、黎希夷；

荣昌县：赵宗勋、余健、甘明蜀、郑兰、赵士尚、于渊、甘阳光；

璧山县：伍灵、黄秉礼、龙腾渊、黄孝书；

大足县：欧阳钧、司宗、赵治昌、赵卿廉、卢亚良；

綦江县：池龙珠、池龙师。

此外，还有属重庆市而无法弄清县名的王泗舞、秦正树、杨蔤、刘泗英、张舔、贺鲁、杨庆傑、沈鸿、沈毅、蓝仲津、简伯邨等。

需要指出的是，在特定的历史条件下，留日学生与留学欧美等其他国家的学生在留学读书的持续性、稳定性上很不一样。他们中的多数人心系国家命运，很容易受国内外政治事件的影响，一旦国内发生重大的政治事件，留日学生便无心向学，集体行动，回国参与政治活动；待事态平息后，这些留日学生又返回日本继续求学。如 1911 年 10 月武昌起义爆发后，数千名留日学生只剩 500 名滞留未归。[①] 由此还产生出了一批"亡命客"式的留日学生。"所谓亡命客，乃指以康有为、梁启超为首的改良派和以孙中山为首的革命派。……在他们周围，分别吸引了一大批不满现状的留日青年。不少人既是亡命客，又是留学生，一身二任。"[②] 不仅如此，还有以留学之名追随革命的。如重庆合川的黎怀瑾（？—1911 年），深受邹容《革命军》的感染，更愤激于清朝对邹容的迫害，变卖掉家产，"于 1906 年春东渡日本，加入同盟会，名为留学，实则朝夕与同仁筹议实行革命"。[③]

第二节　重庆留日学子的革命活动

一　邹容及其《革命军》

"留日学生是清王朝的主要掘墓人。"[④] 重庆留日学生邹容用他的战斗檄文《革命军》有力地吹响了这次资产阶级民主革命的号角，成为在中国近代史上第一个写下篇章的重庆人。

①　[日] 实藤惠秀：《中国人留学日本史》，谭汝谦、林启彦译，北京大学出版社 2012 年版，第 89 页。

②　王奇生：《中国留学生的历史轨迹》，湖北教育出版社 1992 年版，第 100 页。

③　袁代奎：《重庆辛亥英烈之合川黎氏双雄》，辛亥革命网：http://www.xhgmw.org。

④　刘志强：《百年中国史话留学史话》，社会科学文献出版社 2000 年版，第 148 页。

邹容（1885—1905），原名桂文，又名威丹、蔚丹，字绍陶，留学日本时改名为邹容，重庆巴县人。邹容出生在一个颇有资财的商业资本家庭中。但他的父亲认为商人没有社会地位，不希望自己的后辈经商，而一心指望他们读书成名，科甲及第，光耀门庭，对"少慧敏，华十二，诵九经、史记、汉书，皆上口"①的邹容寄予了很大的家庭希望。不过，从小天资聪颖、勤奋好学的邹容，在圣贤书中却非常关心国家大事。喜欢探索新鲜事物，视野广阔，心胸开朗，喜欢夏完淳、郑成功等爱国英雄，与他一心走科举仕途的大哥迥然不同。②

1898 年，邹容开始接触维新思想，"通过阅读本地和外地传来的书刊，了解到维新派的一些言论动态，还了解了一些西方资产阶级革命的政治学说。他为扩大视野又向来渝的日本人成田安辉、井户川辰学英、日语。并广泛结交志同道合的朋友，如后来成为著名辛亥革命人士的杨庶堪等。他们常常畅谈国事，探索救亡之路。邹容性格刚锐，嫉恶如仇，崇敬敢作敢为、个性鲜明的人物，维新激进志士谭嗣同就是其中之一"。③当时风行一时的维新思潮给了邹容最初的思想启蒙，他关心国家、民族的命运，立志改革腐朽的现状，公开向封建文化挑战。在谈论国家时事时，邹容"好发奇朋可骇之论"④。

维新思潮的熏陶，使邹容反对清王朝专制的思想越来越鲜明激烈，他的舅父刘华廷见此就警告他说："若欲为国，试看谭嗣同将头切去，波及父母，好否自知。"邹容则斩钉截铁地回答说："人人俱畏死，则杀身成仁无可言。若谭者可谓杀身成仁也……要之，仁义所在，虽粉身碎骨不计，乃人之义务也。"⑤其父亲要他专心应考，重视科举前程，

---

① 章炳麟：《邹容传》，中国人民政治协商会议四川省委员会《四川文史资料选辑》第1辑《纪念辛亥革命50周年专辑》，四川人民出版社1979年版，第143页。

② 以上参见邹传德、邹传参《祖父邹容事迹述略》，四川省政协文史资料委员会编《四川文史资料集粹》第1卷《政治军事编》，四川人民出版社1986年版，第284页。

③ 邹以海：《怀念曾祖父邹容》，政协重庆市委员会文史资料委员会：《重庆文史资料》第36辑《重庆辛亥革命80周年纪念专辑》，西南师范大学出版社1991年版，第29页。

④ 邹鲁：《中国国民党史稿》第5册，中华书局1960年版，第1241页。

⑤ 邹传德、邹传参：《祖父邹容事迹述略》，四川省政协文史资料委员会编《四川文史资料集粹》第1卷《政治军事编》，四川人民出版社1986年版，第287页。

他却回答说："臭八股儿不愿学，满场儿不爱入，衰世科名得之又有何用！"① 当得知四川要派学生留学日本的消息，邹容十分振奋，顶着酷暑到成都考试，虽然成绩不错，但因为平时针砭时政，言论激进，被当局以"聪颖而不端谨"除名。不过，邹容没有因此放弃留学日本的理想，他在成都写信给家人，表示决不困守家庭，一定要留日深造，学习挽救国家危亡的本领。

1901年，邹容排除重重阻挠，在老师江叔澥、表哥童秉章②、好友朱必谦的帮助下，离别故乡，到达上海入广方言馆学习外语，为出国做准备。1902年9、10月间，邹容到达日本。

在日本，邹容比较系统地阅读了西方资产阶级启蒙思想家卢梭、孟德斯鸠等人的著作，而东京的革命刊物《国民报》，对邹容革命思想的形成产生了重大的作用。月刊《国民报》是留日学生在孙中山支持下，于1901年5月创办的。《国民报》揭露清朝政府的反动，反对专制政体，提倡民权思想，文字上浅显易懂。"可以说，邹容革命思想的形成，受《国民报》的影响，较之其他方面的因素要更为直接一些。"

当时"东京留学界之思想言论，皆集中于革命问题"。③邹容一到东京，便深受这种革命形势的鼓舞，积极投身于孙中山先生领导的民主革命运动，参加中国留日学生的爱国革命运动，迅速走上了革命的道路。

1903年的留日学生新年团拜会，孙中山确定了以宣传"革命排满"为这次大会的内容。会上邹容登台演说，慷慨激昂，声泪俱下，历述清朝统治者腐朽无能、祸国殃民的罪证，公开提出了不排除清王朝的专制统治，就不足以挽救民族危亡的主张。章太炎在《狱中答新闻报》说：

---

① 邹以海：《怀念曾祖父邹容》，政协重庆市委员会文史资料委员会《重庆文史资料》第36辑《重庆辛亥革命80周年纪念专辑》，西南师范大学出版社1991年版，第30页。

② "童秉章，字子钧。自幼受兄长童章的教育、熏陶，思想倾向于民主革命。时其表弟、巴县的邹容因遭丧母，父又续娶妻心感苦闷，遂于1902年只身到上海，找表兄童子钧求助。……童慨然解囊，资助邹容去日本留学。"引自陈宛茵《一门革命的童氏昆仲》，收录于政协重庆市委员会文史资料委员会《重庆文史资料》第36辑《重庆辛亥革命80周年纪念专辑》，西南师范大学出版社1991年版，第19、20页。

③ 孙文：《革命原起》，《中国近代史资料丛刊　辛亥革命》，上海人民出版社1957年版，第9页。

"巴县邹容肄业日本，元旦演说已大倡排满主义"，① 这在留日学生中引起了巨大的震动。这次演说是邹容开始成为一名资产阶级民主革命战士，直接加入孙中山领导的中国民主革命运动的标志。

1903 年 3 月，邹容因反抗清政府留日陆军学生监督姚文甫的欺负，愤而剪掉其辫子并将他痛打。这件事轰动了东京留学界，清政府以犯上作乱的罪名，要求日本外务省捉拿邹容。邹容于是不得不离开日本回到上海。

邹容在日本留学，虽然只有短暂的八个月，但这八个月"是邹容革命思想形成的关键时期。他在革命斗争中，自觉地实现了由爱国责任感到时代使命感的转变，实现了由爱国的热血青年到资产阶级民主革命战士的转变。这种转变的思想成果集中地反映在他在日本就开始写作的《革命军》中"。②

1903 年 4 月，邹容回到上海，结识了章太炎、章士钊等资产阶级革命志士。当时，"拒俄运动"正在上海兴起，邹容立刻投入这场反帝爱国运动，策划组织了"中国学生同盟会"，号召爱国学生为中国的前途而战。但清政府却以"名为拒俄，实则革命"的罪名将如火如荼的爱国运动镇压。清政府的卖国行径，使邹容深切地感到要拯救危亡的中国必须反清。但当时国内社会对此认识普遍不足，需要通过一种启蒙式的宣传教育而凝聚成为爱国救亡的强大动力，以改变"中国人如一盘散沙"的现状。面对灾难深重的祖国，邹容满腔热血；面对黑暗腐朽的清政府，邹容义愤填膺，用青春的激情将他在日本留学的所见所感迅速化作了反清排满的战斗檄文——《革命军》，"宣布革命之旨于天下"。署名"革命军中马前卒"的《革命军》，由章太炎为之作序，并称之为"义师先声"。

1903 年，《革命军》在上海出版，它如雷霆之声，举国震动。极富感染力又通俗易懂的《革命军》，正好成了辛亥革命的启蒙性宣传读物，为辛亥革命的舆论造势发挥了意想不到的社会效果，极大地鼓舞了当时的民众，也必然被清政府封杀，进而发生了震惊中外的"苏报

---

① 《苏报》，光绪廿九年闰五月十二日。
② 周勇：《辛亥革命重庆纪事》，重庆出版社 1986 年版，第 42 页。

案"。同年 6 月 30 日，章太炎被关进了上海租界监狱。邹容得知后，抱着生死与共的态度，愤然独自行至租界监狱，自报其名，要求入狱。7 月 1 日邹容慷慨入狱。在法庭上，邹容无所畏惧，"自比法国卢梭"；在狱中，他与章太炎忍受着非人的待遇，利用法庭坚持反清排满的抗争，赋诗言志曰"何日扫妖氛"、"同兴革命军"，表现出一种视死如归的民族气节。恶劣的监狱生活夺走了邹容的健康，1905 年邹容惨死于狱中，时年二十岁。

邹容用其生命书写的《革命军》，通篇犀利明快、石破天惊，对近代以来的中国社会产生了空前而深远的影响。

《革命军》一书近两万字，共七章，它所阐述的最核心的内容：一是旗帜鲜明地宣传反清革命，即对于辛亥革命的发动、性质、任务和前途的根本问题进行了系统阐述，作出了明确回答；二是在中国近代史上第一次明确、系统地提出了资产阶级民主共和国的建国纲领。《革命军》"欲御外侮，先清内患"的"排满"口号，发展了孙中山提出的中国资产阶级民主革命理论，作为新兴资产阶级革命派的口号，它取代了改良思潮成为当时中国社会进步思潮的主流，为辛亥革命做了强大的舆论准备。吴玉章回忆说："当我读了邹容的《革命军》等文章之后，我在思想上便完全和改良主义决裂了。"①

《革命军》认为革命事业神圣伟大并富有历史，对革命作出了雄辩的论证和热情的赞扬："革命者，天演之公例也；革命者，世界之公理也；革命者，争存争亡过渡时代之要义也；革命者，顺乎天而应乎人者也；革命者，去腐败而存良善者也；革命者，由野蛮而进步文明者也；革命者，除奴隶而为主人者也。""我中国今日欲脱满洲人之羁缚，不可不革命；我中国欲独立，不可不革命；我中国欲与世界列强并雄，不可不革命；我中国欲长存于二十世纪新世界上，不可不革命；我中国欲为地球上名国、地球上主人翁，不可不革命。"②

《革命军》将革命看成是历史发展过程中必然环节，是社会进步的根本动力，是拯救中国的唯一途径。为了激发社会大众推翻清朝政府复

---

① 吴玉章：《吴玉章回忆录》，中国青年出版社 1978 年版，第 21 页。

② 以上皆引自邹容《革命军》一书。

兴中华民族的斗志，邹容在政治、经济、思想、文化等方面揭露批判了清王朝的腐朽，呼唤国人"革命！革命！得之则生，不得则死。"

在当时沉闷而绝望的社会，《革命军》可以说是异军突起，"对于许多阅读《革命军》的读者而言，它的最大吸引人之处正是其鲜明的排满言论和仇满意识"。①

民众争相传阅，翻印流传极广，风行海内外。"人们采取改换书名的方法刊印，前后共翻印达 20 多次，发行量达 110 万册，居清末革命刊物的首位。"②

在重庆及四川等地，邹容少年时代的朋友都是《革命军》的积极传播者。③《重庆日报》的创办者卞小吾曾多次到上海探望狱中的邹容，并从上海偷运回《革命军》，"阴相传览，昌言无忌"。④ 1905 年，重庆清吏逮捕了卞小吾，查封了《重庆日报》，卞小吾最后也为辛亥革命献出了自己宝贵的生命。四川泸州袍哥首领佘竟成，备受《革命军》的鼓舞，毫无顾忌地逢人就宣传革命思想，后在叙州起义中战死，也成为辛亥革命的烈士。

鲁迅先生曾对《革命军》的社会影响力评价如下："便是悲壮淋漓的诗文，也不过是纸片上的东西，于后来的武昌起义怕没有什么大关系，倘若影响，则别的千言万语，大概抵不过浅近直接的'革命军马前卒'邹容所做的《革命军》。"⑤

《革命军》是邹容对辛亥革命做出的突出贡献，"是他留日的最大收获"。⑥ 值得注意的是这种"留日最大收获"的普遍代表性和深远的影响，即当时广大留日学生目睹日本维新变法后国力的强大以及日本人对中国人的鄙视而产生的渴望自己国家快速富强起来的群体心理认同

---

① 杨瑞松：《打造共同体的新仇旧恨：邹容国族论述中的"他者建构"》，《深圳大学学报》2011 年第 6 期。

② 邹以海：《怀念曾祖父邹容》，《重庆文史资料》第 36 辑，第 37 页。

③ 张孟虚：《邹容的少年时代》，政协四川省重庆市委员会文史资料研究委员会《重庆文史资料选辑》第 13 辑（下册），中国人民政治协商会议四川省重庆市 1981 年版，第 79 页。

④ 陈新尼：《重庆早期的革命思潮和组织》，政协四川省文史资料研究委员会《四川保路风云录》，四川人民出版社 1981 年版，第 64 页。

⑤ 鲁迅：《杂忆》，《鲁迅全集》第一卷，人民文学出版社 1981 年版，第 205 页。

⑥ 邹以海：《怀念曾祖父邹容》，《重庆文史资料》第 36 辑，第 34 页。

感。这种群体心理认同感可以说是留日运动后，影响中国社会主流话语的一个重要术语——爱国。有日本学者指出，中国留学生在日本，受到积极的影响主要是"由于日本人爱国观念的刺激……使他们从而培育出自己的爱国心和民族意识"。① 事实上，留日学生的爱国、革命情怀更多的是来自"忍辱东瀛"。"一部近代中国留日史，既是一部留日学生忍辱负重的历史，又是一部留日学生排日反日的历史。既要学习，又要反抗，这种难以弥合的二元冲突，在留日学生身上表露得最为突出。"② 显而易见，中国留日学生既痛恨那些轻狂无知的日本小人，更仇恨将自己和自己的祖国一起置于受侮辱地位的清朝廷，势必欲除之而后快。

以邹容为代表的留日学生不仅把亲身感悟到的这种爱国心和民族意识通过各种方式传递给国人，还身先士卒地践行了自己富国强兵的理想，可歌可泣③；以邹容为代表的留日学生在当时"中国人如一盘散沙"的状态下，引入了构建现代国家所需要的一些基本元素，可圈可点。从这些研究视角来看，在当时已是"国民教育之一教科书"④ 的《革命军》及其作者邹容的历史意义或许超越了辛亥革命、中国近代思想史，尚有深入探讨的学术价值。

二 留日学生与同盟会

在同盟会重庆支部成立之前，重庆已有一些宣传新思想、倡言革命的松散组织，比较有代表性的是公会。根据陈新尼在《重庆早期的革命思潮和组织》一文中的记载："公疆会（即公强会——作者注），一秘密集会之名也。倡于杨庶堪、梅际郁，而吴骏英、朱之洪及弟蕴

---

① ［日］实藤惠秀：《中国人留学日本史》，谭汝谦、林启彦译，北京大学出版社 2012年版，第 358—359 页。实藤惠秀在本书中还指出："1903 年，章炳麟和蔡元培等在上海组织了爱国学社。'爱国'一词是中国过去所未用过的，相信是在日本诞生的新词。"

② 王奇生：《中国留学生的历史轨迹》，湖北教育出版社 1992 年版，第 97 页。

③ "孙中山曾多次讲他组织同盟会、发动辛亥革命，靠的就是当时留学日本的 2 万多中国学生。那时指导革命的精英分子，主要来自留学生。"引自李喜所《中国留学史论稿》，中华书局 2007 年版，第 16—17 页。

④ 爱读《革命军》者：《读〈革命军〉》，张枬《辛亥革命前十年间时论选集》第一卷（下册），生活·读书·新知三联书店 1960 年版，第 685 页。

章、童宪章、董鸿词及弟鸿诗、陈崇功、李时俊、胡树楠、江潘等和
之。无固定会所，以更番作主人，设酒食，就所居宅，或假坐寺观，
招客聚饮，谋光复计略，互为介绍海内新出书报，并负灌输青年以革
命思想之责。行之年余，以会众或赴他处，或远涉日本留学而止。"①
文中提到的公强会主要发起人之一的杨庶堪（1881—1942）是重庆
著名的资产阶级革命家，字沧白，重庆巴县人，曾经入日本领事馆学
习英语及西学。杨庶堪曾支持邹容到日本留学，还支持卞小吾创办四
川第一家日报《重庆日报》，与重庆留学日本的童宪章、陈崇功、朱
必谦等是志同道合的好友。

　　公强会"以寻求富国强兵之道为标志，以启迪民智为作用"为宗
旨②，其骨干成员多为从日本留学归来的重庆人。他们充分发挥了在
文化教育界任职的工作之便从事革命宣传活动，宣传邹容的《革命
军》，讲救亡、讲革新、讲新学，逐渐形成了活跃在文化教育界的资
产阶级知识分子群体。正蒙公塾是当时公强会开展活动的主要场所，
"1903 年，公塾即由童宪章、朱蕴章、陈崇功领其事，崇功方自日本
学师范毕业归，蕴章亦尝游日本，三人皆向新学者，恣听塾生览读新
书杂志。亦得邹容所草《革命军》，阴相传览，昌言无忌。遂有学生
周国荣剪除辫发，余多改衣短服之事。于是间巷哗传，正蒙公塾诸生
皆革命党"。③公强会还通过出版发行报纸来介绍新思想、新形势。
如《广益丛报》就是公强会、同盟会的有力宣传工具，也是近代四
川出刊时间最长、影响最大的综合性旬刊。1906 年《广益丛报》转
载了《民报》上发表的介绍孙中山三民主义的文章——《民生主义
与中国革命之前途》。这是第一次用报纸的形式在四川公开宣传三民
主义思想。

　　重庆留日学生回到家乡结社、办报宣传革命的影响力是非常强大

　　① 陈新尼：《重庆早期的革命思潮和组织》，政协四川省文史资料研究委员会《四川保
路风云录》，四川人民出版社 1981 年版，第 64 页。

　　② 梅际郇：《蜀军政府成立前后》，《重庆蜀军政府资料选编》，重庆地方史资料组 1981
年编印。

　　③ 陈新尼：《重庆早期的革命思潮和组织》，政协四川省文史资料研究委员会《四川保
路风云录》，四川人民出版社 1981 年版，第 64 页。

的。不少重庆青年接受了新思想开始投入资产阶级革命。如重庆酉阳的邹杰在读《民报》后，认识到中国社会积重难返的根源在于"皆所以缘饰积恶之帝王，而助其淫威也"，于是他加入了同盟会"以鼓吹革命为职志"，后在讨伐袁世凯的战斗中牺牲。[①] 再如，辛亥革命前夕，巴县精于武术的张树三既立志于发展民族工业，又关心国家大事，当他读了童宪章从日本带回来的中华革命党的章程后，欣喜异常，立刻前往日本，在东京拜访了孙中山，并加入同盟会，以后一直投身于辛亥革命。张树三从日本回来，在重庆来龙巷办了一个书报社，表面上是供人阅览，实际上是为了掩护革命机关的秘密工作，为重庆起义立下了功劳。

公强会在传播资产阶级新思想和介绍国内外形势，改变重庆闭塞落后的现状和推动资产阶级革命运动中起到了积极的作用，"故于革命之际，一呼四应，虽戴白垂髫，亦靡有所惊。倘亦以斯道觉斯民者之微效欤，故为辛亥革命之先声云尔"。[②]

除了在重庆的活动外，公强会还与外界保持联系，如童宪章曾代表公强会在东京活动，陈崇功、朱必谦等重庆留日学生积极参与了孙中山先生的建党活动。1905 年 7 月 14 日，在东京的重庆公强会代表童宪章、陈崇功等人，就是孙中山亲自主盟时加入同盟会的，他们是重庆最早的同盟会员。1905 年 7 月 30 日，他们又秘密参加孙中山在东京召开的同盟会成立筹备会议。8 月 20 日，中国同盟会正式成立后，重庆巴县的李肇甫在东京同盟会总部任职，担任了执行部书记。

李肇甫（1887—1951），字伯申，重庆市巴县人。1905 年，李肇甫考取官费生进入日本东京的明治大学法科。同年 8 月 20 日，同盟会成立，他成为首批同盟会会员，并担任执行部书记，后来又担任四川同盟会支部的负责人。1905 年 9 月，同盟会会员雷铁崖、董修武、李肇甫在日本东京创办白话文杂志《鹃声》，其发刊词阐述的宗旨是："望我们四川人，听了鹃声二字，就想起了亡国的惨历史，触目惊心。"李肇

---

① 《邹杰传》，收录于朱之洪主编《蜀中先烈备征录》卷 3，新记启渝公司代印，1923年。

② 陈新尼：《重庆早期的革命思潮和组织》，政协四川省文史资料研究委员会《四川保路风云录》，四川人民出版社 1981 年版，第 64 页。

甫是该刊的主要撰稿人之一。《鹃声》用通俗的白话文揭露深重的民族
危机和清政府的卖国行径。由于其鲜明的反清爱国旗帜而遭到清政府的
严禁，被迫停刊。1907 年，李肇甫率领留日学生大闹支持保皇党的清
政府驻日公使馆。在日本期间，李肇甫还购买运送军火支持黄花岗起
义。1910 年从日本回国，与杨庶堪、张培爵组织重庆同盟会核心"乙
辛学社"。李肇甫不仅勇气可嘉，还是一位擅长文官管理的优秀人才。
据吴玉章回忆："孙中山先生被推为临时大总统，中华民国临时政府于
1912 年元旦正式宣告成立。但是，根据临时政府组织大纲的规定，临
时政府只设立五个部，粥少僧多，怎能容纳这么多要作官的人呢？这
时，有一个叫李肇甫的同盟会员，在总统府秘书处工作，他出身于官僚
家庭，懂得旧式官府的那一套组织，于是由他提出一个扩大政府组织的
办法来，把差不多所有的人都安置下来了，因此大家都很满意。这个临
时政府，既有立宪党人，也有官僚军阀，但革命党人还是占着主要的
地位。"①

　　1913 年 2 月，全国举行正式的国会选举，李肇甫当选为四川省第
三区出席总议院议员。同年 7 月，孙中山领导的"二次革命"爆发，
李肇甫由于反对袁世凯公开逮捕国民党员而被通缉。1937 年抗战爆发
后，李肇甫返回四川，担任四川省临时参议会议长。1940 年 11 月任四
川省政府委员兼省政府秘书长。1948 年 1 月，国民党政府召开国民大
会，李肇甫被选为立法委员。同年 8 月，蒋介石提名李肇甫担任监察院
大法官。1949 年，想叶落归根远离政治舞台的李肇甫从南京回到家乡
重庆，任《国民公报》社长和南林学院院长，辅成法学院教授。在重
庆即将解放之前，蒋介石曾任命李肇甫为国民党非常委员会的非常委
员，但被李肇甫拒绝后，蒋介石又要他去台湾。为了拒绝蒋介石，李肇
甫甚至避入南林学院。他还拒绝国民党要他做的反共广播发言。据李肇
甫的晚辈回忆说，刘伯承曾带信请李肇甫去西南革大学习，李肇甫说：
"我不去革大，我也不从政。抗日时，我从政。抗日胜利之后，我就不
从政，我还是当大学教授或律师，或办报。"1951 年 7 月，辛亥革命元

---

① 吴玉章：《武昌起义前后到二次革命》，《辛亥革命回忆录》卷一，文史出版社 1981
年版，第 120 页。

老级人物、营救过共产党人、为七君子之一的沈钧儒辩护过的著名律师李肇甫在重庆病死于狱中。

作为重庆最早的同盟会会员之一的童宪章，不仅自己参加了同盟会，还积极发展辛亥革命的新生力量，为同盟会在重庆的组织发展做出了很大的贡献。童宪章是重庆巴县人，家中的长子。他从小好学，曾做过家庭教师，后进入东川书院读书，清末留学日本，就读于高级师范学校，在东京加入同盟会后，1905 年 12 月，童宪章奉孙中山之命，携带同盟会章程回国。童宪章回到重庆后，热忱地四处奔走，宣传同盟会的政治主张，为筹备、发展、建立组织做了大量工作。巴县的知名人士，如杨庶堪、朱叔痴、向楚、张培爵等都是他介绍加入同盟会的。"童宪章生性淡泊，不求荣利，见事功初有成效，便去成都从事教育工作。他为同盟会在巴县重庆打开局面，奠定基础的功绩是不会湮灭的。"① 另外，在长兄童宪章的教育、影响下，二弟童秉章、三弟童慎如都加入了同盟会，为辛亥革命做出了很大的贡献。童秉章经商成功，在上海商界很有声誉，他不仅资助自己的弟弟童慎如留学日本，还资助邹容去日本留学。当革命急需经费时，童秉章将自己冒死保管的"兰格志"川汉铁路股票在银行抵押了现银 25 万两作为军饷，并向众人宣布，如果蜀军起义成功，这笔钱就应该由政府偿还；如果革命不成功，他愿意用自己的身家性命抵还。在场的人十分感动。

除童宪章外，1905 年年底，陈崇功、朱必谦、杨霖等也从日本陆续回到重庆。他们都是肩负着孙中山"征集革命党员"② 的重任，将同盟会规章、公约和开展革命活动的策划书等带回重庆，开始筹建同盟会重庆支部的工作。由于公强会的政治取向、活动方式，尤其是人员构成与后来同盟会重庆支部的关系密切，而且也正是"通过公强会的活动，革命运动于同盟会成立前后在重庆已经具有一定声势"。③ 所以可以说，同盟会重庆支部的成立是以公强会为基础的，公强会会员后来大都加入

---

① 陈宛茵：《一门革命的童氏昆仲》，政协四川省巴县委员会文史资料研究委员会：《巴县文史资料第 8 辑》，1986 年版，第 19 页。

② 《重庆蜀军政府资料选编》，重庆地方史资料组 1981 年编印，第 135 页。

③ 俞笙：《重庆公强会散论》，《近代史研究》1987 年第 2 期。

同盟会，众人推举的同盟会重庆支部的负责人也是公强会发起人之一的杨庶堪。

孙中山曾说过，初期加入同盟会的"皆学问充实、志气坚锐、魄力雄厚之辈，文武才技俱有之。……各省中，以广东、湖南、湖北、四川人为最多"。① 重庆的情况也是如此，在东京仅巴县的留日学生1905年、1906年加入同盟会的就有16人。他们是童宪章、陈崇功、李肇甫、许行恪、童慎如、曾果能、曾福慧、朱必谦、陈觌、周晓峰、余耀荣、童显汉、王止堂、陈新孜、淡春谷、杨霖。② 还有些同盟会会员原来是袍哥会的，如重庆巴县的王止堂、陈新孜就是留学日本后，"知道专靠袍哥不能成大事"，③ 便转入了同盟会。

除上述12人，据笔者的不完全统计，重庆留日学生中早期加入同盟会的还有：1. 巴县：任鸿隽、石青阳、曾吉之、董鸿诗、董鸿词、江潘、胡景尹、龚秉权、胡南宾、李鯄阳、任鸿年、吴俊英、吴礼苍；2. 江津：王培菁、冉君谷、邓鹤丹、周常昭、曹麟书、刘季刚、聂祖辉、龚农瞻、龚焕成、丁慕韩、孙镜清；3. 长寿：涂德芬、马凌霄、韩锡番、左元晨、卢汗卿、杨重持；4. 忠县：吴恩洪、金少穆、秦希文、周武伟、马子尊、马仁庵；5. 开县：潘大道；6. 重庆府：盘铭；7. 秀山：杨柏舟；8. 石柱：熊福田；9. 黔江：温朝钟；10. 铜梁：杨霖、刘赓唐；11. 涪陵：李蔚如、高亚衡；12. 永川：黄大暹、皮学渊、郑东琴、盘铭、谢仲容、伍奎光、晏梓芹、黄镜渊、黄瑞麟、刘仲勋、袁国藩、钟雅琚、杜芬、朱月新、刘永图、黄镜湘、刘永图；13. 武隆：萧湘；14. 綦江：杨锦云、杨晴霄。

1906年初，同盟会重庆支部正式设立后延续了公强会的工作思路，决定利用工作之便，"以教育界人士和学生为主要对象，积极开展革命的宣传和组织发展工作，并逐渐控制了重庆教育界，使之成为领导和宣

---

① 《孙中山文集》卷一，中华书局2006年版，第286—287页。

② 据《辛亥革命时期（巴县部分人物简表）》统计，详见政协四川省巴县委员会文史资料研究委员会《巴县文史资料》第3辑《纪念辛亥革命75周年专辑》，1986年版，第87—89页。

③ 陈筱序：《袍哥唐廉江与辛亥重庆"反正"》，《辛亥革命回忆录》（七）。

传革命的阵地，并培养出了一批革命志士"。① 活跃在同盟会重庆支部的留日学生主要有石青阳、朱必谦、龚农瞻、金少穆、吴恩洪、刘赓唐、陈崇功、童宪章、程昌祺等。

石青阳（1878—1935），名蕴光，重庆市巴县人。清末秀才，后入重庆府中学，深受杨庶堪的影响。1905 年赴日留学，入大野县长町蚕桑学校学习蚕业。次年，在东京参加同盟会。1907 年回国，由孙中山任命为同盟会重庆支部理事。1908 年，石青阳变卖家产，在重庆南岸界石乡开办了四川第一家蒸汽缫丝厂——蜀眉丝厂，作为同盟会的联络机关和活动据点，并为革命筹集经费。在重庆宣布独立时，石青阳更是舍命在先，担任敢死队的队长。后来他还参加了孙中山领导的"二次革命"，召集旧部 3000 多人，1913 年任川东北游击军司令，与旧川军苦战于武胜、合川之间，失败后流亡日本。护国战争时，石青阳在酉阳、秀山、彭水组织中华革命军讨袁，胜利后在成都建立国民社，任理事长。1918 年，被广州军政府授予陆军中将衔、任川军第 6 师师长。1922 年，奉命回川慰劳军队。在四川酉阳龙潭收编旧部万余人，被大元帅府任命为四川讨贼军第一路总司令，攻占酉阳、涪陵。后改任讨贼军第 3 军军长，与熊克武共击吴佩孚指挥的北洋军及黔军、川军各部，失败后去广州，1935 年 3 月在上海病故。

同盟会重庆支部负责宣传的是巴县的朱必谦（1876—1966）。朱必谦是重庆较早的留日学生，又名蕴章。1900 年，朱必谦考取四川官费留日，第二年东渡日本学习警务，一年后学成回国。1903 年，朱必谦陪同时任川东劝业道的周善培又前往日本考察警政数月。回国后，朱必谦受聘于成都著名的四川陆军小学（后来演变为四川陆军军官学校），担任教学工作，培养了不少四川军政界的要人，如四川王刘湘，西南王刘文辉，风流将军杨森，抗日将军王铭章、李家钰、邓锡侯、王瓒绪、贺国光等，文教界的还有赖以庄、张真如、杨伯谦、胡子昂等。朱必谦的学生非常尊重他，到重庆来都要登门拜访朱必谦，向他行弟子之礼。辛亥革命失败后，军阀混战，民不聊生。朱必谦深感失望和愤懑，但他矢志不渝，邀集友人创办广益书局，出版书籍报刊，传播新文化知识，

① 隗瀛涛：《重庆开埠史》，重庆出版社 1983 年版，第 172 页。

启迪民智。与此同时，朱必谦坚持教育救国、实业救国，仍致力教育，兼办实业，抗日战争爆发前后，他与友人开办轮船公司、厚记兴业公司、永和铁厂、福华煤矿公司等企业。

1907 年，杨庶堪担任川南永宁中学校长，他邀请朱必谦及其三兄弟前往任教。在这里他们暗中宣传革命，积极发展组织，培养了不少革命骨干，永宁中学也成为革命党人的重要策源地之一。1910 年，朱必谦担任重庆巴县中学校长，他与重庆府中学堂校长杨庶堪等人相互密切配合，为重庆起义积极做准备工作。朱必谦组织了一批可靠的学生进行军事训练，作为起义时的武装力量。同时，朱必谦的兄长朱之洪，又暗中联络袍哥首领冉炳之，组织了二百多人的武装队伍，准备参加起义。他们兄弟二人堪称重庆辛亥革命的先驱。

龚农瞻（1883—1957），字延栋，重庆市江津县人。1905 年，龚农瞻考取公费留学日本，入明治大学法科学习，同年加入同盟会。1909 年毕业归国后担任贵州人高等审判厅民庭庭长，是同盟会贵州秘密联络点负责人。辛亥革命后，1914 年任川西道尹，次年入京述职，总统府授予三等勋章，被任命为三海关监督。因为经办人索贿银两万元，龚农瞻愤而不就，随后被任命为四川民政司司长，负责管理全省民政财务。袁世凯称帝，龚农瞻积极参加讨袁活动，后被通缉流亡日本。袁世凯死后，龚农瞻回国，提倡实业救国，与友人组建"务通轮船公司"，在黑龙江省创立甲寅垦殖社，试行南稻北移，但都没有成功。后举家迁移北京，任财政部参事。1932 年，龚农瞻回到重庆，在江津筹建县农工银行，任银行经理。江津县创办图书馆时，龚农瞻先后捐献《四库备要》、《万有文库》等书籍数千册。抗日战争期间，又与友人创立合众轮船公司，任董事长。中华人民共和国成立后，被任命为西南军政委员会人民监察会委员，后任云南省政协委员。

生于书香门第的金少穆，重庆忠县人。他自幼聪明，抱负远大，1905 年官费留学日本，攻经济学。在日本留学期间，金少穆与孙中山一见如故，成为孙中山的挚友，也是最早加入同盟会的会员之一。"二次革命"后，金少穆与孙中山一道赴台北转道去了日本。金少穆跟随孙中山先生一起在国外边行医、边筹款，学习西方民主制度，寻求救国救民之道和重整革命大业方案。他先后跟随孙中山先生到过日本、新加坡、马来西亚等国。1914 年 5 月，金少穆因父亲病重返回家乡。虽然已经是民国了，但当时忠县还是旧风旧俗。于是，金少穆在家乡开展了一场声势浩大的动员乡民们"剪辫子"、妇女们"放小脚"等活动，在亲朋好友聚会时、在赶场天等凡是人多的地方，他都大讲三民主义，积极地宣传孙中山先生的革命主张。同年，孙中山致电金少穆，请他再赴日本一起讨论救国救民大事。为了资助革命事业，金少穆的父亲金庆瑄卖掉了四百担积谷和部分家产以及亲友们的资助，凑足了 800 个大洋交予金少穆，要他转交孙中山先生。不幸的是，金少穆行至奉节，得急病过世。孙中山得知噩耗后十分震惊和悲痛，随即委托徐堪（原国民政府行政院院长）立即到奉节县理丧，并亲笔书写了挽联："天不许再到东京生还忠郡，君岂忍远离西蜀死在夔门。"同盟会会员冯玉祥将军的挽联是："忆惜而归东京已过无双品；至今已亡西蜀谁为第一人。"国民政府行政院长徐堪的挽联是："百年名士几何人短命颜回今未死；一面缘朋偏有我伤心季子结来生。"这些挽联给予了金少穆极高的评价，特别是孙中山先生能亲自书写挽联，恐怕在整个西南地区，特别是忠县当数第一人。①

吴恩洪（1878—1920 年 9 月）是重庆忠县的名门望族，他就读于东京法政大学。1905 年，孙中山先生在日本东京将兴中会、日知会、光复会等革命组织改组为中国同盟会。胸怀救国之志的吴恩洪不仅自己成为最早的同盟会会员之一，而且还是川渝著名法学界元老熊福田加入同盟会的介绍人。1910 年，吴恩洪回到忠县，组织同盟会会员于宣统三年（1911）十月五日起义，被推举为忠县临时军政府总理，后就任辛亥革命后万县第一任知县、重庆府知府、巴县首任县知事。"在经费紧张时，吴恩洪卖掉自家 50 亩田产，无偿献给巴县军政府公用。他整顿治安，提倡简朴，政声卓著，当地士民在南温泉花溪堤坎附近为他立了德政碑。"② 1913 年 8 月，吴恩洪同熊克武、杨庶堪响应孙中山"二次革命"的号召，在重庆与熊、杨一起讨袁。失败后，吴恩洪带着家人再赴日本以教小学为生从事革命活动。1919 年回国，1920 年 9 月 18

---

① 钟达：《孙中山给我表叔赠挽联》，《文史月刊》2001 年第 11 期。
② 陈仁德、袁代奎：《忠州辛亥革命先驱吴恩洪》，参见辛亥革命网：http://www.xh-gmw.org。

日，猝死于万州赴渝的外轮中。

再有，如朱必谦担任巴县中学校长、杨霖担任川东师范学堂校长、童宪章担任四川陆军小学堂教习、陈崇功在正蒙公塾任教，他们在学校，"皆诵说革命"，把重庆府中学堂变成了同盟会重庆支部的活动中心，在宣传和组织革命活动中发挥了很大的作用，有不少教师和学生陆续加入同盟会，重庆黔江人温朝钟就是在重庆黔江留日学生、同盟会会员程昌祺的鼓励下投身革命的。

程昌祺（1881—1941），号芝轩，重庆黔江青冈乡人，少年勤奋好学，就读于成都高等小学堂，后以优异成绩考取官费留学日本，就读日本弘文师范学校。程昌祺学成回国后在川东师范学校任教。程昌祺在日本、成都、重庆等地结识革命同志，深受革命影响，加入了同盟会，从事革命活动。1906 年，他与赴省考学的同乡温朝钟相遇，两人畅谈国事，志同道合，程昌祺将革命书籍赠送给温朝钟，并介绍他加入同盟会，支持温朝钟组织起义。温朝钟就此放弃了学业，开始了职业革命者生涯，遍游川鄂湘黔，广交革命志士，还操习剑法，练就一身功夫，在汉口学造炸弹。随后温朝钟带着《革命军》、《同盟会宣言》等革命书籍回到黔江，翻印《灭清八策》，进行革命宣传。每逢集市，即在群众中演说。还倡建"风俗改良会"，提倡"习武强身，强身保国"，入会群众达一万余人。温朝钟与黄玉山等人组建了"铁血英雄会"。1909 年，"铁血英雄会"更名为"川鄂湘黔铁血英雄联谊会"，提出"义联英俊，协和万邦；推翻满清，打倒列强；复兴中华，实行共和"的政治纲领。1910年，湖北施鹤道贴出告示，通缉温朝钟等人。温朝钟便改名孔保华，到四川江津、永川等地，联系同盟会友，继续反清起义活动。

三　留日学生与辛亥革命

1911 年发生的保路运动是辛亥革命的导火线，并最终导致清朝灰飞烟灭。从 19 世纪末以来，帝国主义开始对中国铁路投资，争夺铁路的修筑权。粤汉、川汉铁路是沟通南北和深入内地的两条重要干线，因而成为帝国主义争夺的目标。为了夺回这两条铁路的自办权，由四川省留日学生首倡，经四川总督锡良奏请，1904 年在成都设立了"川汉铁路公司"，第二年改为官商合办，1907 年改为商办有限公司。该公司采取"田亩加赋"，抽收"租股"为主的集股方式，自办川汉铁路。经过几年的筹集，四川修筑铁路的股金，不仅来自绅士、商人、地主，而且农民购买的股份占很大比例。1911 年 5 月，财政困难的清政府在英、美、法、德等国要挟下，宣布"铁路干线国有政策"，规定 1911 年前所有集股商办的铁路干线，必须由国家收回，并强收川汉、粤汉铁路为"国有"，随后与美、英、法、德四国银行团订立借款合同，总额为六百万英镑，公开出卖川汉、粤汉铁路修筑权。这一举动激起湘、鄂、粤、川人民的反对，从而掀起了轰轰烈烈的保路运动。四川的保路运动最为激烈。

重庆武隆的留日学生萧湘（1871—1940）是四川保路运动的倡导、组织者之一。1906 年 5 月，萧湘与蒲殿俊等在日本东京成立"川汉铁路改进会"，联名要求清政府将川汉铁路改官办为商办。1909 年萧湘在《蜀报》上发表了《驳铜元局挪用事件之详议》等文，揭露官吏挪用路款等腐败行为，激起民愤，为后来组织保路同志会奠定了一定的思想基础。1911 年 6 月 17 日，四川成立保路同志会，推举四川咨议局议长蒲殿俊、副议长罗纶为"四川保路同志会"正副会长，萧湘则担任"四川保路同志会"驻京及联络泸鄂两省代表①。保路运动以"破约保路"② 为宗旨，以磅礴之势席卷全川，全川各地纷纷响应，成立保路分会和协会，四川女子保路同志会、重庆保路同志协会和各州、县、乡、镇、街、各团体保路同志分会相继成立，会员多达数十万。

在同盟会重庆支部的推动下，继 6 月 28 日重庆成立保路同志协会之后，所属各州县也纷纷成立保路同志会，仅一个半月时间，保路同志会风靡全渝，保路运动更加深入开展。7 月 19 日，荣昌县保路同志协

---

① 同年 7 月 17 日，萧湘于离京返回途中，在四川总督赵尔丰的授意下，湖广总督瑞澂以"来鄂潜伏、煽动革命"等罪状将萧湘拘押于武昌府署两月，武昌起义后，萧湘方获释。1923 年，萧湘脱离政界，返涪陵定居。回到家乡后，萧湘热心地方公益，灾荒之年，他尽其所能赈济灾民；为建立涪陵第一个图书馆——存古图书馆，他四处奔走，捐出自己的所有图书。参见萧方域《追寻先辈足迹 传承辛亥精神》，辛亥革命网：http://www.xhgmw.org。

② 所谓"破约保路"是指打破以前约定的"只求争路，不反官府，不打教堂，更不得聚众暴动"的限制。由立宪派发动和领导的四川保路运动开始力图把运动控制在文明争路的范围内。

会成立。7 月 20 日，永川县保路同志协会正式宣告成立。7 月 21 日，大足县保路同志协会成立。7 月 23 日，铜梁县保路同志协会成立。7 月 26 日，重庆女界保路同志协会成立。7 月 31 日，江津县保路同志协会成立。7 月，长寿县保路同志协会成立。重庆及各属保路同志协会的普遍建立，使重庆保路运动出现了"同志会日壮大，演说者集万众，哗动一时"① 的大好形势。

与成都等地区的保路运动不同的是，同盟会重庆支部一开始就掌握着运动的领导权。② 重庆保路同志会的领导人审时度势，充分吸取其他省市革命的经验教训，他们针对重庆当时革命条件并不十分成熟、清军戒备又森严的实际情况，为了不引起清政府的注意，同时获得更多群众的支持和信任，决定不公开鼓动闹事和采取暴力行动，而是周密计划，认真部署，团结各方力量，做了很多有效的准备工作，暗中准备起义。

在同盟会重庆支部的策动下，重庆以下各州县先于重庆而起义独立；各州县"皆以重庆机关部为革命枢纽"。同时，各州县的起义独立又给清王朝在重庆的统治造成了严重的威胁，为重庆独立创造了条件。与此同时，重庆独立的准备工作也在加紧进行。杨庶堪是总指挥，留学日本回来的陈崇功、杨霖负责联络会党等工作。由于重庆的教育机构几乎全为同盟会党人所掌握，发动起义的工作首先是以学校为重点的，"诸校学生在党人群效奔走，会员防军皆已密约待命"。③

1911 年 11 月 5 日，在日本学习军事的夏之时策动成都龙泉驿新军 230 多人武装起义，杀死清军司令后，一路攻占简阳、乐至、安岳、潼南、合川，于 11 月 18 日兵临重庆。夏军到来后，给正筹划起义的重庆革命党人以极大的支持，他们派人与夏之时联系后，得到了夏军的援助。

联络人朱之洪回城向杨庶堪汇报了与夏军联系的情况后，同盟会重庆支部召开紧急会议，决定以和平的方式发动重庆独立，并根据同盟会

---

① 《重庆蜀军政府资料选编》，第 8 页。
② 周勇：《重庆辛亥革命史》，重庆出版社 2011 年版，第 99 页。
③ 隗瀛涛、赵清主编：《四川辛亥革命史料》，四川人民出版社 1981 年，第 448—468 页。

的有关章程和武昌起义的成例，将新政府定名为"蜀军政府"。会上还决定了新政府的组织大纲要点，拟定了处置清吏、维持治安等办法。11月21日，杨庶堪密约各界代表在总商会聚集，由朱之洪宣布夏之时率军即将入城，重庆独立已是水到渠成。不过，那时候重庆城有高大的城墙护卫，城门平时是九开八闭。在得知夏之时率领新军革命队伍要来之际，重庆知府钮传善已下令将全部城门紧闭，企图阻挡夏军入城。

1911年11月22日，重庆城内的同盟会党人宣布起义，并分头控制了城内各要害地区部门。这天，朱必谦青衣短服，手提指挥刀，不顾个人安危冲在前面，率领学生军持枪冲向通远门，强力斥退守城的清兵，朱必谦手起刀落，斩断了城门的铁锁，打开城门在城头插上起义军旗帜；而先前越墙而过的朱之洪等人，在两路口与夏之时军汇合。至此里应外合，重庆城为起义军全部占领。重庆兵不血刃，宣布独立，揭开了重庆历史上新的一页。次日，蜀军政府宣告成立，朱必谦任总务处副处长、李湛阳任财务部部长、杨霖任交通部部长、陈崇功任交通部副部长。

"重庆革命党人从清朝统治者手中不费一枪一弹、不伤一兵一卒就夺得政权，不经流血就和平宣布独立的奇迹了。"[①] 而且作为同盟会重庆支部骨干力量的重庆留日学生在保路运动和后来的辛亥革命中表现杰出，他们或公开演讲，或秘密联络，或担任敢死队首领，为辛亥革命英勇无畏，作用突出。

杨霖，字席缙，巴县人，1903年留学日本，1905年8月首批入同盟会，1909年任川东师范学堂校长。1911年7月，重庆保路同志协会连续召开动员大会，杨霖与同盟会其他会员登台演讲，"慷慨陈词，激励民众，宣传保路主张"。同盟会员在重庆大张旗鼓地宣传革命，促使重庆保路运动更加深入发展，也引起帝国主义和清朝重庆政府的严重不安，日本驻重庆代理领事河西就要求川东道朱有基在渝多备兵勇驻扎，以资保护。[②]

---

① 向思立：《重庆辛亥革命札记》，重庆市委员会文史资料研究委员会：《重庆文史资料选辑第12辑》，中国人民政治协商会议四川省重庆市1981年版，第39页。
② 周勇：《重庆辛亥革命史》，重庆出版社2011年版，第100、106页。

杨霖与陈崇功在同盟会重庆支部组织的起义中，出色地完成了联络任务，壮大了重庆反清起义的力量。

由于重庆的保路运动一开始就是"表面借争路为幌子，以激扬民气，而行排满革命之实"。① 因此同盟会重庆支部十分注意掌握武装力量，通过各种渠道、方式联络其他的反清武装力量。如通过袍哥控制了部分清军，驻重庆的清巡防军、水师炮船部队中的不少官兵都愿意投诚革命。当时同盟会会员杨霖、陈崇功负责与会党②首领况春发、熊宅安、关绍州、关炳成等联络，动员他们在清军中发展反清的武装力量，购买枪支军火的费用，等革命成功后如数奉还。况春发是重庆巴县的拳术师，很早就参加了以反清复明为宗旨的哥老会，但他认为哥老会鱼龙混杂，散沙一盘，既无严密组织，又无周密计划，简直不能与同盟会相比。于是，与杨霖、陈崇功等一拍即合，况春发作为哥老会的头面人物积极参与起义。③ 况春发私人出钱购买刀枪，组织了 300 多人的"义勇队"。当宣布重庆独立时，况春发手执大刀，带领这支队伍"巡行市中，大呼中华民国万岁！闻者壮之"。④ 重庆蜀军政府成立后，况春发功成身退，以修鞋为业，被传为美谈。

同样是留日回来的石青阳则是同盟会重庆支部与清朝重庆当局武装抗衡力量的掌控人之一。1911 年 4 月，同盟会总部在广州发动了震惊中外的"黄花岗起义"。同盟会重庆支部积极响应，并效仿黄花岗起义组织了敢死队，队长就是石青阳。⑤ 在朱之洪出城迎接夏之时的时候，杨庶堪、张培爵等人召集全城官绅商学各界代表开大会宣布重庆独立，石青阳率领敢死队，护卫杨庶堪、张培爵到会场，在重庆独立中发挥了不可或缺的作用。重庆成立蜀军政府后，起义部队改为义勇军，石青阳又担任标统。⑥

---

① 《重庆蜀军政府资料选编》，第 30 页。
② 会党是指鸦片战争后以反清复明为宗旨的民间秘密团体的总称。
③ 傅德岷、李书敏：《巴渝英杰名流》，重庆出版社 2004 年版，第 185 页。
④ 民国《巴县志》"况春发传"。
⑤ 中国人民政治协商会议四川省巴县委员会文史资料研究委员会：《巴县文史资料》第 3 辑《纪念辛亥革命 75 周年专辑》，1986 年版，第 49 页。
⑥ 熊飞宇：《有关重庆辛亥人物石青阳的两件珍贵文献》，《云南档案》2012 年第 1 期。

李湛阳（1872—1920），号觐峰，是重庆首富李耀庭的次子，早年留学日本，回国后历任广东巡警道道台、四川巡防军统领、资政院议员等职。1911 年 10 月，端方率军至重庆，便委任在重庆探亲的李湛阳为巡防军统领，负责招募新兵。李湛阳借招募新兵之便介绍了一批青年同盟会会员渗入巡防军担任中下级军官，由此控制了这支队伍，为不鸣一枪一弹的重庆起义做出了重大贡献，人们推李湛阳为蜀军政府都督，他坚辞不受。

重庆江津有不少从日本留学回来的同盟会会员，如冉君谷（名献琛）、邓鹤丹、周常昭、聂祖辉、王雅莪（名培菁）、龚农瞻、丁慕韩等，他们根据"驱除鞑虏、恢复中华、建立民国、平均地权"的纲领，在民间积极发动群众。

冉君谷（1872—1949），名献琛，1904 年留学日本宏文师范学校，经孙中山介绍入同盟会。1907 年回国，在重庆以创办同文石印局作掩护，秘密宣传孙文主义。在江津起义中，冉君谷一方面与同盟会重庆支部保持联系；一方面多次与县令吴良桐交谈，最后做通吴良桐的工作使他交出了县印。1913 年，冉君谷在重庆协助熊克武讨伐袁世凯失败后，受通缉。1927 年回江津，任江津中学校长，并在巴县小南海创办了谷土中学，提倡男女入学。"君谷性豪爽，常为人排难解纷，人皆悦服。"[①]

重庆铜梁县人周征褰（1880—1945），字梦岩，肄业于重庆川东书院，留学日本。武昌起义后回重庆，与重庆川东师范校长杨霖商量起义。杨霖以铜梁、大足革命任务托之。周征褰回到铜梁县召集了当地名士周克山、吴大猷等人力促清政府县令唐绍皋起义投诚。周征褰演说时，声泪俱下，闻者动容，他还手执大旗走在游行队伍的最前面大振革命声势。后来，铜梁县区乡保路同志军直逼城下，唐绍皋被迫交出官印，悄然出走，铜梁光复。1922 年铜梁驻军以军饷款不足为由，欲收"门户捐"，消息传出，县人哗然，周征褰见义勇为，率领师生罢课反对，迫使军阀屈服。1927 年，重庆发生"三·三一"惨案，县人游行

---

① 江津县政协文史办整理：《冉君谷简介》，《江津文史资料选辑第 5 辑》，商务印书馆 1994 年版，第 34 页。

示威，声讨军阀罪行，其悲壮激昂的宣言就是出自他的手笔。1938年前后，他还积极支持自己的子女先后去延安，寻求救国救民真理。1945年，已经重病在床的周征襄还非常关心抗日战争形势，当他得知日本投降的胜利消息时，不胜欣喜，好像病已大愈。

留日学生不仅是辛亥革命的主力军，而且在后来的政治军事舞台上也扮演着重要角色，如反对"二十一条"（1915年）、反对中日军事协定（1918年）、抗议日本出兵济南（1928年）、抗议日本入侵东北（1931年），直到抗战爆发，他们每次都挺身而出，"忽而慷慨归国，忽而亡命续学，而且大多以群体运动的形式出现"。①

四　为理想献身的留学生

重庆是孕育英雄的热土。重庆山势陡峭、江河湍急、气候炎热，生活在这样自然环境中的重庆人自古"天性劲勇，陷阵锐气喜舞"。② 富有革命理想和激情的重庆留日学生承传了"巴渝儿女刚毅坚韧、尚武好勇"的个性，为改变落后贫穷的祖国而甘洒热血写春秋。

李蔚如（1883—1927），字郁生，号鸿钧，四川省涪陵县人。李蔚如于1889年考入重庆正蒙公塾，1904年春赴日本成城学校留学。1905年，李蔚如因参加反对日本文部省发布的《取缔清国留日学生规则》的活动，离开东京归国，9月，加入中国同盟会，1906年春重返日本，考入东斌学校。1908年8月，奉孙中山之命返回建立同盟会四川据点，准备反清起义。1911年3月，参加广州起义，失败后于6月返重庆，在重庆体育学堂担任教习。期间，李蔚如训练学生军，制造炸弹，组织炸弹队，积极准备起义。11月22日，在当天同盟会重庆支部召开的各界代表大会上，李蔚如率敢死队员，手持炸弹，威逼守门清兵打开城门。12月，蜀军政府委他为涪陵地方司令长官。在涪陵，李蔚如为民做好事。他镇压豪强，破除迷信，宣传科学。次年4月，调任川军第5师一等参谋兼重庆镇守使署参谋。1913年，他参加四川讨袁军，失败后离重庆赴上海，再次东渡日本，进入日本军校学习。1915年年底回

① 王奇生：《中国留学生的历史轨迹》，湖北教育出版社1992年版，第101页。
② 薛新力：《重庆文化史》，重庆出版社2001年版，第48页。

国参加蔡锷领导的护国战争，胜利后任重庆镇守使参谋长、四川督军署参谋长等职。

对于当时军阀混战、民不聊生的现状，李蔚如十分不满，1924年他辞职回到家乡，1925年开始与刘伯承、杨闇公来往，接受了马列主义思想，1926年，毅然加入中国共产党。1926年下半年起，李蔚如开始从事农运工作，在地方建立农民协会和农民武装，为配合刘伯承等领导的"泸顺起义"，他曾亲自带领3000人的农民军参加武装斗争。为了宣传革命，促进社会，李蔚如还创办了弋阳国民师范学校、团练传习所、《涪陵新报》。1927年，重庆发生了震惊中外的"三·三一"惨案，李蔚如在涪陵保护了"三·三一"惨案的幸存者，使涪陵成了川东革命力量的一个据点。对此，反动势力极为恐惧，伪装革命者骗取了李蔚如的信任后将其逮捕，7月8日李蔚如在重庆黄桷垭被杀害。

王培菁（1884—1913），字雅裁，江津县人。1902年，身材魁梧、勇武有力的王培菁被选送到日本士官学校学习。在日本留学期间，王培菁与熊克武等结成好友，都参加了同盟会，1908年与熊克武、但懋辛等回国。1910年回到家乡后，他和家人率先剪掉辫子，深入各场镇广泛宣传革命，唤起群众投入反清斗争，积极参与武装起义。重庆蜀军政府成立后，合江的清兵坚守城池负隅顽抗，于是命令王培菁为进攻合江的同志军南路司令①，率江津第二边防营及安定营攻打合江，不到十天便取得了胜利。1913年，重庆蜀军政府与四川军政府合并，重庆设镇守使，准备让熊克武担任此职，而袁世凯的党羽周俊也想任此职。为了争权夺势，翦除异己，周俊以到师部聚餐为由，只邀请王培菁一人入内，将王培菁的护兵挡在外面。王培菁进入后便惨遭伏兵捆绑枪杀，年仅29岁。

巴县的淡春谷（？—1916），字宅旸，他少年时就读于正蒙公塾，青年时留学日本，1905年参加同盟会，成为职业革命家。1905年年底，淡春谷因反对日本文部省颁布的《取缔清国留日学生规则》而愤然回国，在上海与同盟会同志建中国公学，自任学校干事，在学生中秘密传

---

① 庞国翔：《江津：辛亥反正》，载《重庆政协报》2011年10月25日第3版。

播革命思想，吸引了不少学生加入同盟会，成为上海地区革命领导人之一。辛亥革命前，淡春谷回到四川，与杨维、熊克武等在成都及眉山、泸州等地开展秘密起义活动，原定 11 月在成都起义，但被泄密，有六人被捕，淡春谷幸免逃脱。壮志未酬的淡春谷变卖家产，继续革命活动，后"与宋教仁等策划武昌起义，辛亥革命成功，实有春谷一份功劳"。① 宋教仁被刺杀、袁世凯称帝，淡春谷坚持讨袁，后为袁世凯密探抓捕入狱，1916 年 2 月 6 日遇害。

重庆开县人潘大道（1888—1927），字力山，留日期间加入同盟会。1911 年从日本早稻田大学学成归国，在清政府学部考试中名列前茅，被四川当局聘为四川省法政专门学校教授。在去成都途经万县时，潘大道与万县同盟会员熊桦策动清军巡防反清投奔革命军政府，1911 年 11 月 25 日，万县"高树汉帜，反正万县，鸡犬不惊，欢声载道"，万县宣告独立。② 而李肇甫则在济宁用手枪威逼济宁州府向革命党投降，还逼着知县知州挂白旗。和李肇甫一样，潘大道也是位著名律师，曾任成都法制局局长、四川政务厅厅长，还一度代理过省长。1918 年，潘大道受聘为北京大学教授。1919 年冬，留学美国，专攻政治学。1922 年回国当选为国会宪法起草委员会委员。1923 年，他从立法的角度坚决反对曹锟贿选，1926 年，发生屠杀学生的"三·一八"惨案，潘大道受学生委托担任律师，揭露北洋军阀政府屠杀无辜民众的暴行，为青年学生伸张正义。同年夏天，潘大道去上海法科大学任校长。1927 年，敢于大胆抨击时弊的潘大道被暗杀。

重庆忠县的留日学生秦希文、秦伯卿也是富于理想、追随革命的优秀学子。

秦希文（1887—1916），字幼安，出生于忠县一书香门第之家。1905 年春，秦希文离开南洋公学，跟随黄兴东渡日本，加入同盟会。

---

① 《辛亥革命时期巴县人物简介》，政协四川省巴县委员会文史资料研究委员会：《巴县文史资料》第 3 辑《纪念辛亥革命 75 周年专辑》，1986 年 12 月版，第 90 页。

② 奚应沅：《下川东夔绥各属光复纪略》，《武昌起义档案资料选编》下卷，第 452 页。转引自隗瀛涛《四川近代史》，四川省社会科学院出版社 1985 年版，第 551 页。

秦希文在日本一边求学，一边跟随黄兴进行革命活动。1908 年 3 月，秦希文跟随黄兴所率领的一支以华侨同盟会会员为骨干的二百多人队伍攻入两广交界的钦州、廉州和上思一带，历时四十天，转战数十乡镇，终因寡不敌众，秦希文与黄兴一起败退越南。1913 年 7 月，黄兴赶到南京成立讨袁军，秦希文参与机要，后随其流亡日本。1915 年，秦希文密藏孙先生签发的委任状回到北京，从事秘密的倒袁反复辟活动。1916 年 1 月，秦希文在北京的活动被暗探发觉跟踪，遭到逮捕，委任状也被搜查出来。袁世凯于春节前夕，下令将秦希文等百余革命党人枪杀于北京菜市口。1917 年夏，国民革命政府四川省都督府追认其为革命烈士，决定将秦希文灵位安放于成都忠烈祠内。①

重庆最早的官费留日学生黄大暹也是辛亥革命的烈士。黄大暹青年时受其父黄秉湘"维新"思想的影响，放弃科举仕途，留学日本，以优异的成绩毕业于日本东京帝国大学。在日本留学期间，与梁启超、蔡锷等结为知己。民国三年创办大精盐公司，致力于实业救国。1915 年，袁世凯伪造民意，准备于次年元旦称帝。该年 11 月，梁启超令黄大暹辅助蔡锷悄悄离开北京到天津，取道日本，经香港返滇。12 月 25 日，蔡锷在云南举起反袁大旗，护国战争爆发。蔡锷挥师北上入川，黄大暹随军先行。1916 年春进入四川，代表蔡锷全权代理省政府的接收工作。1916 年 6 月，北京政府改组，黄大暹任财政部次长。同年 7 月，在四川军阀内部的混战中，黄大暹不幸牺牲。梁启超在北京松树胡同修建松坡图书馆及蔡公祠，将黄大暹等 11 人列入祠中祭祀。②

1914—1936 年，重庆留学日本的进步青年，发扬了清末留日学生的革命传统，寻找救国之路。他们积极接受新思想、新理论，从追随孙中山的三民主义到信仰马克思主义，成为重庆地区早期的马克思主义者和共产党人。杨闇公、漆南薰、秦伯卿、李初梨等是其中杰出的代表。

---

①　阎钢、袁代奎：《重庆辛亥英烈之忠州骄子秦希文》，参见辛亥革命网：http：//www.xhgmw.org。

②　雷春霞编辑：《忠州英烈秦希文》，参见辛亥革命网：http：//www.xhgmw.org。

　　杨闇公（1898—1927），四川党团组织主要创建人和大革命运动的主要领导人，重庆革命领袖。少年杨闇公胸怀救国救民之志。1913年，年仅15岁的杨闇公考入江苏军官教导团学习军事，受孙中山三民主义影响加入国民党后，即投身反对袁世凯的斗争。反袁斗争失败后，1917年，杨闇公东渡日本，入成城学校补习日语。"次年，转入日本士官学校攻读军事。因积极参与留日同学读书会，被日本警视厅拘留。获释后，开始阅读《资本论》、《社会主义精髓》等进步书籍"。① 为了声援"五四"运动，杨闇公与留日学生和爱国华侨到中国驻日公使馆请愿示威，与毒打请愿学生的日本警察搏斗，被日本警方拘留8个月。

　　杨闇公出狱后，1920年被迫返回祖国。1920年秋回重庆开始积极从事马克思主义的启蒙宣传活动。1921年冬，去成都参加留日学友读书会。1924年1月，与吴玉章等在成都创立了中国共产青年团，创办机关刊物《赤心评论》。同年7月，杨闇公回到重庆，在党中央特派员萧楚女的指导下从事党建工作，组成重庆支部，并任组织部长。后又建立了社会主义青年团的外围组织——四川平民学社，出版了机关刊物《爝火》。在重庆，杨闇公领导了无数次反对帝国主义暴行的斗争。1924年11月，杨闇公与萧楚女组织社会力量抗议日本商船打死中国海关人员的"德阳丸"暴行②，迫使日本调回了驻重庆领事，军阀政府也撤换了重庆海关监督。1925年7月，英国水手在重庆南岸无故杀死我同胞数人，杨闇公和冉均、罗世文等人领导重庆人民团结起来打击了帝国主义的嚣张气焰。

　　1925年初，"杨闇公当选为社会主义青年团重庆地委书记后由团转入中国共产党。1月18日，重庆国民会议促成会成立，杨闇公被选为负责人之一"。③ 1926年9月，在万县，英国军舰炮轰我同胞，致使近

---

① 四川省潼南县志编纂委员会编纂：《潼南县志》，四川人民出版社1993年版，第868页。

② "德阳丸"是日本一艘货轮的名称，德阳丸轮船于9日私运劣币，抗拒检查，打伤重庆海关稽查员，因而激起了民众的义愤。

③ 四川省潼南县志编纂委员会编纂：《潼南县志》，四川人民出版社1993年版，第869页。

千人伤亡。杨闇公作为"万县惨案重庆国民雪耻会"的主要负责人，带领群众抵制英货、游行示威、罢工，最后英国军舰仓皇逃离。

1926 年 10 月，杨闇公与刘伯承、朱德等组成了中共重庆地委军事委员会，兼任书记，决定举行顺庆、泸州起义，并宣布成立国民革命军川军各路军总指挥部。1926 年 12 月 1 日和 3 日，泸州和顺庆先后爆发武装起义，杨闇公与刘伯承等赶到合川，负责顺、泸起义的组织领导工作。起义在十分艰难的形势下坚持斗争半年之久，终因敌强我弱而失败。但这次以杨闇公为首的中共重庆地委有计划、有组织的武装斗争实践，作为大革命时期中国共产党人独立开展军事斗争的一次重要尝试，在中国共产党武装斗争史上留下了光辉的一笔。

1927 年，在重庆"三·三一"惨案中，杨闇公虽然跳出城墙脱险，并转移到江北。但他不顾个人安危，4 月 1 日晚回到市区召集党团负责人召开秘密会议。4 月 3 日晚，杨闇公准备乘"东亚"号轮船去武汉向中央汇报。第二天早上，在船上被敌人逮捕。在狱中，他被敌人严刑折磨，仍坚贞不屈。4 月 6 日晚，他在刑场上高呼"打倒帝国主义！打倒军阀！中国共产党万岁！"等口号，壮烈牺牲于重庆浮图关。

漆南薰（1892—1927），名树菜，字兰薰、南薰，重庆市江津县人。1915 年，漆南薰赴日本留学，入东京第三高等学校，加入同盟会，毕业后，考入京都帝国大学经济学部，写成了《资本帝国主义与中国》的论文。1924 年回国，在上海政法大学任教。1925 初，写成《帝国主义铁蹄下的中国》。此书阐述了资本帝国主义的性质，并以大量的事实揭露了资本帝国主义列强侵略中国之真相。"此书由郭沫若作序，萧楚女十分推崇，提议国民和革命青年'人手一卷'。数年间此书连续刊印七版，为宣传马克思主义作出了卓越贡献。"[1]

1925 年秋，漆南薰回到重庆，任重庆《新蜀报》主笔，"从 1925 年冬到 1927 年 3 月，他热情宣传革命理论，几乎每天都要为报纸撰写一篇社论。此外还写了大约 300 篇文章，近 100 万字。他被誉为萧楚女

①　傅德岷、李书敏：《巴渝英杰名流》，重庆出版社 2004 年版，第 38 页。

之后的一位'有声有色的报人'"。① 北京"三·一八"惨案发生后，
作为国民党重庆市党部执行委员的漆南薰同共产党人杨闇公、刘伯承紧
密合作，共同组织了声援北京"三·一八"惨案、万县"九·五"惨
案的活动。漆南薰还经常公开演讲，淋漓尽致地揭露帝国主义和封建军
阀压迫剥削中国人民的罪行，系统地宣传孙中山先生的联俄、联共、
扶助农工三大政策。1927 年 3 月 31 日，中共重庆市地方执行委员会
和国民党四川省左派省党部等在打枪坝举行"重庆各界反对英帝炮击
南京市民大会"。会前反动军阀已经扬言要杀杨闇公、漆南薰等人士，
但他不顾个人安危，在大会开始之前到达会议主席台，担任大会执行
主席职务。当大会即将开始时，四川军阀刘湘、王陵基突然对群众进
行血腥大屠杀，漆南薰赶紧去主席台阻止暴徒行凶，不幸中弹受伤，
后从主席台后面的城垛跳下，被伏击在城外的军阀暴徒逮捕，当即遭
杀害。

秦伯卿（1898—1931），原名秦正树，出生于重庆忠县石宝寨富绅
之家，但他特别崇尚孙中山、秋瑾的革命活动，常吟诵秋瑾"不惜千
金买宝刀，貂裘换酒也堪豪；一腔热血勤珍重，洒去犹能化碧涛"的
诗句，抒发自己的壮志豪情。为了寻求真理，救国救民，1914 年秋，
秦伯卿毅然自费东渡日本，就读于东亚同文学校，后升入东京明治大
学。在秦伯卿留日期间，日本思想界十分活跃。早在 1906 年，日本的
《社会主义研究》杂志就全文发表了《共产党宣言》的译文，马克思主
义已在日本知识界广为传播。秦伯卿经常去聆听日本进步学者讲授马克
思主义理论，还去听京都帝国大学的马克思主义理论家河上肇讲《政
治经济学》。他如饥似渴地学习、研究马克思主义理论，为投身革命奠
定了思想基础。

1920 年，秦伯卿从日本回到成都，同杨闇公、杨衡石、童庸生、
刘愿庵等同志一道，组织了"马克思主义研究会"，学习宣传马克思主
义理论，宣传、教育民众，决心改造中国，走俄国革命的路。1921 年
秦伯卿回到忠县，与留日归来的同盟会会员马仁庵共同创立了忠县第一
家报刊《忠县旬刊》，宣传新思想，"说论危言、颇为时人注视"。继

---

① 龚由甫：《漆树菜传》，共青团江津县委 1992 年版，第 157 页。

后，秦伯卿以自治会代表的名义赴成都与王右木①等取得联系，1922 年
10 月参加了成都社会主义青年团，接着又参加了王右木、吴玉章、杨
闇公组织的"赤心社"、"中国青年共产党"（YC 团），成为四川最早
的马克思主义者之一、四川第一批共产主义战士。1924 年春，秦伯卿
创办《甲子日刊》并任社长。该报纸揭露和抨击社会中的黑暗现象，
反对军阀混战，颂扬苏联革命，介绍社会主义制度等。同年 5 月初，成
都社青团召开列宁的追悼大会，《甲子日刊》登载了大会主张用阶级斗
争打倒帝国主义，打倒国内军阀的宣传文章，但在当天就被下令封闭
了。1927 年，秦伯卿出任《万州日报》社长，他利用报纸这个阵地，
继续开展反帝反封建的宣传，成为革命者的喉舌。

　　1930 年，秦伯卿在南岸接应四川工农红军第三路军从石宝寨过江
后加入该部任副总指挥，因遭地方军阀袭击失败，年底又在石宝寨重组
"共产军"并加入贺龙红军。1931 年，遭"李立三左倾路线"诬陷杀
害，年仅 32 岁。1983 年，昭雪平反，恢复名誉。②

第三节　留日学生与重庆社会发展

　　留学生在日本，不仅亲眼目睹了日本维新变法后的欣欣向荣，更切
身感受到日本"蕞尔小国"的咄咄强势，正是"越在异国，受外在之
刺激，而动其内部之感情，其脑质中无人不印有一中国哉，且无人不思
有所以效其力于中国哉"。③ 基于这种强烈的爱国救国情怀，留学生们

---

　　① 王右木（1887—1924），原名王丕昌，又名王燧，四川江油市武都镇人。早年留学日
本，参加李大钊在日本组织的"神州学会"。1918 年秋回国，次年应聘回成都高等师范学校
任学监，并投身于五四运动，组织"马克思主义读书会"，创办《新四川旬刊》宣传马克思
主义。

　　② 有关秦正树的信息主要来自：1. 重庆市忠县人民政府网：http：//zx. cq. gov. cn；2.
"杨衡石给西南局的报告"（四川档案馆存：《中央川北区委组织部 1950—1952 年卷》）；3. 蒋
雪苇：《关于四川青年团委员会组织情况给团中央执委的报告》（中央档案馆）；4.《关于中
国 YC 团》，《四川现代革命史资料》1981 年第 3 期；5. 梁国龄：《关于四川党组织情形的回
忆》（1941 年给中央组织部的报告）；6. 吴汝柏：《关于甲子日刊》，《四川文史资料选辑》第
二十八辑，等等。

　　③ 丁守和编：《辛亥革命时期期刊介绍》（第一辑），人民出版社 1982 年版，第 57 页。

如饥似渴地接受新思想、新知识，"基本上形成了一种以教育、学问救国的普遍性的认识"。① 所以，大多数有志者一旦学成归国就会投身于教育、实业、军备等救国大业中，并多有建树。重庆的留日学生回国之后，同样把他们在日本学习到的思想、技术带回家乡，带到了深处内陆的重庆，对重庆近代社会的变革、新式教育的发展、现代实业的繁荣都起到了积极的促进作用。

一　留日学生与现代军事

发展现代军备是清末新政的核心内容，也是国人的共识。饱受西方列强欺辱的中国人深深体会到"落后就要挨打"的硬道理；"富国强兵"是救亡兴国的必然选择。从 1894 年年底开始，清朝按照西方军队的编练方式来重新训练军队，这样的军队被称为"新军"。为了强化新军，1902 年后，清朝廷以日本陆军为榜样开始大练新军，选派了不少学生到日本学习军事。这些学军事的留学生大多数是首先进入日本陆军士官学校的预备学校振武学校（后来的成城学校）学习，然后经过严格的考核，合格后再进入日本陆军士官学校。这批中国留学生往往被称为"留日士官生"。他们是中国现代军事人才的最主要来源之一。

留日士官生把在日本学到的军事技术、军事理论及训练方法带回国内，对加强清朝军校教育、新军建制等方面起了很大的作用，不仅使清末军事改革进入专业化的轨道，还使中国军事开始从冷兵器时代走向现代化，为新型军事制度的确立奠定了基础。1904 年清朝设置了各省训练新军的机构督练公所，负责编练新军，裁汰旧营。在许多省的督练公所，留日士官生努力运用先进的军事理念和所学的军事知识训练新军，取得了显著的成效。1906 年，清政府令将武备学堂一律改为陆军小学堂。陆军部还计划在全国设四所陆军中学和一所陆军大学。由于留日士官生大部分具有比较系统的近代军事知识和技能，更熟悉新型的军事教育制度，因而成为推行军事

---

① 毛俊萍：《清末留日学生译者群体的文化取向》，王振锁主编《亚太主要国家历史与文化初探》，天津人民出版社 1999 年版，第 446 页。

教育的骨干力量。

尽管清朝廷坚持"中学为体、西学为用"的方针，规定忠君、尊孔，禁止留日士官生接触进步思想，但留日士官生仍然在留学中，学习了西方的法律、制度，不同程度地接受了西方先进的科学技术和政治民主思想，一些留日士官生逐渐成为中国社会的觉悟者。对于清朝廷，留日士官生与广大国人一样，深感失望。他们积极参加资产阶级民主革命活动，在训练新军现代化的同时，也使其成为埋葬旧制度的重要力量，正如军事学家蒋百里所言："十年中央治兵之成绩，可一言以蔽之也，曰预备革命而已。"民国成立后，在维护民主共和的历次斗争中，留日士官生继续发挥了革命中坚的作用，参加了历次反袁运动与护法战争，在中国民主化进程中贡献突出。但由于留日士官生所接受和推崇的是带有强烈侵略扩张意识的日本军国主义教育，也为中国社会日后的军阀混战埋下了隐患。特别是一部分留日士官生深受日本军国主义思想教育的毒害，成为军阀混战的主要力量，给人民带来无穷的灾难，阻碍了社会的进步和发展。

当时，"四川学生以陆军关中国之存亡、系同胞之生死。前以学生入陆军学校俱有限制，故四川人无学陆军者。今幸东斌学校无论官费自费生，均许入学。故四川学生之报名者，尤踊跃争先。闻振武学校对于东斌学校，有违言于陆军省文部省，又闻有华人言于公使，请须限自费生之额者。而川人入学之心益急，广告同乡，言该校尚有新生报名至二十人以上，即可为另开一班。有志者速去报名为要。"①

或许是因为上述原因，重庆进入日本陆军学校留学的人并不多。据沈云龙主编的《日本陆军学校中华民国留学生名簿》记载②，重庆的留日士官生有4人（参见表1—1）。

---

① 《岭南学生界》1905 年第 2 卷第 8 期。
② 郭荣生：《日本陆军士官学校·中华民国留学生名簿》，沈云龙主编：《近代中国史料丛刊续编》（第三十七辑），台湾文海出版社 1974 年版。

表1—1　　　　　　　　　　重庆留日士官生

姓名	籍贯	学　期	学科	入学时间	毕业时间
胡景伊	重庆巴县	第三期	步兵	1903 年 12 月	1904 年 11 月
杨廷溥	重庆府	第六期	步兵	1907 年 12 月	1908 年 11 月
丁慕韩	重庆江津	第六期	步兵	1907 年 12 月	1908 年 11 月
邓翔华	重庆府	第七期	炮兵	1908 年 11 月	1909 年 5 月

　　胡景伊（1878—1950），字文澜，出生在重庆巴县一个从事制盐业的家庭。1900 年，胡景伊获官费派赴日本学习军事，先入学成城学校，后进入日本陆军士官学校学习，与蔡锷、蒋百里、许崇智和冈村宁次、土肥原贤二、板垣征四郎、安藤利吉等是同期同学。1904 年归国后，他被四川总督锡良任命为四川陆军武备学堂监学兼教习，为四川新军训练中下级军官，并从第一期学员中选派了尹昌衡、刘存厚、周俊等去日本学习军事。1907 年，锡良调任云贵总督，到昆明赴任，胡景伊随同前往，先后担任云南新军督练处、云南陆军小学参议官，是云南陆军讲武堂的第一任总办。1909 年任广西新军协统。1912 年 3 月，胡景伊接替夏之时任重庆镇抚府总长，7 月，任四川护理都督，10 月，被北京政府授予陆军中将加上将衔，兼任四川省民政厅长，掌握了四川的军政大权。1913 年 6 月，任四川都督，1915 年 2 月以后，被袁世凯排挤出军政界。这期间胡景伊创办了四川军官学校，还担任过重庆善后督办、名誉参军等职。抗战时期，胡景伊力主抗日，曾在重庆大学的一次集会上慷慨陈词："要说抗日的话，蒋、宋二家随便出点钱，我们都可以打好几年。"[①] 1938 年，胡景伊作为第一届国民参政会参政员曾带领 20 名参政员提议将重庆提升为直属国民政府的特别市。中华人民共和国成立后，胡景伊被特邀为重庆市第一届各界人民代表会议代表，1950 年病逝。

　　表1—1 中的杨廷溥曾担任北洋陆军部次长，国民政府驻日本大使馆武官等职；邓翔华 1912 年任南京临时政府第三师炮兵团长，1928 年任安国军大元帅府军政署任陆军军务司长。除上表四名士官生外，重庆

秀山的杨柏舟也是当时的留日士官生。

杨柏舟（1880—1922），字茇诚，学名光淮，土家族，是秀山的第一个留洋学生，进入日本东京的振武学堂。三年毕业后又进入东京的连队及士官学校，在两校学习期间，他的成绩都是名列前茅。在日本留学期间，杨伯舟率先与贵州籍的于德坤、刘潜、漆运钧、马宗豫、拓滨、胡仲文、李题凡、朱雨三、周仲良、张友标、朋肇安 11 人加入孙中山的同盟会组织，又与尹昌衡、唐继尧、刘存厚、王思辅等组成革命团体，经常开展活动。结束六年的日本留学生活，杨柏舟已成为一名新型的军事指挥军官，在任贵州陆军小学堂校长，他亲自执教，不断改进教学手段，向学生灌输新的军事技术和维新报国的思想，深得陆小学生和新军士兵们的拥戴。1911 年 11 月，在杨柏舟的带领下，贵州也是兵不血刃宣告独立，经众人推举杨柏舟担任都督。袁世凯在北京做了大总统后，杨柏舟在贵阳举行退伍仪式，悉数解甲归田。1916 年，袁世凯背叛民国，复辟称帝，改元洪宪。杨柏舟去上海谒见孙中山，面请带兵讨袁。1918 年，杨柏舟与旅京同乡筹措川局运输赴陕西，劳累成病，1921 年冬，杨柏舟因养病回到了故乡。杨柏舟没有一点官架子，虽是在外为官多年，仍然两袖清风，离家时只有二十挑谷子的田产，回来时还是二十挑谷子。他过着清贫的生活，乐于亲近山寨群众。当时许多男人还蓄着清时的长辫子，只有他一人是平头，邻居伯叔见了就感到好笑。杨柏舟和气地讲解剪发辫的道理，并且说："你们不要好笑，过不了多久，你们也会这样。"果然不久，乡邻们到清溪场赶集，各个路口都有人把守，拿着剪刀，硬是把过往行人的长辫通通剪掉了。1922 年夏，杨柏舟的病情加重了，他临终时说："半世英雄终归土，一心革命付与天。"对未竟事业感慨颇深。民国中央政府得知杨柏舟去世的消息后，追认他为陆军中将，并拨两千银元为他治丧。①

重庆留日学生中还有几位是在日本学习警务的，他们回国后对地方警务的发展也做出了不小的贡献。如前文中提到的朱必谦留日回国后又再次到日本考察日本警务数月，后在四川陆军小学任教，培养了不少现

---

① 刘济平：《杨柏舟》，政协重庆市秀山土家族苗族自治县委员会文史资料委员会编：《秀山文史资料第 9 辑》2002 年 9 月，第 61 页。

代军人。与李蔚如一起留学日本的高亚衡就在重庆涪陵创办警察教练所。

高亚衡（1879—1949），字德泰，重庆市涪陵人，清末秀才，1903 年留学日本，是同盟会的首批会员之一。1907 年回涪陵开办巡警教练所，共办了 4 期，第一期 120 人，分甲乙两班，甲班培养的是警察干部，乙班则是一般警察。第一期学员毕业后立即成立了警察局。高亚衡一边培养警察一边向学员宣传革命思想，在巡警教练所发展同盟会会员，并率领他们在涪陵起义中发挥了主力作用。1911 年11 月，涪陵军政府成立，高亚衡为第一任司令。随后他发兵忠州、彭水、酉阳等县，有力地支援了重庆的独立，在川渝乃至全国的辛亥革命活动中留下了光辉的一页。高亚衡、李蔚如在策划和领导涪陵起义时，不仅城乡均未受到任何损失和惊扰，而且还将当地盐税款约48 万两银子支付各种税费，涪陵人由此有五年之久未摊派分文税金，这在当地得到了称颂和纪念。①

民国建立后，高亚衡曾任四川省警察厅厅长和护国军援陕第二路军秘书长等职。1927 年 7 月，高亚衡目睹了挚友李蔚如等同乡挚友、革命同志和群众被国民党当局残忍屠杀，异常悲愤，他看穿了国民党当局和四川军阀对革命的背叛，从此隐居涪陵，深居简出，不再与国民党当局有任何联系。不过，隐居乡里的高亚衡还是心系革命，多次为地方农民革命运动筹措经费、转运武器药品以及接送中共地下党员，成为一位受当地群众尊敬的人士，直到 1949 年去世。

二　留日学生与重庆实业

实业救国是留日学生的共识，他们指出：“今日国势，危险极矣，仁人志士，奔走骇汗，大声疾呼，日谋救亡之法。愤于国力之弱也，则曰讲求武备；痛民生之窘苦也，则曰讲求实业。”② 重庆留日学生不仅积极参与辛亥革命，在实业救国上也有非凡的贡献，如原国家主席杨尚

---

① 高兴亚：《高亚衡、李鸿钧与涪陵光复》，《四川保路风云录》，四川人民出版社 1981年版，第 275 页。

② 丁守和编：《辛亥革命时期期刊介绍》（第一辑），人民出版社 1982 年版，第 229 页。

昆的大哥杨尚荃。杨尚荃（1888—1937），号剑秋，重庆潼南人，1904年东渡日本求学，毕业于日本中央大学经济系，1905年加入同盟会。杨尚荃1913年回国后，在上海商务印书馆做编译，一边从事民主革命，一边积极参与护国运动、护法运动。1924年后，杨尚荃谋求"工业救国"之道，创建"利江轮船公司"。又如前文中介绍的龚农瞻从日本流亡回国后，极力倡导实业救国。还有巴县留学生石青阳，在日本大野县长町蚕桑学校学习蚕业，回国后创办了蜀眉丝厂。石青阳的蜀眉丝厂是重庆最早引进了日本蒸汽缫丝机技术的现代企业。不仅如此，石青阳还开办蚕桑讲习所，推广缫丝生产技术，在他的带动下，到1921年，重庆已有"缫丝厂10家，雇佣约3000余人，女性占大多数，金属现代机器装备，每年能生产丝约1000担"，[①]"使重庆的缫丝业走上近代化的进程"。[②]

　　除缫丝业外，重庆留日学生在造纸业、玻璃制造、金融业、电力、航运等方面都引领了新潮流，推动了重庆地方经济的发展和社会文明的进步。

　　四川造纸业的鼻祖是重庆的留日学生陈崇功。1908年，陈崇功集资白银万余两，从日本引进小型圆网造纸机一台，在重庆南岸创办了崇川造纸厂，以废纸为原料，生产火柴包装纸，并打算"候造纸有成，再行推行织布及制磁两宗，以广倡导，以兴实业"。[③]该厂于1914年停办。[④]另外，忠县的吴铸九在日本专攻化学，回来后"筹集股本，组织一化学造纸厂，吸取废账簿及各字纸，以药水溶化令墨迹沉下，纸料浮上，复造成纸，其质不减外洋"。[⑤]

　　重庆玻璃制造业的先河也是留日学生开创的。

　　何鹿蒿（1883—1970），重庆江津人，1903年在实业救国的感召下自费留学日本，在东京岩城硝子厂（即岩城玻璃厂）学习玻璃生产技术。岩城玻璃厂是当时日本规模较大、技术领先的玻璃企业，为日本皇

---

① 古绿（J. Klubien）编：《重庆海关报告1912—1921》，转引自周勇、刘景修译编《近代重庆经济与社会发展》，四川大学出版社1987年版，第344页。

② 隗瀛涛主编：《近代重庆城市史》，四川大学出版社1991年版，第726页。

③ 转引自周勇主编《重庆通史》第二卷上，重庆出版社2003年版，第435页。

④ 姜锦春：《巴蜀造纸先驱的人和事》，《四川造纸》1998年第27卷，第2期。

⑤ 《四川官报》，1908年第13册。

室提供高级玻璃器皿以及军用探照灯的玻片。何鹿嵩家资富裕，为了学到玻璃生产技术，他对厂主慷慨解囊，赠送贵重物品；厂主不仅专为其设小型坩埚供其实习之用，同时还精心传授技术，甚至包括不外传的保密配方。何鹿嵩学习三年后，便掌握了玻璃生产的全部流程。1906 年，何鹿嵩带着从日本购买的玻璃生产设备和原料在重庆江北创办了重庆第一家玻璃厂。不过，何鹿嵩创业的艰难大大超过了他求学的艰难，就连工人在国内也难以招聘到，何鹿嵩不得不以月薪六十元的高薪聘请日本技工。"他变卖田产，先后七次东渡日本大阪，才使企业开工。当时修建该厂高温圆炉及其 23 米的烟囱，是重庆地区最早出现的现代工业熔炉建筑。"① 1907 年正式投产后，成为全国第一批近代玻璃生产企业。从 1909 年直到第一次世界大战结束，鹿嵩玻璃厂产品丰富，风行省内外，供不应求。1911 年，鹿嵩玻璃厂选送的产品在巴拿马世界博览会上获得一等奖②，名声鹊起，为国争光。

清末重庆首富李耀庭及其留学日本的儿子李龢阳、李湛阳不仅为辛亥革命捐献了大量钱财，还为重庆地方实业的发展做出了很大的贡献。

李龢阳（1876—1931），字裴知，早年在日本早稻田大学求学，得识孙中山先生而参加同盟会。李龢阳回国后，与父亲、兄长投身辛亥革命，同时在重庆发展实业，曾一次捐 3 万银元资助孙中山先生。孙中山亲书横幅"高瞻远瞩"赠与李龢阳。1916 年，李龢阳还用重金掩护在上海躲避袁世凯追捕的梁启超，直至安全护送梁启超脱险。③ 蜀军政府成立，李龢阳任监司，负责城市建设。

李家父子在重庆主持或投资兴办的实业有天顺祥票号（钱庄）、川江轮船公司、自来水公司、烛川电灯公司等。1908 年，李湛阳等人集资 30 余万元创办烛川电灯公司，全部机械设备购自英、法等国。同年6 月，"烛川电灯公司廉价开业，其所供应的 300 只电灯，每月只收费

---

① 傅德岷、李书敏：《巴渝英杰名流》，重庆出版社 2004 年版，第 268 页。
② 何鹿嵩：《鹿嵩玻璃厂四十年的回顾》，《重庆工商史料》第 2 辑，重庆出版社 1983 年版。
③ 马宣伟：《李龢阳支持反袁斗争》，《文史杂志》2001 年第 5 期。

1.5美元，结果一直很理想，其经营规模在不断扩大"。① 烛川电灯公司可以说是近代重庆市政公用事业建设的开始，重庆也成为四川第一个使用电灯的城市，也是全国最早使用电灯的城市之一，在重庆地方航运、电力、公益事业等方面贡献杰出。重庆著名的鹅岭公园也是李龢阳为其父修建的养老别墅，曾接待过不少中外名人。新中国成立后，李家后人将其捐赠给国家。

重庆"聚兴仁"商号大股东、号称"杨百万"的父子三人则在金融业、外贸等方面取得了令世人瞩目的成绩。

杨希仲（1882—1924），名培贤，杨百万的次子，1903年入重庆府中学堂就读，1908年以品学兼优被选送日本留学。在日留学期间，杨希仲被日本三井家族垄断企业所吸引，便一再向父亲杨百万建议仿效日本三井组织形式创办银行，向杨氏家族介绍日本金融企业的经营理念和方法。"他还通过留日同学的关系，将川北盐税的收解和重庆铜元局的购销等业务均交给聚兴仁商号办理，为家族企业争取到两笔巨大财源。"② 杨希仲1910年回国后不久转赴美国，先后进伊里诺伊研究院和芝加哥大学专攻工商管理学。1913年回国后催促其父尽快筹建银行。1915年3月16日，重庆最早的商业银行——聚兴诚银行在重庆渝中区打铜街正式开业。聚兴诚银行的大楼是杨希仲特请留日工程师依照日本三井银行的建筑形式建造的。为了培养金融业所需要的人才，杨家还特别开设了商业班，专为聚兴诚银行培训干部，对促进重庆早期金融发展起到了积极的作用。1918年，杨希仲创设聚兴诚外国贸易部，并自任总经理，将主要精力转向经营进出口贸易上。1921年，杨希仲确定了"发展出口，稳做进口"的经营方针，大量出口桐油，兼做山货生意，在万县设立分部，专门收购桐油。1924年，杨希仲派人前往美国，与克利弗兰经营桐油进口的施美洋行签约，从此绕过外国洋行，直接向美国出口桐油，开创了四川、重庆外贸直接出口的新局面。此时，杨希仲经营的桐油出口业务年达万吨以上，外商洋行都争与往来，外国轮船公

---

① 阿其荪（G. Acheson）编：《重庆海关报告1908》，转引自周勇、刘景修译编《近代重庆经济与社会发展》，四川大学出版社1987年版，第310页。

② 罗传昴主编：《重庆名人辞典》，四川大学出版社1992年版，第227页。

司也纷纷前来争揽运输业务，业务盛极一时，几成独霸市场之势。①杨氏家族成了富甲西南的金融财团。

另外，重庆江津的袁觐光、孙镜清在电力、交通方面也有不小的贡献。

袁觐光（1879—1938），名治熙，重庆江津人。在袁觐光留学日本之前，就盛传要修建川汉铁路。袁觐光认为修建铁路是使国力富强的重要措施，于是进入专门培养中国留学生学习铁路建设技术的日本东亚铁道学校，并参加同盟会。后转学读土木工程，1909年学成归国。回国后，袁觐光立即投入到川汉铁路宜昌工程局工程最艰巨的第七工程段，承担技术工作，对该段铁路定向、对隧道、桥梁进行补测及修改，并报请詹天佑总工程师审核。1911年参加石青阳在酉阳秀山组织的反袁中华革命军，负责市政建设和交通建设，先后为勘测设计了自流井到泸州的公路、万县码头，为重庆市区的交通干线献计献策。袁觐光还是成都全国重点文物保护单位之一的"辛亥秋保路死事纪念碑"的设计者。②

重庆江津人孙镜清，字性廉，自幼好学，志向高远，1905年入日本早稻田大学法科学习，加入同盟会，与汪精卫、熊锦帆、但怒刚、黄复生等革命党人结为密友，以谋拯救国家。同年因反对日本政府取缔中国留日学生而归国。1906年，孙镜清以其家产捐资和多方筹款，与其同仁在上海吴淞创办中国公学，为留日归国的学生创造继续学习的条件。1918年，孙镜清出任川藏电政监督，以交通电力为实业救国命脉，积极发展电政事业，并慷慨捐资，用于维修和新添线，使电局布设线道数千里。孙镜清还办电务学校培养专业人才，"继复联合滇黔电政界，共谋改进，西南电政面貌为之一新"。③

重庆潼南人曾鸿则是重庆早期的水利交通专家。

曾鸿（1884—1950），字仲湛，名仁恩，1905年官费留学日本，

① 黄天缘、丁贤矩：《重庆市中区志》第二十六篇，重庆出版社1997年版，第754页。
② 袁树勋、袁树椿：《袁觐光事略》，江津县政协文史资料研究委员会：《江津文史资料选辑第7辑》，新世纪出版社1988年版，第150页。
③ 刘子华：《孙镜清事略》，江津县政协文史资料研究委员会：《江津文史资料选辑第7辑》，新世纪出版社1988年版，第152页。

1908 年由日本高等工业学校铁道专科学成归国,受聘于成都四川铁道学堂。曾鸿任教期间,培养了一批事业有成的专业人才,如四川保路死难烈士纪念碑设计者李雨仓,曾任浙赣、滇缅铁路工程局局长的杜镇远,曾任四川水利局长的邵从磷,新中国成立后任四川省参事室副主任的杨衡石等。曾鸿还曾率领部分学生到宜昌,对川汉铁路宜夔段进行定线测量。1923 年,曾鸿应浙江水利局邀请,普查该区水文点、站 50 余处,治理浙西水利工程,控制了钱塘江的特大潮泛。1934 年,四川省公路局委曾鸿任总工程师,主持设计和修筑川湘、川鄂、川滇、川陕、川康等公路干线。这些公路干线总长度超过 5000 公里,筑路费超过大洋 1000 万元。其时,曾鸿还兼任中央军校成都分校土木工程训练少将主任教官,编有《河工学》讲义。[1]

重庆是川江航运的重要枢纽,留日学生在这方面也是有所作为的。郑东琴（1882—1965）,名贤书,永川县人,公费留学日本,1906 年在日本参加同盟会。曾任合川、涪陵、岳池、广安、南充、巴县等县知事。1926 年,重庆民生公司正式开业后不久,进入冬季,江水枯竭面临停航。通过郑东琴的努力,终使渝涪线开航。1930 年,民生公司召开第五届股东大会,郑东琴被选为董事长直至解放。

重庆解放,郑东琴代表重庆市工商业,欢迎解放军入城。后郑东琴还兼任重庆工商联常委、四川省重庆政协委员、人民代表,他将全部黄金、美钞交国家,支持建设。

20 世纪 20 年代,重庆城市照明的发展进步,还得利于留日学生赵崧森（1878—1950）。赵崧森是重庆荣昌县人,早年毕业于上海中国公学理化部,后去日本留学,毕业于日本工业大学电机科,获电工学士学位。1923 年,赵崧森回国任重庆电灯公司总工程师。他发挥在日本所学专长,整修电厂的发电机组,极大地提高了发电机的工作效率,"使当时的工业用电充足,市民照明也得以解决"[2]。

---

[1]　四川省潼南县志编纂委员会编纂:《潼南县志》,四川人民出版社 1993 年版,第 886 页。

[2]　傅德岷、李书敏:《巴渝英杰名流》,重庆出版社 2004 年版,第 286 页。

三　留日学生与重庆教育

清朝廷当初派遣留日学生的一个主要目的就是"学师范归来，以期学成回省，转相讲授"①。因此，清末的新式教育是深受日本影响的，正如有日本学者所言，中国"留学生从日本学了不少东西回去，这对于建设新中国发生了很大作用……最初的新式教育，全是留学日本的产品"。② 在日本学习师范的留学生回到地方后，大多积极推进新式教育，创办新式学堂，在教育宗旨、教学内容、教学方法、教学管理等方面促进了地方教育的发展。

"光绪三十年（1904），重庆府为了解决创办新式学堂缺乏经验和缺少人才的困难，选派了曾吉之、李映同、杨霖、邓鹤丹（绮仙）等一批秀才举人到日本学习师范。他们在日本进入了日本专门为中国留学生开办的东京弘（宏）文学院。弘文学院除设有学习时间为 3 年的普通科外，还设有学习时间分别为 1 年半、8 个月和 6 个月的速成师范科。重庆派去的这批留学生，除个别外，都是进的学习时间仅为 8 个月的速成师范科，学成后即回重庆从事教育，创办新学"。③ 这批秀才举人没有辜负众望，学成回来后，创办新式教育，有力地促进了重庆地方教育的发展。如重庆首批官费留日学生巴县的龚秉权（1876—1951），字春岩，学成回国后成为知名教育家，著有《说文部首集解》，纂修了《巴县志》，曾任川东师范学校校长、重庆大学教授。垫江县的卢彬，自日本弘文学院留学归来后，在垫江创办桂溪高等小学堂，并担任堂长。著名起义将领罗广文的堂兄罗广瀛，早年留学日本，一生从事教学和学术研究，据说他编写的"蚕桑"教材直到 20 世纪 80 年代还在四川大学使用。

曾吉之是在重庆最早创办新式学堂的留日学生之一。曾吉之（1872—1942），名纪瑞，又名曾吉芝，1904 年留学日本弘文书院，八个月后速成归国。1906 年，曾吉之与同是留学生的杨霖、李梧荪在地

---

① 锡良：《锡良遗稿》第一册，中华书局 1959 年版，第 400 页。
② 转引自尚小明《留日学生与清末新政》，江西教育出版社 2008 年，第 76 页。
③ 重庆市教育委员会编：《重庆教育志》，重庆出版社 2002 年版，第 763 页。

方官员川东道的支持下共同创办了川东师范学堂。1907 年，曾吉之又为巴县创办巴县中学堂，并亲任监督。该年曾吉之还为重庆的江西会馆创办昭武小学。1908 年，曾吉之担任巴县劝学所（教育局的前身）的视学，大力主张和推动公费日本留学，江潘等一批日本留学生就是在其任内推动的。1913 年，曾吉之再任巴县中学校长。他教育学生，总是学行并重，首砺节操，其学生中不乏知名人士，如胡子昂、周钦岳等，重庆工商界知名人士温少鹤是曾吉之最早的学生。

　　曾吉之热爱教育事业，为了教育事业，他翻山越岭，长途跋涉，往来于原雅州、宁远、嘉定三府，眉、邛二直隶州所属的二十八县之间，到处地势险峻，交通困难，十分艰苦，但曾吉之却甘之如饴，还写了不少诗文和考察笔记。1918 年曾吉之回到重庆任四川省第二女子师范学校教职。1919 年被选为四川省议会议员，在成都住了五年。1924 年曾吉之回到重庆，第三次任巴县中学校长。1927 年再调任巴县视学。不久劝学所扩组为教育局，曾吉之改任局长，对巴县的教育工作进行了整顿改革，将旧制中学改为初、高两级制，县属各校作了全面调整，有的合并，有的新办，巴县中学改为初级中学，同时废除大学预科，扭转经费人不敷出的困境。《巴县志·学校·学校表》按语云："至民国十六年合计教育经费岁收约十一、二万元，岁支预算尚超出三、四万元。时县人曾纪瑞局长，复组学款整理委员会……"经整理之后继云："是时岁入统计约二十余万元。故县立高小由十多所增至三十余所，初小亦有增加。又复增办南泉乡村师范。学校之多，可称极盛。"曾吉之办教育，以身作则，廉洁自守，十分节约，有一年结余经费达银元一千余元，全部上缴。这一行动成为奇闻。震动一时，受到明令嘉奖。1932 年，重庆各界人士在城内夫子池体育场举行祝寿和纪念集会，庆祝曾吉之办学三十周年和六十大寿之年。①

　　黔江新式教育的发展也有留日学生的功劳。程昌祺（芝轩）、陈宿航（象垣）是黔江首批被选中赴日本弘文师范学校留学的。1906 年黔江县劝学所成立，陈宿航被公选为劝学所董事长。1907 年，程昌祺回

---

　　① 彭伯通：《辛亥老人曾吉芝》，《重庆文史资料》第 36 辑，西南师范大学出版社 1991 年，第 132—136 页。

到故乡，任黔江县视学，推行新学，创建黔江县官立高等小学堂，由陈宿航任第一任堂长，为黔江县立高等小学堂的发展，奠定了基础。由于推行新学，成绩显著，程昌祺受到教育部奖励。程昌祺1918年出任国立成都高等师范附中主任，1924年又受聘外国人创办的"四川华西协和大学"，担任总务主任、中文系主任兼图书馆中文部主任。他利用"哈佛基金"，充实了学校图书及设备。"该校校长赞誉他'人格之伟大，修养之委实'，为中国同行及校内师生所尊崇。程昌祺一生从事教育事业，为推行新学之先驱，为成、渝两地的教育事业做出了突出贡献。"①

重庆江津的刘国襄或许是那个时代年龄最大的留日学生。1902年，刘国襄得到友人的资助东渡日本，时年已是45岁，在黄兴的劝说下，进入洪文师范学习教育学。刘国襄的文笔不错，曾参加了《游学译编》的工作。毕业时，刘国襄还题诗一首《留别松本龟次郎》以抒发自己救亡图存的抱负：大陆风云变，平居感慨多。时艰尤爱国，敌劲耻言和。政府皆聋聩，儒生昧揣摩。惟须新知识，奋力救颓波。

1904年，刘国襄从日本学成归国，在合江创办了省内较早的新学，刘国襄担任首任校长。从学校的布局到课程开设都仿照日本，连仪器挂图及体操器具都是刘国襄从日本购回的。刘国襄甘愿冒风险，为学生讲述民权、民生思想，为日后的辛亥革命培养了一批有为的青年。为了实现教育救国的理想，刘国襄还在合江开办了师资传习所，用新教材、新教学方法改造旧有的师资，这是推行新学新式教育行之有效的方法。为新学在当地的发展创造了良好的条件。1910年，刘国襄回到江津老家，在十全镇创办了江津县十全镇两所小学堂，并担任校长，后又去成都优级师范任教。刘国襄还参与了《合江县志》的校订，负责该书的全面审定，后来这部县志被日本史学家西川正夫誉为最佳地方志之一。1927年，刘国襄以高龄隐居，但是他依然关心国家大事，关心教育的发展，1932年，他还协助其弟刘季刚创办新民初级农业职业学校。抗战时，他还以社会贤达的身份出任江津县抗日后援会的分会长。1949年6月，

---

① 傅德岷、李书敏：《巴渝英杰名流》，重庆出版社2004年版，第225页。

病逝于老家。享年 92 岁。①

刘国襄的弟弟，是有"草鞋县长"美誉的刘季刚，也曾留学日本。刘季刚（1874—1962），原名刘汝琼，1904 年考取官费留学日本，就读于早稻田大学，次年经黄兴介绍加入同盟会，因抗议日本取缔留学生事件而愤然归国。归国后，在上海与孙镜清等人一起创办中国公学，后在四川自流井树人学堂任教务长，鼓吹革命。1911 年任成都优级师范校长。辛亥革命后，历任宁远关监督，川西道尹公署实业科长、教育科长，蒲江、邛崃、井研、中江、雅安、松潘、懋功等县县长。刘季刚在各地任职都是廉洁奉公，因经常穿草鞋走访民情，获得"草鞋县长"的美誉。1922 年，受吴玉章之聘任成都高等师范训育主任。1932 年任江津中学校长。还相继任合江中学、合江女中、志成商高、江津新华中学等校校长。1932 年回到家乡，创办新民初级农业职业学校，担任校长兼教国文四年之久。1952 年随子迁居成都，任四川省文史馆研究员，参与杜甫草堂文物整理及杜诗注释工作。有文稿《榴园诗稿》、《桴山诗稿》。②

江津是重庆留日学生最多的县之一，这些留学生回来后，为江津的地方教育做出了很大的贡献，如著名的聚奎中学就凝聚了留日学生邓缡仙及其家人的心血。

邓缡仙（1873—1943），名鹤丹，自幼勤奋好学。1901 年，清朝廷诏令各县选派学生到日本学习师范，邓鹤丹在父亲的鼓励下，约了亲戚朋友数人，一起进入日本宏文师范学院学习了三年，并在日本加入了同盟会。邓鹤丹很羡慕日本教育的发达，决心自己也要从事教育事业，以振兴国家。回国后，从 1906 年到 1911 年，任江津县的视学，后又任省中区、中川南区视学。重庆辛亥革命发生时，其兄邓鹤翔在白沙起义，邓鹤丹也积极响应。1913 年，邓鹤丹担任重庆联合县立中学校长，后又担任两届江津小学校长（1917 年、1927 年）以及江津县教育局长

①　刘骏伯：《刘国襄先生事略》，政协四川省江津市委员会文史资料委员会《江津文史资料选辑》第 14 辑，辽宁人民出版社 1988 年版，第 120 页。

②　张寿康：《"刘草鞋"三善治蒲》，政协四川省江津市委员会文史资料委员会《江津文史资料选辑》第 14 辑，辽宁人民出版社 1988 年版，第 113 页。

（1931 年）、万县省立第四师范学校校长、泸县川南联立师范学校校长等职。邓鹤丹办学以认真严格著称，对人则宽厚而律己从严，不谋私利，数十年如一日。

邓鹤丹坚持自己在日本留学时立下的信念："知国家大事尚可为也，得天下英才而教育之！"终身奋斗在教育战线，虽然有挫折，但他始终没有放弃。有人邀请邓鹤丹出任县长，他以毕生无意从政为词断然辞谢。在他历任县省视学、县教育局长期间，对新式初高等小学的逐步普及、师资素质的提高、课程设置、学籍管理等方面，都精心规划，成效显著，颇有建树。

邓鹤丹历任中学和师范学校校长时，每到一处，他都要整顿学校的风气，以培养勤奋上进学风。作为学校的负责人，他在办学中，知人善用，高薪聘请有名学者到学校上课。对不称职的教师，即使为军政要人所推荐，他也会婉言谢绝。对教学工作要求教师认真负责，讲深讲透，他经常到教室听课，如发觉讲课有错误，下课后即与教师交换意见，态度谦和，务求达到正确才安心。如发现学生听课不专心，当即予以纠正。他尊重教师，节日必躬亲看望，关心教师生活，在省四师、南川师范时，经常用自己的工资请人做面包，在每日上午二堂课后分送教师休息室，供教师加餐，还经常去学生厨房视察，鼓励厨房师傅要讲卫生。他极注意引导学生开展课外活动。在江津中学时，积极领导学生普遍开展足球、网球等体育活动。利用休息日，学生整队出城，于江岸或草坪，或踢足球，或打网球，或游戏。日常指导学生于校内隙地种植菊花、玉米、柑桔苗等花果，以作生产劳动实验，学生都兴致勃勃地参加。邓鹤丹不仅对任职学校尽心负责，极力培养青少年奋发成才，对国家学制的建设他也极关心，曾向教育部建议将小学"党义课"改为"公民课"。由于他提出的建议理由充足，得到采纳实施。

邓鹤丹毕生致力教育事业。但如出任教育行政及中学领导等职务，往往听命于人，难于施展抱负。所以他将大部分精力倾注于聚奎学校的发展。其父石泉为聚奎书院的创始人之一。1905 年聚奎书院改办小学，称"聚奎学堂"，由邓鹤丹的哥哥邓鹤翔主持。1925 年，邓鹤丹出任聚奎学堂董事主任，将聚奎学堂由小学发展到初中以至高中。为适应江津县教育发展的需要，邓鹤丹积极筹建初级中学，需要扩充校舍，他的哥哥邓鹤年捐赠银 7000 多元修建大礼堂、教学楼、实验室等。为纪念，邓鹤丹将大礼堂命名为"鹤年堂"。同时，邓鹤丹还多方筹集办学经费。通过他和同仁的努力，1943 年，学校已有田产 51 处，房、地产业 67 处，房地租收入再加上政府补助、学费等收入为办学提供了宽裕的经费，邓鹤丹更是尽力提高办学质量，使学生的学习成绩逐步提高。中学部历届学生参加四川省毕业会考，成绩合格者达到了百分之百。为此，在四川省第十三届会考时，省教育局对江津中九班的学生免予抽考。学生的体育成绩亦不断上升，1937 年，在十县联合运动会上，聚奎中学取得了团体第一的好成绩。学校的硬件设施在当时也是堪称最先进的。1926 年，在江津县首先放映无声电影；1927 年，购置发电机一部，安装电灯三百余盏，以便师生夜间学习。1925 年还购买军乐器，组成当时川东地区唯一的学校军乐队。聚奎由于成绩显著，白眉初所著《四川地理志》将其誉为全川模范小学。邓鹤丹也因为办学成绩显著，1942 年获得国民政府教育部颁发的一等奖。①

除邓鹤丹家族致力于办学外，从日本留学回来投身于教育事业的还有龚焕辰、曹麟书、马仁庵、钟稚琚、沈懋德等。

龚焕辰（1879—1933），字北居，重庆江津人，从小聪颖，过目成诵，因家境贫寒，全靠自学。1904 年，在陈耀亭的资助下留学日本，就读于东京数理院，1905 年加入了同盟会，常为同盟会刊物《民报》写稿，并由此得与其主编章太炎过从甚密。1908 年，学成归国后，曾在东北开发农业，打算实业救国。1913 年当选为西藏选区的国会议员，袁世凯复辟称帝，下令解散国会，龚焕辰抗议无效后，愤然离开北京。1916 年黎元洪重申《约法》，龚焕辰应召重返北京参加国会活动。龚焕辰在从政之余还非常重视文化教育工作，先后担任过《醒华报》主任、《晨报》主编，其文字富有感染力，颇受读者欢迎，是当时国内新闻界有影响的人物。1926 年，对政局心灰意冷的龚焕辰回到了江津。虽然无意仕途，但龚焕辰忧国忧民的志向没有变，面对救国之路，他主张从

① 古基祥：《鞠躬尽瘁的教育家邓缡仙》，江津县政协文史资料研究委员会《江津文史资料选辑》第 7 辑，新世纪出版社 1988 年版，第 154 页。

文化教育入手，在吸收新文化的同时，也不可偏废祖国优秀的传统文化。龚焕辰秉承章太炎治学理念，意在为保存国粹培养专门人才，力志办学，筹建了"江津津南金槐文学专修学校"培养了许多各有专长的国学人才。①

曹麟书（1885—1951），又名曹钟澍，重庆江津人，早年留学日本早稻田大学，1906 年加入同盟会。1909 年，受同盟会派遣回国从事反清活动。1918 年，应四川省代理省长但懋辛的邀请先后担任了广汉、崇宁两县知事。后不满官场黑暗，回江津白沙定居，经营实业，同时以兴办学校培养人才，造福桑梓为己任。先后被选为白沙三楚中、小学董事会董事，白沙修平中学董事会董事，江津贫民教育促进会理事等，他所资助过的三楚、修平等学校在培养人才方面颇有成效。②

马仁庵（1890—1957），重庆忠县人，1909 年进入日本东京物理学校，次年加入同盟会。与同学创办《四川杂志》，宣传革命思想，曾与熊克武、黄克强等归国参加武昌起义，随熊克武组织的蜀军回川抵忠州时被留任县立中学教员。后重返日本就读于东京高等师范学校。1918 年学成归国，任忠县印山小学校长。民国九年任县立中学教员，后任校长。民国二十九年秋，任丰都私立用宾中学校长、忠县私立精忠中学校长，还与人合作创办南宾初级中学，任校长。马仁庵一生生活清苦，布衣素食，平易近人，思想进步，支持革命，曾营救被捕地下党员。解放前夕，他参加由地下党领导和组织的忠县临时治安维持委员会，任主任，迎接解放军进城。新中国后，马仁庵任忠县各界人民代表大会常委会驻会副主席，1955 年当选为副县长分管文教卫生工作，1957 年病逝。③

钟稚琚（1886—1963），又名钟正琳，重庆永川人，毕生从事教育事业。钟稚琚早年留学日本，曾师事章太炎，研究训诂、声韵学，参加同盟会。1905—1907 年日本弘文学院毕业，1908—1911 年日本东京高

　　① 陈东埠：《龚北居先生与津南文专校》，政协四川省江津市委员会文史资料委员会：《江津文史资料选辑》第 14 辑，辽宁人民出版社 1988 年版，第 113 页。

　　② 廖德富：《曹麟书先生事略》，政协四川省江津市委员会文史资料委员会：《江津文史资料选辑》第 12 辑，辽宁人民出版社 1988 年版，第 117 页。

　　③ 陈继荣、吴守正等编纂：《万县地区教育志》，重庆出版社 1997 年版，第 383 页。

等师范学校地理历史部毕业。武昌起义爆发后，同章太炎一道归国。1912—1927 年，历任四川高等师范学校（成都）校长、省立第四师范学校（万县）校长、武昌高等师范学校国文史地部主任、四川省教育厅第一科科长，荣昌县知事兼渠县县志总纂等职。

李初梨（1900—1994），重庆江津人，原名李祚利，曾用名李初黎。李初梨 1915 年赴日本留学，1925 年入京都帝国大学文学部学习，并与田汉一起，接触了马列主义，从事革命工作。1927 年回国，参加左翼文学组织"创造社"，成为该社后期的重要成员，创办《文化批判》。1928 年加入中国共产党，在白区工作中，经受过国民党监狱的严峻考验，1936 年 11 月出狱后，由党组织送到延安，任新华通讯社社长。1938 年任陕西省委宣传部副部长、《西北》周刊编辑负责人。曾任八路军驻陕办事处中共中央代表林伯渠的秘书、《新中华报》主编等职，从事党的抗日民族统一战线的宣传工作。以后，长期担任党的宣传和对外联络工作的领导职务。新中国成立初期，李初梨关心社会流散文物，节衣缩食、精心搜集珍藏，并把文物收藏、整理、保护作为毕生志趣和事业。"文化大革命"中，与文物同遭磨难，仍不改保护中华文化遗产的初衷。1983 年，将其 30 余年搜集的书画、拓本、陶瓷、砚台、青铜器等 568 件文物无偿捐献给重庆市博物馆收藏。1990 年再次向重庆市博物馆捐献 43 件文物。李初梨是中共第七、第八次代表大会代表，第一、二届全国人大代表，第四、五届全国政协常委。

据《留学生鉴》记载："留学生数千人，问其志，莫不曰：朝政之不振也，学问之不修也，社会之腐败也，土地之日狭也，强邻之日薄也，吾之所大惧也。吾宁牺牲目前之逸乐，兢兢业业，以求将来永无暨之幸福，此则吾之所大愿也。"[①] 同全国的留日运动一样，重庆的留日运动，无不与国家的兴亡紧密联系；重庆的留日学生，面对西方列强和盛气凌人的日本，勇敢地肩负起了时代重任，在行行业业大显身手，施展才华，为重庆近代史留下了不可或缺的一页。

---

① 转引自实藤惠秀《中国人留学日本史》，谭汝谦、林启彦译，北京大学出版社 2012 年版，第 121 页。

第 二 章

重庆的留法勤工俭学运动

民国初期，中国的高等教育也有一定的发展。到五四新文化运动时，民主反对专制、科学反对愚昧，以及资产阶级革命时期的人权、平等思想，与西方社会进入现代以来相继产生的哲学、政治学、经济学、社会学、心理学、自然科学等新理论、新观念的广泛传播，改变了人们的价值取向，直接影响了人们的教育观念。这主要表现在以下几个方面。第一，平等受教育的权利。提倡人人都有受教育的机会，反对教育为少数人所独占，教育应该普及于每个平民。受这种思潮的影响，平等享受教育权，教学组织形式、教学内容、教学方法等方面平民化的平民主义教育开始流行。第二，重视教育与实践相联系。批判"劳心者治人，劳力者治于人"的封建教育观，反对封建教育与社会生活和社会实际相脱离。代之而起的是实用主义教育观、职业教育思想和工学主义的广泛传播和实践。第三，重视教育的实践工作。受西方教育思潮的影响，重视教育本身的实验和研究。如蔡元培在 1919 年指出应设立实验教育研究所，研究儿童身心发展规律，以帮助教育者选择适宜的教育方法。与此同时，社会上的各种教育团体介绍了许多资本主义国家的教育理论、教育科学研究的内容和方法，还引进了各式各样的教学法。

这一时期中国教育改革的进步，不再是课程或制度的改革，而是教育思想的革命，尤其是北京大学，在校长蔡元培的领导下，引进了开放的学风，提出了"思想自由，兼容并包"的办学方针。这些改革动摇了中国几千年的教育思想，使中国教育进入了一个新的发展时期。而发生在这样历史大背景中的中国留法勤工俭学运动无不彰显着那个时代文化教育的新理念。① 正如留法勤工俭学当事人所言："我们觉得最少做到了三件事：一、没有钱的穷学生也能出洋，打破了官费阔少的专利；二、中学甚至小学的也出西洋，打破定要大学专门（学校）然后才能出洋求高深学问，即人才教育贵精不贵多之说。尤其很特别的一件事，便是以素来'万般皆下品，唯有读书高'的社会中间出来的学生，一旦脱去长衫，亲身下马，进工厂、农场去作工，我们相信这真是极可纪念的事实……"。②

第一节　重庆留法勤工俭学概况

在中国留学史上，适合用"留学运动"一词描述的有两次。"一次是清朝末年的留日运动，另一次即为五四时期的留法勤工俭学运动。"③ 这两次出国留学的人数众多，分布面广，时间和国别都相对集中。与清末留日运动不同的是，留法勤工俭学运动的兴起与中国新文化运动、五四青年运动密不可分。五四运动摧毁了封建等级思想，如"万般皆下品，唯有读书高"、"劳心者治人，劳力者治于人"等传统观念被否定，原来处于底层的劳工得到了社会前所未有的歌颂，"须知今后的世界，变成劳工的世界"。④ 劳工神圣等新价值观的形成和确立，有力地推动了进步青年走上勤工俭学的道路，是赴法勤工俭学的思想基础。陈毅谈到赴法勤工俭学动因时说："我相信工学生活是人的生活，我以为勤工便是生产，替社会充裕生计；俭学是求学，是精神生活，是创造文化，为社会求进步。"⑤ 而1917年俄国十月革命的胜利，则在中国人民中产生了巨大的影响。中国的先进分子开始用无产阶级的世界观来观察国家

① "广义而言，留法勤工俭学学生从清末至当代均有，但留法勤工俭学运动是特定时期发生的，因而我们所说的留法勤工俭学主要指1921年1月之前到达法国的勤工俭学生。"参见鲜于浩《留法勤工俭学运动中的四川青年》，四川出版集团巴蜀书社2006年版，第15页。

② 王奇生：《中国留学生的历史轨迹》，湖北教育出版社1992年版，第72页。

③ 鲜于浩：《留法勤工俭学运动史稿》，巴蜀书社1994年版，第1页。

④ 高瑞泉：《向着新的理想社会——李大钊文选》，上海远东出版社1995年版，第170页。

⑤ 聂元素：《陈毅早年的回忆和文稿》，四川人民出版社1981年版，第54页。

的命运。中国广大进步青年开始接受马克思列宁主义的新思想，寻求救国救民的真理，向往十月革命的成功。不过当时的"军阀政府视十月革命为洪水猛兽，成批去苏联的愿望难以实现，此时，他们把注意力转向了'自由、民主、平等、博爱'的故乡——法国，于是出现了五四运动之后青年赴法"。① 聂荣臻元帅回忆说："一方面，出国勤工俭学，这是去寻求'科学救国'的大计，而另一方面，这次出走，直接的原因是不甘忍受军阀当局的迫害。"②

　　这一时期重庆地区的留法勤工俭学运动，是全国留法勤工俭学运动的重要组成部分，也是重庆留学史上浓墨重彩的一笔，不仅留学人数多，人才辈出，最为突出的是，对马克思主义理论在中国的传播和中国共产党的创建以及中国的社会主义建设都产生了深远的影响。

一　留法俭学与勤工俭学概况

　　中国人留法勤工俭学实际上有两种情况。一是"以工兼学"的旅法华工和"以学兼工"的留学生。对此，蔡元培曾有明确描述："俭学会者，专持以俭求学之主义者也。而其中有并匮于俭学之资者也，乃兼工以济学。其与豆腐公司诸君，虽有偏重于学，及偏重于工之殊，而其为工学兼营则一也"。③ 或许就是因为这"工学兼营"是旅法华工和留法学生的共同点，所以，在当时就被统称为"勤工俭学"了。④ 1912 年初，曾经留学法国的李石曾邀约了张静江⑤、吴

---

　　① 孟凤英：《论五四运动对青年赴法勤工俭学运动的影响》，《湖北社会科学》2011 年第 2 期。

　　② 聂荣臻：《聂荣臻回忆录》，战士出版社 1983 年版，第 12 页。

　　③ 蔡元培：《蔡元培全集》第 2 卷，第 398 页。

　　④ 较早尝试"以工兼学"的是李石曾及其在法国开办的豆腐工厂。李石曾是留法勤工俭学运动的重要倡导者和组织者。1909 年，李石曾从自己的家乡河北高阳县招募了一些工人来豆腐厂做工。做工之余，李石曾组织工人们学习中文、法文等知识。同时，一些自费留学生到李石曾的豆腐厂来打工挣钱，即"以学兼工"。

　　⑤ 张静江（1877—1950），本名人杰，字静江，浙江省吴兴（今湖州）人，其父曾以十万两银为其捐得江苏二品候补道衔。1901 年，随孙宝琦赴法任一等参赞。翌年，开办通运公司，从事古玩、茶叶、丝绸买卖。后结识孙中山，加入中国同盟会，并以经商所得为同盟会提供活动经费。1906 年，张之同乡诸民等人自费留法勤工俭学，通运公司及其下属商店遂为留学生提供食宿、打工的方便，使公司"有若自费生之机关"。

玉章①、黄复生②、汪精卫③等在国内颇有名声的同盟会会员，"欲为国人作求学之津梁"，本着扩张国民教育、输入世界文明、阐扬儒先哲理、发达国民经济的宗旨，④ 在北京发起了"留法俭学会"。新成立的留法俭学会针对当时"惟西国学费，宿称耗大，其事至难普及"的现实，提出了"拟兴苦学之风，广辟留欧学界"⑤ 的办学主张。该会成立不久，即在北京开办了留法预备学校，并得到了时任教育总长蔡元培的大力支持，特拨给安定门内方家胡同旧国子监南学作为校舍。学校的办学经费则是通过自愿的方式筹得。1912 年 5 月 26 日，北京留法预备学校正式开学。同年年底该校输送了 60 余名毕业生远赴法国留学。第二年六月，该校又有 40 名毕业生留学法国。不久，吴玉章、黄复生等人又在成都发起四川留法俭学会，开始在国内展开以俭学为主的勤工俭学的宣传活动。通过宣传，留法俭学会的知名度逐渐扩大。不过，当时的青年虽然经历了辛亥革命，但尚未经受新文化运动和五四运动的洗礼，很大程度上思想依然不开放，对蔡元培、李石曾等人的号召反响不大，

---

① 吴玉章（1878—1966），名永珊，号树人，四川省荣县人。1903 年东渡日本留学，1906 年 4 月加入中国同盟会。1911 年四川保路运动爆发，他受同盟会总部派遣入川。9 月，与同盟会会员王天杰等在荣县成立民军政府，宣布荣县独立。11 月，又在内江发动起义，被推举为内江军政府行政部长。12 月初到重庆，时值蜀军总司令林绍泉与几个旧军人出身的标统大闹蜀军政府，都督张培爵请他决断，他力主实行军事裁判，整顿军纪，并任军事裁判长，解除了林绍泉职务，判处其他几名主犯死刑，平息了叛乱。1913 年"二次革命"失败后，流亡法国，先后与蔡元培等人组织了留法勤工俭学运动和华法教育会。

② 黄复生（1883—1948），名位堂、树中，字明玉、理君，四川省隆昌县人。1904 年秋，赴日本学习印刷，与重庆革命团体公强会建立联系。1905 年，积极参与中国同盟会的创建工作，被选为同盟会四川分会会长，兼理《民报》社务。1907 年，被同盟会派回四川进行革命活动。1909 年，暗杀端方未成，决定与汪精卫等人到北京刺杀摄政王载沣，事泄被捕入狱。1911 年获释，参加天津同盟会。1912 年南京临时政府成立后，被举为四川驻南京代表，任参议员兼印铸局局长。1913 年，"二次革命"失败后赴日本。

③ 汪精卫（1883—1944），名兆铭，字季新，祖籍浙江省绍兴县，生于广东省番禺县。早年留学日本，1905 年加入同盟会，一度任《民报》主编。1910 年因刺杀清摄政王载沣被捕入狱，辛亥革命后出狱。

④ 吴玉章：《留法俭学会演讲会演说辞》，《东方杂志》1916 年第 14 卷第 9 号，第 177—183 页。

⑤ 张允侯等编：《留法勤工俭学运动》（资料集）第一册，上海人民出版社 1980 年版，第 14—18 页。

响应者寥寥无几。

正当北京留法预备学校发展之际，国内外局势剧变。1913 年国内"二次革命"[①] 爆发，北京政府被北洋军阀完全控制。反对袁世凯统治的进步人士受到北京政府的打击，不得不流亡海外，如蔡元培、吴玉章等人。北京留法预备学校也随之遭受厄运。北京政府教育部先是多次索还校舍，逼迫学校搬迁到北京四川会馆，继而"警役至校巡查，各生皆退学，校遂停办"。[②]

1914 年，第一次世界大战爆发，法国为主要战区，其邮电、交通等遭受战火的严重破坏。中国留学生在法国勤工俭学的正常学习和生活被打乱。来自国内的汇款时常中断，而在法国银行提取汇款也很困难，留学生的日常生活受到严重威胁，部分留法俭学生以战祸等为由，提议归国。此时，李石曾、蔡元培等人发起了"旅法学界西南维持会"，安排留法俭学生去法国西南部尚未停课的学校学习，并采用代留法俭学生向中国驻法使馆借用学费，待战后归还，或向法国学校申请缓缴学费，待战后再补缴等办法，帮助留法俭学生渡难关。蔡元培还撰写了《吾侪何故而欲归国乎？》的文章，规劝留法俭学生在"学问之进退者甚大"的归国问题上，"审慎而熟虑之"，坚持留法俭学。通过旅法学界西南维持会的努力，终使留法俭学生情绪稳定，能够留在法国继续学习。

1915 年夏，在李石曾的倡议下，又成立了"勤工俭学会"，帮助旅法华工找工作，维持生活，以工求学，从而达到"勤于工作，俭于求学，以进劳动者之智识"[③] 的目的。该会还向华工们印发了《勤工俭学传》。李石曾是《勤工俭学传》主要撰稿人，蔡元培则为《勤工俭学

---

① "二次革命"，是 1913 年孙中山发动的反对袁世凯独裁、维护共和体制的斗争。1913 年 7 月 12 日，李烈钧接受孙中山的指令，从上海回到江西湖口，召集旧部成立讨袁军总司令部，正式宣布江西独立，发表讨袁檄文。因为这次战争发生在 1913 年，旧历癸丑年，而主要地区又在江西和南京，故亦称癸丑赣宁之役。由于袁军实力超过国民党，独立各省之间在军事上又缺乏统一指挥，"二次革命"最终以失败告终，孙中山、黄兴、李烈钧等先后逃亡日本。1913 年 9 月 12 日，孙中山为反对袁世凯独裁而发起的"二次革命"失败。

② 张允侯等编：《留法勤工俭学运动》（资料集）第一册，上海人民出版社 1980 年版，第 21—22 页。

③ 蔡元培著：《蔡元培全集》第 2 卷，第 53 页。

传》作了序言，目的是鼓励华工坚持长期在法国勤工俭学。

此时，正是第一次世界大战激烈时期，法国青壮男丁多上战场，劳动力十分缺乏。法国急需招募外籍劳工以补充本国的劳动力。因此，法国无论是官方还是民间对旅法华工都表现出极大热情，并给予诸多便利和支持。法国劳工部与李石曾签订招募华工的合同，其中除华工与法国工人待遇平等条款外，还有要在华工中推行以工兼学的规定。勤工俭学会为了安排好华工的教育，拟在巴黎等处开设文化补习班，尽快提高在法国华工的文化水平，培养以后华工教育的骨干力量。在听取多方建议和几经商量后，于1916年3月29日在法国巴黎召开了华法教育会发起会，同日宣布成立华工学校。该校的举办得到了法国政府的支持，每年拨给办学费用一万法郎。同年6月华法教育会正式成立。法国大学教授欧乐和蔡元培为华法教育会会长。勤工俭学会与华法教育会的成立，为留法勤工俭学运动的发展提供了组织条件。

袁世凯倒台后，被迫流亡海外的蔡元培、李石曾、吴玉章等人相继回国。回国后，他们在北京重新建立留法勤工俭学总会及留法勤工俭学预备学校。1917年开始，华法教育会先后在北京、上海等地成立了分会，并创办了各种类型的留法预备学校。在他们的宣传鼓动和直接组织下，留法勤工俭学的高潮迅速兴起。1918年前后，上海、天津等地也都先后建立了华法教育会、留法勤工俭学会等组织，开办留法勤工俭学预备学校，宣传"以最俭之费用，求正当之学术"和达到"输世界文明于国内"① 的富国强兵之目的。

留法勤工俭学运动的高潮，又进一步引起了法国政府的高度重视，他们开始关注并专门指导。1919年春，作为法国政府代表的法国驻华公使和领事馆对勤工俭学生赴法留学表示欢迎和鼓励，法国政府还特地为赴法学生提供优惠船票。为了巩固与其他国家在争夺中国留学生中所取得的成果，并使之为法国的长远利益服务，法国政府在留法的中国学生中设立监督，加强与勤工俭学生的联系和管理。

这样，一方面，国内有李石曾、吴玉章、蔡元培等社会名流的倡导

---

① 张允侯等编：《留法勤工俭学运动》（资料集）第一册，上海人民出版社1980年版，第14—18页。

和强有力的组织发动，鼓励人们以低廉的费用赴法留学，从而输入世界文明，以改良中国社会；另一方面，在法国政府的支持下，留法勤工俭学运动最终在 1919—1920 年达到了高潮，短短两年内约有 1600 名勤工俭学生赴法留学，几乎遍布法国全境。

从 1919 年 3 月到 1921 年 11 月 13 日，104 名勤工俭学生被遣返回国[①]，历时约两年零八个月的留法勤工俭学运动，先后共有 1600 多名中国人前往法国勤工俭学。这次留学运动，让倡导者始料未及的是一部分留法勤工俭学生在目睹了法国资本主义的阴暗面以及勤工俭学受挫后，转而寻求马克思主义，为中国新民主主义革命造就了一批无产阶级革命家。如赵世炎、邓小平、聂荣臻等，在法国勤工俭学后又留学苏联，进一步学习马克思主义。他们回国后，都担负起了中国新民主主义革命和社会主义建设中的重任，成为坚定的马克思主义者和杰出的国家领导人。

不过，这次时间短、人数多的留学运动，在组织工作等方面是有瑕疵的，让乘兴而来的勤工俭学生陷入了无工作可做，或"勤工"难以以俭学，甚至发展到后来大多数勤工俭学生下船上岸就失业和生活无着，只得依靠华法教育会微薄的接济，以豆饼和马铃薯充饥。两年中，勤工俭学生因贫病交加而葬身法国的，在 200 人以上。[②] 事实上，在 1915 年 5 月首批留法勤工俭学生抵达法国后，巴黎华法教育会分别向 200 家工厂发函为留学生联系工作，但是其中绝大多数都以"暂缓"为由退回。如果在当时，倡导者、组织者切实调查一下法国工厂接受中国留学生的具体情况，并考虑到作为青年学生在异国他乡的实际工作能力，尤其是承受劳动强度大的工作的能力，那么，留法勤工俭学或许会有一个可持续的发展前景。另一方面，需要指出的是，留法勤工俭学所遭遇的困境也与国内学子留学心切、盲从赴法有密切联系。1911 年《东方杂志》刊载了一篇巴黎通讯稿，详细介绍了在法国的勤工俭学的

---

① "赴法勤工俭学运动是一场由社会名流发起的自发的社会运动。当运动陷入困境后，这些社会名流本身既无权又无钱，他们向国内当局求援，国内当局撒手不管；他们转而求助于法国当局，法国当局袖手旁观；他们最终也弃之不顾。最后法国政府将 100 多名勤工俭学生当作罪犯一样强行遣返归国。"引自王奇生《中国留学生的历史轨迹》，湖北教育出版社 1992 年版，第 74 页。

② 盛成：《海外工读十年纪实》，湖南人民出版社 1986 年版，第 57 页。

情况，认为留法勤工俭学"在实事上并非办不到也"，但特别强调在巴黎采访李石曾时，其所言极为重要，"国内有欲来法勤工俭学者，不可不知也"，并将李石曾的讲话刊载其中：

> ……未入工厂者，内中有一部分稍感困难，因彼等多未具有合宜资格。即于技能体力、资斧语言数着，皆不备其一。此种若在华法教育会接洽之后，必不放其来。内中多未知勤工俭学真情，自由来法者。既已来此，勤工俭学会自然须为设法。但希望国内之续来者，不必如此着忙，免致个人与勤工俭学会皆感困难也。故来法勤工俭学者，无论如何须于技能体力（体力强者，虽无技能亦可作小工，但比较劳苦，来法作此项工作者，须自己有十分把握也），资斧（有数月经济，能在法学习语言技能者，亦可来法），语言四者之中，具备一门，方可来法。否则，可先在国内留法预备班补习语言及技能，然后来法，最为妥当。①

遗憾的是，李石曾的这一番劝告似乎并未引起当时社会的关注，或许是"自从庚子以后，国人受了一番大打击，一时人民都有图强之志，所以到外国去求学之心更切"。②

这场由中国社会名流倡导的留法勤工俭学运动，"在中国留学史上，无疑是一次悲壮的尝试"，③ 其中既有忧国忧民、寻求真理、立志改革中国的进步青年，如赵世炎、邓小平、刘伯承、聂荣臻、杨尚昆等杰出的共产主义战士，也有随波逐流的利禄之徒，更有陷入困境客死他乡的留法学生。不过，"重庆的留法勤工俭学办理得很有成绩，为中国新民主主义革命输送了一批领导人才"。④

二 重庆留法勤工俭学的兴起

重庆的留法勤工俭学运动兴起于1919年。在五四青年运动和十月革

① 《东方杂志》1919 年第 16 卷第 12 号，第 194—196 页。
② 陶履恭：《留学问题》，《新教育》1919 年第 2 卷第 2 期，第 35—43 页。
③ 王奇生：《中国留学生的历史轨迹》，湖北教育出版社 1992 年版，第 69 页。
④ 李定开：《重庆教育史》，西南师范大学出版社 2006 年版，第 110 页。

命的影响下，重庆留法勤工俭学运动不仅为重庆青年接触、学习和接受马克思列宁主义提供了很好的机遇，还造就了伟大的马克思主义者、无产阶级革命家、政治家、军事家、外交家，中国共产党第二代核心领导者、中国社会主义改革开放和现代化建设的总设计师邓小平等为代表的一批划时代的杰出英才，对重庆乃至于中国都产生了深远的历史影响。

　　辛亥革命成功后，当时隶属四川的重庆人民和青年学生无不感到欢欣鼓舞，以为终于摆脱帝国主义的侵略和封建统治的桎梏，从此可以救国救民、振兴中华了。然而现实并非如此，辛亥革命虽然推翻了清王朝的统治，建立了中华民国，但是军阀势力和帝国主义并没有被彻底推翻，他们在中国社会仍然占据着统治地位。在重庆，同样是军阀篡夺了革命果实。重庆人民仍然处于军阀混战的苦难之中，忍受着战乱痛苦。军阀角逐大小城市，破坏学校，教育经费来源断绝，广大青年学生面临失学的厄运。另外，当时的重庆进步青年学生对落后的教育制度不满，他们渴望到工业发达、教育先进的欧洲国家学习，探索救国救民的真理成了当时重庆有志青年的共同愿望。例如，江津的聂荣臻、钟汝梅、戴坤忠、傅汝霖等学生，对"二十一条"① 不平等条约非常气愤，他们利用假期到各地宣传、讲演，散发传单，张贴标语，组织群众集会游行，号召他们起来反对帝国主义侵略，打倒汉奸卖国贼。江津县城百货商店的日货也被他们搜查出来全部销毁，这引起了商人们的强烈不满。于是商人勾结军警，聂荣臻等人被迫离开学校，随即寻求去法国勤工俭学的途径。

　　1912 年 6 月，四川的吴玉章、朱蒂煌、沈兴白、黄复生、赵铁桥、刘天佐等仿效北京做法，在成都成立了留法俭学会四川分会，并设留法预备学校于成都的少城济川公学，宗旨是"改良社会，首重教育。欲输世界文明于国内，必以留学泰西为要图"。② 同年八月，四川 10 余人进入该预备学校学习。同年 11 月下旬，第一批留法俭学生 40 余人从北

---

　　① "二十一条"是日本向中国提出的不平等条约，日本帝国主义以威胁利诱的手段，历时五个月交涉，最终迫使袁世凯政府签订。"二十一条"企图把中国的政治、军事、财政及领土完全置于日本的控制之下，把整个中国变为日本的殖民地。这些条款又被称为《民四条约》。

　　② 张允侯等编：《留法勤工俭学运动》（资料集）第一册，上海人民出版社 1980 年版，第 11 页。

京赴法，其中 16 人为四川派出，首次开启了四川尚俭乐学的风气。后来因为各方面的原因，留法俭学被迫停止。但它为以后留法勤工俭学运动在四川和重庆的兴起奠定了基础。

1918 年初，吴玉章等在成都成立留法勤工俭学会四川分会和华法教育会四川分会后，又在成都、重庆创办留法勤工俭学预备学校。这不仅得到了社会各界人士的支持与赞助，更是得到了有留日经历的四川督军熊克武和四川省长杨庶堪的大力支持。另外，驻渝的东川道尹黄复生、川军第一军军长但懋辛等老同盟会会员，以及原蜀军政府的开明人士，较四川其他军阀思想进步，为重庆留法勤工俭学运动的兴起，提供了十分有利的外部条件。重庆留法勤工俭学运动发展之快，人数之多，在重庆留学史上是空前的。"据 1921 年各省勤工俭学分会的调查统计，全国赴法勤工俭学人数共计一千六百余人，以四川、湖南两省最多，约占总人数的一半。四川省有三百七十八人，其中巴县四十七人，占全省第一。"①

留法勤工俭学运动是近代中法关系史上的一件大事，它能够在社会上引起巨大反响并在极短的时期内掀起赴法留学热潮，原因也是多方面的。正如周太玄所评论的："勤工俭学……亦并非基于一种简单之原因而偶然发生，乃由于无数的不满足与无穷的新希望汇合凝固而成此背水之战。"② 重庆留法勤工俭学运动兴起也有其自身的原因。

第一，新文化思潮在重庆的广泛传播。早在辛亥革命之前，重庆就被迫开为商埠之地，交通便利，成为四川的经济中枢。借助长江水道与省外各地联系比较密切，更容易受到来自外省的各种新潮思想的影响。清末民初的留日运动，使一批接受日式教育的留日学生回到重庆后在各个学堂任教，有利于进步思想文化的传播。五四运动前夕，重庆已有川东师范学校、重庆联合县立中学、广益中学等数十所新式中、小学校，培养了一大批要求进步的青年学生；《渝报》（1897 年）、《重庆日报》（1904 年）、《广益丛报》（1903 年）、《商务日报》（1914 年）、《人声》

① 陈宛茵：《巴县赴法勤工俭学记略》，巴县文史资料研究委员会：《巴县文史资料》第 10 辑，1994 年版，第 129 页。

② 李喜所主编：《中国留学通史（民国卷）》，广东教育出版社 2010 年版，第 99 页。

（1921 年）等一批报刊在重庆地区创办；《新青年》、《新潮》、《新教育》、《少年世界》等外地进步书刊也在重庆青年学生中流传。① 这为培养具有新思想、新文化的进步青年创造了极为有利的条件。在各种新思潮、新观念的冲击下，重庆进步学生逐渐抛弃和否定过去那种"万般皆下品，唯有读书高"的陈腐思想，越来越多地认识到劳动和劳动者的价值，并希望能够成为自食其力的劳动者，与当时风行的工读主义②产生了强烈的共鸣，乐于抛家出国远涉重洋，勤工俭学。再有，1919 年五四运动爆发，新文化运动之风借助五四运动传入重庆，立即引起强烈的反响，重庆的思想文化领域顿时活跃起来。当年重庆的留法勤工俭学生江泽民（江克明）回忆说："五四运动之后，随着马克思主义在中国的逐步传播，才有大批爱国的具有先进思想的知识青年，抱着振兴实业，改造社会的宏大志愿赴法、德、比等国，实行勤工俭学，以寻求革命真理和学习西方的科学技术。"

第二，勤工俭学的方式吸引了重庆学子。五四运动前后，军阀混战，教育经费朝不保夕。对于一个普通学生来讲，出国留学的难度很大。公费留学条件苛刻，人数极少，指望不上；自费留学条件宽松，但花费昂贵，非普通百姓所能承受。而华法教育会提出的赴法勤工俭学正好为有志于出国留学但经济实力不足的重庆青年提供了出国留学的渠道。正如李石曾所分析的："中国人多赴日本留学，如语言习之较易，路近往来较便，固亦为一原因。然因其学费较普通在欧洲留学者可省四分之三，此留学之数骤殊最大之原因也。在日本留学，每年每人约需三四百元，或四五百元。今俭学会既有俭省之方法，与在日所需相去无几。"③ 留法学生既可在法国一边做工，一边学习，即工学结合的方式，主要是工余学习法文（晚上）等，或学余之假期打工，通过勤工俭学来解决部分学费；也可先在法国从事数年工作之后再进入专门学校，完

---

① 吴艾生：《留法勤工俭学运动在重庆》，《四川文物》1991 年第 4 期。

② 工读主义是 1919—1921 年流行的一种社会思潮，主要倡导者为王光祈、陈独秀、李大钊等。工读主义主张劳心与劳力相结合，教育与职业合一，学问与生计合一，把工读互助团办成"人人工作，人人读书，各尽其能，各取所需"的新组织。

③ 李石曾：《留法俭学会演讲会演说辞》，《东方杂志》1916 年第 14 卷第 9 号，第 177—183 页。

成俭学。这种到法国可以半工半读或先做工后读书，无须家庭负担的留学方式正适合重庆中小资产阶级、广大青年学生的心愿，成为重庆青年及其家庭首先考虑选择的留学方式。

第三，从未间断过的重庆留学教育及重庆学生对法国社会的认同。自中西文化交流开始，重庆学子就不断地走出国门，探索救国救民的道路。随着西方势力的入侵，民族资本主义的产生，西方文化的传入，邹容等一批先进分子留学日本。后来，随着日本军国主义的膨胀及对中国的侵略与威胁，广大中国青年改变了对日本的态度，进而把目光转向欧洲国家。他们认为，第一次世界大战前后的法国，资产阶级革命比较彻底，又提倡资产阶级民主、自由、平等、博爱，工业发达，科技水平高，生活水平相对较低。这一切对中国的知识界，特别是对重庆社会中下阶层出身的知识青年有着较强的吸引力。"于是，前有邹容等人作为四川第一批留学生公费或自费赴日留学，其后，重庆赴欧美、日本留学的人源源不断"。①

第四，与当时四川局势的相对稳定，和地方进步人士以及当权军政要员的开明有关。重庆留法勤工俭学的发起人、组织人均系地方名流，他们出钱出力，积极筹划；当重庆留法勤工俭学生在法国陷入经济困境、呼吁国内救助时，"川省刘湘、但懋辛两军长曾筹集 2 万元"。②

第五，京、沪、蓉等地的留法勤工俭学运动对重庆的影响很大。重庆地区也有部分学生在各地留法预备学校学习。当国内留法勤工俭学运动高潮到来之际，受新文化运动影响的重庆青年又在一定程度上接受了工读主义等新的社会思潮，很快地把注意力转向可以勤工俭学的法国，并以极大的热情投身到赴法勤工俭学运动中。③

在重庆，赴法勤工俭学组织机构主要有留法勤工俭学会重庆分会、重庆留法预备学校。

（一）留法勤工俭学会重庆分会

在全国五四运动和留法勤工俭学运动的影响，特别是成都留法勤工

---

① 宋毅军：《邓小平与重庆留法勤工俭学运动》，《红岩春秋》2011 年第 4 期。
② 重庆市教育委员会编：《重庆教育志》，重庆出版社 2002 年版，第 772 页。
③ 李润苍、李有明：《四川近代史》，四川省社会科学院出版社 1985 年版，第 678—680 页。

俭学热潮的推动下，重庆留法勤工俭学运动迅速展开。1919 年 6 月，第一批成都留法预备学校毕业生赴上海，途经重庆并在此停留。时任重庆商会会长、大中银行总理的汪云松，巴县劝学所视学的温少鹤等人目睹其盛况，① 极为感动，立即四处奔走，积极筹备，"于 1919 年的 8 月 28 日，在重庆总商会成立留法勤工俭学会重庆分会，由汪云松任正会长，温少鹤、童宪章（巴县劝学所所长）任副会长。会上通过了重庆留法勤工俭学分会简章，同时决定法国驻渝领事及到会法国人士为名誉助员，各机关团体到会代表为发起人，以后均为本会会员"。② 留法勤工俭学会重庆分会的成立，使重庆的留法勤工俭学学生有了一个可依靠的民间团体，是重庆留法勤工俭学运动得以迅速开展的组织保障。

（二）重庆留法预备学校

重庆留法俭学会成立后，即仿效成都做法，1919 年 9 月，在城区夫子池内筹办了重庆留法预备学校。重庆的留法预备学校由汪云松、温少鹤、杨希仲等社会名流组成校董事会管理，设有校长、教务及事务等负责人。重庆总商会会长、重庆留法勤工俭学分会会长汪云松兼校长。重庆留法勤工俭学之初，有一点与中国其他各地留法勤工俭学不同的是，由重庆工商界推进和筹建，经费也是重庆工商界的捐款，以及社会各界的支持；而京、津、沪、蓉、保定等地的留法勤工俭学会、留法俭学会、华法教育会等筹办组织的留法预备学校或预备班，大多得到了官方的支持和赞助。重庆留法勤工俭学的团体与地方官府没有直接的关系，只与北京留法勤工俭学总会联系。

---

① 汪云松（1873—1958），名德薰，祖籍湖北省，随父定居重庆市巴县。清光绪三十一年（1905）在江苏省任知县，后任吉林省官银号总办及电灯总局总办，辽宁五常府知府，双城府知府，以道员用（即用道员的职衔）。辛亥革命后，返回重庆，协同其父经营济兴隆、裕成通等商号，成为重庆富商，曾任重庆总商会会长、重庆参事会主席。1919 年 7 月，与孙仲山创办重庆大中银行，任总经理，资本银元 100 万元。温少鹤（1888—1968），名嗣康，回族，信奉伊斯兰教，重庆市巴县人。早年就读于重庆府中学堂，其后，毕业于四川高等学堂第二类（即今理科）。长期在重庆从事教育工作，任巴县中学校长，任内努力传播新学。以后还在重庆联中、川东师范学校任教。1914—1921 年，任巴县劝学所视学，后劝学所改为教育局，任局长。

② 重庆市教育委员会编：《重庆教育志》，重庆出版社 2002 年版，第 769 页。

重庆留法预备学校招生的消息，迅速传遍川东 20 余县，一批激进的青年学生和先进的知识分子纷纷前来报名，准备赴法学习，寻求救国救民的新知识、新理论，邓小平就是其中之一。邓小平此时正在老家的广安中学上学，他能进入重庆留法预备学校，是因为他有个开明的父亲。邓小平的父亲邓文明当时正在重庆。他得知学校招生的消息后，就写信回去，要邓小平赶紧到重庆来，进留法预备班学习。① 经过考试，邓小平和 100 多名有志青年荣幸地进入了重庆留法预备学校，开始了他们人生的新起点。

重庆留法预备学校教室简陋，设备很差，校内既无宿舍，也无体育活动场所。食宿均由学生自行解决，学习条件十分艰苦。开学之前，汪云松、温少鹤联合工商界人士及社会名流杨希仲、曾吉之、童宪章、黄复生等筹款两万余元，重庆孤儿院董事长杨希仲独自捐资五千元作为学校开办费和学生赴法补助费。1919 年 9 月，重庆留法预备学校正式开学，学校招收的第一批学生有百余人来自川东地区的 20 余个县，亦有少数川北、川南、川西的学生。

重庆留法预备学校以中学毕业生和具有同等文化程度的青年为招生对象，学制一年。经考试后录取了 110 名学生，同年 9 月中旬开始授课，分两班上课。凡是中学毕业者为高级班，同等学业者为低级班。课程设有法文、代数、几何、物理、中文及工业常识等，而以法文为主，要求能说法语。

重庆留法预备学校是五四新文化运动的产物。此时的重庆，在爱国五四运动的推动下，反帝反封建浪潮高涨。重庆商界、学界的罢市、罢课斗争转变为抵制日货的运动。邓小平和留法预备学校的同学们在紧张学习的同时，也积极投身于五四运动，以各种形式声讨卖国贼，参加抵制日货、反对与日商交往等活动，经历了进步运动的洗礼，这对他们以后世界观的形成和革命实践活动具有相当大的影响和意义。据当时重庆留法预备学校学生江克明回忆："我们预备学校的同学，为了抵制日货，反对卖国贼，曾经集体到重庆卫戍司令部去示威请愿，在那儿坚持了两天一夜的斗争，取得了初步结果。我们回到学校后，就自动把带有

① 大型电视文献纪录片《邓小平》之解说词，中央文献出版社 1997 年版，第 8 页。

日本商标的牙粉、脸盆等用品摔在地上焚烧，把洋布衣服也撕毁，表示再不用东洋劣货。当时，时代的脉搏，爱国的思潮，在冲击着我们的头脑，广大青年学生和各界人士高昂的爱国热情，给了我深刻的教育。"①

重庆总商会会长汪云松对留法同学们的影响和帮助最大，从筹建留法勤工俭学会重庆分会、建立学校、募集资金、办理签证、送行等，他都是亲力亲为，给留法学生留下了深刻的印象。几十年后重庆解放，邓小平还特地邀请汪云松吃饭，感谢汪云松为国家培养了两位副总理（即邓小平和聂荣臻）。汪云松则高兴地逢人就说，小平真不错呀，我现在才晓得，共产党也不忘故旧！

三　重庆赴法学生与留学贷款

在 1919—1920 年的留法勤工俭学热潮中，"重庆地区的有志爱国青年 129 人曾三批集体赴法。在留法勤工俭学学生中巴县 47 人，江津 45 人，这是四川各县留法勤工俭学人数最多的两个县"。②

重庆第一批赴法勤工俭学的是聂荣臻等 35 人，分别来自江津、巴县、长寿等地。③ 这批学生没有进入重庆留法预备学校，是直接由重庆赴法的勤工俭学的学生。重庆留法预备学校的创办，为重庆地区有志青年赴法勤工俭学创造了有利的条件，但由于学校资金不足，招收名额有限，不少希望入学的青年无法进入该校学习。一些不能入学的青年便通过重庆留法勤工俭学分会的帮助，直接自费到法国勤工俭学。

1919 年暑假期间，聂荣臻和江津中学的几个同学抱着通过"工业救国"来改变现状的想法来到重庆了解赴法的有关事项。当他们得知不能进入重庆留法预备学校也可以直接赴法勤工俭学的消息后，立即赶回江津筹措留法费用。④ 随后，江津人刘颖彬商请留法勤工俭学重庆分

---

① 宋毅军：《邓小平与重庆留法勤工俭学运动》，《红岩春秋》2011 年第 4 期。

② 重庆市教育委员会编：《重庆教育志》，重庆出版社 2002 年版，第 770 页。

③ 其中江津：聂荣臻、钟汝梅、鞠继承、刘宗华、刘厚垓、桂万年、龚灿、江玲、帅本立、唐家修、慕均石、涂知伯、袁本德、马睿荣、袁税伯、陈光耀、池伦、肖森、魏裔英、邓炬英、刁泰升、周子君；巴县：汪域周、徐麟瑞、曾广铭、杨浩仓、夏绍夫、程康侯、马元熙；长寿：杨德、张存煜；另外还有潼南的张侠逸、顺庆的饶鸿钧、华阳的王乾。

④ 周勇：《重庆通史》（下），重庆出版社 2002 年版，第 702 页。

会会长汪云松取得了法国驻重庆领事馆同意，给聂荣臻、周子君和其他江津十余个同学办理了赴法手续，然后会同巴县、潼南、长寿等地的学生共 35 人赴法勤工俭学。这批学生于 1920 年 1 月 10 日到达法国南部的马赛。

重庆第二批赴法勤工俭学的便是在重庆留法预备学校学习了一年的学生。"1920 年 7 月 4 日，重庆留法预备学校的学生在重庆商会举行毕业典礼。法国驻重庆领事，法国各侨商、教士、各校校长应邀到会祝贺。"这批学生有 83 人毕业考试合格，其中袁文庆、冉钧、戴坤忠、谢陈常等 46 人获得留学贷款生资助，其余的则为自费留学生。他们于 1920 年 10 月 19 日抵达马赛。

第三批是郑毓秀女士①带领的巴县十名女生赴法。1920 年下半年，郑毓秀女士应黄复生、石青阳等之约来重庆，她积极宣传女权思想，倡导女子赴法勤工俭学，反响强烈。她在重庆总商会演说道："我国男子出洋留学者虽多，而女子独绝无仅有，即现在留法勤工俭学虽多系新人物在提倡组织，实亦限于扶持男生，而女生方面尚未暇顾及，吾尤望女子亦能联袂留法，想大家亦表示赞同，当道诸公亦能维持，此心此志，愿与诸君共勉之。"② 在她的帮助和带领下，巴县的张雅南、潘惠春、朱一逊、朱一恂、李鸿明、朱耀明、张汉君、朱澄芳、潘为云、张振华 10 位女同学留学法国，这是重庆女子赴法勤工俭学人数最多的一次。

此外，1920 年到 1921 年，零星从其他各省通过留法组织到法国勤工俭学的重庆学生也不少。因为，在重庆未创办留法勤工俭学预备学校之前，以及重庆留法勤工俭学预备学校成立之后，在北京、上海、广州、成都等地都设有华法教育会，各地青年加入华法教育会成为会员后，就可以请求其代办留法手续。重庆的赵世炎等就是通过这种方式赴

---

① 郑毓秀（1891—1959），出生在广东，广州府新安县人。1904 年，投身革命。1909 年 10 月，刺杀袁世凯，扬名海内外。1918 年，郑毓秀受南方军政府吴玉章主持的外交委员会的委派，在法国进行国民外交工作。1920 年郑毓秀应吴玉章邀请，从法国回国，赴四川宣传男女平权，鼓励女生出国留学。同年 12 月，郑毓秀与张申府、蔡元培、陈大齐、刘清扬等同船去法国，郑毓秀还亲自带了四川女生张振华等 6 人赴法，为她们筹措旅费，送至法国勤工俭学。

② 彭崇班：《四川最早留法女学生》，《文史杂志》1994 年第 2 期。

法的。从他们在赴法前致上海华法教育会的信中可以看出："学生等以自费生赴法国俭学，已在会里报名入会。现承会中的介绍，于5月8日乘阿玛丹比勒号轮往法国。现在起身的时候，每人实携有三千佛郎，已经会中查验。我们已经填写志愿书为会员，到法国后，还望会中的指导和援助。"① 还有巴县的周钦岳、邓大鸣、喻正衡、石克簠、岳廷宽、汪武烈、慕开栓、徐俊、何嗣昌、谢修武、方辑、黎纯一、沈一兴，江津的段调元（子燮）（1913 年随留法俭学会去法）、漆南薰、颜石甫（颜歆）、郑瑞江、王德宣、周振英、肖浮生，綦江的王奇岳、江北县的詹叔尧、颜遂良、马寿徵等人都是从外地直接赴法的。在此前后，通过不同渠道赴法留学的重庆青年还有很多，如巴县的柯瑞麒、刘昆辉、周泰先、熊洪治、冯陶钧、董鸿诏，江津县的胡联辉、熊仲甫、钟世泽、郑禹疏、朱治华、池伟棠，长寿的杨公托、杨兆、杨公达、孙经伦等。②

重庆留法预备学校的助学贷款生、自费生名单参见表 2—1、表 2—2。③

表 2—1　　　　　　　　　助学贷款生

巴　县	袁文庆　贺学礼　李为栋　熊济平　邓正利　谢陈常　李生春　周鼎　杨维侃　刘深山　熊禹九　赖赓尧　陈朝能　冯学宗　陈百方
江　津	郭其书　张熙　熊卿云　熊正钧　戴坤忠　敬克明　冉钧　张茂林
合　川	王兴智　张永忠　唐景伯　李兴荣
涪　陵	吴宥三　吴鸿哲　杜奉璋　邱少元
渠　县	郭天枢　李雄　周玉书　周德昭
忠　县	沈式鳞　傅智涵
富　顺	颜克玲
隆　昌	王建陌

① 中共四川省委党史研究室主编：《四川留法勤工俭学运动》，四川大学出版社 1992 年版，第 135 页。

② 重庆市教育委员会主编：《重庆教育志》，重庆出版社 2002 年版，第 770、771、772 页。

③ 中共四川省委党史研究室主编：《四川留法勤工俭学运动》，四川大学出版社 1992 年版，第 147、150 页。

荣　昌	张文骙
永　川	周永生
綦　江	罗振声
广　安	邓绍圣
璧　山	余大模
南　川	杨于昭
长　寿	余方体
江　北	詹谓明

表 2—2　　　　　　　　　　**自费生**

巴　县	周文楷　胡大智　唐世丞　李策勋　周维桢　陈家齐　喻正钧　杨名勋
江　津	熊正心　傅汝霖　李植　刘君才　陈永壁　况鸿儒　熊云章
合　川	陈大鸿　刘世孝　王迪简
涪　陵	刘辉训　胡斯美　李松琴　韩础　杨晴辉
德　阳	阚时杰
华　阳	周青馥
万　源	张俊寿
铜　梁	王邦偁
广　安	胡伦　邓希贤
南　部	贾岱
彭　水	刘登如
巫　溪	陈子青
璧　山	张开元
武　胜	王是华
綦　江	王宪清
遂　宁	罗年禧
江　北	凌君慧
安　岳	左鹏

从表 2—1、2—2 中可以看出，重庆留法预备学校毕业的学生中，

邓希贤（邓小平）、周贡植（又名周文楷）、傅汝霖等37人连同未进预备学校的江津学生熊云章为自费生，其赴法川资由董事会补助百元，再自行筹集一部分，凑足三百元即可赴法。而其中江克明、冉钧、邓绍圣等人则取得贷款生资格，由重庆留法勤工俭学会提供每人三百元的资助。

事实上，四川虽处内地，其教育事业并不发达，但是自清末以来，就有由地方筹集资金，资助学生出国留学或到省外读书，为地方培养人才的传统。稍大一点的县都设有留学生贷款，经费由地方中资捐（买卖田地契税附加）筹集。

关于留法勤工俭学学生的贷款及其资格，重庆江北县曾有详细的规定：

第一条　　担保，担保人应以本县人有财产信用者为限。

第二条　　资格，贷费生以正式修业大学专门学校者为限，不分国立、部立、省立、公私立，均照省领规程分别省内省外贷费，但由本国人设立者，以教育部核准有案为限；由外国人设定者，以该国政府核准与该国国立大学同等待遇者为限。

第三条　　区别，贷费人以自费生为限，凡受县省国钦派送留学及陆海军师范等校免缴学食宿费之官费生不得援例请求。

第四条　　限制，凡官公私立大学专门学校之旁听生或特别生概不贷给。

第五条　　贷额，留学国外者一律暂照省外额数贷给，俟经费充足再遵原定规程办理。

第六条　　惩戒，未毕业辍学者由担保人负责尅日追还贷费，不得援原定规程第八条之规定。

第七条　　优免，学生未毕业死亡者免还贷费，毕业后六年内死亡者免其按年规定未还清之贷费。

第八条　　施行，本细则经省道县行政官署核准即遵照执行。①

---

① 《江北县自费生贷费规程实施细则》，巴县档案馆资料。

合川县留学贷费处为了保证留学经费专款专用，还特致公函北京大学校长：[1]

　　敬启者　　蔽县创设留学贷费，原为辅助留学各生之经费而成全其学业，若不详查每期试验成绩则此项贷费款终属虚掷。故蔽处贷费章程第十一条规定各贷费生于贷期前三月内，由本校管理填证发给该生转寄蔽处存查。兹特附录证明二张，希即查证办理，以便给发该生下期贷费。至纫公谊。
　　此致
北京大学校长公台

　　　　　　　　　　　　　　　　　　　合川县留学贷费处署

　　重庆及四川留学教育的发展，尤其是留法勤工俭学的兴起，还得利于当时有识之士对留学教育的高度认识和切实支持。"四川巴县鹿角周家祯为奖导四川学子，与巴县视学温嗣康发起代储金。其办法是筹积数万金，凡自费留学海外学专科或上大学，因经济困难不能完成学业者，均可借贷，学成归来只付本不付利息，出国留学者都非常方便。四川省政府下令各地照此办法办理，于是便成通制。因此，四川省的学子远涉重洋，勤工俭学，或毕业于欧美或毕业于日本，踵趾相接，未尝不是周家祯的功劳"。[2] 1920 年 8 月，重庆留法预备学校毕业生赴法启程时，由于巴县贷费局成立不久，经费还很缺乏，所以除了由商会挪借 1 万余元外，其他经费则是贷费局与各法团商量取得同意后，在劝学所积存的省署规定的中资捐项下挪用了 2800 元，借贷给每名赴法勤工俭学生旅费川

　　[1]　《北京大学日刊》，1922 年第 1051 期。
　　[2]　钟永玲、张宗祺、祝继南：《重庆市市中区教育志》，四川文艺出版社 1993 年版，第391 页。作者按：川东道尹公署采纳了周家祯等人关于设立留学贷款的倡议："初定留学生在省外者，人岁贷五十元至百元为率，国外岁贷百元至二百元为率，贷无息。"此款来源于地方的"中资捐"，川东道署下令："于地方附加中资捐项下划出十分之一作为留学贷费。"该署专门制定留学贷款章程，初限于男生，后及于女生，并规定赴法勤工俭学生每年可借款 200元。

币 100 元。"巴县贷费局对留学生非常同情和关心，主任干事周家祯曾多方设法解决留法勤工俭学学生贷费的问题。巴县学生陆续贷费去法国勤工俭学的共 47 人，居全国之冠。到民国十二年（1923）为止，巴县贷费局对留法及游学国内外的其他学生 158 人，共贷出银洋 27500 余元。"①

留学贷费的设立，为家境条件一般的学子解决了出国留学的费用问题，客观上推动了重庆留法勤工俭学运动的发展，为不少追求真理、怀有救国志向的青年提供了赴法留学的经济支撑。正是这种无息留学贷款成就了巴渝学子的留学梦想和造就了一方英才。

重庆商界对留法学生给予的支持也不小，如当时重庆江津的长寿春给熊济平做过担保。担保书如下："具保证书江津人，现在渝大梁子街经营边江生理牌号长寿春。今保得曾在重庆留法预备学校考取毕业学生巴县人熊济平，于将来赴法时，不得借故不行或中途折回，并到法后不能照章归还所贷各费，有负成美盛意，倘有以上情事，届时甘愿代为赔偿，不得藉词卸责。"②

法国的友好人士也给予了热情援助。例如，法国下议院格罗女士就与郑毓秀分头筹款，资助了约 30 名留法勤工俭学的女同学，巴县有 10 人获得此项资助。

第二节　重庆留法学生的求工求学

一　奔赴法国留学的艰辛

聂荣臻元帅是重庆留法勤工俭学的杰出代表。聂荣臻（1899—1992），八岁入私塾，1917 年夏考入江津中学。在校内，聂荣臻接触到《新青年》等杂志后与同学相约"我辈要以报国为根本，为中华民族的崛起而建功立业"。五四运动爆发后，他因参加抵制日货运动被校方勒令退学。1919 年暑假，聂荣臻和他的几位同学来到重庆，经过重庆《商务日报》编辑、江津人刘颖彬托请汪云松出面，与法国驻重庆领事

---

① 重庆市教育委员会主编：《重庆教育志》，重庆出版社 2002 年版，第 773 页。
② 中共四川省委党史研究室主编：《四川留法勤工俭学运动》，四川大学出版社 1992 年版，第 154 页。

协商，后经法国领事同意签发了赴法勤工俭学的护照。①

1919 年 12 月 9 日，江津、巴县等地的学生聂荣臻、帅本立等 35 人经重庆到上海，在杨树浦黄浦滩码头乘"司芬克司"号，又称"凤凰号"的法国邮船启程赴法，当时《时报》曾以《留法俭学生出发记》为题，发布了此消息。赴法的几批勤工俭学生从一开始出国，就已有勤俭的劲头，他们大多坐的是四等舱。所谓四等舱就是无等级的统舱。聂荣臻写道："所谓四等舱就是货舱，半明半暗的船底里，里面到处堆放着各种货物，没有什么设备，我们就住在重叠的双层床铺上。"② 有的船主不允许中国学生在船上随便走动，不允许上岸休息，甚至还无端禁绝中国学生饮食供应等。

聂荣臻和同伴们穿过南中国海、马六甲海峡、印度洋、红海、苏伊士运河、地中海、历经 35 天的航行于 1920 年 1 月 14 日抵达马赛港，也是重庆的第一批赴法勤工俭学学子抵达马赛。到达法国的时候，华法教育会派李璜从巴黎来接他们。休息了两天，很快就进行了分配，他们便开始了勤工俭学的生涯。

聂荣臻被分到蒙达尔纪中学学习法文。在这里，他认识了蔡和森、蔡畅、向警予、陈毅等人。不久，因蒙达尔纪中国学生太多，聂荣臻被转到法国北方的德洛，继续补习法文。生活在法国学生群里，逼着他必须很快掌握法语。他买了个小镜子，随身携带，经常面对小镜，读法文、讲法语、观察自己的发音口形。不到半年，法语水平就有了很大提高，开始学习数理化。当年秋，进入胡乃尔中学。后因积蓄将尽，他便去工厂做工，挣了钱再学习。当时法国缺少劳动力，找工作比较容易。报纸上每天都有招工的广告，只要去封信，得到回信后，经过考试合格即可去做工。聂荣臻先后在法国蒙塔尔纪橡胶厂、施耐得尔钢铁厂、雷诺汽车厂、巴黎西门子公司多米松分厂等，当过汽车轮胎检验工、钳工、车工、炼焦工等。无论读书还是做工，他都是在附近租间房子，几个人挤在一起，生活条件很艰苦。

---

① 以上参见丁页《汪云松：为共和国培养了两位副总理》，《重庆与世界》2003 年第 10 期。

② 《聂荣臻回忆录》，战士出版社 1983 年版，第 36 页。

　　重庆留法预备学校的学生 84 人于 1920 年 8 月 27 日由学校整队出发，经太平门出城登上法商聚福洋行的"吉利"客轮离渝东下，政府未派员护送，由同学们自动采取"组织起来，互相照顾"的办法奔赴法国。其组织分为 4 个小组，每组 20 人，组设组长，第一组为袁文庆，第二组为王兴智，第三组为吴宥三，第四组为周玉书。经过 8 天的航行平安到达上海，由上海华法教育会会长高博爱代购船票，在上海办完手续后，候船等了一个星期。9 月初学生乘载重量较大的法国二等邮船波耳多司离开上海。同船到法国的有华法教育会职员李光汉，他是李石曾豆腐厂的办事员，经常往来于中国与法国之间，对沿途情况很熟。在船上，他给留学生们讲授法文，介绍法国的社会、习俗、习惯和礼节等。经过 30 余天的艰苦航行，到达马赛后即转道巴黎。巴黎华法教育会派褚民谊、李璜等及中国驻马赛领事来迎接。船上载有 200 人，其中 92 名是川籍人。邓小平最先上岸，负责安排重庆留法勤工俭学生。到了巴黎，重庆留法勤工俭学生休息两天，即分别被人派送到佛乃耳、孔比尼、都鲁士及果时勒等地的公学学习法文。至于工作安排，则是再行通知。①

　　郑毓秀女士带走的巴县女留学生于 1920 年下半年乘船离渝，11 月 24 日换乘法商"高二地埃"号邮轮赴法。其余多批是随其他省的留法勤工俭学生一起奔赴法国的。

　　这些初出国门的青年，为能有此机会出国深造而兴奋不已，同时也为他们沿途所见所闻和亲身体验到帝国主义者的欺凌而愤慨。聂荣臻在他的回忆录中曾提到，他初出四川，看到一切都感到新鲜，到了宜昌（英国租界）便不知不觉地上岸游览，不料却被盘问，只好扫兴而归。气恼之余，他不无感慨道："一个中国人，在自己的国土上活动，居然要受到外国人管辖，真是岂有此理。这件事更激发了我们的爱国心。"②到了上海之后，他们对中国半殖民地的社会体会得更加深刻，每个人都为国家被糟蹋感到痛心，更觉得自己选择出国求学的道路是正确的。他们在赴法途中经过南中国海、印度洋和地中海等地，看到安南人民亡国

　　① 中共四川省委党史研究室主编：《四川留法勤工俭学运动》，四川大学出版社 1992 年版，第 150 页。

　　② 聂荣臻：《聂荣臻回忆录》，战士出版社 1983 年版，第 19 页。

的惨痛，穷苦人民受殖民者欺压的情景，并由此想到灾难深重的祖国命运而感慨不已。

重庆勤工俭学生到达法国后，除了极少数先做工后学习，绝大多数都是先学习后工作的。由于留法勤工俭学生一天到晚都生活在法国人和法国学生群里，不懂法文法语，将寸步难行。为了克服语言障碍，勤工俭学生到法国之后也都先由华法教育会安排到中学学习法语。聂荣臻就先后被分到蒙塔尔纪中学、德洛中学和胡乃尔中学补习法文。

二 在法勤工俭学的磨砺

蒙达尔纪中学是中国留法勤工俭学生最早进入的、人数最多的一所法国中学。除了蒙达尔纪中学外，先后有数十所法国中学接纳了重庆勤工俭学生。聂荣臻在回忆录里写道："我原来是分配进蒙达尔纪中学的。这个中学的校长沙波，同情中国学生，对安排中国学生入校学习非常热心。其他学校一般也是这样，对中国学生很欢迎。蔡和森、向警予等同志进的就是蒙达尔纪中学。因为当时这所学校招收中国学生多了，就把我和别的一批同学转到法国北方厄尔—卢瓦省的省会德洛，进德洛中学补习法文。"① 据 1920 年 9 月的调查统计，勤工俭学生就读的法国中学有 25 所，另有在补习法文方面与中学性质相同的小学两所。重庆勤工俭学生比较集中的学校主要有博姆公学、德勒公学、弗累尔公学、蒙特利马公学、巴约公学、贡比涅公学、科纳斯公学等。邓小平和另外几十名同学一起在相距巴黎 200 多公里的巴约小镇，进入巴约公学。在巴约中学，邓小平大约学习了半年左右。

在法国的中学补习法文，课程比国内留法预备学校要深得多。由于学生接触的都是法文法语，所以学起来相对较快。少数勤工俭学生经过短期的法语学习后，法语水平有所提高，部分学生进入法国中等专业学校或职业学校。那些曾经在国内读过大学才赴法的学生，经过短期的法语学习则进入了法国的高等院校。除了主要学习法语之外，勤工俭学生还学习数理化等自然科学知识。

重庆勤工俭学生在法国学习一段时间后，手头的钱用得差不多了便

① 聂荣臻：《聂荣臻回忆录》，战士出版社 1983 年版，第 28 页。

进入工厂做一段时间的工，等有了一定的积蓄，又重新回到学校继续学习。比如聂荣臻在德洛中学学习的后期，就是如此。"手头有钱，就进学校；钱花光了，又赶快做工。这样反反复复，做工，读书，就是我们勤工俭学生的生活特点。"①

与此同时，工余学习也是勤工俭学生学习的一个极为重要的方式。他们工作 8 小时甚至更长时间之后，回到住所，稍事休整，就进行自学。从工余学习的内容来说，提高法语和科学知识水平始终是第一要务。

1919 年春至 1920 年秋，法国正处在经历第一次世界大战结束后的经济恢复时期，法国工厂需要大量劳动力，勤工俭学生赴法正切合了法国对劳工的需要。重庆留法勤工俭学生们到了法国之后，华法教育会立刻与工厂和学校联系，很快便能分到工作。聂荣臻回忆道，"那时常看报上的招工广告，有什么工厂，认为适合，马上就写信去。由于法国劳动力缺乏，他们接到信后，一般答复很快，我们立刻收拾一下简单的行装，赶到新工厂去做工"。②

重庆留法勤工俭学生由于在国内很少接触到机械方面的实习与实验，到了法国之后对于工厂的机械使用管理，大都很陌生。因此，做技术工的人很少。大部分进了钢铁厂、汽车厂、化工厂、煤矿、农场做散工、杂工和下井挖煤工等。

蒙塔尔纪橡胶厂是重庆江津县勤工俭学生最多的工厂之一，最多时有聂荣臻、钟汝梅等 16 人。勤工俭学生的工作十分不固定，经常换厂换城市。聂荣臻既在橡胶厂里检查过轮胎，也在几家工厂当过检验工、车工、钳工，还当过炼焦工人。傅汝霖、戴坤忠在巴黎诺尔航空发动机厂，钟汝梅也在克鲁梭使莱德公司钢铁厂做过工。江克明到资本家施乃尔办的公私合营的机械厂当学徒工。1920 年冬，赵世炎、邓希贤、周钦岳等重庆留法学生相继进入克鲁梭使莱德工厂，大多数被分配做杂工，工种达 12 个，工厂的劳动十分艰苦，高温下的重体力劳动，还要忍受工头的辱骂，甚至是拳打脚踢。

---

① 中共四川省委党史研究室主编：《四川留法勤工俭学运动》，四川大学出版社 1992 年版，第 448 页。

② 聂荣臻：《聂荣臻回忆录》，战士出版社 1983 年版，第 42 页。

　　在巴黎，勤工俭学生主要集中在雷诺汽车工厂做工。它是法国著名的大工厂之一。1921 年间，聂荣臻、何长工等人都先后在该厂做过工。由于巴黎生活费用昂贵，勤工俭学生每天的劳动所得一般为十法郎左右，除去吃饭、房租，所剩无几。因此许多勤工俭学生在巴黎劳动一段时间后，便纷纷转到其他外省工厂做工。其中，留法勤工俭学生集中最多的一个地方就是勒克勒佐。它是法国南部的重工业城市和最大的军火工厂施奈德钢铁总厂所在地，在此工作的仅华工和留法勤工俭学生就有1000 多人。1921 年 4 月，赵世炎、李季达、邓小平等重庆留法勤工俭学生，也来到该厂做工。

　　在勒克勒佐工厂做工的勤工俭学生大部分被分配到轧钢、铸造车间当工人，劳动强度特别大，工作条件十分艰难。邓小平在 1921 年 4 月 2日进入勒克勒佐工厂。他当时在该厂做散工，在轧钢车间干拉红铁的工作，即用钢夹将出炉成型的钢条顺势拉上一个长 50 米、宽 15 米的长方形钢平台。在钢铁厂做散工是最苦的，学不到任何技术，每天只在车间做杂活，劳动强度很大。川籍勤工俭学生刍言在《工学月刊》第 2 期登载的《勤工俭学者在克鲁邹工厂工作的略记》一文中较为详细地记载了拉红铁的情况，"这种工作算顶重顶苦的了，其中还要分轻重，有1、2、3……12 级，由 1 至 6 级都是人力拉，由 7 至 12 级因太重，故用机械人力拉的，以第 5、6 级最难，3、4 级次之，1、2 级较轻。怎么叫做拉红铁？就是烧红的铁，经机械压成种种形状的铁条后，用钳子拉起来，在 5、6 级常要 2 人以上合力拉一条，又热又要跑得快，若迟一点，铁变冷了，不能直身。做这种工，无论寒暑都只能穿一件单衣，足下要穿木鞋，并且拉起来走很滑的铁干上才用得起劲，不然就拉不动，有时铁布满了，还要从红铁上走过，机器不管拉铁的人的死活，只是不断地出来。所以做工的人，只有拼命去拉，要做上 1 点多钟，才有 5 分或10 分钟的休息。冬天下雪了尺多厚，做工的人还要把衣服湿透"。①

　　据当年在勒克勒佐的重庆勤工俭学生周钦岳回忆，在轧小型钢板的车间，同学"用大钳子拖着钢板，来回跑，循环快，这是比较重的体

---

　　① 鲜于浩、田永秀：《留法勤工俭学运动中的四川青年》，巴蜀书社 2006 年版，第 38页。

力劳动，高温之下，汗流如雨，衣裤湿透，污黑的手，还不住地往脸上揩"。① 初进工厂的邓小平就这样开始了十分繁重艰难的劳动。"睡眠颠倒，饮食无常，真和机器一样不分早晚昼夜，要做就做，要停就停。"今天从煤车向下运煤，明天则搬运钢板。一会儿推铁屑，一会儿又要去拉钢条。工作一天，汗流浃背，疲惫不堪，浑身像散架一样，茶饭不思。然而当时的邓小平只有 17 岁，对他来说，工厂做工简直是苦不堪言。他们住的地方离工厂较远，要坐火车上下班，早上 3 点左右就得起床，迟到了进不了工厂，次数多了还有被开除的危险。每天八到十小时的劳动，不停地这样干，很多人身体都支持不住。下工时，有些人累得饭都不想吃，坐上通勤火车，"因困乏不支，在摇摇晃晃的车箱中就呼呼地睡着了，常常坐过了站"。做这种工作又累又热，劳动强度极大，而且有烫伤的危险，邓小平在干拉红铁时，就曾不止一次地受伤。工作中的劳累和困苦，邓小平可以咬牙坚持，忍耐支撑，但对他来说不堪忍受的是法国监工的歧视和侮辱，在和工头吵过架后，邓小平一气之下离开了这家钢铁厂。这是邓小平在法国最早的勤工实践。

表2—3　　重庆留法预备学校学生欲入法国工厂之类型表名单②

欲入造船厂的留法学生	陈百方 熊济平	陈朝能	袁文庆	戴坤忠	周　鼎	张茂林	喻正钧
欲入毛纺厂的留法学生	吴鸿哲 李兴荣 胡　伦 余方体 邓绍圣 周维桢	罗振声 张永拔 徐大鸿 熊卿云 刘辉训	颜克玲 周德昭 王邦侗 王兴智 周文楷	吴宥三 谢陈常 赖赓尧 唐景伯 刘世孝	郭天枢 李为栋 唐世丞 贺学礼 周青馥	邓正利 熊禹九 吕松琴 杨维侃 张俊寿	傅智涵 胡斯美 陈永壁 李生春 王迪简
欲入发电厂的留法学生	熊正钧	冯学宗	熊正兴	詹渭明	刘深山	张文骙	凌君慧
欲入兵工厂的留法学生	杜奉樟	张　熙	阚时杰	罗年禧	邱少元	郭其书	张开元

① 张洪祥：《"五四"时期留法勤工俭学学生在法国的劳动与学习》，《历史教学》1981年第 10 期。

② 本表根据鲜于浩《留法勤工俭学运动史稿》，巴蜀书社 1994 年版，第 330—332 页整理。

续表

欲入棉纱厂的留法学生	江克明	王宪清	刘君才	杨于昭	李笔勋
欲入染织厂的留法学生	冉　钧	李　雄	刘登如	周玉书	李　植
欲入化工厂的留法学生	王建陌	周永生	沈式麟		
欲入造纸厂的留法学生	贾　岱	余大模	陈家齐		
欲入铸铁厂的留法学生	韩　础	邓希贤	杨晴辉	胡大智	杨邦智　王是华
欲入缫丝厂的留法学生	傅汝霖				
欲入织布厂的留法学生	陈子青	刘　尧			

　　为了完成勤工俭学，达到留学法国的目的，重庆勤工俭学生不得不节衣缩食，过着艰苦的留学生活。他们住的是木板工棚，睡的是双层床，非常简陋，拥挤不堪。据一位在勒克勒佐施奈德工厂做工的川籍留法勤工俭学生写道："我们所住的房子是工厂的，21 人住一间大房，所有被盖、桌椅都是工厂设备的。每人毡毯、白单被各二，草褥、软褥各一。每人一大排柜，可藏衣服、书籍、用具而有余。"在饮食方面，留法俭学生几个人共用一个汽油炉，大家做，大家吃，吃得极省，因为工资过低，每人每天只有 10—15 法郎，还得从中积蓄学费。由于工人上下班的时间不一致，有人做饭，有人洗衣，有人学习法文，勤工俭学生也得不到好的休息。在衣着方面，由于大部分重庆留法学生在蒙达尼，春夏秋季节学生可以穿西服，但到了阳历的一二月份蒙达尼进入冬季，大雪纷飞，格外寒冷。而蒙达尼中学既没有暖气设备也没有壁炉生火，只穿西服难以抵御室内外的寒气。重庆留法学生又从来没有遭遇过零下十度的气候，因此大家只有把从家乡带来的棉袄、棉短裤拿出来穿在身上，在寝室穿上正装，在教室就裹起一件大外套。

三　"三大运动"的影响

　　留法勤工俭学史上的"三大运动"，是指向中法当局争取生存权和求学权的"二二八"请愿行动、反对中法秘密大借款的斗争、进占里昂中法大学的求学运动。

　　在短短的一年多时间里就有 1600 余名中国勤工俭学生来到法国，这是华法教育会始料未及的。对组织大批青年学生赴法勤工俭学，国内曾有人持疑虑、观望和否定的态度。然而李石曾、吴稚晖等人的态度却截然相反，认为留法勤工俭学的可行性毋庸置疑。他们认为，第一，第一次世界大战使法国的劳动力极为短缺，法国招致华工以数万计，赴法已成普通之事实；第二，他们对以往招募的华工来到法国后，在知识、劳动技能、社会交往等方面取得的进步十分满意并过于自信。如"易之以青年学子，又奚不可，恐所得之效果，而百倍此焉"。基于以上两点，他们对留法勤工俭学运动发展前景持非常乐观的态度，坚信将大量的学生带到法国是"复益之以世界之新潮流，劳动之真谛，学术之需要，已立立人之急，盖惟学生能负此重大之使命，亦惟学生能有完此重大使命之希望"。①

　　但是，法国的经济形势却在发生变化，国内就业困境已开始。而中国国内还陆续遣送学生到法国勤工俭学。到了1920年下半年，法国进入战后的经济危机时期，大批工厂倒闭，工人失业，货币贬值，生活费暴涨，上涨幅度达几十倍。法国各工厂开始陆续辞退勤工俭学生。在法国北方哈佛尔机器厂工作的重庆学生林万选、周泽厚等均先后被工厂遣散。其实，即便是留法勤工俭学运动的全盛时期，在法国勤工俭学的人数有一千五六百人，然而有工作的却不到三分之一，百分之七八十的人处于"欲工不得，欲学不能"的困境，不少勤工俭学生不得不靠借贷度日。而在这时，又有重庆留法预备学校毕业的84名勤工俭学生于1920年10月底到达马赛。

　　留法勤工俭学高潮初期，华法教育会及李石曾等人对勤工俭学的组织是较为有效的。华法教育会在巴黎设有办公地址，留法学生初到法国待工或临时失去工作时可到华侨协社居住。对等待做工的同学，华法教育会还每人每天发给4法郎的维持费作为补助，等学生工作赚钱后再归还该会。可惜这一局面没能长期维持下去。

　　失工学生越来越多，新到学生不断增加。原本为勤工俭学生候工期间节省费用，而在华侨协社内设的布棚也日益人满为患。勤工俭学生李季伟在《留法勤工俭学亲历》一文中回忆当时的情形："我勤俭生则麇集于华侨协社，席地而眠，开栓而饮；衣敝鞋穿，形同篓子；举目无

————————

① 李喜所主编：《中国留学通史（民国卷）》，广东教育出版社2010年版，第100页。

亲，托钵无门"。① 如果这仅仅是短期不便还好些，令人头疼的是工作越来越难找。由于人多工作少，一开始有了岗位大家采取抽签的方式，抽到者兴高采烈，没抽到者则抱怨终日。但到了后来，就连找到工作的也朝不保夕，待工的人数日渐增多。

造成大批留法勤工俭学生失业的外部原因是第一次世界大战结束后，法国军人大批复员，需要安置和重新就业，以及战争给法国带来了巨大的损失和战后恢复初期所出现的经济萧条、开工不足等，导致留法勤工俭学生找不到工作。另外，留法勤工俭学生自身也存在一些问题。他们来法国时多为中学毕业，在国内没有接触过机械方面的知识，多为工业门外汉，无技术优势。同时自身体力又不足，找工作的竞争力不强。再有，来法留学的动机也不一样，有的心怀大志，为改造中国而留法；有的为充实自己，上利国家，下便谋生；有的为博得留学生头衔，将来谋得一官半职，升官发财。他们有的在观念上对勤工俭学产生了根本错误，甚至还有人把留法勤工俭学当成了发财的一种手段，因一时虚荣冲动来到法国勤工俭学。一旦进入工厂毫无忍耐奋斗精神，受不了种种约束，就做出一些不自爱之事，被工厂辞退。

留法勤工俭学陷入困境的另外一个原因是，华法教育会在管理留学生的一些事务上有处理失当和错误的地方。起初华法教育会等留学组织对困难估计不足，没有意识到留法勤工俭学生会一批批地蜂拥而来，接待和安排大量留法勤工俭学生的工作任务远远超出了他们的负荷。所以，一方面重洋之外的法国能够给勤工俭学生提供的工作岗位十分有限；另一方面留法勤工俭学生又源源不断从中国来到法国，导致了非常有限的工作机会和持续增加的勤工俭学生的矛盾。

除此之外，在大批学子身处异国，举目无亲，生活、学习、工作出现问题时，华法教育会不但没有采取积极有效的措施，反而采取推卸责任和拖延的态度。最终，华法教育会与留法勤工俭学生的关系越来越恶化。1921 年 6 月，蔡元培宣布停止对勤工俭学生进行管理和发放维持费。至此，留法学生对勤工俭学灰心丧气，留法勤工俭学热

---

① 政协四川省委员会文史资料研究委员会编：《四川文史资料选辑》第 23 辑，四川人民出版社 1980 年版，第 103 页。

潮中止。①

华法教育会宣布同留法勤工俭学生断绝经济关系之后，重庆留法勤工俭学生与其他留法勤工俭学生一样，工学两难，完成学业更是无从谈起。这些留学生在法国无工可做、无钱入学、远隔重洋、无家可归。为此，留法勤工俭学生围绕生存问题、求学问题与华法教育会和驻法公使馆展开了积极的斗争，发生了向中法当局争取生存权和求学权的二二八请愿行动、反对中法秘密大借款的斗争、进占里昂中法大学的求学运动的"三大运动"。

当法国的勤工俭学运动陷入绝境的时候，勤工俭学生内部产生了愿意做工的勤工派与不愿做工而愿意读书的蒙达尼派。受工读主义的影响，赵世炎是当时勤工派的主要代表人物之一。但他主张勤工与俭学并重，并坚持认为勤工俭学终能成功。赵世炎说："我们本来的根基就在勤工，现在根基动摇，就因为没忠于勤工"，② 他坚信以工求学，勤工俭学就能够成功，要求大家不择条件，有工就做，以实际行动来完成勤工俭学。

1921 年 2 月 28 号，400 多名留法勤工俭学生涌向中国驻法公使馆请愿，希望争取到在法国留学的生存权和求学权。但留学生们的请愿被法国警察阻止，后又被武力解散。聂荣臻和多名重庆籍勤工俭学生参加了这次请愿活动。重庆勤工俭学生熊云章还"被打倒扑地，伤了手掌"。这次主要由蒙达尼派发起的请愿以失败告终。聂荣臻当年 3 月即认为，"二四运动（按即为二八运动）纯不求事实上着想，兹已失败无疑"。③

1921 年 6 月，北洋政府派专使来到巴黎，名义上替总统接受巴黎大学名誉博士学位，促进中法文化交流，实际上是向法国当局秘密借款和购买军火以扩大内战。为反对北洋军阀政府以"滇渝铁路修筑权"作抵押，与法国政府秘密商谈借款购买军火，学生们举行了"拒款大会"的游行示威。在法勤工俭学的学生冲进中国驻法公使馆，提出抗议，迫使中国驻法公使不敢在借款文件上签字。重庆留法学生聂荣臻等

---

① 周勇主编：《重庆通史》，重庆出版社 2002 版，第 700—703 页。

② 张允侯等编：《留法勤工俭学运动》（资料集）第二册，上海人民出版社 1980 年版，第 827—828 页。

③ 江津县聂帅文物征集办公室编：《聂荣臻青少年时代》，解放军出版社 1988 年版，第 222 页。文中"二四"指运动所要争取的为期四年的每月四百法郎的补助费。

人都参加了示威游行和抗议活动。

同年 9 月，中国留法勤工俭学生要求进入用法国退还的"庚子赔款"① 开办的里昂中法大学学习，却一再遭受拒绝和欺骗，生计与学习陷入重重困境，留法学生便开展了大规模的争取开放里昂中法大学的求学斗争。

各地勤工俭学生代表齐聚巴黎，成立了各地勤工俭学联合委员会。主要领导人有蔡和森、赵世炎、李维汉、李立三、王若飞、李富春、陈毅、向警予等。各地勤工俭学联合委员会决定组织先发队百人，占据里昂大学。里大法方负责人警察将先发队员包围，随即又将他们强运到了兵营囚禁，中断了与外界的联系。聂荣臻等人凭借过人的胆识，利用领事馆开的通行证，成功营救出赵世炎等 3 人。赵世炎以及兵营内外的留法勤工俭学生，在各地勤工俭学生联合委员会的领导下，继续开展求学斗争。在留法勤工俭学生的齐心努力下，被囚禁的 108 名勤工俭学生终于获得自由。但他们在法国官方的强迫和中国驻法公使的"精心布置"下，于 1921 年 10 月 14 日，乘"宝勒加"号轮船被遣返回国。至此，争取里昂中法大学开放的斗争亦宣告失败。被驱逐的中国勤工俭学生中，重庆的有陈光耀、熊卿云、刘厚垓、慕君实、黎纯一、周钦岳等。这"三大运动"的失败，对整个留法勤工俭学生群体是一次沉重的打击，留法勤工俭学生的思想也因此发生了重大变化。

在赴法热潮初起之时，留法勤工俭学运动推动人之一的吴玉章曾在演说中反复强调，勤工俭学"是极辛苦的办法，虽然不是办不到，但总要知道是吃苦的，不是安乐的，以后到了法国才没有后悔的时候"。② 吴玉章等人的文章虽在国内各报登载，却并没有引起留法勤工俭学生的

---

① 关于法国退还庚子赔款，是指 1921 年华盛顿会议时，法国代表白单安（当时法国总理）向中国代表表示退还庚子赔款，作为整理中法实业银行的借款基础，并以其中一部分拨作中国教育经费。1922 年 7 月 9 日正式成立中法协定。在中法实业银行复业协定四要点中，第三点规定：每年以退还赔款之一百万法郎，作为兴办中法教育之用。共二十三年，计二千三百万法郎。

② 中共四川省委党史工作委员会主编：《四川留法勤工俭学运动》，四川大学出版社 1993 年版，第 42 页。

重视，对国外生活的种种困难估计不足，特别是在国外勤工俭学的艰辛。例如，有的留法勤工俭学生在国内生活安逸自在惯了，来到法国后并不习惯体力劳动，体力上不能坚持工厂辛苦的劳动，心理上也一味地以体力劳动为耻，缺乏坚韧耐劳的毅力，做工稍有不如意，便在工厂闹事。有的留法勤工俭学生受不了斗争失败所带来的精神上、经济上的困苦，意志消沉、灰心丧气。川籍学生薄照魂就因此含愤自杀。尽管遭遇挫折，但大多数留法勤工俭学生依然意志坚定，克服各种困难继续坚持求学。江克明这样写道："我参加勤工俭学，就是想到西方学点科学技术，回国也搞实业，以便使祖国富强起来……但经过了五四运动的斗争实践，再看看我们自己的遭遇……特别是巴黎'二二八运动'和'进占里昂中法大学的斗争'，都在向我们说明，想学习一些搞实业的本领，都不允许，在这样的世道里，要靠实业救国，不是纯粹的幻想吗？"[1]聂荣臻回忆录中也有类似的描述："在法国，我不仅经历了求学和做工的艰苦，在思想上，也在进一步探索着国家和个人的出路何在。留法勤工俭学生中间，当时有各种各样的社会思潮。他们时有争论，对我是有所触动的。但是，1920—1921年这期间，这种触动，还没有彻底改变我那种'实业救国'的想法。如果说思想上有所变化的话，那就是开始思考一些问题，并且投入到留法勤工俭学生发起的几次大规模的群众斗争中去。"[2]

　　在经历了"三大运动"后，留法勤工俭学生对法国社会及其制度有了更深刻的认识。当初，大部分留法勤工俭学生抱着探求真理、救国救民的愿望奔赴法国勤工俭学。不过，他们赴法国之前，其实对法国社会并不是十分了解，认为法国资产阶级革命比较彻底，是一个民主、自由、平等、博爱的社会。如陈毅在《我两年来旅法勤工俭学的实感》一文中写道："我相信工学生活是人的生活，我以为勤工便是生产，替社会充裕生计；俭学就是求学，是精神生活，是创造文化，为社会求进

---

　　① 古基祥：《江津留法勤工俭学生概况》，《江津文史资料选辑》第二辑，第114页。

　　② 中共四川省委党史工作委员会主编：《四川留法勤工俭学运动》，四川大学出版社1993年版，第450页。

步。并且工学兼营，即理实并重，较在国内株守好得多了。"① 但是到法国入了工厂之后，陈毅大失所望，他当时就这样写道："我初入法境见着他们自由、平等、博爱的精神，到处流露，我便连想日后的工厂生活，一定能满人意。其实不然，在市面上所以看出他们的痕迹，不过是不在统辖力之下罢了。"② "法国的工厂生活，是寄在资本主义制度的下面，不容工学者有发展的余地，常感觉着一种迫我同化的压力。"在留法勤工俭学生所写的通讯报道中，也有类似的报道："在法国街市上，他们那种自由平等'车揖马下'之风，真令人羡慕。但是到了工厂内简直大不相同。所以人道的敌人，便是资本主义"。③

显而易见，留法勤工俭学生深入法国社会特别是到工厂做工后，便很容易感到，"我在国内见各报上所载的颂扬某国文字，简直与我所见不合，因为他们所遇的人是中产阶级以上，对于平民难以接洽"。④ 留法勤工俭学生在工厂里做工，对于资本主义制度有了切身的体会，亲眼看到了资本主义国家不合理的地方，看到了资本主义的罪恶。陈毅就表现出了对法国的资本主义制度的强烈不满："我常常把工厂内四周用冷静眼光去透视一下，那资本的罪恶，我便看穿了。在厂中分厂主、总办、监工、部长、工头、工人、杂工人。厂主是资本阶级，监工、总办是中等阶级，以下是劳动阶级。这几种人，一个怕一个，即是一个管一个。"⑤ 可以看出，随着留法知识分子对资本主义社会的深入了解，以及对法国现实生活的切身感悟，他们逐渐从以前对法国的幻想和初到法国得到的美好表象中清醒过来，并开始唾弃所谓的资本主义文明，抛弃教育救国、实业救国的幻想，而倾向于革命救国。

"三大运动"不仅使一部分留法勤工俭学生找到了救国救民的真理

---

① 中共四川省委党史工作委员会主编：《四川留法勤工俭学运动》，四川大学出版社1993年版，第252—255页。

② 同上书，第246页。

③ 同上书，第246—255页。

④ 鲜于浩、田永秀：《留法勤工俭学运动中的四川青年》，巴蜀书社2006年版，第26页。

⑤ 中共四川省委党史工作委员会主编：《四川留法勤工俭学运动》，四川大学出版社1993年版，第253页。

马克思列宁主义，而且还为中共旅欧支部的建立奠定了一定的思想基础和组织基础，为中国共产党的发展做出了重大贡献。"三大运动"也引起了重庆社会各界的重视，他们纷纷资助勤工俭学生，有效地改善了重庆留法勤工俭学生的处境。

第三节　重庆留法学生的救助活动

一　在法国重庆留学生的求助

自 1920 年冬季开始，重庆留法学生便陷入了困境，但他们依然认为既然来到了国外，就应该学有所成，决不能空手而归。他们希望能够按期完成学业，以报效祖国。

在华法教育会宣布与留法勤工俭学生断绝经济关系之后，留法勤工俭学生不仅在法国积极活动，同时也广泛频繁地向国内呼吁，请求经济资助。1921 年 3 月 12 日，重庆留法学生连同川籍勤工俭学生成立了旅法四川勤工俭学生会，"专办造名册及请省款两事"。[①]

在寻找和等待工作期间，留法学生们急需贷款接济。1921 年 2 月，巴县籍学生周钦岳、周贡植（文楷）等 38 人联名致函巴县视学，请求迅速汇款，予以紧急救助。1921 年 4 月重庆巴县留法勤工俭学生陈百方、熊济平、周鼎致巴县游学贷费局，"恳请贵局垂怜，年借 3000 元以助勤工俭学之费，此种借款，对于公家不啻九牛一毛，对于生等则成全良多"。[②] 此外，杨浩仓等人也纷纷向巴县劝学所呼吁并请求援助。在给巴县劝学所函中，他们陈述说："此间生活昂贵，学食费亦贵，每年每人至少须 300 元……速请筹款来助，不胜感激恳悃之至。"[③]

重庆留法勤工俭学生通过各种渠道向国内寻求经济援助，不仅分别向各自所在的县写求助信，还以学生代表的身份起草致学生家属函，建议组织学生家属联合会，以家庭、社会与政府的三方力量来救济留法学

---

①　张允侯等编：《留法勤工俭学运动》（资料集）第二册，上海人民出版社 1980 年版，第 780 页。

②　中共四川省委党史工作委员会主编：《四川留法勤工俭学运动》，四川大学出版社 1993 年版，第 204 页。

③　同上书，第 219—220 页。

生。钟汝梅在给其父亲的信中就有提到："四川学生会接到杨森一电，留法四川生每人每年500元的决议案，由各县拨给，不知能实现否？我们江津同乡又继续进行请款，并决议：（一）由法写信给江津行政公署和劝学所。（二）由江津旅法家属联合会并进呈请家属联合会会长马诺苏，系中学校校长，若有事时马君自有书通知父亲，父亲接到马君的信时，可立即到会。"1922年8月20日在法的重庆巴县勤工俭学生，为了在患难中能够互相扶持、克服困难、共渡难关在巴黎成立了"留法巴县勤工俭学同学会"，其中选举邓大鸣、谢陈常为书记，陈朝能为庶务。邓大鸣负责与巴县联系，吁请援助。其中入会的巴县学生人员名单如表2—4。①

表2—4　　　　　　　留法巴县勤工俭学同学会巴县会员表

姓名	法文名号	年龄	县中住址
周钦岳		不详	长生场
邓大鸣		二十二	惠民场
慕开铨	钧石	二十四	园明场
喻正衡	德言	二十二	木洞场
徐麟瑞	祥麟	二十四	城内十八梯
陈朝能	德宏	二十一	长生场
李为栋	学渊	二十	土桥场
熊济平		十九	鱼洞溪
陈百芳		二十	本城
唐世丞	仲节	十八	惠民场
邓正利	在田	二十	白市镇
李策勋	湘蕃	十九	清和场
冯学宗	陶钧	二十二	虎溪场
杨浩仓		二十一	含谷场
曾广铭		二十	城内木牌坊

① 中共四川省委党史工作委员会主编：《四川留法勤工俭学运动》，四川大学出版社1993年版，第234—236页。

姓名	法文名号	年龄	县中住址
徐 俶	岳云	十九	城内柴家巷
方 楫		不详	
汪武烈	嘉谟	二十	仁厚场
阎成章		二十一	城内九坝桥
岳廷宽	少文	十八	鹿角场
何嗣昌	雨皋	不详	城内
石克箎	南阳	二十一	彭家场
谢隆伍		不详	
李生春	逢春	二十一	土桥场
陈家齐	园冶	十八	一品场
喻正钧		十九	木洞场
熊禹九		二十一	本城
赖赓尧		二十一	文峰场
胡大智		十七	白市镇
周 鼎		十九	鹿角场
杨维佩	雏丹	十九	高歇场
杨名勋	慰垓	二十一	彭家场
周维桢	恭先	二十	石岗场
贺学礼	方俗	二十	兴隆场
周文楷	贡植	二十一	铜罐场
袁文庆	工隐	二十二	海棠溪
刘深山	艺正	二十二	本城
谢陈常	照临	二十	曾家场
朱一逊	次刚		城内
朱一恂	蕴章		城内
潘惠春	潘慎		城内
张雅南	张中		城内
李鸿明			城内

接到学生们的告急求救信后，重庆的军政要员刘湘、但懋辛伸出了

援助之手；重庆巴县对留法勤工俭学的呼吁也做出了积极回应。巴县知事官署训令劝学所，"迅速提拨现存公项或临时筹集巨款，各借数百元，电汇巴黎华法教育会接转，以济燃眉"。[①] 巴县贷费局向各商号借款 3800 元，先后贷发赴法勤工俭学生每人每期 100 元，也有少数学生因证件交验不足，只领到 50 元。

重庆留法勤工俭学生的反复呼吁引起了重庆政界、商界、新闻界的极大重视，社会各界表示尽快设法救助留在法国的勤工俭学生。例如，1921 年 8 月，江北的留法勤工俭学生马寿徵给重庆留法勤工俭学运动发起人之一温少鹤的信中就写道："江北劝学所已允津贴留法该县勤工俭学生，每人每年 200 元。"[②] 重庆勤工俭学生聂荣臻于 1921 年 12 月 8 日给父母的信中也写道，汇往法国的重庆救济金，"每人分得 400 余元法郎"。[③]

据留法勤工俭学生李季伟日记所载，重庆资助留法勤工俭学生情况是："1921 年 3 月以后，渝汇三万元，由川军联合办事处捐款两万元与重庆市商会捐助一万元。"[④] 此外，少数县份采取贷款助学办法，给本县留法勤工俭学生汇去贷款以解救他们经济上的燃眉之急。

二　遣送回重庆留学生的求助

1922 年被逐回国的重庆勤工俭学生，在国内进行了颇有影响的求助呼吁。他们的现身说法及归国后的实际窘况，更促使社会各界尽快设法救助尚在法国的勤工俭学生。

北京教育部曾电称：每年拟拨款 10 万元津贴留法勤工俭学生。但是从未实行过。直到重庆籍学生喻正衡和川籍学生陈毅等人归国后，与当局据理力争，才汇款到法国。但此款分到学生手中时已是杯水车薪、

---

①　中共四川省委党史工作委员会主编：《四川留法勤工俭学运动》，四川大学出版社 1993 年版，第 219—220 页。

②　同上书，第 207—208 页。

③　江津县聂帅文物征集办公室编：《聂荣臻青少年时代》，解放军出版社 1988 年版，第 223—224 页。

④　政协四川省委员会文史资料研究委员会：《四川文史资料选辑》第 23 辑，四川人民出版社 1983 年版，第 150—171 页。

无济于事。留学生们在法国的生活苦不堪言。其中有 30 多名川籍学生因饥饿和繁重的劳动而染病身亡,巴县学生邓正利就是一个。

重庆籍归国学生周钦岳等人回国后,得到了四川旅沪同乡会及杨庶堪等人的同情和资助,组织了"四川留法勤工俭学归国代表学生团",发表宣言,向各界控诉中、法政府虐待中国留法勤工俭学生的罪行。

陈毅(1901—1972)作为四川的学生代表来到重庆,住巴县中学内,印发《留法勤工俭学生被迫回国后宣言书》,向官方请愿,同时,受聘于《新蜀报》,任该报文艺副刊主笔,发表了大量文艺作品和政论文章。①

在陈毅、周钦岳等人的努力下,重庆总商会会长汪云松很快捐赠了一笔巨款。随后,杨庶堪、熊克武、杨森等人也给在法国的川籍学生汇寄了临时救济款 10 余万元。还有一些被驱逐回来的川籍留法勤工俭学生代表先后向川省军政首脑陈述了在法勤工俭学的困难以及被迫归国的情形,提出了救助的具体要求:一是希望省长继续支持在法留学的同学;二是请省长派人专门办理此事,并在法国设立专门的留学监督机构,以便分配经费,考查成绩;三是请省署裁夺旅京同乡会关于拨路款津贴迫归学生之电请;四是省署通令以中资捐助留法学生案,请再饬令各县即日施行。② 1922 年 3 月 5 日,留法学生代表们起草了《留法勤工俭学生代表希望办法》,就当时救济与永久解决办法提出了诸多具体建议:希望将归国同学送入法文之学校肄业;通惠工商学校最合同学之年级,希望省长将归国同学全体送入并发给学膳费用;中国公学、复旦大学亦甚便利于归国学生;蔡元培、李石曾在北京西山创立了专门容纳被迫归国同学的温泉学院,望省长送四川同学入内,担任学食费每人年 250元;请省长允准旅京沪同乡会及路款代表所请拨路款 8500 元,作第一次被迫归国 34 人之用。他们呼吁省长刘湘、省议会等给予勤工俭学川籍学生实施经济救助,尽快落实汇往法国的救济款和长久的解决办法。

---

① 重庆市地方志编纂委员会总编室编:《重庆名人辞典》,四川大学出版社 1922 年版,第 189 页。

② 清华大学中共党史教研组:《赴法勤工俭学运动史料》第 2 册,北京出版社 1980 年版,第 669—670 页。

　　四川省地方当局迫于这些被遣送回国留学生的一再呈请，救助工作的开展也颇有头绪。当局派专员办理救助留法勤工俭学生的各种事宜，社会各方面也群策群力，共同筹集解决归国及在法国学生的困难。"省议会即电驻法公使及学生监督，勿再迫川生归国，并建议以各县中资捐补助留法勤工俭学生，人年 500 元。省公署便一再通令各县照办。"

　　此后，由于贷费的不足，又曾一度在肉税中按每头猪增收钱 150 文作为此用。1922 年春，四川省长公署在制定的《川省各县自费留学生贷费章程》中规定，各县可在中资捐中每契税百元加抽银 5 角作为学生贷费专款。但是留学生必须在外国大学专门学校肄业一年以上，成绩平均在 70 分以上才可以享受此项贷款；"留法欧美各国者，每名年贷与川币 600 元"，并且申请留学贷款的学生需经县视学、县知事查明真实情况后连同自己的详细履历及入学证书，转报给省教育行政长官核定后才能进行贷款。贷款人或其亲属还要找担保人即"具无息借约"，担保其在毕业后次年起分年偿还，其清偿期最多不得超过六年。四川省实施的这些留学政策，可以说是当时各省无息留学贷款政策的先河，被很多省仿效。

　　1922 年 5 月，四川省长公署作出决定，准备委托里昂中法大学对现有的 400 名川籍留法勤工俭学生进行成绩考核，录取其中最优秀的 100 名学生继续留法学习，其留学经费由四川省每人每年补助 400 元。剩余的落榜学生则由各县地方一次性拨给归国经费，遣送回国。这项决定引起了全体川籍留学生的集体反对，因此未能实施。巴县留学生曾因此就此事联名陈述意见，要求政府继续贷费资助。巴县贷费局对本县的留法学生是同情和关心的，特别是巴县主任干事周家桢多方设法解决留法勤工俭学生的贷费问题。巴县陆续贷费赴法留学生共 47 人，居全国之冠。至 1923 年，"留法的自费生及已入大学的勤工俭学生贷到款项的已有许多人"。[①] 被驱逐归国的百余名勤工俭学生中，有不少得到社会的资助，经个人努力后重新获得在国内或法国的读书机会。据了解巴县贷费局资助的留法学生及游学国内外的其他留学生就有 158 人，共贷出银洋 27500 余元。

---

　　① 鲜于浩：《留法勤工俭学运动史稿》，巴蜀书社 1994 年版，第 194 页。

此外，法国国会议员于格儒先生和夫人，以个人名义给予中国留法勤工俭学女生约 30 余人（其中包括巴县女生 10 人）较长时期的经济扶助。于格儒夫人与著名旅法华籍女律师郑毓秀分头筹款，"以其托钵乞施之所得，月给湖南、四川等省勤工俭学女生学膳费每人 300 元"。[①]因私人财力有限无法长期维持，自 1921 年 10 月起，"每人每月缩减至 200 元"。于格儒夫人四处奔走，好不容易将中国勤工俭学女生维持至 1922 年 1 月。后由郑毓秀和蔡元培共同函请四川省署转令各女生所属县地方照规定给予贷款援助。

三　坚持勤工俭学的重庆学子

尽管条件艰苦，奋发有为的重庆留法勤工俭学生还是凭借自身顽强的精神和坚持不懈的毅力，继续在法国勤工俭学。邓小平在离开克鲁梭史莱德钢铁厂之后，又回到了巴黎华法教育会，为维持生活，在饭馆当招待，在火车站、码头运送货物、搬运行李，在建筑工地推砖、搬瓦、扛水泥，以及做清洁工，清扫垃圾等工作他都做过。直到 1922 年 2 月，他回到了蒙达尼。1922 年年底，邓小平有了一定的积蓄，通过朋友的介绍他来到法国东部的夏狄戎中学求学。但由于学费不足，辗转两个月后，又回到工厂。

随着经济来源问题的基本解决，有些重庆留法学生转到邻近的比利时、德国等国家学习，先后进入大学和中等专业学校。聂荣臻在回忆留法勤工俭学生活中描述："进占里昂中法大学失败后，我仍有想进学校读书的想法，手头上还有一些积蓄，盘算着足够近一段学校的费用。这时候，恰巧听说比利时的沙洛瓦有一所劳动大学，费用比较低廉，而且是一所工科大学，专学机械、化工这些课程，还设有专门的寄宿宿舍。这些条件，在法国是很难争取到的。我就去了比利时。"[②] 1922 年，聂荣臻考入沙洛瓦劳动大学化学系，他是较早赴沙洛瓦劳动大学学习的留法勤工俭学生之一。不久，江津的留法学生江泽民（克明）也考入了

---

　① 　鲜于浩：《留法勤工俭学运动史稿》，巴蜀书社 1994 年版，第 195 页。

　② 　中共四川省委党史工作委员会主编：《四川留法勤工俭学运动》，四川大学出版社 1993 年版，第 452 页。

沙洛瓦劳动大学机械系，并在这里坚持学习了四年多，到 1926 年暑期毕业，获得工程师文凭。

据有关资料记载，除聂荣臻、江克明外，重庆的留法学生还有张熙和邓矩方分别考入沙洛瓦劳动大学的化学工程系、机械系和建筑系，肖浮生考入巴黎大学航空系，此外，重庆留法学生还在郎锡大学、蒙白里野大学、里耳工学院、圣西耳军事学院等院校学习。

与此同时，随着法国经济的恢复和发展，勤工俭学生的生存问题也较快得到了解决。就业机会随之增加后，留法勤工俭学生基本上可以保证工学同步了。与其他留法勤工俭学生一样，重庆的勤工俭学生利用假期做工，以贴补学习与生活费用。勤工俭学生在觅工、调换工厂及工种等方面条件都有所改善。

1926 年，法国坚持勤工俭学生谈到他们的勤工俭学状况高兴地宣布："我们，勤工俭学生，做短时期的学徒后，遂变成有手艺的工人，或工头，或画图，或工程师助手，以及其他职务。""我们矢志勤工之后，得下了的工钱，储蓄在一旁。然后我们去进学校，进大学、入专门。"①

第四节　肩负使命的重庆留法学生

一　加入旅欧党团组织

毛泽东同志在和斯诺谈到创立中国共产党时指出："在法国，许多勤工俭学的人也组织了共产党，几乎和国内组织同时建立起来的。"②重庆的赵世炎是法国建党活动主要领导人之一，也是中国的第一代共产党人。

"二二八"运动之前，赵世炎不仅自己学习马列理论，而且还与正在国内筹建中国共产党的陈独秀保持书信联系。1921 年"二二八"运动以前，赵世炎在巴黎与李立三、刘伯坚等其他勤工俭学生一同建立了有一定共产主义思想倾向的团体"劳动学会"。劳动学会最初的成员还

---

① 盛成：《海外工读十年纪实》，湖南人民出版社 1986 年版，第 65 页。
② 斯诺：《西行漫记》，上海三联书店 1979 年版，第 133 页。

有重庆籍的周钦岳等人。他们最初尝试在法国建立党的基层组织。后来
经过"二二八"运动的实践，赵世炎抛弃了工读主义思想，开始刻苦
学习马列理论，并且对各种主义反复比较，与同志们多次讨论，确立了
对马列主义的信仰。在此之前，赵世炎已经在上海通过陈独秀同志的介
绍加入了中国共产党。①

　　1921 年，赵世炎与张申府、刘清扬、陈公培、周恩来在巴黎组织
党的筹备工作，并开始酝酿成立青年团。2 月，成立旅居巴黎的共产主
义小组。② 同年秋，赵世炎与周恩来等发起成立新的统一的"旅欧中国
共产党"。1922 年 6 月 22 日，在巴黎西郊布仑森林的一个小广场举行
了旅欧少年中国共产党第一次代表大会，宣布正式成立少年中国共产
党。赵世炎主持会议并通过了党纲、党章，以及"少年共产党"这一
名称，选举赵世炎、周恩来、李维汉 3 人组成"旅欧中国少年共产党
中央执行委员会"，赵世炎为书记，周恩来为宣传委员，李维汉为组织
委员。

　　同年 10 月，旅欧中国少年共产党在巴黎举行总投票，决定加入国
内的中国社会主义青年团，并将组织名称更名为"旅欧中国共产主义
青年团"，选举赵世炎等人组成中央执行委员会，赵世炎仍任执行委员
会书记。不久，按照中央指示，又将组织名称定为"中国共产主义青
年团旅欧支部"，原"中央执行委员会"改为"执行委员会"。1923 年
2 月中旬，赵世炎主持召开旅欧中国共产主义青年团临时代表大会，确
认了上述变动，并选举出新的执行委员会，书记周恩来，肖树域、任卓

---

　　① 关于赵世炎入党问题参照鲜于浩《留法勤工俭学运动》，巴蜀书社 1994 年版，第
239—240 页。文中作者根据赵世炎的信总结 5 点认识："一、张申府与国内即中共中央和陈独
秀在 1921 年冬及 1922 年春有较为密切的关系；二、在这一时期，张申府和赵世炎通信比较
多；三、陈独秀和张申府对于争取开放里昂中法大学斗争失败后赵世炎的处境非常了解，也
非常关心他，希望他尽快回国；四、赵世炎通过张申府等人，仍与陈独秀联系；五、赵世炎
先于张申府 5 个多月赴法国，赴法之初，彼此不一定得知对方的党员身份，极有可能是陈独
秀的介入，二人才有了联系，他们取得联系的同时，当不迟于 1921 年冬。"确认的是在 1921
年 7 月中共一大召开之前，旅欧的中共党员有赵世炎。
　　② 留法共产主义小组的存在一直是一个有争议的问题，本书认为留法共产主义小组是
存在的，只是在组织形式与活动内容上与国内的共产主义小组有较大不同。参见鲜于浩《留
法勤工俭学运动》，巴蜀书社 1994 年版，第 235—245 页。

宣为委员，刘伯坚、王凌汉为候补委员。

旅欧党团组织建立后，数以百计的留法勤工俭学生先后加入中国共产党和青年团，其中重庆留法学生有：赵世炎、李季达、周维桢（唯真）、邓希贤（小平）、陈家齐、帅立本、周文楷（贡植）、贺学礼、冉钧、傅汝霖、聂荣臻、江克明（泽民）、陈永壁、李维栋、邱少元、钟汝梅、熊禹九、何嗣昌、桂万年、罗振声、周子君、胡大智、邓绍圣、刘允、邓矩芳。① 曾担任过执委和下属团支部负责人的重庆留法勤工俭学生有邓希贤、周唯真、聂荣臻、桂万年、冉钧、江克明、胡大智等人。聂荣臻、江克明等人担任过青年团旅比支部负责人。赵世炎还担任过旅俄学生党支部的负责人。

邓小平在留法勤工俭学期间，先后结识赵世炎、王若飞，并积极投身于学习共产主义理论活动中。1922 年，邓小平参加旅欧中国少年共产党，成为旅欧青年共产主义组织中最早的成员之一。邓小平曾回忆道："我在法国五年零二个月期间，前后做工约四年左右（其余一年左右在党团机关工作）。从自己的劳动生活中，在先进同学的影响帮助下，在法国工人运动的影响下，我的思想也开始变化，开始接触一些马克思主义的书籍，参加一些中国人和法国人的宣传共产主义的集会，有了参加革命组织的要求和愿望，终于在 1922 年春季被吸收为中国社会主义青年团员。我的介绍人是萧朴生、汪泽楷两人。"② 邓小平的女儿在《我的父亲邓小平》一书中也提到，"他（按：指邓小平）对我们说过，只要参加青年团的领导，就算自动转入中国共产党正式党员"，"根据党的规定，当时担任旅欧共产主义青年团执行委员会（支部）的领导，就正式转为中国共产党旅欧支部的党员"。③

1922 年 8 月，聂荣臻经刘伯坚、熊味耕介绍加入旅欧中国少年共产党。第二年春，又由赵世炎、刘伯坚介绍加入中国共产党。他回忆说："当时旅欧学生中的党员很少，在比利时就有刘伯坚、熊味耕和

① 中共四川省委党史工作委员会主编：《四川留法勤工俭学运动》，四川大学出版社 1993 年版，第 419 页。
② 转引自刘道慧编著《邓小平的旅法留苏岁月》，人民出版社 2004 年版，第 123 页。
③ 毛毛：《我的父亲邓小平》上卷，中央文献出版社 1993 年版，第 116—121 页。

我 3 个人。在整个欧洲，也只有一个共产党的小组（按：当为支部），附在团组织里面，一切公开活动，都用团的名义，党组织从不出面。"①

从聂荣臻（由两名党员介绍入党）、邓小平（因担任共青团的领导而直接转为共产党员）的入党过程可以看出，在同一地区的旅欧党团组织之中，顺序上，必须先入团然后才能入党，党支部的负责人是旅欧共青团的领导人，旅欧共青团的主要负责干部可以转为党员。由此也意味着，以中共旅欧支部为核心的格局即已形成，中共旅欧支部的负责人自然也就是旅欧共青团的领导人。②

重庆留法勤工俭学生绝大多数都是爱国青年，他们渴望复兴中华民族。他们远赴法国就是为了寻求振兴中华的道路和学习科学知识。到了法国之后，他们又积极参加和领导各种进步活动和斗争，从旅欧党团组织的建立到发展，可以看出重庆留法勤工俭学生所做出的贡献。

二　确立马列主义信仰

留法勤工俭学生在法国含辛茹苦而难以成就其学业和抱负的残酷现实，导致他们对法国、对资本主义社会幻想的破灭。正如邓小平所说："一到法国，知道那时已在第一次世界大战后的两年，所需劳动力已不似大战前那样紧迫，找工作已不容易，工资也不高，用勤工方法来俭学，已不可能。做工所得，糊口都难，哪还能读书进学堂呢。于是那些'工业救国'、'学点本事'等等幻想，变成了泡影。"③ 尤其是通过"三大运动"的磨砺，广大留法勤工俭学生的思想觉悟大有提高。他们已深刻体会到勤工俭学不能达到挽救祖国、改造中国社会的目的，只有在马克思主义指导下进行社会革命才是唯一的出路，他们逐渐由工读主义等思潮转向马克思主义，由教育救国转向革命救国。

---

① 中共四川省委党史工作委员会主编：《四川留法勤工俭学运动》，四川大学出版社1993 年版，第 455 页。

② 鲜于浩、田永秀主编：《留法勤工俭学运动中的四川青年》，巴蜀书社 2006 年版，第69 页。

③ 毛毛：《我的父亲邓小平》上卷，中央文献出版社 1993 年版，第 82 页。

"三大运动"也促使了留法勤工俭学中先进知识分子的觉醒，他们纷纷把目光转向马克思列宁主义、社会革命的学说。正如聂荣臻回忆："这一段的生活，在我的头脑里的烙印很深，因为这在我一生经历中，是完成世界观的根本转变，真正走上革命道路的起步时期。革命的起点是永远难忘的。"①

留法勤工俭学的经历使这批先进的中国知识分子认识到，要改造中国社会，单靠出国勤工俭学时"实业救国"的愿望，是不可能实现的。无论是工读还是俭学都难以达到彻底改造中国社会的目的。1922 年 4 月起，邓小平与赵世炎一起在克鲁梭史莱德钢铁厂做工，他开始接触马克思主义，阅读了《共产党宣言》、《国家与革命》、《共产主义 ABC》等著作。除此之外，他还经常阅读国内的一些革命报刊，像《新青年》、《向导》等。邓小平通过阅读这些革命著作和文章，在思想认识上有了很大的转变。他开始认识到在帝国主义和封建主义势力的压迫下，青年学生要想通过"勤工"达到"俭学"的目的是不可能的，而幻想通过实业来拯救危难的祖国也是不可能的，要想真正拯救国家和民族的危亡，使四万万同胞都能有衣有食，只有向俄国学习，建立劳工专政，实现社会主义。这样，18 岁的邓小平成了留法勤工俭学中的先进分子，确立了共产主义的理想和信念。

刚到法国头两年，重庆留法勤工俭学生由于忙于勤工，找活干，求生路，因此根本没有多少精力，也就顾不上去翻阅当时被法国当局视为"禁书"的马克思、恩格斯著作。后来，随着法国工人运动的蓬勃发展以及在俄国十月革命的影响下，马克思主义和其他各种社会主义思潮开始在一批先进的重庆留法学生中广为流行，他们先后接受了马克思主义而走上革命的道路。

在法国，重庆留法勤工俭学生除了阅读国内的进步书刊外，马克思、恩格斯的书籍，列宁的文章，法国和英国的资产阶级进步文学作品，都有所接触，在理论上进步很快。邓小平从一开始就接受了马克思主义和共产主义思想，选择了无产阶级革命的道路，而且积其 70 年的

---

① 中共四川省委党史工作委员会主编：《四川留法勤工俭学运动》，四川大学出版社 1993 年版，第 459—460 页。

历程和岁月，历尽艰难而始终不渝。他在苏联学习时对自己总结道，"生活的痛苦，资本家的走狗——工头的辱骂，使我直接的或间接的受到了很大的影响，对资本主义社会的罪恶略有感觉，然以生活浪漫之故，不能有个深刻的觉悟。其后，一方面接受了一点关于社会主义尤其是共产主义的知识，一方面又受了已觉悟的分子的宣传，同时加上切身已受的痛苦"，于是加入了中国社会主义青年团旅欧支部。"综上所述，我从来就未受过其他思想的侵入，一直就是相信共产主义的"。①

早在"三大运动"前，在法国留学的聂荣臻、刘伯坚等人便在学习科技知识的同时，钻研马克思、列宁的学说，并且带动了江克明等一大批留学生。从亲身经历的斗争实践中，从马克思、列宁的学说中，聂荣臻终于认识到，"要想拯救国家和民族的危亡，使四万万同胞都能有衣有食，只有建立劳工专政，实行社会主义"。1922 年 6 月 3 日他给父母亲的信中，有这样一段话："不得手谕久矣，海外游子，悬念何如？又闻川战夏起，兵自增，而匪复猖！水深火热之家乡，父老之苦困也何堪？狼毒野心之列强！无故侵占我国土！二十一条之否认被拒绝，而租地期满，又故意不肯交还！尸位饱囊之政府，只知自争地盘，拥数十万之雄兵，无非残杀同胞，热血男儿何堪睹此？男也，虽不敢云以天下为己任，而拯救父老出诸水火，争国权以救危亡，是青年男儿之有责！况男远出留学，所学何为！决非一衣一食之自为计，而在四万万同胞之均有衣有食也。亦非自安自乐以自足，而在四万万同胞之均能享安乐也。此男之素抱之志，亦即男视为终身之事业也！"② 这封信中所体现的强烈社会责任感，成为聂荣臻世界观转变的起点。1922 年 8 月，经刘伯坚和熊味耕介绍，聂荣臻参加旅欧中国少年共产党（后称中国社会主义青年团旅欧支部），开始走上了为共产主义事业奋斗的道路，与刘伯坚一起负责过旅比利时支部工作。1923 年春，他由赵世炎和刘伯坚介绍，参加了中国共产党，并致力于在华工和勤工俭学生中宣传马克思列宁主义，对团员进行共产主义教育，在旅欧华人中积极从事党团工作。

---

① 转引自刘道慧编著《邓小平的旅法留苏岁月》，人民出版社 2004 年版，第 123—124 页。

② 聂荣臻：《聂荣臻回忆录》，战士出版社 1983 年版，第 28—29 页。

周维贞等重庆留法勤工俭学生则积极地以通信形式参加旅欧党团组织的各项革命活动。周维贞给罗振声的信中写道："关于共产主义的书籍，望你常常留心多看些，这是我们研究共产主义者必须要做的事。宣传主义，吸收同志，是我们现在最重要的工作，我们既是信仰共产主义者，就要时时刻刻不忘宣传，有机会宣传便要宣传，不要有一点顾忌流俗人的笑骂。"①

旅欧中国共产主义青年团和旅欧中国共产党成立后，为了加强学习和宣传工作，专门成立了"马克思主义研究会"，建立了马克思主义夜校。旅欧共青团员一面学习马列主义基本原理，一面运用这些原理来分析解决世界与中国革命的基本问题，努力做到一切问题从实际出发，理论联系实际。也正是由于这样的内部训练，旅欧共青团员的理论素养和分析实际的能力得到了提高，为后来开展的反对无政府主义和国家主义派的斗争奠定了较为坚实的思想基础。

当时在欧洲，除了马克思主义外，各种政治思想都很流行，在中国留学生中，办有各种各样的刊物。旅欧中国无政府主义者在 1922 年 1 月 25 日创办了《工余》月刊，连续发表鼓吹无政府主义、反马克思主义的文章。中共旅欧党团组织建立后的一项重要活动就是从思想上进一步划清马克思主义和无政府主义的界限。1922 年 8 月 1 日，旅欧共产主义青年团创办了《少年》月刊，作为中国共产党和中国共产主义青年团旅欧总支部的机关刊物。《少年》月刊积极、广泛宣传马克思主义思想，宣传反帝、反封建的革命思想，探讨研究中国革命的基本问题，与形形色色的反马克思主义思潮作斗争，批判其错误观点。1924 年 1 月，国共两党在国内正式合作，为了适应高涨的革命形势，进行有效的宣传，旅欧党团组织决定改《少年》为《赤光》。

据蔡畅回忆："《少年》刊物是轮流编辑，邓小平、李大章同志刻蜡版，李富春同志发行。后来刊物改名为《赤光》"。② 周恩来、邓小平、李富春、萧朴生、蔡畅、李大章等都参与过撰稿、编辑等工作。

---

① 中国四川省委党史工作委员会主编：《四川留法勤工俭学运动》，四川大学出版社 1993 年版，第 367 页。

② 转引自刘道慧编著《邓小平的旅法留苏岁月》，人民出版社 2004 年版，第 131 页。

《赤光》高举马克思主义的伟大旗帜，明确表示"我们所认定的唯一目标是：反对军阀政府的国民联合，反帝国主义的国际联合"，积极宣传反封建军阀统治和帝国主义的侵略。《赤光》在周恩来的领导下，开展了同国家主义派的大论战。在《赤光》编辑部，邓小平得到了周恩来等较年长的共产党人的直接帮助和指点。1924 年 8 月周恩来回国，川籍留学生肖树域开始负责赤光社的工作。邓希贤、李畅英等参加出版工作耳濡目染增长了才干，锻炼了能力。

邓小平是编辑部最年轻的成员。这是邓小平第一次直接参与革命工作，是他一生革命生涯的开始。他主要负责刻写与印刷，他工作认真、油印效果极佳，出色的工作才干得到了周恩来等人的信赖，获得"油印博士"的美誉。除了参加编辑工作，邓小平还亲自写文章在《赤光》上发表。在有关中共旅欧支部、旅欧共青团开展对中国青年党的论战中，邓小平就先后在《赤光》上发表了《请看国际帝国主义之阴谋》、《请看反革命的青年党之大肆捏造》与《请看先声周报之第四批造谣的新闻》等针锋相对的驳论文章，以尖锐明快、言辞泼辣、战斗性强的特点，揭露了青年党、帝国主义的丑恶行径和罪恶企图，使国家主义派在海外陷入孤立境地。

重庆籍留法学生的党团员也都积极参与旅欧中国共产主义青年团组织的活动，学习研究马克思主义、在旅欧华工与勤工俭学生中宣传马克思主义，以及与各种反马克思主义学派进行论战，最终确立马克思主义作为革命活动的指导思想。为了反击无政府主义，赵世炎发表了《一个无政府主义和一个共产党谈话》，连续刊载于《少年》第 7 号、8 号、10 号和 11 号，对马克思主义与无政府主义的重大分歧进行了深入论述，批驳了无政府主义一系列错误的观点。以赵世炎为代表的旅欧中共党员和共青团员，正面宣传马克思主义的基本观点，痛斥无政府主义者对共产主义的攻击和歪曲。赵世炎在《旅法的中国青年应该觉醒了》一文中指出："所谓无政府主义者，只知高唱自由，忽视了现代社会生活所决定的群众意识，专门占据抽象的观念上发些空论，以迷惑群众。"[1] 进而论证中国走共产主义道路的必然性。针对无政府主义者对

---

[1]　赵世炎：《旅法的中国青年应该觉醒了》，《少年》1924 年第 7 号。

俄国十月革命后新经济政策的攻击和诬蔑，谢唯进在《苏俄最近之近况》一文中进行了驳斥，指出："共产主义的第一个实验所是能适应环境，从经验中逐渐得着优胜战略，为全世界无产阶级开艰险的途径，更指引被掠夺的人们逐渐向着光明道上走的。"[1] 聂荣臻也利用机关刊物《少年》同形形色色的反马克思主义思潮进行斗争。这些文章的发表不仅提高了旅欧党团员的政治素养和理论水平，也使无政府主义思潮快速衰落。

重庆留法勤工俭学生通过与反马克思主义思潮的斗争以及开展各种宣传马克思主义的活动，使马克思主义最终得到捍卫，中国共产党的理想和主张也得到了宣传，旅欧党团组织在斗争中不断发展壮大。除此之外，在法国的重庆留法勤工俭学生充分利用国外有利条件阅读马克思主义著作和进步报刊的同时，还把这些书籍报刊寄回了四川，为马克思主义在川渝等地传播做出了重大贡献。

三　参加反帝爱国斗争

1923 年 6 月 16 日，旅欧国共两党先于国内实现了国共合作，旅欧共青团员均可以个人身份加入国民党旅欧组织。以国共合作为主的革命统一战线便得以正式形成，中共旅欧党团员 80 余人加入国民党。1924 年 1 月 17 日，国民党巴黎通讯社处成立，聂荣臻当选为通讯处处长。

旅欧国共两党实现合作后，在旅欧中国共产主义青年团、旅欧中国共产党以及国民党旅欧支部共同领导下，重庆留法勤工俭学生中的党团员参加了一系列反对帝国主义的斗争。

邓小平曾在《法国强盗已自行揭破华盛顿会议黑幕了》一文中，深刻揭露各主要帝国主义国家凌辱弱小民族、对外侵略扩张及其潜在的矛盾危机。1924 年下半年，邓小平转入中国共产党，成为旅欧中国共产主义青年团领导机构执行委员会成员之一。1925 年上半年，邓小平受旅欧支部的委派担任里昂区党的特派员，负责领导里昂地区的党团工作和华工运动，开始投入到现实的政治斗争之中。

---

[1]　鲜于浩：《留法勤工俭学运动史稿》，巴蜀书社 1994 年版，第 266 页。

1925 年，英国制造了震惊中外的五卅惨案，一场声势浩大的全国性反帝爱国活动在国内迅速展开。当时中共旅欧总支部包括三个支部（与共青团旅欧支部一样），即旅法支部、旅德支部、旅比支部。消息传至欧洲，重庆留法学生义愤填膺，决定与全国其他留学生一道奋起抗争。

在法国，中共旅欧支部、中国共产主义青年团旅欧区①和中国国民党驻法党支部召开旅法华人大会，成立"旅法华人援助上海反帝国主义运动行动委员会"。1925 年 6 月 14 日下午，800 多名旅法华人聚集法国园艺学会进行示威游行，结果法国派来大队警察，相持近两个小时后被法国当局无理禁止。随后，旅法华人又召开了第二次旅法华人大会，决定发动和组织一次向中国驻法公使馆的示威运动。由于青年党和国民党右派的告密，6 月 22 日，100 多名法国警察对巴黎、比昂古等地的勤工俭学生和华工聚居区进行了包围搜查，传讯了比昂古一带 180 多名华人，并从其住处搜去了《赤光》、《工人旬刊》等出版物。雷定琨（四川南充人）、李畅英、任卓宣等 20 余名中共党员和共青团员被捕入狱，旅欧党团组织受到了严重破坏。

关键时刻，邓小平参与了反帝爱国斗争的计划和具体工作。邓小平、傅钟从外地返回，挺身而出组成临时执行委员会，继续领导反帝爱国斗争。7 月初，法国当局将金百熔（四川人）等 3 名中国共青团员和革命青年驱逐出境。他们在启程之前发表了《被法帝国主义驱逐者给旅欧华人留别书》，呼吁："亲爱的旅欧华人啊！我们是要离法归国奔上革命之战场了。我们虽受帝国主义者的压迫与反革命者之陷害，但决不因此灰心，且将倍加奋发，尽全力打倒他们。"②

1925 年 10 月 24 日，邓小平主持中共旅欧支部组织召开一次中国共产主义者会议，指出重建中国共产主义小组和创办刊物的必要性。11 月 15 日，为纪念被法国驱逐并死于船上的王京岐，国民党召开会议，邓小平参与主持，邓小平会后总结说："我们希望与会者永远牢记王京

---

① 鲜于浩：《留法勤工俭学运动史稿》，巴蜀出版社 1994 年版，第 294 页。

② 中共四川省委党史工作委员会主编：《四川留法勤工俭学运动》，四川大学出版社 1993 年版，第 18 页。

岐同志，继续进行反对帝国主义的斗争。"① 1926 年 1 月 3 日，邓小平
出席了旅法华人援助上海反帝国主义行动委员会在布瓦涅大街召开的旨
在反对国际帝国主义的会议，并作了"号召同苏俄政府友善，以反对
国际帝国主义"的讲演。邓小平等人的秘密活动被巴黎警察厅发现，
遭到通缉。于是 1926 年 1 月 7 日晚，邓小平等人被迫离开法国，启程
前往苏联（俄国）。

从 16 岁到 21 岁，在法国勤工俭学的 5 年多时间里，邓小平从一位
质朴的爱国青年成长为一个坚定的共产主义者；在法国勤工俭学的 5 年
多时间里，决定了邓小平杰出的革命生涯。在这段时间里，他经历了各
种艰难困苦，不仅身体得到锻炼，意志也得到了磨炼，通过结识赵世
炎、周恩来、李富春等一大批战友和同志，他直接或间接地参加勤工俭
学的各种斗争，增长了政治才干，积累了斗争经验，逐渐成长为中共旅
欧支部的领导人。

在德国，中共党员、共青团员联合国民党驻德支部的左派，利用中
共旅欧支部掌握的旅德学生总会出面，召开了旅德华人大会，成立了
"旅德中华民族独立运动委员会"。重庆留法学生谢唯进等人在德国各
地发表演讲，宣传反帝主张。他们也组织了进占中国驻德公使馆的行
动，迫使中国驻德公使在"反对英帝国主义在上海大屠杀的通电上签
字"。但最后被德国警察当局镇压。40 多名中共党员在德国共产党召开
的一次集会中被捕，三天后获得释放。

1926 年，中共旅欧党团组织中的重庆籍留法学生在反对帝国主义
特别是领导废除中比不平等条约斗争中，起到了关键的作用。中共党员
江克明是共青团旅比支部的负责人，同时又是中国留比学生总会书记，
与中国留比学生总会会长邓矩芳，以及其他重庆学子以留比学生总会的
名义召开旅比华人大会，组成"旅比各界废约后援会"，号召世界各地
的华人共同斗争。10 月 20 日、10 月 22 日数以百计的旅法华人在布鲁
塞尔连续两次举行示威，重庆留学生熊禹九等人参与了此次游行示威。
10 月 27 日，旅欧华人大会召开。会后，又举行了最大规模的游行示

---

①　鲜于浩、田永秀主编：《留法勤工俭学运动中的四川青年》，巴蜀书社 2006 年版，第
82 页。

威。江克明回忆道："那天，我们举着标语牌在大街中央前进，潘芳等人还带头在电车道上卧轨，使交通堵塞，行人聚集，扩大了事态，给比国政府施加压力。"① 比利时警察当局出动大批警察干涉，双方发生冲突，致使十余名示威者受重伤，17 名被捕。11 月 4 日，旅欧华人再次游行示威，10 余人又被捕。在国内外人民的强大压力下，最终北洋政府于 11 月 6 日正式宣布废除不平等的中比条约。② 旅欧华人在国共两党的领导下取得了废约斗争的伟大胜利。

依据中共中央和共产国际的决定，旅欧党团组织从 1923 年起，开始有计划地分批选送骨干成员去莫斯科东方劳动大学学习。旅欧的中共党员、共青团员留在欧洲的人数越来越少。留下的少数党团员由胡大智（重庆巴县人）负责，后加入欧洲各国共产党中国语言组，以后法国中共语言组曾积极帮助吴玉章在巴黎创办《救国时报》。中共旅欧支部和旅欧共青团也就此结束了历史赋予他们的使命。据不完全统计，至 1926 年 9 月被选派赴俄的重庆籍学生有：李季达、赵世炎、聂荣臻、冉钧、周文楷、邓希贤、何嗣昌、陈家齐、邓绍圣、江克明、周唯真、胡大智等。需要指出的是，由于国内斗争的迫切需要，有部分重庆留法勤工俭学生没有到莫斯科去，而是从法国直接乘船回国。程秉洲、周子君、罗振声等人就是没有经过在莫斯科的学习而直接回国的。

旅欧华人声援国内五卅运动、反对国际帝国主义的斗争，充分显示了居住海外留学生强烈的爱国主义精神，在中国留学史上留下了浓墨重彩的一笔。其中重庆留学生的贡献也当载入史册。

四　学成报国的栋梁之材

重庆的留法勤工俭学运动在重庆乃至中国共产党的历史上产生了深远的影响，造就了以赵世炎、邓小平、聂荣臻等为代表的无产阶级革命

---

① 中共四川省委党史工作委员会主编：《四川留法勤工俭学运动》，四川大学出版社 1992 年版，第 475—479 页。

② 鲜于浩、田永秀主编：《留法勤工俭学运动中的四川青年》，巴蜀书社 2006 年版，第 80—84 页。

家、政治家、军事家和一大批优秀的无产阶级革命战士，引导中国社会走向了社会主义的道路。历史不能遗忘的是，在新民主主义革命各个时期，一批优秀的重庆留法勤工俭学生在党和军队里担任重要职务，为领导革命斗争而英勇牺牲。

赵世炎（1901—1927），字琴荪、号国富，笔名施英、乐生，重庆酉阳人。赵世炎是中国共产党创始人之一、卓越的马克思主义理论传播者、著名的工人运动领袖。赵世炎是陈独秀指定的旅法共产主义小组首批五名成员之一，他和周恩来是邓小平的入党介绍人。赵世炎于 1920 年 5 月离开上海前往法国留学，1924 年 7 月回国。留法期间，赵世炎一方面与国内陈独秀、周恩来等保持联系；另一方面在法国积极宣传马克思主义和党的组织建设。他曾专程去蒙达尼与蔡和森面谈，形成共同看法："争论已经过去，今后要共同研究问题，共同革命，大家都谈马克思主义。"这对团结教育全体勤工俭学学生，特别是为以后引导许多进步青年信仰马克思主义，产生了主要影响。[①] 1922 年，赵世炎经胡志明介绍参加了法国共产党，成为国际党员，加强了少共和法共的联系。1922 年秋，中共旅欧总支部在巴黎成立，赵世炎担任了中共法国组书记。1923 年 3 月赴苏联莫斯科东方劳动共产主义大学学习，撰写了《苏俄与美国》、《世界与列宁及列宁主义》等文章，发表在《向导》周刊和《国民周报》的副刊《觉悟》上。[②] 1924 年，党中央决定赵世炎回国担任中共北京地委书记，他先后参加中共北方区委、中共江浙区委的领导工作。同年 12 月，中共中央决定在北京设立中央北方局，李大钊任书记，赵世炎任常委，共同领导北方地区的革命运动。1926 年任江浙区委组织部长兼上海总工会党团书记，以后又任江浙区委第二书记，参加领导了上海工人三次武装起义。1927 年 5 月在党的第五次全国代表大会上当选中央委员，同年 6 月任江苏省委代理书记。他主编过党的内部刊物《政治生活》，撰写了 70 多篇宣传马克思主义、抨击时弊的文章，对提高党内的马克思主义思想政治水平发挥了

---

① 酉阳县党史办：《缅怀烈士赵世炎》，政协酉阳土家苗族自治县委员会等编：《酉阳文史资料选辑第 3 辑》，1984 年版，第 52 页。

② 《赵世炎文集》，四川人民出版社 1984 年版，第 84 页。

重要作用。

1927 年 7 月 2 日，赵世炎在上海不幸被捕。在凶残的敌人面前，他大义凛然，坚贞不屈，表现了共产党人大无畏的英雄主义气概，面对敌人的屠刀，高呼"中国共产党万岁"英勇就义，把 26 岁闪光的青春和满腔热血献给了中国人民的解放事业。

冉钧（1899—1927），原名高锰，化名浩然，重庆江津人，中国共产党早期优秀党员，重庆工人运动的先驱和四川建党时党组织的领导者之一。1919 年，考入重庆留法勤工俭学预备学校。1920 年 8 月，与邓小平等一同赴法国勤工俭学。在法国，冉均学习马克思主义，研究革命理论，在李立三、聂荣臻等人的帮助下，加入了中国社会主义青年团，1923 年转为中国共产党党员，1924 年，中共旅欧总支部派冉均前往苏联莫斯科东方劳动大学学习。1925 年，冉钧从苏联回国，在重庆参加革命工作，参加创办重庆中法大学，协助吴玉章等改组整顿国民党四川省临时执委会，开展统战工作，筹建中共重庆地委。中共重庆地方执行委员会成立后负责组织工作，领导四川的革命运动，同时还创办国民党四川省党部机关刊物《四川国民》，还曾任川军向时俊师政治部组织科长兼政训班教官，开展军运工作。1927 年，冉均在处理重庆"三·三一"惨案的善后工作中，途经七星岗天主教堂附近，被军阀的便衣特务发现，当即被枪杀。①

周贡植（1901—1928），原名周文楷，又名周孔崇，重庆市巴县人，1918 年毕业于巴县中学，1919 年考入重庆留法勤工俭学预备学校，1920 年 8 月与邓小平、冉钧等赴法勤工俭学。周贡植在法国阅读了大量的马列主义书籍，1922 年经赵世炎介绍加入了旅欧中国共产主义青年团，不久转为中国共产党党员。1925 年回国后，周贡植在中法大学四川分校任教。1926 年 2 月，中共重庆地方执行委员会成立，周贡植代理宣传工作。1927 年重庆"三·三一"惨案发生后，受地下党组织的派遣，周贡植赴武汉，后调任湖北省党部秘书长。1927 年 8 月，受中央派遣，周贡植与傅烈等同志一道回重庆，参与四川省临时省委的组

---

① 重庆市地方志编纂委员会总编室编：《重庆名人辞典》，四川大学出版社 1992 年版，第 25 页。

建工作，又赴巴县清理和重建党组织，领导铜罐驿支部、集思镇区委以及白市驿、龙凤场等支部的地下斗争，并创办临时省委的机关刊物《四川通讯》。1928 年 2 月，周贡植任中共四川省常委、省农委书记兼组织部长。1928 年 3 月，周贡植任第一届重庆巴县县委书记。3 月 9 日，他与省委书记傅烈、省委秘书长牛大鸣等人出席在重庆召开的中共巴县县委成立大会时，被捕入狱。在狱中，面对利诱和酷刑，周贡植始终坚贞不屈，不为所动，他还托人带信给家人，告诉他们不可向敌人屈膝求情。4 月 3 日，周贡植被杀害于朝天门沙嘴长江边，年仅 28 岁。①

李季达（1900—1927），原名世昌，又名吉荣，重庆巫山人。1919 年 7 月，李季达考入留法勤工俭学四川分会在成都设立的第二届留法勤工俭学预备学校学习法文，1920 年 7 月赴法勤工俭学。在法国，李季达结识了赵世炎、周恩来、杨立三、邓小平、陈毅、刘伯坚，并开始阅读《共产党宣言》、《社会主义从空想到科学的发展》、《国家与革命》等马列主义著作和关于俄国十月革命的书籍。李季达同赵世炎、周恩来等一起认真研究马克思主义思想，联系中国实际，研究如何在华工中开展工人运动等重大问题，认识到只有走俄国十月革命的道路，才能达到"改造中国与世界"的目的。在党的热心培养下，李季达迅速成长起来，追求革命，追求真理。1922 年加入了中国社会主义青年团旅欧支部，1923 年转为中国共产党党员，并成为中共旅欧总支部成员。紧接着，受党组织的选派，同聂荣臻、蔡畅等同志一起赴莫斯科东方劳动者共产主义大学深造，进一步受到了国际共产主义的熏陶和中国共产党的教育，政治思想更趋成熟。1920 年 7 月赴法勤工俭学。1922 年加入旅欧中国共产主义青年团，1924 年从法国赴苏联莫斯科东方大学学习，同年转为中共党员。

李季达 1925 年 4 月回上海，投身于第一次大革命。不久他奉党的命令调到天津，任中共天津地方执行委员会书记。1925 年 8 月，天津市总工会成立，李季达以总工会负责人的身份统一领导天津的工人斗争，发动了著名的天津纱厂工人大罢工，组织集会和游行，打响了五卅

①　重庆市地方志编纂委员会总编室编：《重庆名人辞典》，四川大学出版社 1992 年版，第 27 页。

运动后天津工人运动第一炮，取得了斗争的胜利。他积极协同中共北方区委领导了著名的天津海员大罢工，掀起了天津人民反帝运动新高潮。当帝国主义和奉系军阀捕杀工人的时候，李季达领导天津地委动员各方力量，全力组织营救。在白色恐怖下，李季达组织学生演讲，组织报界宣传，组织天津工人阶级进行不屈不挠的英勇斗争。1927年"四一二"反革命政变后，天津陷入一片恐怖之中。李季达面对异常严酷的恶劣环境，召集地委开会，重新建立了有力的核心领导，领导天津人民进行有力的斗争。李季达为了掩护革命力量，谨慎行事，将党的重要文件和天津500名党员名单机密转移，进行地下活动。1927年6月，中共临时顺直省委在天津成立，李季达任省委宣传部部长、工人部部长兼天津地委书记等重要职务，积极参与领导北方各地党的工作，特别是工人运动。同年8月，李季达被叛徒告密被捕入狱。

在狱中，李季达化名李吉荣，与敌人进行了英勇斗争。受尽了各种严刑拷问，仍然坚贞不屈，守口如瓶。临刑前，他托人将最后一封家书和当年在法国买的一本字典转交家人，作为永久纪念。1927年11月18日下午1时，李季达被押赴刑场。他义正辞严地发表了持续一个多小时的演说，气壮山河，感天动地，然后英勇就义。为了缅怀中国共产党早期革命活动家李季达，巫山县人民政府在旧县城的人民广场雕塑了一座李季达的全身塑像。

钟汝梅（1902—1927），又名钟泽民，重庆江津人，1919年考入江津县立中学，与聂荣臻、戴坤忠、付汝霖同学。1919年五四运动爆发，钟汝梅和江津中学的进步青年走上街头游行示威，抗议日本帝国主义。1922年1月14日，钟汝梅与聂荣臻等抵达巴黎，开始了勤工俭学生活。1924年，他加入中国共产党，勤奋学习马列著作，积极投入政治活动。1925年，中共旅欧支部派钟汝梅到苏联莫斯科东方大学学习。1926年，回上海从事党的地下工作，并在中共中央军委办的训练班担任教师。1927年初，任中共江苏省委军委委员，3月，参加了周恩来、罗亦农等领导的上海工人第三次武装起义。1927年5月，钟汝梅被组织内人出卖被捕入狱，在狱中钟汝梅经受住了刑讯考验，但又一次被出卖，于同年7月在上海枫林桥畔被枪杀，年仅26岁。

重庆留法勤工俭学生为中国革命献出生命的中共党员、革命烈士还有曾担任中共四川省军委书记，在川军中从事兵运工作时遇害的帅本立烈士；红军高级干部、在第二次国内革命战争时期根据地反"围剿"战斗中牺牲的陈家齐烈士；1921年在法国入团、1924年到莫斯科东方大学留学的谢陈常烈士；在抗日战争时期牺牲的八路军干部王奇岳烈士；1930年在洪湖之役光荣牺牲的傅汝霖烈士、戴坤忠烈士等。

重庆留法预备学校为新中国培养了邓小平、聂荣臻两位副总理，是汪云松等开明进步人士没有想到的。

从重庆留法预备学校毕业赴法国留学的邓小平，1926年年底回国后历任冯玉祥部西安中山军事学校政治处长兼政治教育官，并任学校中共党组织书记、中共中央政治部副主任、八路军政治部副主任、红一军团政治部副主任、129师政委、第二野战军政委、中共中央西南局第一书记，长期担任中共中央秘书长、中央委员、国务院副总理、中央政治局委员、中央政治局常委、中共中央副主席、中共中央总书记、中共军委副主席和主席、全国政协主席、中央顾问委员会主任等党政军要职。邓小平是中国共产党第二代领袖，中国社会主义改革开放和现代化建设的总设计师，创立了邓小平理论。1989年，为打破干部终身制，邓小平主动辞去中共中央军委主席职务。他所倡导的改革开放及"一国两制"治国大略，深刻地改变了20世纪后期的中国，也影响了世界。1997年2月19日，邓小平在北京逝世。著有《邓小平文选》（三卷）、《建设有中国特色社会主义》等。

聂荣臻是中华人民共和国著名革命家、政治家、军事家，中国人民解放军创建人和领导人之一，中华人民共和国十大元帅之一，为中国人民解放和国防军事现代化做出了重大贡献，1955年，被授予中国人民解放军元帅军衔。

聂荣臻1925年从苏联回国，历任黄埔军校政治教官、中共中央军委特派员、中共湖北省委军委书记、中共广东省委军委书记、红军总政治部副主任、红一军团政委、八路军115师副师长及政委、中共中央华北局第三书记等职。新中国成立后历任北京市市长、长期担任国务院副总理、国家科委主任、国防科委主任、航空委员会主任、中共中央委员、中央政治局委员、中央军委副主席、国防委员会副主席、全国人大副委员长等要职。20 世纪 60 年代初，聂荣臻在毛泽东、周恩来等的领导和支持下，集中钱学森、钱三强等大批优秀科研人员，完全依靠中国人自己的技术力量，用五年的时间研制成功了原子弹和导弹，1966 年 10 月 27 日完成了两弹合一的长征 1 号核弹头发射，1967 年 6 月 17 日氢弹又试爆成功，中国由此进入了具有核打击能力的先进国家之列。聂荣臻为中国的原子弹和导弹研制、国防现代化、科技现代化做出了卓越贡献，是新中国科技事业的开创人，被誉为"两弹之父"。

在重庆留法勤工俭学生中，有一位长期在国外从事革命斗争，成为我党著名的国际共产主义战士，他就是谢唯进同志。

谢唯进（1904—1978），名芝祥，号用常，重庆璧山人。他于 1919 年 10 月同李富春、李维汉等人一道由上海赴法勤工俭学，后留学英国、德国，熟悉英、德、俄、西班牙等国语言。1925 年加入共青团旅欧支部，次年转为中共党员。曾与朱德、孙炳文、徐冰等人同在旅欧总支德国支部工作。他先后担任过中共旅欧党委书记、《国际通讯》社关于中国革命运动报道及专论撰稿人、《中国工农通讯》主编、《中国通讯》主编等职务，在旅欧华侨、学生、工人、海员中从事宣传和建党工作，并联络欧洲各国共产党。共同的理想让谢唯进与周恩来建立了深厚的友谊。"周恩来曾在柏林以照相机相赠。这架珍贵的照相机，他一直保存到逝世，现珍藏于中国人民革命军事博物馆。"[1]

1936 年西班牙内战爆发。当时的共产国际向全世界共产党人发出号召，组织起了共产国际纵队，支持西班牙政府。包括中国在内，全世界 53 个国家和地区的共产党员和革命军人纷纷响应。谢唯进受共产国际派遣，化名林济时，加入由共产国际主持的西班牙人民反法西斯国际纵队，并负责在欧洲组织中国人参加共产国际纵队的任务。在国际纵队，谢唯进见到了国际纵队司令员加诺和政委马尔蒂，马尔蒂握着谢唯进的手说，我们早就盼着你来了。国际纵队欧洲人最多，你的英语、法语、德语、俄语和西班牙语都不错，是一把金钥匙。再说你学过炮兵，西班牙人民等着你施展本领呢！随后，谢唯进参加了马德里、中线、东线大反攻及突破布诺河防线等战役。1938 年 10 月，国际纵队被迫撤离

---

① 杨平：《巴蜀英杰谢唯进战斗在西班牙》，《四川文物》1989 年 8 月。

西班牙。撤退前，谢唯进在一次战役中负伤，住进本尼卡森国际志愿军医院治疗。到了1939年2月，西班牙共和国发布一道命令：国际纵队再也不许参战。接着，一批国际纵队的官兵在"国际联盟监察撤退外国志愿军委员会"的监督下，被送进了集中营。谢唯进和刘景田、张书、毕道文、张谋等十几位中国同胞，在卡萨德拉赛尔瓦镇集中营相遇。在谢唯进的提议下，他们在集中营建立了党小组，以团结起来与"国际监委"开展斗争。直到第二次世界大战爆发，在经历了整整一年的集中营生活后，负责看管集中营的法国军警才于1940年为谢唯进等一批中国人办理了归国手续。[1]

谢唯进1940年3月回国后，在八路军驻重庆办事处从事对敌工作和对外联络工作。抗战胜利后随中共代表团参加国共停战和谈，历任空军工程部政治委员、副部长，1948年调任第四野战军特种兵部队政治部副主任。解放后任空军工程部政委，后改任工程部副部长。1955年被授予一级解放勋章。1978年10月13日病逝。[2]

还有一批人在新中国成立前后，曾经或长期担任中共、人民政府各部门中高级领导干部，或者在政协、人大和各民主党派、人民团体担任重要职务为社会主义革命和建设事业做出了很大贡献的重庆留法勤工俭学生，如重庆巴县人周钦岳。

周钦岳（1899—1984），著名新闻工作者，1925年加入中国共产党，1919年10月赴法国勤工俭学。1921年10月，周钦岳与赵世炎、蔡和森、陈毅等同学反对法国当局歧视华人、进驻里昂中法大学的斗争后，被法国当局遣送回国。"周钦岳与陈毅等30多名留法勤工俭学的同学于1922年春节后陆续回到四川。他们在重庆采用演讲、传单等方式，揭露法帝国主义与中国军阀政府相勾结迫害勤工俭学生的罪行。其中周钦岳与陈毅思想开朗，目光敏锐，擅长写作，在《新蜀报》上发表了一批社会新闻、时评之后，被《新蜀报》社长兼总编辑沈与白聘

---

① 以上资料来自王梦岩、孙玉珍《西线战争》，经济时报出版社2009年版。

② 重庆市地方志编纂委员会总编室编：《重庆名人辞典》，四川大学出版社1992年版，第104页。

为主笔。"① 1922 年秋，周钦岳任《新署报》总编辑，先后聘陈毅、萧楚女等为主笔，使《新蜀报》成为系统介绍马克思主义、宣传新文化的阵地。重庆"三·三一"惨案后，周钦岳被迫离渝到武汉。在武汉，周钦岳任国民革命军第 11 军第 26 师政治部主任，后与党组织失去了联系。"1932 年，在一家日本纱厂中领导工运，不幸被捕，在龙华监狱受酷刑拷打，始终严守秘密，保持了革命气节。"② 被营救出来后流亡日本。1935 年秋返回重庆，续任《新蜀报》总经理、社长。抗战时期，周钦岳受周恩来的委托，为《新华日报》迁重庆提供帮助。1945 年《新蜀报》被军统特务占用，周钦岳到香港参加反内战、反独裁的斗争。1949 年 11 月赴北京参加政协会第一届全体会议和开国大典，后历任西南军政委员会委员兼副秘书长、重庆市文化局长、重庆市副市长、重庆市人大常委会副主任、四川省政协副主席、历届全国人民代表大会代表。③

留法勤工俭学在重庆的兴起，不仅为中国革命培养了一大批卓越的领导人和坚强的革命战士，也为一部分重庆人学习西方科学技术、回国从事科技工作奠定了基础。经过艰苦的求学生活，重庆留法勤工俭学生有的在法、比、德等国获得了博士、教授、工程师等学位和职称，他们中有不少人在法国及其他国家即参加了旅欧中国共产党和共青团。大多数人于 1930 年前后回国，在我国科学技术、文化教育事业、工业建设、资源开发等方面发挥了重要作用，有著名作家、新闻工作者、教授、总工程师等，沈芷人则是著名的实业家。

沈芷人（1900—?），字士麟，笔名沈默士，重庆市忠县花桥镇人，著名的实业家，曾留学法兰西和比利时，1926 年，他先后获得了机械博士学位、化工硕士学位和电机硕士学位，被聘为比利时化学学会会员。1927 年，沈芷人回到了重庆，首先在重庆与人合资开办了隆昌义大煤矿，接着又独资开办了重庆兴国实业公司，任总经理。公司下设炼

①　傅德岷、李书敏：《巴渝英杰名流》，重庆出版社 2004 年版，第 217 页。

②　同上书，第 218 页。

③　重庆市地方志编纂委员会总编室编：《重庆名人辞典》，四川大学出版社，1992 年版，第 110 页。

油、机制砖瓦、造纸、机器、煤矿等七个企业。他还从荷兰引进良种奶牛，在重庆向家坡创办模范农场，以及江津国华酒精厂等。为了进一步兴办实业，他独资买下了重庆大夏银行。

沈芷人以他科技知识和经营才能，迅速跻身于重庆实业界显赫人物之列。但他没有忘记回报社会。1941年，他捐银元数万元、租谷700石在家乡忠县办中学。在重庆，沈芷人又捐资助九三学社税西恒创办了重华学院（后改为财经学院，迁成都改为西南财大），并将向家坡自有的住宅和地皮捐出部分作校舍，任学院副董事长。

沈芷人乐善好施，行侠仗义，饥荒时节，特派管事在忠县老家开仓济赈；先后出资帮助十多个青年出国留学。经他资助到日本士官学校的沈士宏后来成了少将，到美国加利福尼亚读化工的李存烈后来是重庆大学教授。在南岸，他关心公益事业，自己出钱修了一条公路，办了一家图书馆。抗战胜利后，沈芷人又在重庆创办了"为民国际贸易公司"和"三有轮船公司"。1948年，沈芷人侨居马来西亚沙巴州，大办实业，被誉为"开发沙巴州的巨人"。

据统计，在四川留法勤工俭学的200多名学生中，有不少重庆籍学生在科技上成就显著，如巴县的唐世丞1930年发明了电针学，新中国成立后推广"电针麻醉"，为中西医结合开辟了新领域。巴县的冯陶钧（1893—1943），1920年赴法勤工俭学，1923年到比利时劳工大学学习，后又就读于巴黎高等电机专门学校。毕业后，任华人在巴黎创办的法文报主编。1929年回国后参加了重庆大学筹建工作，为重庆地区的高等、中等教育及公路、电厂建设做出了贡献。

第一个在重庆天空飞翔的人吴宥三与邓小平同期赴法勤工俭学。吴宥三（1895—1996），重庆武隆县人。他先后在巴黎、凡尔赛、波日代、波兰等地半工半读并学习飞行。触动吴宥三到法国去学机械的最初动机是，有一次，他在长江边，看到锯木工人满身大汗锯木料，效率却不高，能不能减轻工人的劳动强度呢？吴宥三将想法告诉了他景仰的汪云松。汪先生在学生中威望很高，他非常支持吴宥三，说你想去法国，必须先学好法语，否则法国人叫你拿盆，你却去端锅，肯定不行。于是吴宥三考入重庆第二批留法预科班，经过一年的紧张学习，并通过法国领事阿尔贝·博达尔的法语审查后获得留法资格，包括他的弟弟吴鸿哲。临行前汪先生还特意写了一封信，嘱托他关照邓希贤（邓小平），因此，吴宥三与邓小平在赴法途中成了好朋友。邓小平女儿毛毛在《我的父亲》一书中，专门提到了吴宥三。

1928 年 8 月，吴宥三作为刘湘系成员，在法国凡尔赛莫兰航空学校学习飞行；秋天，他又到波日代军用飞机厂学习总装，全面掌握了军机的构造和安装，奠定了翱翔重庆天空第一人的基础。吴宥三，先后在法国、波兰等国学习飞行及飞机制造 10 年，1929 年受命购买法国军用飞机，历经艰难运回重庆，1930 年 2 月 11 日，重庆历史上的第一架飞机从广阳坝起飞，看着舷窗外家乡的山川，驾驶飞机的吴宥三非常激动，他留学报国的梦想终于实现了，他成为当时全川驾驶军用飞机上天第一人，曾担任第 21 军航空司令部机械主任兼飞行主任，为开创四川航空事业做出了很大贡献。[1]

在文化教育领域，重庆留法勤工俭学生也大有作为。

杨公托（1898—1925），重庆长寿县人，原名杨德，字公度，自幼酷爱绘画，曾从军。杨公托 1917 年留学法国巴黎美术学校，获得文学博士学位，后又前往德国深造，其艺术兼有法国、德国之长，风格豪放。1924 年回国边任教，边筹集 3000 银元于 1925 年创办了西南美术专科学校，自任校长，开创了重庆艺术教育之先河。杨公托为了西南美专的发展废寝忘食，带病工作，终因心力交瘁当年谢世。[2]

颜实甫（1898—1974），重庆江津人，1919 年赴法国勤工俭学。1935 年夏归国，任青岛山东大学教授。抗日战争爆发后，回四川任国立编译馆编审，担任哲学辞典、法文翻译工作。1938 年 8 月，调任四川省教育学院院长，为我国师范教育体制改革全力以赴。他增设学科专业，提高师资力量，聘请名教授来院任职或兼职，安排名技师指导，充实实验设备和图书，提高科研能力，使毕业生掌握基本知识、基本技能，适应教育或教学之需要，历时八载，毕业学生近千人，为充实当时四川各县中学师资做出了贡献。其间，颜实甫还兼任聚奎中学校长，常

---

① 以上资料请参见《重庆晚报》，2009 年 1 月 6 日。

② 以上资料来自重庆市地方志编纂委员会总编室编《重庆名人辞典》，四川大学出版社1992 年版，第 379 页。

到两校督导教学。1946 年，受聘为重庆大学中文系主任，讲授文艺评论。1953 年调任四川大学中文系教授，其译作有法国文学巨著《罗兰之歌》、蒲鲁东《哲学之贫困》，撰辑有《中国古陶图说》，著《沉思偶录》、《中国美术史增编提纲》等。1958 年曾翻译二机部有关国外的雷达资料和邮电部有关法国一种通信设备资料，为国家建设做出了贡献。[①]

段调元（1890—1969），号子燮，重庆江津人，1913 年至 1920 年在法国留学，获得数学硕士学位。回国后先后在南京大学、中央大学、清华大学任教，在此期间翻译了不少外国数学著作，同时还参加了中国第一部数学辞典——《算学大辞典》的编纂工作。1932 年开始任重庆大学教授、理学院院长长达 18 年。1952 年院系调整后，任西南师范学院数学系教授 17 年，直至病故。

杨公达（1907—1972），字文彬，重庆长寿县人，1923 年留学法国国立政治学院和巴黎大学，学习国际公法与国际关系，获得政治学硕士、法律学博士学位。1930 年毕业回国，执教于上海震旦大学。1930 年冬，国立中央大学授予名誉法学博士学位。1931 年被国立中央大学校长朱家骅聘为中央大学图书馆主任、教授及继任法学院院长，并创办《时代公论》刊物，任社长，1940 年出任中国国民党重庆特别市党部主任委员。1945 年 1 月任贵州省政府委员、财政厅厅长、贵州省银行董事长。1949 年去台湾后，继任"立法委员"，并任中兴大学教授，"中华民国联合国同志会"常务理事，著有《最新国际公法》、《西洋外交史》、《政治科学概论》、《政党概论》、《国际形势》等。

对于大多数重庆留法勤工俭学生来说，留学法国的岁月风雨砥砺，使他们在心智、思想、知识等方面收获颇多，是他们迈向理想和成功的重要一步；与清末民初的重庆留日学生一样，绝大多数重庆留法勤工俭学生在国家危难之际把个人理想与教育救国、实业救国联系在一起，为改变中国落后的面貌做出了很大的贡献。当然，中国社会革命风云激荡，大浪淘沙，也有极少数人在法国及回国后的政治斗争中扮演了不光

---

① 古基祥：《颜实甫生平》，《江津文史资料选辑》第 5 辑，江苏人民出版社 1985 年版，第 46 页。

彩的角色,有的甚至堕落变节。

"必须指出的是,部分川籍留法勤工俭学生因为在法国期间没有机会就学或被逐回国后即从事革命活动,没有进入高等院校系统地学习专业知识,但是他们都有高深的政治理论素养并富有治党治国的领导才干。他们的知识和才能绝非一般学院派人士所能比拟的,如邓小平、赵世炎、傅钟、李大钊等中华人民共和国的高级领导人。"① 他们以非凡的毅力,坚强的意志,丰富的实践,为共产主义事业在中国的发展立下了丰功伟绩,为后来者树立了光辉的榜样。

---

① 鲜于浩、田永秀主编:《留法勤工俭学运动中的四川青年》,巴蜀书社 2006 年版,第94 页。

第 三 章

抗战前后重庆地区的留学情况

抗日战争前的留苏热潮是五四时期赴欧勤工俭学运动的继续和发展。不过，留苏学生的主要任务是学习列宁、斯大林式的马克思主义和苏联的革命经验，政治色彩鲜明，造就了一批党政军事人才。重庆留苏的杰出代表有刘伯承、聂荣臻、杨尚昆等老一辈无产阶级革命家。

重庆留学欧、美等国的留学生虽然不算多，但他们学成归国后，在本专业领域都是很有作为的，对重庆文教科技的发展贡献很大。重庆第一所高等学府重庆大学的创建就是留学生辛勤付出的成果。

1937 年 7 月，中国抗日战争爆发，中国人民空前团结起来，浴血奋战，前仆后继，为中国和世界反法西斯战争的胜利作出了巨大的牺牲和不朽的贡献。在这场伟大的战争中，重庆是中国国民政府的战时首都，是世界反法西斯战争远东指挥中心，是中共南方局的所在地，是全国的政治、经济、文化中心。重庆特殊的地位，使重庆在抗战中发挥了其他城市所不能替代的作用；重庆人民以把全民族利益放在第一的胸怀和无私的奉献精神对抗日战争作出了巨大的贡献。

留学日本、法国的周恩来等老一辈无产阶级革命家领导的中共南方局的活动，实际上就是代表了党中央，代表了延安的立场；中共党组织在文化统一战线的活动中与重庆籍留学生漆鲁鱼开创的重庆救国会紧密呼应，成为重庆抗日救亡运动的有机组成部分，增强了进步文化界坚持抗战、坚持民主的信心。

留学美国的中华人民共和国名誉主席宋庆龄及其姐妹宋美龄、宋霭龄，抗战期间，在重庆主持"保卫中国同盟"的活动，从事战时救济和儿童保育工作。宋美龄还在 1942 年 2 月的美国参众两院联席会议上发表演说，呼吁美国支援中国抗战。①

抗战开始后，随着大批院校的迁入，新闻机关、文化团体，也先后迁到重庆。重庆成了中国教育文化精英的荟萃之地，并形成了重庆教育文化前所未有的新局面。在重庆的留学生不仅对中国抗战及世界反法西斯战争的胜利发挥了积极作用，而且对重庆的科技发展、教育文化的进步也作出了卓越的贡献，产生了深远的影响。

第一节　抗战前期重庆的留学

一　留学苏联的政治精英

1899 年清朝总理衙门奏派同文馆学生留学俄国。至此之后，京师大学堂和湖北、江苏、新疆、黑龙江等省陆续派遣公费留学生赴俄学习。自费赴俄留学的也每年都有。辛亥革命之后，北洋政府曾派遣学生到俄国的炮兵学校及圣彼得大学留学。十月革命以后，北洋政府出于对苏维埃政权的仇视，终止了官费留学俄国的派遣，此后留俄学生一般都是自费。当时苏维埃联邦中的远东共和国在北京设有远东通讯社和外交使团。通过远东共和国驻京外交使团的签证，少数中国青年可以留俄。②

20 世纪 20 年代中国留苏热潮的兴起，在中国有着深刻的社会思想背景。当时的中国虽然结束了几千年的皇朝帝制，但是并没有从根本上改变中国社会专制独裁的现实，中国社会的前途依然堪忧。这时，俄国十月革命的胜利，在中国引起了强烈的反响，爱国知识分子从新生的苏维埃共和国中看到了希望。李大钊、陈独秀、毛泽东等纷纷发表文章，赞扬俄国十月革命，肯定社会主义制度。中国不少地区相继出现了研究马克思主义和苏俄革命的团体组织。重庆是四川马克思主义最早传播的地方。"1922 年 10 月，中国社会主义青年团重庆地方团成立时，公开

---

① 本章相关留学人员生平、事迹的内容，主要参考了重庆市地方志编纂委员会总编室编《重庆名人辞典》，四川大学出版社 1922 年版。

② 以上参见王奇生《中国留学生的历史轨迹》，湖北教育出版社 1992 年版，第 78 页。

在报上宣告：'我们信仰唯一的主义，马克思主义'。"①

另一方面，留苏热潮的兴起，也是共产国际作用的结果。当时，苏共为了"建立统一的世界苏维埃共和国"，②通过为殖民地半殖民地国家培训革命干部灌输其"世界革命"的思想。1924年1月，苏联顾问鲍罗廷建议在莫斯科建立一所为中国革命培养干部的学校。他的提议得到了共产国际批准。1925年10月7日，国民党中央政治会议也正式宣布建立莫斯科中山大学。会议决定国民党选派一些学生去中山大学学习，并且成立了考试选拔委员会。不久，就在广州、上海、北京、天津等地通过考试选拔学生。考试题目没有留学欧美、留学日本的那样难，所以吸引了大批青年、包括国民党和共产党选送考试的党团员到莫斯科中山大学学习。

当时留苏主要有两所学校，一是莫斯科东方大学，全称是东方劳动者共产主义大学，二是莫斯科中山大学。

莫斯科东方大学环境优美，位于普希金广场附近的高尔基大街。学校为留学生提供了良好的学习环境和舒适的生活。莫斯科东方大学是共产国际培训政工干部的学校，偏重于政治理论教育，主要开设《共产党宣言》、国际共运史，以及相关国家的革命运动史，如中国班学习中国革命运动史。但是，莫斯科东方大学更多的是培养留学生的理念，"向其灌输苏联式的政治文化和革命理论，从而间接实现短时间段政治文化的核心——世界革命战略的要求"。③1924年，莫斯科东方大学已经成为苏联最大的纯政治性质的大学之一，共有来自73个民族和国家的学生1015人。1925年11月，莫斯科东方大学中国班继续招生。这一期间从中国国内来的有罗世文、向警予等人；旅欧支部转来的有朱德、邢西萍（徐冰）等人。1927年国共两党分裂后，该校开设军事速成班，专门为中国共产党培养军事指挥员。1938年，苏联大规模肃反开始，教育部门被重组，莫斯科东方大学也被撤销。

---

① 隗瀛涛：《近代重庆城市史》，四川大学出版社1991年版，第610页。

② 中共中央马恩列斯著作编译局编译：《列宁全集》第38卷，人民出版社1959年版，第46页。

③ 张泽宇：《留学与革命——20世纪20年代留学苏联热潮研究》，人民出版社2009年版，第116页。

　　莫斯科中山大学"是中国革命高潮的产物，也是苏联支持中国革命的结果"。[①] 莫斯科中山大学虽然只存在了五年的时间（1925—1930），但对中国革命影响甚大，国共两党共有 859 人到此留学。莫斯科中山大学的目的是为中国培养干部，所以在学制、课程设置上与普通大学不同。该校的教学计划强调理论实践并重和训练的实效性，教学方针是理论实践并重，不仅要努力读书，还要现场考察苏联政府机构和党的组织状况。学制两年的莫斯科中山大学更近似于政工干部培训班。莫斯科中山大学行之有效的教学为国共两党培养了一批高级人才，有不少人在国共两党中都担任重要职务，共产党的有邓小平、杨尚昆、叶剑英、秦邦宪等；国民党的有蒋经国、郑介民、邓文仪、张镇等。1930年，在中国留苏教育中占有重要地位的莫斯科中山大学停办，标志着20 世纪 20 年代中国留苏热潮的结束。

　　1921 年中国共产党成立后，中共派遣留苏学生由单一的国内选送调整为国内、国外双向选送。重庆留法勤工俭学的赵世炎早在 1922 年4 月就提出选送留欧勤工俭学生和华工中的骨干分子到苏联学习。后在萧三、陈独秀等人的努力下，1923 年 3 月 18 日，首批由中共旅欧支部派遣赴莫斯科东方大学学习的同志从巴黎出发，共有赵世炎、王若飞、陈延年、陈乔年、余立亚、高风、陈九鼎、王凌汉、郑超麟、袁庆云、王圭等 12 人。[②] 1926 年，中共旅欧支部又派出了邓小平、傅钟、李卓然等从巴黎前往苏联，其中留在莫斯科学习的有邓小平、傅钟、李卓然、戴坤忠、傅汝霖、傅继英等人。[③] 1924 年下半年受中共旅欧支部的派遣，聂荣臻前往苏联，进入莫斯科东方大学学习，后来又被东方大学选调到苏联伏龙芝军事学院中国班学习军事。此外，在中国共产党的安排下赴苏学习的重庆留苏学生还有刘伯承元帅。1926 年下半年，原国家主席杨尚昆随上海大学及其附中的 220 多名同学也到达苏联学习。

　　20 世纪二三十年留苏热潮是五四时期赴欧勤工俭学运动的继续和

---

①　王奇生：《中国留学生的历史轨迹》，湖北教育出版社 1992 年版，第 79 页。

②　范用编：《郑超麟回忆录》（上），东方出版社 2004 年版，第 175 页。

③　孙耀文：《风雨五载——莫斯科中山大学始末》，中央编译出版社 1996 年版，第 42页。

发展。但是，留苏学生的主要任务是学习列宁、斯大林式的马克思主义和苏联的革命经验、政治文化，除了早期国民党的留苏学生外，他们中的大多数成为自觉的无产阶级革命战士。这一时期的留学，政治色彩鲜明，并造就了一批党政军事人才，对此后中国社会的发展影响深远。莫斯科中山大学首任校长卡尔·拉狄克曾这样对美国赴苏联考察团团长说："在俄国之中山大学留学生虽只有六百余人，但，你要知道，美国之中国留学生毕业回国，只从事教书或实业方面的工作，而我们俄国之中国留学生六百人毕业回国是要领导中国之政治——这就是所谓马列主义东方化步骤之一。"① 留苏学生回国后，通过翻译、著书、演讲、办报纸等方式积极传播马克思列宁主义，并使其成为一个新时代的指导思想。如赵世炎先后发表了《苏俄与美国》《世界与列宁及列宁主义》等文章。1926 年，赵世炎、罗觉、王若飞、郑超麟等留苏人员在中共江浙区委举办的党员培训班上，分别主讲政治经济学、唯物史观、中国革命史、中国革命问题、政治形势等课程。②

　　另外，相关研究表明，在 118 位 20 世纪 20 至 40 年代从国外回到中国的中共领导人中，有 80 人经苏联培养过，占总数的 70%。其中多半在以后的年代成为中共中央委员和候补委员、中央政治局委员。③ 重庆留苏人员的构成也显示了这一特征，如作为重庆留苏的杰出代表有刘伯承、聂荣臻、杨尚昆等老一辈无产阶级革命家。

　　刘伯承（1892—1986），原名明昭，今重庆市开县人，川中名将，中华人民共和国元帅，中国人民的伟大战士，中国共产党的优秀党员，中国人民解放军的缔造者之一，伟大的无产阶级革命家、军事家，马克思主义军事理论家。刘伯承对中国革命军队的建立和壮大，对革命战争的胜利和新中国的成立，对我军向正规化、现代化的迈进都作出了不朽的贡献。

---

　　① 刘真主编、王焕深编著：《留学教育——中国留学教育史料》，台北"国立"编译馆 1980 年版，第 1686 页。

　　② 廖盖隆主编：《中共党史文献年刊》（1987），中共党史资料出版社 1990 年版，第 144 页。

　　③ ［苏］B. H. 乌绍夫：《20—30 年代苏联为培养中国党和革命干部所提供的国际援助》，转引自王奇生《中国留学生的历史轨迹》，湖北教育出版社 1992 年版，第 81 页。

刘伯承生于一户贫苦农民家庭，5 岁读私塾，12 岁开始接受新式教育。15 岁时因父病故、家庭困难，被迫辍学务农，饱尝生活艰辛，立志"拯民于水火"。辛亥革命之际，刘伯承剪掉辫子，怀着富国强兵的强烈信念，投入了孙中山领导的民主革命。1912 年 2 月，刘伯承考入重庆蜀军政府开办的将校学堂，学习各门近代军事课程，同时熟读中国古代兵书。《孙子》、《吴子》等古典军事书籍中的许多章节，刘伯承都能出口成诵，是品学兼优的学生。

1912 年年底，毕业后刘伯承被分派到川军第五师熊克武部，先后任司务长、排长、连长。1913 年参加四川讨袁之役，失败后于 1914 年在上海加入孙中山领导的中华革命党。1915 年年底奉命返回四川，拉起 400 余人的队伍，组成川东护国军第四支队。1916 年 3 月在指挥攻打丰都县城时，右眼中弹致残。在疗伤手术过程中，他为了不损害脑神经，强忍钻心的疼痛，坚持不施麻药，被为其主刀的德国医生赞叹为"军神"。1924 年 10 月起，刘伯承随吴玉章到上海、北京、广州等地考察国民革命形势和中国社会现状后，更加坚定了他信仰共产主义。1926 年 5 月经杨闇公、吴玉章介绍，正式加入中国共产党。同年 12 月任中共重庆地委军事委员会委员，奉命与杨闇公、朱德等发动泸（州）顺（庆）起义。

南昌起义失败后，中共中央决定派刘伯承到苏联学习。1927 年 11 月，刘伯承偕同吴玉章等 30 余人从上海登上了一艘苏联货船，到海参崴上岸，约一周后乘火车到达莫斯科。刘伯承进了高级步兵学校，这所学校在莫斯科东北角的红色兵营，旧名列弗尔道渥。入学后，刘伯承取了一个俄国名字，叫阿法纳西耶夫，被编在第 16 班。这个班 30 多人都是中国学员，有中共的组织，唐赤英为支部书记，刘伯承、张西林、陈林为支部委员。

刘伯承留学苏联时已经 36 岁了，是年龄最大的学员。为了攻克语言关，能直接阅读俄文书籍，直接听懂苏联教官讲课，刘伯承拼命地学俄文，抓紧一切课余时间背单词或整理笔记。他除自备单词小本外，每日必在左手手心中写满生词，直到完全记熟后才另换新词。同学们常见他一边走路一边背诵单词。他认为在厕所里如果不背单词，就是浪费时间。碰到自己弄不懂的地方，就虚心向同学们请教。经常晚上，同学们已熄灯就寝，他还独自在走廊的灯光下，默默地继续学习。莫斯科冬天的早晨，气温大都在零下15摄氏度左右。每天早晨，刘伯承都提前来到操场上朗读俄语。刘伯承以顽强的学习精神，终于攻克了俄语这一关，能直接听教官讲课，直接阅读俄文教材，学习明显进步，各科成绩优秀，只有实弹射击例外。这是因为他失去了右眼。但他不灰心，经过一个时期的苦练，射击考核也取得了合格的成绩。学校里有一条标语："脱离理论的实践是瞎实践，脱离实践的理论是死理论。"刘伯承对这条标语非常欣赏，成为他治学的座右铭。

1928年6月，刘伯承接到中共中央的通知，让他出席在莫斯科召开的中国共产党第六次全国代表大会。周恩来作组织问题和军事问题报告，刘伯承作军事问题的副报告，1928年下半年，刘伯承被调到伏龙芝军事学院学习，这是苏联的最高军事学府，院长是爱迪曼上将。刘伯承一来到这座学院，赫然入目的是一条大标语："一切战术要适合一定的历史时代，如果新的武器出现了，则军队的组织形式与指挥也要随之改变。"这对他的军事思想有深刻的影响。

1930年夏，刘伯承从苏联学成回国后，先后任中共中央军事委员会参谋长、长江局军委书记兼参谋长、中央军委委员，协助中央军委书记周恩来处理军委日常工作，举办短期军事训练班，并负责讲授暴动方略、游击战、运动战等课程。刘伯承借助在苏联留学期间掌握的俄文工具，系统研究了罗马战史、拿破仑战史、日俄战争史等，开阔了军事视野。还系统研究了苏军的条例、条令、作战理论，增长了正规化军队和打现代战争的知识，使他形成了自己独到的军事理论，提出了生动形象的"五行术"，在"五行术"中把我军看成战争主体，把任务当作中心，把敌情看作前提，把时间和地形看作物质条件。他常说："五行不定，输得干干净净。"

饱读古今中外军事著作的刘伯承，结合中国革命战争的实践，钻研马克思主义军事理论，对游击战、运动战、阵地战和司令部工作都有独到的论述。刘伯承还翻译了苏联的许多军事著作，如《苏军步兵战斗条令》《苏军合同战术》等。不仅如此，刘伯承元帅对新中国的高等政法教育也给予了莫大的关怀。1950年，西南人民革命大学在重庆建立，校长就是刘伯承元帅。1953年，以该校为前身的西南政法大学建校之时，又得到了刘伯承元帅的亲切关怀。

朱德元帅曾赞誉他"具有仁、信、智、勇、严的军人品质，有古名将风，为国家不可多得的将才"。陈毅元帅赞誉刘伯承，留下了"论兵新孙吴，守土古范韩"的名句。

国家主席杨尚昆，是重庆潼南县人。杨尚昆是一位伟大的无产阶级革命家、党和国家及军队的卓越领导人。杨尚昆早年参加反帝反封建斗争，1925 年加入中国共产主义青年团，翌年转为中共党员，后赴苏联学习。回国后在各个时期均担任党政军重要职务，为中国革命、社会主义建设和改革开放作出了重大贡献。

杨尚昆（1907—1998）是杨闇公烈士的胞弟，从小就深受杨闇公的影响，他一直称杨闇公为他"早年的革命引路人"。杨尚昆曾说："我们家在共产党处于地下状态时就有 6 个共产党员，这在当时是很少有的。为什么从这样一个家庭里会出这么多共产党员？这有外部环境影响和家庭内部状况两方面的原因。……从家庭内部来说，同我四哥杨闇公直接有关。"① 杨尚昆在回忆录中作有这样记述："1920 年秋，四哥（杨闇公）从日本回国。他常常给我讲太平天国、义和团和白莲教起义故事，讲他 16 岁离家，先进入南京的军官教导团，袁世凯称帝时，他跑到江阴要塞司令部，鼓动他认识的那位萧团长起义，事败后，北洋军阀要抓他，他逃到上海，远去日本，进了士官学校的预备学校，那时他才 19 岁。他告诉我，在日本三年曾被警视厅抓过两次，一次是因为和同学们组织读书会，读日本学者河上肇的《经济学》，幸德秋水的《社会主义精髓》（这些书都是宣传马克思主义的，虽然内容还很驳杂），被警视厅拘留，说是读书会没有经过学校许可，在他据理力争后释放了。第二次是国内爆发了五四运动，留日学生结队到中国驻日公使馆请愿，口号中有取消袁世凯和日本签订的二十一条的内容，竟被日本警视厅关押了八个月，后被遣送回国。他的这些惊险的故事，我听得津津有味，也很佩服他的勇敢精神。"② 在杨闇公的动员下，1921 年春，杨尚昆考入当时四川省成都高等师范学校的附属小学，随后转入附中。

---

① 杨尚昆：《杨尚昆回忆录》，中央文献出版社 2001 年版，第 8 页。
② 同上书，第 9 页。

　　杨尚昆在成都高师读书期间，通过四哥杨闇公的引荐，参加了进步团体学行励进会，结识了一些革命青年，如甲种工业学校的学生廖恩波（后曾任中共四川省委书记），初步接触到马克思主义学说。在此期间，杨闇公介绍杨尚昆阅读《共产党宣言》、《劳农政府》和《新青年》、《中国青年》等进步书刊。1924 年，杨闇公在日记中对与五弟杨尚昆的往来信函有多处记载。如 6 月 9 日日记写道："接五弟一信，论吾族的毛病，很得大要，足见他的思想，已日渐趋于本道矣。心甚喜！立复一函与他……"9 月 2 日日记写道："五弟有一信至，说得天真烂漫的，令人可爱极了！"9 月 7 日，杨闇公在成都收到五弟杨尚昆来信后记载其"述近状很详，他的思想已变了"。9 月 26 日日记中写道："与五弟等一信，指示他进行的方略，读书的捷径，对于主义研究所得的，全数告他，免他再走歧途，并略谈家事。"由此可见，杨闇公对杨尚昆成长和思想变化的关心，手足情深异乎寻常。① 1925 年夏，18 岁的杨尚昆从成都高等师范学校毕业，不久回到重庆，继续在杨闇公的指导下阅读了《共产主义 ABC》和《新社会观》两本书，同时参加了一些革命活动。1926 年夏，在杨闇公的建议下，杨尚昆离渝去沪，进入实际上由共产党领导创办的上海大学。当时杨闇公在重庆朝天门码头亲自送别杨尚昆。

　　进入上海大学后，杨尚昆就读于社会科学系，并与四哥杨闇公保持通信联系。杨尚昆持党组织的介绍信，见到了罗亦农（中共浙江区委书记），被编入学校党支部。他牢记四哥"要努力在斗争中学习锻炼"的嘱咐，以"四川同学会"在几个大学的同乡中开展工作，上街散发宣传品，并参加了上海工人第一次武装起义。1926 年 11 月初，中共重庆地委决定派杨尚昆去莫斯科中山大学学习。1926 年年底，他到达莫斯科，进入中山大学就读。1927 年 4 月 6 日，正在莫斯科中山大学学习的杨尚昆得知四哥杨闇公壮烈牺牲的消息后，"痛彻肺腑，多夜不能入眠"，并为中国共产党失去了一位优秀的革命战士，为自己失去了革命引路人——不断关怀和教育他的兄长而"失声痛哭"。此后，杨尚昆一直遵照四哥的嘱咐，化悲痛为力量，听从党的教导，无私无畏地为中

---

　　① 王友平：《杨尚昆与杨闇公的手足情》，《百年潮》2007 年第 8 期。

国人民的解放事业和社会主义建设事业而奋斗终生。

　　1931 年初，杨尚昆回到苦难深重的祖国。抗日战争全面爆发后，1937 年 8 月，杨尚昆任中共中央北方局副书记，奔赴华北抗日前线，协助北方局书记刘少奇同志，同朱德、彭德怀同志指挥的八路军主力部队一起，创建华北敌后抗日根据地。除领导山西工委、牺盟会的党团工作外，他还负责指导山东、河北、热河、内蒙古等地党组织的工作，并组织开办北方局党校，为抗日战争培训了大批领导骨干。1938 年 9 月，他赴延安参加中共六届六中全会。同年 11 月，刘少奇到华中工作后，杨尚昆接任中共中央北方局书记，担负起领导华北敌后抗战的重任。他在极端困难的条件下，坚决贯彻党中央指示，积极开展华北抗日根据地的建党、建军和建政工作，有力地推动了华北地区群众性抗日运动的高涨。杨尚昆同志协助八路军总部朱德、彭德怀，反击阎锡山制造的山西"十二月事变"，粉碎国民党顽固派的第一次反共高潮，参加组织开展威震中外的"百团大战"。1941 年初，杨尚昆回到延安，在中共中央机关工作。纵观杨尚昆同志的一生，是光辉的一生、战斗的一生，是重庆留学人的杰出代表。[①] 杨尚昆的夫人李伯钊也是留苏的学生之一。

　　李伯钊（1911—1985），出生于重庆大梁子，原名李承萱，曾用名戈丽，中国共产党早期宣传家、革命文艺家。1925 年赴莫斯科中山大学学习，1929 年与杨尚昆结婚，1928 年毕业后，留校做翻译工作。1930 年回国，在上海领导工人运动。1934 年 10 月参加中央红军长征，任红军总政治部宣传部干事。1935 年 9 月，被派到红四方面军办文艺训练班，随军南下川康边。1936 年任红四方面军政治部工农剧社社长，同年 7 月随红二方面军长征北上，到达陕北。抗日战争时期，历任延安鲁迅艺术学院编审委员会主任，晋东南鲁迅艺术学校校长、党总支书记，中共中央北方局文委委员等职。参加了延安文艺座谈会。新中国成立后，任北京市文联副主席，北京人民艺术剧院院长，中央戏剧学院副院长、顾问，中国戏剧家协会副主席。著有歌剧《长征》、话剧《北上》等。

---

　　① 重庆市地方志编纂委员会总编室编：《重庆名人辞典》，四川大学出版社 1922 年版，第 128 页。

被杨尚昆称为"革命启蒙老师"的邹进贤是重庆留苏的英烈。邹进贤（1899—1930），又名邹游、邹定达，化名周三元、周正清，重庆綦江人。邹进贤是重庆和四川地区共产主义运动的先驱、綦江党团组织主要创建人。1923年6月，邹进贤在成都加入社会主义青年团，参加"学生励进会"，是"益社"成都分社、"青年之友社"、"平民教育社"的主要发起人之一。1925年春，邹进贤加入中国共产党，1926年1月任中共綦江县特别支部书记，1926年5月离渝赴上海，在中共中央机关担任交通任务，往来于豫、皖、苏、浙、闽、粤等地区递送文件。"一次，在河南信阳被捕，经党组营救，方得脱险。10月赴苏联莫斯科东方大学学习。"[①] 1928年冬，邹进贤从苏联回国留江苏工作，1929年4月被派回四川重庆，任中共四川省委巡视员，奔走于川东、川北，指导各地组织武装暴动。1930年3月，任中共四川省委秘书长、省委常委职务，指导各地的武装斗争。1903年5月5日，邹进贤在重庆浩池街参加省委常委会时，不幸被反动派逮捕。审讯中，邹进贤严词斥责反动派，拒绝高官厚禄的利诱，5月7日被反动派杀害于巴县，牺牲时31岁。

与邹进贤一同被派往莫斯科东方大学学习的童庸生也是位革命烈士。童庸生（1899—1938），重庆巴县人，是四川早期的共产主义战士、重庆社会主义青年团地委书记，1925年转为中共党员。童庸生直接参加和领导了1927年的泸州起义。起义失败后中共重庆地委派他与邹进贤等人留苏。1930年回国，与罗世文一道由上海乘船回川，途经九江时失踪。党考察他的下落15年之久后，于1945年由中共中央组织部认定他为革命烈士。[②]

重庆留苏回国后牺牲的还有著名红军将领王良[③]的叔父王奇岳。王

①　傅德岷、李书敏：《巴渝英杰名流》，重庆出版社2004年版，第50页。

②　罗传昴主编：《重庆名人辞典》，四川大学出版社1998年版，第31页。

③　王良（1905—1932），重庆綦江人，原名王化赊，字傅良，1924年考入上海持志大学学习，开始接触马克思主义。1926年到广州入黄埔军校第5期学习，他先学步科，后学骑科，成绩优异，1927年加入中国共产党。1932年3月，王良升任红四军军长，和政治委员罗瑞卿率部参加漳州战役，后不幸牺牲，年仅27岁。临终前，王良把那块怀表留给了罗瑞卿。罗瑞卿带着王良的遗愿，戴着这块怀表，直到全国胜利。

奇岳（1896—1935），重庆綦江人，1920 年赴法勤工俭学，1922 年加入旅欧中国共产主义青年团，1925 年从巴黎转赴苏联中山大学学习，随即转为中共党员。1927 年，王奇岳奉命回国，先后担任过中共湖北省委宣传部长，中华全国总工会秘书长，中共闽浙皖赣省委秘书长等职务。1935 年 5 月，在赣东北作战中英勇牺牲。

二　留学英国、德国、美国

如前所述，从清末的留日运动到"五四"前后的留法勤工俭学运动，四川、重庆地区都有大量的学子出国留学，并形成了留学热潮，对重庆地方的政治、经济、文化影响深远。据《重庆教育志》统计，重庆留学美国 30 人：任鸿隽（巴县）、董鸿谦（巴县）、秦勋（巴县）、饶钦止（巴县）、杨芳龄（巴县）、陈茂康（巴县）、傅骕（巴县）、杨希仲（江北县）、戴正善（江北县）、戴乾定（江北县）、戴乾平（江北县）、冉筑由（江北县）、杨隽（江北县）、杨培昌（江北县）、杨培荣（江北县）、杨培文（江北县）、杨锡思（江北县）、杨锡融（江北县）、杨锡勇（江北县）、杨锡祺（江北县）、杨锡毅（江北县）、谢仁（璧山县）、彭光钦（长寿县）、刘树巍（长寿县）、刁培然（江津县）、陈长源、童锡祥、唐鸣皋、傅友周、唐建章（江北县）。

留学英国 12 人：张尔音（长寿县）、邹德高（长寿县）、陈英竞（长寿县）、杨芳龄（巴县）、徐近之（永川县）、吕子方（巴县）、宋长禄（巴县）、刘运筹（巴县）、余绍彰（巴县）、刘伯明（巴县）、刘稻秋（巴县）、温石珊（巴县）。

留学德国 17 人：彭鸿章、窦誉、刘泰珍、谭守仁、汪武烈、张雅南、董贞瑄、傅德辉、陈子淦、张优勋、张世刚、陈云阁、周贤关、刘安恭、陈凤潜、刘运中、谢兆祥。

留学比利时 3 人：冯学忠、唐世丞、孔庆宗（留学比利时的还有英年早逝的冷志城①）。

---

① "江津县冷志城君留学比国，学问文章为留学界所共仰，不意于西历一千九百零八年八月十六日以吐血伤生。时势正需才而天竟使志士无年甚可惜也。冷君平居著作甚富，在比诸友将其遗稿邮寄本馆。"《广益丛报》1909 年第 192 期，第 15 页。

留学苏联 13 人：涂介清（长寿）、程道南（长寿）、余方体（长寿）、胡平成（长寿）、沈宗元（大足）、李伯钊（巴县）、陈家齐（巴县）、邹进贤（綦江）、刘参化（铜梁）、张泽廉（铜梁）、张惠民（铜梁）、钟汝梅（江津）、童庸生（巴县）。

留学意大利 1 人：石孝先（巴县）。①

这一时期日本依然是重庆人留学的首选。这其中既有政府留学政策的导向问题，也与留学费用、留学资格等因素有关。

1916 年 10 月，北京政府教育部公布了《选派留学外国学生规程》，对公费留学生的选派进行规范。但事实上，重庆"从民国三年（1914年）到民国二十五年（1936 年），这 20 余年间政府从未派遣公费留学生，出国留学均系自费，各县设置的留学贷费限制也越来越多，这必然影响重庆留学教育的发展"。② 显而易见，对于自费留学生来说，出国留学费用是不得不考虑的大问题，尤其是对于家境一般的留学生。而当时日币贬值，留学生在国内读书的费用与留学日本的费用差不多，"中国政府对签约日本学校的留学生，还有补助费"③；再有，日本的入学资格没有欧美严格，也是吸引留学生的一个因素。"据教育部 1935 年的调查，四川留学生共 108 人，全系自费生，其中：留学德国 7 人，法国 8 人，英国 6 人（女生 2 人），比利时 2 人，美国 6 人，日本 79 人（女士 11 人）；学习理科 1 人，农科 1 人，工科 16 人，医科 7 人（女士 1人），商科 3 人，政经 8 人，军事 2 人，社会学 2 人，飞行 3 人，其他 22 人（女士 4 人），当年回国者 10 人，其中：留德、留美各 1 人、日本 8 人；学理科 1 人，工科 3 人，法律 2 人，飞行 1 人，商科 1 人，社会学 1 人，新闻 1 人；得博士学位者 1 人，硕士学位者 1 人。"④

1927 年，南京政府成立后不久，也逐步强化和规范出国留学教育的统一管理。1927—1937 年间南京国民政府向欧美各国派遣一批批的官费留学生，每年有 100 人左右，最多达到每年 1000 人左右，国内的

---

① 重庆市教育委员会编：《重庆教育志》，第 768—769 页。

② 同上书，第 768 页。

③ 李定开：《重庆教育史》（第二卷），西南师范大学出版社 2006 年版，第 108 页。

④ 四川省地方志编纂委员会编纂：《四川省志·教育志》，方志出版社 2000 年版，第 338—339 页。

欧美留学教育在陆陆续续地进行。在"出洋热"的驱使下，抗战爆发的前十年里，中国在外留学生总数大致处于逐步增长的态势[1]；而重庆虽然是西部地区教育最为发达的城市之一，但从 1938 年限制留学生暂行办法的实施到 1942 年 9 月，重庆不仅没有由政府选派的公费留学生，自费留学生也为数甚少。[2] 这主要是由于抗战之前南京政府曾在名义上统一中国，但是地处内陆的重庆依然是军阀的天下，局势动荡，对于实施派遣留学的种种措施，南京政府也难以组织有序的留学招考，只能忽视了之。在中央整体管理下的留学教育以及诸如各团体组织办理的留学选考中，重庆也从未受到过重视，发展迟缓的留学教育也就成为可有可无之事。[3] 抗战爆发前，重庆高校屈指可数，规模也不大、质量偏低。1933 年颁布的《国外留学规程》将留学资格限定在专科以上学校毕业，重庆符合此要求的学生几乎没有。而对于大多数家庭来说，要想自费出国留学，也是很不容易的事，因为出国留学的费用毕竟是不菲的。在当时的情况下，"其能以个人力量供给子弟受中等以上教育者，殆千百人中无一人焉……由是而推之，将来续派之留学生，势非富有之家，莫敢应试。其在中产以下者，虽有天才学问，已无被派留学之可能"。[4]

重庆留学欧美等国的留学生虽然不算多，但他们学成归国后，在本专业领域都是很有作为的，对重庆文教科技的发展贡献很大。下面依留学国别择其二、三介绍之。

（一）留学英国

杨芳龄（1894—1960），祖籍江西吉安县，幼年时全家迁居重庆。杨芳龄自幼聪颖好学，由私塾考入南岸广益书院。1919—1922 年间，杨芳龄得到教会的资助，赴英国伯明翰大学专攻教育学。后来，由于教

---

①　李定开：《重庆教育史》（第二卷），西南师范大学出版社 2006 年版，第 437 页。

②　重庆市教育委员会编：《重庆教育志》，重庆出版社 2002 年版，第 773 页。

③　余子侠、冉春：《中国近代西部教育开发史》，人民教育出版社 2008 年版，第 251页。

④　林清芬主编：《抗战时期我国留学教育史料——各省考选留学生》第 4 册，台北"国史"馆 1994 年版，第 321 页。

会不再资助学费，杨芳龄中断学业回国后，在重庆广益中学任教①，并担任教务主任。1928 年，广益中学与英国伦敦基督教公谊会脱离关系，英人校长陶维新解职离去，由杨芳龄接任广益中学校长。广益中学改称为重庆市私立广益中学校。在杨芳龄的主持下，广益中学逐步由一所教会学校转变成了一所私立中学。杨芳龄立志要把广益中学办成四川、重庆第一流的学校。

杨芳龄十分重视基础教育在人生发展中的地位和作用。他在学校实行了"五育（德、智、体、美、群）"并举的办学方针，并吸取当时西方教育的经验和结合博大精深的中国文化，提出了"行远自迩、登高自卑"的校训，以培养学生全面发展。杨芳龄鼓励学生课内、课外活动相结合，反对死读书，读死书。早操是每天坚持的，学生必到。课后学生也必须到运动场锻炼，不得逗留室内。每天下午二节课后，杨芳龄就会要求学生一律到室外，或参加体育活动或游戏，或登山。杨芳龄酷爱体育，校长的身体力行，学生都积极参加体育运动，并形成学校的传统风气。杨芳龄接任校长后，更加重视开展学校足球运动。1933 年，英、法舰队水兵足球队慕名挑战广益中学校足球队，结果广益中学校足球队以 7：0 大胜英舰福康号足球队，为此，该舰将舰上的铜钟赠送给学校作为纪念。杨芳龄的英语功底深厚，亲自给学生上英语课，再加上广益中学前期为英国教会学校的渊源，英语师资力量强，此外，学校还购置多种英文报刊、字典、词典，供师生阅读参考。因此，广益中学学生的英语能力强，能流利地用英语会话；学生初中毕业一般可用英语作文，高中毕业即可通读《莎士比亚全集》。

抗战时期，重庆作为战时陪都，是全国的政治、经济、文化中心，聚集了大批文化名人。杨芳龄不惜重金聘用高水平教师以提高教学质量。他聘请数学家何鲁、国学大师赖以庄、著名作家姚雪垠和黄芝明（笔名碧野）、加拿大英语教师文幼章、著名画家杨济川和佘雪曼、地

① 广益中学是 1892 年 2 月由英国伦敦基督教公谊会创办的一所教会学校。1894 年，经请川东道台批准为广益书院，校址在城内都邮街，经费由伦敦中华公认会按实际开支拨给。首任校长是传教士罗贝特·陶维新。1898 年改称广益学堂。1904 年，更名为广益中学。此处参考资料来自重庆市南岸区政协文史资料委员会《重庆南岸文史资料》第 6 辑，政协广东省中山市委员会中山文史编 1990 年版，第 11 页。

理教授吴子龄等专家，组成一支名师队伍，在广益中学执教。这些名师道德文化兼备、教书育人并重，使广益中学"行远自迩、登高自卑"的办学理念得到了充分的演绎。而另一方面，杨芳龄深谙"师高弟子强"的道理，注重严格挑选教师，即注重教师的学历、学位，更注重实学。截至 1945 年上半年，广益中学专任教师 31 人。其中除音乐和童军两科教师是专科毕业外，其余 29 人全是国内外各个名牌或较有名气的大学毕业的。①

在长期而艰苦的抗战岁月里，广益中学为祖国、为民族培育了众多的人才。杨芳龄在广益中学 20 余年间，培养出来的学生，桃李满天下，遍及神州大地，海外各国。而他本人在国内也有一定影响。1951 年，杨芳龄以反革命罪被判处无期徒刑，1960 年不幸在狱中因病逝世。1985 年经重庆市中级人民法院复审，撤销原判决，并宣告杨芳龄无罪。而今，杨芳龄提出的"行远自迩、登高自卑"已成为广益中学的办学理念。②

黄鹏豪（1895—1951），原名黄大逴，字大卓，号卓伦，重庆永川人，出生在永川翰林、维新派教育家黄秉湘家中。黄鹏豪早年丧父母，七岁就跟随比他大十几岁的长兄黄大逴去北京求学。黄鹏豪自幼聪明勤奋，学习成绩优异。在长兄黄大逴的熏陶和资助下，黄鹏豪立志科学兴国，前往德国柏林大学学习建筑。黄鹏豪刚入学不久，就因第一次世界大战而中断学业，于 1912 年转赴英国格拉斯哥大学学习造船业。大约两年后，由于英国政府禁止有色人种学生进入船坞实习，黄鹏豪被迫终止在格拉斯哥大学的学业，转学到伦敦大学商学院学习。1918 年，黄鹏豪从伦敦大学毕业后取道苏联经西伯利亚回国，完成了欧洲留学之旅。回国后任招商局航务经理及禁烟委员会主任秘书等职。1923 年，黄鹏豪回家乡省亲祭祖，经二哥黄大逵介绍与重庆著名历史名人四川省参议员曾吉之先生相识。曾吉之赏识刚留学归来、年轻有为的黄鹏豪，

---

① 重庆市南岸区政协文史资料委员会：《重庆南岸文史资料》第 6 辑，政协广东省中山市委员会中山文史编 1990 年版，第 16 页。

② 以上资料来自《传承百年积淀谱写特色新篇——重庆市广益中学以文化建设推动学校可持续发展纪实》，《重庆商报》2009 年 11 月 13 日第 30 版 60 年重庆教育成就展示特刊。

将其爱女曾广智许配给黄鹏豪为妻。

　　黄鹏豪婚后不久回到北京，此时五四运动爆发，他放弃了救国会的工作毅然投奔广州参加了国民革命军，在国民革命军的军委秘书处担任秘书。1925 年，黄鹏豪参加国民革命军第一军东征战役，次年又随师北伐。1926 年随军北伐期间，黄鹏豪认识了留学德国的邓寅达和章伯钧。1926 年 9 月 10 日北伐军占领南昌，同年 12 月，黄鹏豪受唐生智委派回家乡四川做军阀的策反工作，鼓动他们起义参加北伐。此间，黄鹏豪千里迢迢找到刘伯承，想动员他投向北伐军。他并不知道刘伯承在不久之前由吴玉章、杨闇公二人介绍参加了中国共产党，正在策划泸州、顺庆起义。黄鹏豪将来意向刘伯承作了一番阐述，刘伯承笑答："君之所言，民之所愿，吾之所责也。英雄所见略同，请相信，不久即有佳音。"两人欢聚一日握手话别，刘伯承还赠送一百大洋与黄鹏豪作盘缠。一个多月后，泸州、顺庆起义在刘伯承的指挥下打响，打击了四川军阀，成功地策应了北伐。

　　大革命失败后，他离开广州到南京金陵大学任教，后在招商局任船务经理。

　　1937 年，抗日战争爆发后，国民党政府迁都重庆，招商局解散，黄鹏豪举家迁回重庆，曾任重庆大学求精商学院、重华学院担任教授。1938 年，经章伯钧介绍，黄鹏豪参加了中国农工民主党的前身"中国民族解放委员会"，曾担任中华民族解放行动委员会四川省干部会主任委员、民盟重庆市支部委员兼宣传部长等职，常以民盟和农工党的双重身份参加一系列民主政治活动，如参加各界人士政协协进会、各界人士庆祝政协会议成功大会；参加史良、罗隆基等 90 人发起的时事座谈会，共同发表告国人书；参加和发起陪都各界人士 4000 余人的和平签名运动；陪都各界追悼李闻大会、追悼陶行知大会等活动；当选为民盟重庆市支部"国大"代表后，遵照民盟中央的决定，抵制国民党一手包办的伪国大；1947 年初，组织成员参加反美抗暴运动，组织游行募捐等。同年 2 月，当选农工党中央执行委员，带领农工党员坚持革命斗争，常与中共人士接触，在中共地下党的指导下，在民主党派成员和上层知识分子进步人士中开展地下工作。

　　新中国成立前夕，接受中共地下党和农工党中央的指示，组织营救

被捕同志，护厂、护校，搜集有关情报和资料，积极组织参与对国民党
军政人士彭斌、陈亮等人的策反工作。新中国成立后，担任农工党重庆
市临工委和市工委主任委员、第五届中央执行委员，民盟西南分部委
员，重庆市第一、二届各界人民代表会议协商委员会委员，西南军政委
员会人民监察委员会委员，重庆市第一、二届人民政府委员。

1951年8月12日，爱国民主志士黄鹏豪因病在重庆逝世，终年
56岁。

徐近之（1908—1981），名念庄，重庆永川人，是在青藏高原建成
第一个气象站的地理学家。徐近之早年就读于重庆求精中学，1932年
于南京中央大学毕业后留校任教，1933年赴青海湖考察，写成了中国
考察青藏高原的最早论述——《青海纪游》。1934年，四川松潘发生大
地震，他历时三个月到达松潘，详查地震后地质地形的变化，写成
《岷江峡谷》，最早报道了地震后岷江峡谷的变化实况。1938年，徐近
之考取第六届庚款留学①，进入爱丁堡大学攻读地形学，获哲学博士学
位。1940年，徐近之开始访学美国，其间学术活动频繁，积累了丰富
的专业知识，1946年回归母校任教授。新中国成立后，徐近之为中国
的地理科学奋斗了毕生，先后赴黄泛区实地考察，参加了新疆天山和阿
尔泰山地形考察、南水北调勘查、贵州乌江河道调查、江西南部红土丘
陵和大庾岭一带沙砾岩地的水土流失研究等一系列科考活动。为寻求古
气候有关遗证和传说，已年近古稀的他，1975—1977年跑遍了黄河上、
中、下游。由于在野外山川跋涉，徐近之途中心脏病发，但他在病中还
整理7000多条卡片资料，编辑成英、法、德、汉文对照的《地质学和
地表形态学词汇》。徐近之穷毕生之力整理出中国历史气象资料20卷
约300万字，成为中国历史气候研究的开创者之一。

刘运筹（1893—1960），字伯量，四川省巴县人。1920年，刘运筹
毕业于国立北京农业专门学校农学科，同年赴英国爱丁堡大学求学，获

---

① 1909年，在中国驻美国公使梁诚的多方游说下，美国国会通过法案，授权罗斯福总
统退还中国"庚子赔款"中超出美方实际损失的部分，用这笔钱作为中国赴美留学生的教育
费用，并建立"留美预备学堂"（清华大学）。据此，中美双方协议自1909年起，中国每年向
美国派遣100名留学生。这就是庚款留美学生的由来。鉴于其在外交上的作用，英国、日本、
法国等国也仿效了这一做法。

理学学士学位，1923年赴德国柏林农业大学从事研究工作，1925年被聘为国立北京农业大学教授，1927年转任国立成都大学生物系教授兼系主任等职。1929年后担任南京国民政府农矿部林政司司长兼设计委员会委员，国立中央大学农学院院长，1932年10月至1937年1月出任国立北平大学农学院院长兼农业经济学系教授，1940年被聘为国民政府农林部首席参事，1943年任国立四川大学农学院教授兼农经系主任。

温嗣芳（1907—?），号石珊，重庆人，著名金融学家，中共党员。温嗣芳出生于重庆进步工商业者家庭，1922年进入上海交通大学附属中学读书，五卅运动后，为追求马列主义，于1927年到法国，同年末转抵英国，就读于爱丁堡大学，攻读经济学，潜心研究国际贸易与金融理论。1931年回国后，在重庆大学任教，1937年创办同辉中学。抗战期间曾担任重庆30兵工厂会计处长，1944年到武汉大学任教，新中国成立前夕参加中国人民解放军西南服务团回川后，一直在西南财经大学任教。温嗣芳在学术上的贡献是多方面的，尤其是在国际贸易与金融学方面卓有建树。主要论著有：《资本主义货币的重大变化》、《再论几个工业发达国家的利率战和货币战》、《贸易中的价格政策》、《社会主义制度下的商品生产和价值规律》等。[①]

方文培（1899—1983），字植夫，重庆忠县人，1934年获"中华教育文化基金会董事会"每年约200英镑奖学金资助，赴英国爱丁堡大学深入学习槭树科和杜鹃花科分类，1937年6月以论文《中国槭树科的分类》（A Monograph of Chinese Aceraceae）获爱丁堡大学博士学位，同年归国任四川大学生物系教授，直至去世。方文培在槭树科、杜鹃花科的分类研究上有重要建树，为调查中国植物资源、积累标本资料作出了贡献，发现植物新种100余种，其中由他命名的有40多种，有《峨眉山植物图志》、《四川植物志》、《中国植物志》等专著，培养了大批植物学专业人才。1950年英国皇家园艺学会授予方文培银质奖章；1990年世界名人传记中心（剑桥）授予他金质奖章，并为他立传；1991年美洲名人传记研究所颁给"突出贡献金质奖"。方文培是世界上公认的槭树科、杜鹃花科专家。

---

① 以上资料来自单丽莎《温嗣芳》，《财经科学》1991年第2期。

此外，尚有生卒年月不详的刘稻秋，重庆巴县人，1919 年自费留学英国，学习纺织印染技术，归国后在汉口开办福兴漂染厂，所印染的"阴丹士林布"曾名噪一时。抗战胜利后，刘稻秋在上海开设印染厂，直至全国解放。

（二）留学德国

刘安恭（1899—1929），又名季良，重庆永川人，1918 年赴德国留学，在比利时加入第三国际，后加入中国共产党。1924 年回国，先后到成都电话局、万县杨森军中任职。1927 年参加南昌起义。1928 年赴苏联莫斯科高级步校学习。1929 年回国后任中共红四军军委书记兼军政治部主任。同年 10 月，刘安恭"奉命随军出击东江，在粤边右下坝的战斗中，所率的二纵队与强敌遭遇，他指挥部队奋力冲击，击溃敌两个营，自己却在战斗中身负重伤，不久光荣牺牲"①。

刘盛亚（1915—1960），著名作家、翻译家。刘盛亚是 20 世纪 30 年代留德教育的英才，"在译介德国文学及民族文化创新中影响重大，促进了中德文化交流和合作"。② 刘盛亚少年时随父刘运筹旅居北平，曾就读于北平私立文治中学，就学期间与老师黄现璠和同学李石锋、张天授共同创办蓓蕾学社，以出版进步书籍和创办进步刊物为媒介来达到弘扬新文化、新文艺、新史学、新教育的"四新"宗旨。蓓蕾学社创立不久即相继创办了进步文艺旬刊《菡萏》、《蓓蕾》，由李石锋任主编，刘盛亚任主笔，旬刊重点放在新文艺创作和评论上，作为主笔的刘盛亚以锐利的文笔不断创作出杰作，成为"蓓蕾学社四杰"之一。1935 年，刘盛亚赴德国法兰克福大学留学，1938 年回国后被聘为四川大学与内迁乐山的武汉大学教授，同时，被戏剧家熊佛西聘为四川省立戏剧学校导师，与在江安国立剧专执教的吴祖光同被誉为"南北神童"。后返回重庆，一度担任过《新民报》副刊主编。

刘盛亚曾历任中华全国文艺界抗敌协会理事、成都文协理事、群众出版社总编辑、《西方日报》周末文艺主编、《大公报》文艺主编、重

① 罗传昷主编：《重庆名人辞典》，四川大学出版社 1998 年版，第 151 页。
② 周棉主编：《留学生与中国的社会发展》（二），吉林人民出版社 2008 年版，第 136 页。

庆戏剧协会执委兼创作部长、中国作家协会重庆分会理事等职。1957年被错划为右派分子，1960年，在劳动改造中饿死于服苦役的峨边沙坪劳教营。1980年，当年错划右派问题得到平反昭雪。著有长篇小说《夜雾》、《彩虹曲》、《水浒外传》，传记文学《木工黄荣昌》，译著戏剧剧本《巴黎圣母院》、《浮士德》，诗集《尼伯龙根歌》、《少年游》、《歌德诗选》、《海涅诗选》，短篇小说集《萝茜娜》、《蔡特金传》等。1983年，四川人民出版社出版了《刘盛亚选集》。

（三）留学美国

唐建章（1890—1951），别名鸣皋，重庆江北县人，1913年毕业于美国康乃尔大学电机系、哈佛大学电机械系，获硕士学位。1925年，唐建章与文化成、张瑶等发起兴建四川第一条民营铁路——北川铁路，并筹建北川民营铁路公司。因当时这些地方均属江北、合川两县辖区，故命名"北川"。后因资金难筹集而无法进行。1927年，民生轮船公司、益泰公司再次发起，成立由卢作孚、唐建章等32名成员的"北川民生铁路股份有限公司"，用股份制的方法筹集资金，重兴建设。1928年6月18日，国民政府交通部拟文暂准立项，11月6日破土动工，卢作孚主持了开工仪式。1929年，北川铁路一期工程8.7公里的铁路建成，并购置了两台26千瓦蒸汽机车，11月6日正式通车营运，到1934年3月31日，北川铁路工程全部完工，形成了完整的运输系统，日运煤量可达千余吨。1933年，唐建章还筹资兴办乡村电话，历时半年安装线路400公里，江北县区、乡以及毗邻的巴县、长寿、邻水合川均接通了电话。

根据《重庆通史》记载，当时重庆几乎全是手工工业，这种大规模的铁路工业建设，是在重庆留学生的推动下完成的。北川铁路的建成，不仅大力发展了当地的工业，而且为后来的抗日战争作出了巨大贡献。据国民政府1943年统计，陪都重庆三分之一以上的能源供应靠这条铁路的运输，其中兵工55%、航运纺织85%、发电60%、化工冶炼25%的用煤均来自北碚天府地区。据相关报道，当地正在着手开展重建北川铁路的旅游项目，让人们可以沿着当年的北川铁路，乘坐小火车在山林间穿行，不仅可以饱览自然风光，还可回味重庆地方的工业史。

而重庆畜牧业的发展中，也少不了留学生的贡献。

　　程绍迥（1901—1993），重庆黔江人，清末留日著名人士程昌祺之子，中国畜牧兽医学奠基人。1912 年赴美留学，1926 年获兽医学博士学位，1929 年获公共卫生免疫科学博士学位。1930 年，程绍迥学成回国，任国民政府实业部上海商业检验局兽医技正，兼上海兽医专科学校教授。1932 年，程绍迥在上海筹建了中国第一座血清制造所。抗战期间，程绍迥到秀山、荣昌等地建立血清厂，生产各种药品，防治牛瘟。程绍迥热爱故土家乡，回报家乡，1938 年在黔江设置国营第一耕牛繁殖改良场。同年，黔江、秀山、咸丰牛瘟流行严重，他组织兽医工作队，带队抢救，历时五个月，控制了疫情。抗战胜利后，他很快研制出一种达到国际水平的鸡胚化牛瘟弱毒冻干苗。

　　新中国成立后，程绍迥任中央人民政府农业部第一任畜牧兽医司司长，继任中国农业科学院副院长，农牧渔业部畜牧局副局长等职，并任第二、三届全国人大代表，第五、六届全国政协委员，中国畜牧兽医学会副会长、理事长，中国微生物学会常务理事等。他一生为祖国畜牧兽医事业作出了卓越贡献，奠定了中国畜牧兽医学的基础。

　　杨肇燫（1898—1974），字季瑭，别名寄凡。杨肇燫出身于重庆潼南县一个知识分子家庭，自幼就读于家塾，从小父母管教严格，培养了他的独立能力。1912 年，杨肇燫独自到上海读书，1918 年考取了清华学堂留美专科生，赴美国麻省理工学院电机系学习，1922 年获电机工程学硕士学位。1922 年回国后，曾任北京德国西门子洋行任工程师。1925 年，杨肇燫放弃熟悉的电机工程学与优厚的待遇，到北京大学任物理系教授，投入物理学的教育与科研事业。1928 年以后，杨肇燫任上海中央研究院物理研究所研究员兼秘书，在上海沦陷期间，杨肇燫虽然面临一家人生计无着落的困难，但他仍组织领导原物理研究所的在沪人员，担着风险，维持物理研究所（所址迁到上海法租界）留下的工厂，继续制造一些仪器，还为后方的有关单位修理仪器。中央研究院物理研究所附属工厂留下了一些大型仪器，其中有些是从美国买来的，如标准频率仪，还有一些其他的标准仪器。杨肇燫与王书庄、赵元等人通过各种关系，将这些仪器分散藏在不同地方。抗战胜利后，他们将这些仪器完整无损地交还物理研究所，为保护大批仪器设备做出了贡献。

　　杨肇燫一生中曾在几所大学任教，他治学严谨、教学认真、一丝不苟。他对学生的学业关怀备至，严格要求。他一生为祖国培养了许多物理学以及其他学科的优秀人才，有些已是物理学科学研究和教学方面的骨干。杨肇燫学识渊博，通晓英语、德语、法语，长期从事外国科学名著和外国大学数理化著名教科书的翻译工作，不少大学理工科都采用过他翻译或组织翻译的教科书作为教材或主要参考书。1933 年国立编译馆请中国物理学会提出物理学名词译名的初稿并审核物理学名词，并成立了物理学名词审查委员会。在该会的努力下，1934 年 1 月 31 日教育部核定公布了中国物理学会编订的物理学名词；编译馆于 1934 年出版了《物理学名词》。杨肇燫为该会的主任委员，为统一、翻译、审订我国的物理学名词奠定了基础，做出了不可磨灭的重大贡献。

　　中华人民共和国成立后，在杨肇燫主编之下，编订新的《英汉物理学词汇》出版后，深受物理学界和高等学校师生的欢迎。1957 年，杨肇燫被错划为右派，"文化大革命"中又在劫难逃，这位勤奋的留美科学家 1974 年在北京逝世。

　　彭光钦（1906—1991），重庆长寿人，1933 年获美国霍普金斯大学生物学博士学位，并任德国威廉皇家学会研究员及意大利那波里动物学会研究员，1934 年回国。彭光钦历任北京大学、清华大学、重庆大学教授，以及重庆大学理工学院院长、广西大学教务长，长期从事橡胶研究，对中国橡胶事业有突出贡献。1943 年，彭光钦带领助手在广西开展橡胶资源勘察，对桂林等地的薜荔、大叶鹿角果进行了烘干、凝固等试验，率先研制出中国最早的橡胶制品，其论文《国产橡胶的发现及其前途》获全国工程师学会第十二届年会一等奖。新中国成立后，彭光钦在广州负责筹建中国第一个热带作物研究所。

　　杨西孟（1900—?），重庆江津人。1916 年毕业于江津中学，入烟台海军学校，1920 年入北京大学，毕业后在中华文化教育基金会董事会社会调查所做研究工作。1934 年去美国留学，攻数理统计及经济统计等，1937 年获密歇根大学硕士学位。归国后历任中央研究院社会科学研究所研究员、西南联合大学和北京大学教授。1947 年秋，杨西孟再度赴美国，入芝加哥大学研究院专攻经济计量学。1949 年，杨西孟回到香港，在中国国际经济研究所工作，1950 年随所内迁，任副所长。

1956 年，杨西孟参与制定我国长期科学规划世界经济科学部分。1959
年，杨西孟加入中国共产党，历任外贸部经济研究所组长、行情研究
所、国际贸易研究所副所长等职。主要著作有《关于分割数》、《美国
经济问题严重化和复杂化》等论文。

李先闻（1902—1976），重庆江津人，13 岁入清华学校，1923 年
毕业赴美国留学，先学园艺，后专攻遗传学，获博士学位。回国后在中
央大学任教，一度到日本研究蚕桑业。历任东北、河南、武汉大学教
授，在小米、水稻育种等方面的研究卓有成效，是我国粟类作物研究的
先驱。1941 年，李先闻任四川农业改进所稻麦改良场场长，致力推广
"金大二九○八号"小麦，为四川粮食生产作出贡献。

罗志如（1901—1991），曾用名罗志儒，重庆江津人，1927 年毕
业于北京大学英语系，1937 年获美国哈佛大学哲学博士学位，回国
后历任重庆大学教授兼法学院院长、北京大学经济系教授。罗志如是
中国经济思想史学家，在经济统计学与西方经济学领域颇有建树，论
著有：《当代西方经济学》、《统计表中之上海》、《资产阶级国民收入
理论批判》、《当代资产阶级学说：凯恩斯主义》、《人民资本主义》、
《福利经济学》、《20 世纪英国经济：英国病研究》、《当代西方经济
学说》等。

黄汉瑞（1907—1993），重庆永川人，其爷爷是重庆最早推动留学
日本的翰林黄秉湘、其父亲是重庆最早留学日本的黄大暹。[①]

1917 年，黄汉瑞的父亲黄大暹在讨袁护国起义中牺牲，黄汉瑞便
随叔父举家迁往天津。1934 年初，黄汉瑞考取（庚子赔款）公费留学，
先赴英国伦敦政治经济学院学习一年，年底赴美国爱德华州立大学攻读
工商管理硕士学位。1935 年，黄汉瑞撰写的《怎样管理工厂?》，是中
国最早的现代企业管理论文。1936 年夏，黄汉瑞在美国衣阿华州立大
学取得 MBA 学位，成为中国最早的 MBA 海归之一。1937 年"七七事
变"后，黄汉瑞受范旭东委派与林文彪一起先行入川为永利川厂选址，
还为永利川厂筹建及打通由滇缅公路运输抗战期间永利川厂所需原料供

---

①　以下资料来自黄西孟编辑《黄汉瑞简历》，http://blog.sina.com.cn/s/blog_5e552
c4d0100hac0.html。

应线筹款奔波。1940 年，黄汉瑞奉命去南川筹建棓酸厂，很快就生产出合格的五倍子染料（草绿色、褐色、棕色），用于军装染色，对抗战大业作出了贡献。1941 年因抗战形势所致永利川厂不能生产，公司经济困难，黄汉瑞为了减轻公司负担主动降低薪酬，到重庆大学商学院任教，先后担任会统系、工商管理系主任。1952 年 6 月，黄汉瑞积极参与永利公司的公私合营，并作为永利化学工业公司的代表与中央人民政府重工业部代表在协议书上签字，开创了公司合营的先例，使永利这个大型民营企业得以生存和发展。

三　创建重庆第一所高等学府的留学生们

1929 年夏，一批在成都大学任教的川东籍教授回到重庆，联合工商界著名人士汪云松、温少鹤、李奎安等，成立"重庆大学促进会"，希望在重庆办一所大学。这些教授中的沈懋德、吕子方、吴芳吉、彭用仪等都是归国留学生。他们办大学的愿望得到了当时驻节重庆、担任国民革命军第二十一军军长、已履职四川善后督办公署督办刘湘的赞同。1929 年 8 月 4 日，刘湘召集会议，正式成立重庆大学筹备会，发表《重庆大学筹备会成立宣言》和《重庆大学筹备会宣言》。之后，刘湘还多次过问重庆大学开办的日期、经费、校址、招生及聘请教授等问题，出了不少点子。

1929 年 10 月 12 日，重庆大学在菜园坝杨家花园创立并正式行课，10 月 23 日，重庆大学筹委会常务委员会讨论通过，推选刘湘为重庆大学首任校长。"1932 年 8 月，正式招收本科大学生，分文、理两院，理学院下设化学系、算学系、物理系，为重庆第一所高等学府。"[①] 当时在成渝两地连续招生三次，共招得学生 45 人。

重庆大学创建初期，物质条件极差，经费短缺，设备简陋。刘湘等创始人积极筹措经费，邀请教师，购买图书。归国留学生们为了早日建成重庆这第一所大学，发展教育，造福桑梓，不辞劳苦，无私奉献，令人难忘。这其中既有重庆本地的留学生，也有外地的知名留学生。

沈懋德（1893—1932），曾就读于日本东京帝国大学物理系，学习

---

① 重庆市教育委员会编：《重庆教育志》，重庆出版社 2002 年版，第 866 页。

成绩优异。1923 年沈懋德谢绝了日本东京帝国大学的聘请回国,应聘于湖北武昌高等师范学堂,任物理教授和教务长,1926 年任巴县中学校长。1928 年春,沈懋德与同仁商议创办重庆大学,还草拟了《重庆大学筹备宣言》,并极力奔走,在重庆拜访名流,阐述创办重庆大学的必要性,得到了重庆知名人士的积极响应和大力支持。1929 年 10 月,重庆大学创立后,沈懋德任教务长,亲自设计了重庆大学理学院大楼,带病工作,积劳成疾,英年早逝。① 沈懋德去世后,教务长之职由吕子方、彭用仪共同负责,吕子方还兼理科主任。

彭用仪(1899—1994),名鸿章,重庆巴县人,1921 年受吴玉章指引,自费出国留学,先到法国,后到德国,在慕尼黑大学攻读化工。1927 年彭用仪回国,应张澜校长之请,到成都大学任化学教授,与其他几位在成大任教的老友一起积极筹办重庆大学。重庆大学成立后,历任重庆大学化学系教授、系主任、代理校长等职,又兼任图书馆馆长。

吕子方(1895—1964),重庆市沙坪坝人,教育家,著名教授学者,中国科技史专家,重庆大学创始人之一。吕子方先后留学日本、英国等著名大学,对中国科技史研究造诣很深,被世界科技史研究权威李约瑟誉为"对中国科技史研究有真知灼见的学者"。1929 年参与筹建重庆大学,任该校董事会委员、教务长、训导长、理科主任等职,并曾兼任上海自然科学研究室主任。抗日战争爆发后,任兵工署第三十二兵工厂实验室主任。1943 年出任四川省立重庆中学(今重庆七中前身)校长,亲自选择沙坪坝高家花园为校址,并主持建校迁址工作。新中国成立后,调任北京工业学院物理系教授,两年后随着全国范围内院系调整,任四川大学物理系教授,直到去世。吕子方教授在教学之余,还潜心研究,有遗著 30 余种,涉及到天文、历法、力学、声学、气象、地震、数学、考古、医学、生物等众多学科。

1929—1933 年间,重庆广益中学校长、留学英国的杨芳龄也参与了重庆大学的创办。杨芳龄当时担任重庆大学首届招生主考委员、校董委员、事务长。他在创办重庆大学的两三年里,奔波于黄桷垭、菜园坝

---

① 钟永玲、张宗祺、祝继南编纂:《重庆市市中区教育志》,四川文艺出版社 1993 年版,第 418 页。

及沙坪坝之间，为重庆大学新校的建设操劳，建造了理学院。1933 年
10 月，重庆大学迁入沙坪坝，办学规模也进一步扩大。重庆大学新校
起用后，杨芳龄便辞去在重庆大学之职，一心管理广益中学。

马寅初（1882—1982），早年留学美国，先后获耶鲁大学硕士学
位、哥伦比亚大学哲学博士和经济学博士学位。1916 年回国从事教学
和研究工作。抗日战争爆发后辗转抵达重庆，1938 年受聘于重庆大学，
创办了重庆大学商学院。1941 年重庆大学为遥祝他六十寿辰，在校园
内修建了命名为"寅初亭"的草亭。

程登科（1902—1991），出生于重庆，1929 年留学德国柏林体育大
学，1933 年学成回国，任南京中央大学体育系教授，同时筹建重庆大
学体育系，为该学科的创始人之一。1937 年随中央大学迁渝，1938 年
至 1949 年正式任重庆大学体育科主任。程登科主张体育救国，倡导体
育军事化，著有《世界体育史纲》，历任教育部国民体育委员会委员、
中华体育学会常务理事等职。

重庆大学的建立，标志着重庆的高等科技教育进入了一个崭新的发
展时期；学成归国的留学生们对他们呕心沥血创办的重庆第一所大学寄
予了厚望，他们宣称："重庆大学设置工商两科，数年之后，阛阓必多
才，制作比臻美丽。盖商场工厂，触目皆是，实地练习，功倍可期。而
一埠之中，忽有此最高学府，增多数十大学教授，聚集数百专科学生，
大足供工商业之参稽，资其借镜，阙备顾问。于是增进本埠之繁荣，拓
殖西南之福利，其为关系又至重巨也。"① 重庆大学在尔后的发展没有
辜负创建者们的殷殷期望，培养出了不少优秀的留学人才，如 1942 年
重庆大学商学院银行系毕业的钱荣堃（1917—2003）等。

获全国"五一"劳动奖章的钱荣堃 1942 年毕业于重庆大学商学院
银行系，1946 年考取了中英"庚款"公费留学生，赴伦敦经济学院攻
读货币银行学博士学位，1950 年回国，次年入南开大学任教。钱荣堃
曾任国务院学位委员会学科评议组特约成员，中国国际金融学会常务理
事，是我国 MBA 学位模式的设计者。主要著作有《国际金融专题讲
座》、《资本主义国家金融制度》等。

---

① 参见重庆大学编印《重庆大学校史》，重庆大学出版社 1984 年版，第 4 页。

又如中国古哺乳动物学奠基人、中国科学院院士周明镇（1918—1996），1946 年重庆大学毕业，1946—1947 年任台湾地质调查所技士，1948 年获美国迈阿密大学硕士学位，1950 年获美国里海大学博士学位，1949—1951 年在美国普林斯顿大学读研究生，1951—1952 年任山东大学副教授，1952—1996 年任中国科学院古脊椎动物与古人类研究所副研究员、研究员，全国政协第六、七届委员及九三学社中央常委。

重庆大学建校以来，有几位海外留学归来的校领导对学校的发展和学科建设有突出贡献。

重庆大学第二任校长胡庶华（1886—1968），1913 年考取公费留学德国，先后入柏林矿科和工科大学，攻读铁冶金专业，获铁冶金工程师学位，这是中国人第一次在德国获此称号。胡庶华 1935 年 8 月至 1938 年 7 月出任重庆大学校长，期间对重庆大学的组织机构进行了调整，招贤纳士充实师资力量，还亲自创作了重庆大学校歌：

> 江汉思禹功，教化溯文翁
> 学府宏开，济济隆隆
> 考四海而为俊，障百川而之东
> 研究人文，振兴理工
> 启兹天府，积健为雄
> 复兴民族兮，誓作前锋

歌词凝练了重庆大学"研究学术、造就人才、佑启乡邦、振导社会"的办学理念；高歌了重庆大学面向全国、面向全球的学术信念和开放精神。

胡庶华从事教育工作 40 年，学生不下三万人，积累了丰富的教育经验，具有深刻的教育思想，为发展中国教育事业作出了重要贡献。

郑思群（1912—1966），早年参加革命。据《重庆大学校史》记载，郑思群受彭湃领导的海陆丰农民运动影响，年仅 13 岁的郑思群便加入共青团，15 岁由团转党。大革命失败后，他受组织委派东渡日本，1929 年，因参加我党东京特支领导的革命斗争，被日本政府押解回国。两年后郑思群又化名去日本留学，"九·一八"事变后再次回国，在上海从事地下工作。他先后担任过白区共青团中央宣传部副部长，共青团江苏省委宣传部长、组织部长等职。1936 年他第三次赴日留学，考入东京大学政治科学系进行马列主义经典著作的学习与研究。"卢沟桥事变"爆发后，他回国奔赴抗日前线，历任八路军总政治部敌工科长，冀鲁豫军区宣传部长兼军法处长等职。解放战争时期，他历任二野一旅、三旅副政委兼政治部主任，以及二野女子大学副校长、副政委等职。1949 年年底重庆解放，他担任西南军政委员会文教委员与西南人民革命大学总校教育长。1952 年 10 月，郑思群奉命调入重庆大学，一干就是 15 年。

郑思群是新中国成立后重庆大学的第一任校长和党委书记，在学校百废待兴之际，他深入调查后提出"学校的一切工作都要围绕教学这个中心环节"。1955 年 8 月 30 日，他在开学典礼上说："我们的学生和毕业生，应该是德、智、体三者兼备的、全面发展的人，三者缺任何一方面，都叫做不合格。"就当今教育界力主对学生施行素质教育而论，他当年的主张可谓超前。在他任职期间，重庆大学日新月异，发展迅猛，短短七八年间，便从 5 个系、8 个专业、1000 多学生、200 多教师发展到 6 个系、15 个专业、7000 多学生、900 多教师，成为当时国内除清华、北大之外又一所超级大学。

金锡如（1905—2001），字质彬，满族，中国民主同盟盟员，1923 年考入沈阳东北大学机械系，1929 年以全系第一名的优异成绩毕业，被保送赴美深造，1930 年获美国普渡大学机械工程硕士学位。金锡如1932 年回国，在北平任东北大学工学院机械系教授，1936 年应张学良邀请任西安东北大学工学院院长，1939 年任重庆大学教授、机械系主任，参与创办《时与潮》刊物，介绍国外进步文章，宣传抗日救国。新中国成立后，金锡如历任西南军政委员会文教委员会委员，重庆大学教授、机械系主任、教务长、副校长等职。讲授《机械学》、《热力工程》等课程；主编《英汉机械制造词典》，译著《冶金学词典》。

江泽佳（1920—2013），九三学社社员，重庆大学电气工程学院教授，曾任重庆大学校长。中国首批博士生导师、著名电工理论专家。1943 年毕业于重庆大学电机系，留校任教；1947 年赴加拿大 McGill 大学攻读硕士学位，1948 返校任教。江泽佳教授毕生从事教学科研，有人民教育出版社和高等教育出版社出版教材、专著5种（11册），其中他主编的《电路原理》第二版于1987年获国家教育委员会优秀教材一等奖，在国内外各类刊物上发表高水平论文近100篇，获国家教委科技进步一等奖两次、二等奖两次。培养研究生70多名，其中已获得博士学位26人，进入博士后流动站9人，有近20人是国内各高等院校的教授、副教授，多名学生已成为博士生导师、学科带头人，为人民的教育事业做出了重要的创造性贡献。

第二节　战时首都重庆的留学概况

一　留学教育政策的渐进发展

承前所述，从晚清至民初，中国留学教育从人数上讲，是相当可观的，至1905年前后，中国仅留日学生就达15000人之多。但是留学的质量却不尽人意。为了鼓励留学，清朝廷一方面没有限制留学资格，多数人出国前不懂留学国的语言，甚至还有目不识丁者。例如，"四川派往美国学生二十三人，中有目不识丁者，乃川中机器局工匠也。耗材辱国莫此为甚"。① 另一方面，清朝廷推行速成留学，留学生"在外积萤雪之功仅一年半载，其所得无何；甫尝学问之味，则学业已成，手持毕业证书，洋洋而就归国之途"。② 针对留学人数的增加和留学质量不高的问题，特别是留学生到海外后不断滋生的反清意识，1903年，清朝廷制定了《约束游学章程》，不许留学生干预政治，妄发议论，对学习政治、法律、军事的每年只准报送若干名。1906年，清朝廷颁布了《管理游学日本生章程》，提高了出国留学的资格，要求无论公费生、自费生都必须是中学毕业程度；在外语上则要求通晓留学国的语言。1908年，清政府又下令要求公费生一律学习理工科。"清政府最初拟定鼓励留学政策，出发点确是选拔培养新式人才。及后因留学生人数日多，品质杂混，而且留学界反政府的活动和组织迅速扩张，于是清政府

---

① 《东方杂志》1904年第12期。
② 刘真主编、王焕琛编著：《留学教育》第2册，台湾"国立"编译馆1980年版，第752页。

将留学政策予以调整，寓求才、管理、安抚三项目的于其中。"① 不过，晚清朝廷由于积弊难返，其留学措施不仅没有达到预期的效果，反而培植了一大批反清的留学生，最终导致自身的灭亡。

民国初期②，快速发展的留学教育虽然取得了一定的社会效果，但良莠不齐等弊端还是比较突出。北洋政府一方面延续前清朝廷的留学政策，另一方面相继制定发布了一些留学政策，其中最主要的是1916 年颁布的《选派留学外国学生规程》，在留学选派资格、选拔方式、学业考试、回国服务等方面进行了规范。不过，这一时期是军阀当政，尤其是在袁世凯死后，一方面各路军阀拥兵自重，割据一方，中央政府权力有限，留学政策往往得不到实施。另一方面，由于地方势力的增长，原来由中央统一派遣留学生的政策被削弱。1920 年，全国教育联合会第六次会议通过的决议称："藉此地方自治潮流日趋澎湃，区区派遣游学之事，何必集权中央，致滋疑谤。应请大部将游学派遣权，还之各省自理。"③

争夺留学生的派遣权，并不意味着重视留学教育。这突出表现在拖欠留学经费上。如当时的《教育杂志》曾刊登了一封公费留美学生所写的告全国父老的急书："乃学生等，身莅美国之后，而政府竟绝其资助之费，远托异国，举目无亲，将伯之呼，因无人应，此政府丧失信用，以致学生等陷于绝境，而学生等所不能已于言者一也。……比年以来，部省官费，皆不能按期汇到，各省欠款，少者一载，多者至六七年，即二三欠费最少之省份，亦积至数月之多。学生异乡无亲，借贷无门，饥寒流离，朝不谋夕，因无学费，而不得入学者有之；因无宿舍，而被驱逐者有之；衣垢领污，有似囚虏，温饱不求，时虞不给，苟不设法救济，势将流为乞丐，此学生等所锥心泣血不能已于言者二也。官费学生，为政府所资遣，即代表资遣之政府状

----

① 王奇生：《中国留学生的历史轨迹》，湖北教育出版社 1992 年版，第 142 页。

② "民国初期"通常是指民国成立的最初十年。1922 年民国政府分裂为北京、广州两个政府，有所谓北洋军阀，史学界通称这一阶段为"军阀混战"。北伐战争后，1927 年民国还都南京直到蒋介石政权败退台湾这一时期，史学界一般称为"南京政府时期"或"民国后期"。

③ 《教育杂志》1920 年第 12 卷 12 号。

态行为也，观瞻所系，学生等羁居此邦，既以无费而废学，更以无费而辱国，友邦腾笑，诧为妖异……"在中国留学史上，官费留学生如此穷困潦倒，可谓绝无仅有。①

民国后期的留学教育，"从其历史的实际走向来看，可谓一波三折：抗战全面爆发之前，留学教育基本上是一路走好；随着中日战争的全面展开，留学教育跌至甲午以来的最低谷；抗日战争结束后，留学教育事业有所恢复和发展，但随着第三次国内革命战争的推进，这种发展态势很快就成了历史上的'昨日'"。②

国民政府成立之初，尚无暇顾及文化教育，在留学管理方面基本上延续北洋政府时期的松散放任。但随后不久，国民政府便开始加强对留学教育的管理，逐步修订完善以前的留学政策。1928年10月国民政府将大学院改为教育部后，随即通令各省整理留学教育，并且重要的留学教育政策往往是以行政院甚至是国民政府的名义发布。这样即统筹兼顾了留学教育管理，又可减少政出多门的矛盾，以适应局势相对稳定后国家经济建设的需要。

为了进一步强化中央在留学教育领域的集权管理，国民政府在以下几个方面采取了相应的措施：

第一，对留学教育现状开展调查。以教育部为主的有关部门重点调查了留学生人数和留学生的归国情况。调查成果最终在1935年初汇集成了"留学国外专科以上学校学生调查表"，范围涉及欧美、日本等25个国家，③为当时留学教育政策的制定、实施提供了有价值的参考数据。而有关留学归国人员状况的调查主要有三次。第一次是1929年6月，教育部制定了"留学国外专科以上学校毕业生状况调查表"，通令各省教育厅转饬所属填报。第二次是1931年3月，教育部又下发了"回国留学生现在国内服务调查表"，展开详细的摸底调查，目的是了解之前回国留学生能否供求相应，以及今后派遣之标准究竟如何规定。第三次是1937年教育部学术工作咨询处对各领域的归国留学生展开的

① 以上参见王奇生《中国留学生的历史轨迹》，湖北教育出版社1992年版，第148页。
② 章开沅、余子侠主编：《中国人留学史》，社会科学文献出版社2013年版，第329页。
③ 《学术咨询处调查国外留学生状况》，《申报》1935年1月13日。

抽样调查。这次抽样调查分析了当时国内留学人才结构等状况，为战时留学教育决策起到了重要的参考作用。①

第二，健全留学证书的管理制度。有关留学证书的规定，大学院②在1928年9月颁布了《发给留学证书规程》，要求公费、自费生都必须领取留学证书，"凡未领留学证书迳赴外国留学者，应受下列之制裁：（一）不得以留学名义请领护照；（二）不得请求送学；（三）不得请补公费；（四）回国时呈验文凭不予注册"。③1929年，教育部制定《修正发给留学证书规程》，同年10月又再次修订，特别要求公费生需递交详细履历表和留学计划书。④1933年4月教育部出台《国外留学规程》，其中留学证书有专章规定。第二年又补充规定：驻外官吏子弟援照华侨自费生相关办法，经考试国文及本国史地后，转请本部发给证书。⑤

第三，规范出国留学的资格。如前所述，中国留学教育发展快，出国留学人数多，但是留学的质量、效果未必尽人意。1932年，时任教育部长的朱家骅在总结留学管理问题时就指出："中国留学生往国外仅为接受普通教育，而并非往国外研究专门学术。"⑥当时有影响的《申报》也指出了留学教育中的不良现象："多数自费留学生耗费巨资出洋留学，仅得外国之粗浅常识，归国后对于社会经济毫无裨益，实与留学之本旨相悖。"⑦

为了减少出国留学的随意性、盲目性，提高留学生的质量，1933年4月的《国外留学规程》中，对留学资格、留学考试等作出了明确的规定。如留学的资格，其一，必须是专科以上毕业生，其二，公费留学生必须经过考试选拔，其三，自费留学生无须考试，但必须是专科以上学校毕业或高级职业学校毕业曾任技术职务两年以上者。在留学科目方面，

---

① 王奇生：《留学与救国——抗战时期海外学人群像》，广西师范大学出版社1995年版，第192页。

② 在蔡元培的促成下，1927年6月中华民国大学院成立，并在地方试行大学区制。但不到一年半就以失败收场。

③ 《发给留学证书规程》，《中央日报》1928年9月15日。

④ 《教育部修正发给留学证书规程》，《中央日报》1929年10月3日。

⑤ 《驻外官吏子弟得援用规程发给留学证书》，《申报》1934年3月3日。

⑥ 李华兴主编：《民国教育史》，上海教育出版社1997年版，第567页。

⑦ 《教育部将限制出洋留学》，《申报》1933年4月15日。

更加注重"实科",即理工农医等自然科学。在留学手续的管理方面,统一规定了由各省及其他公共机关考选留学生,其研究项目、留学国别等,均须由教育部核准。同时,提高了对外语水平的要求。1930 年 2 月,教育部通令下属各个教育行政机关,规定对公派留学生"不论采取何种考验方法,对于留学国语言文字务须严加考试,以阅读、会话、写作及听讲均无窒碍为合格,庶免补习时,徒耗公费"。① 1935 年 7 月,教育部对公费留学生再次规定"外国语程度应予特别注意,凡此科目未能及格者,应不予录取";自费留学生也有相应的规定:"自费留学生于请领留学证书时,须经留学国语言文字之考试,不合格者不给证书。"②

第四,强化理工科的留学。在 1930 年 4 月召开的第二次全国教育会议上,针对留学教育中的学科问题通过了有关决议。其一,关于各地要求增派留学生名额和科别等问题,由教育部根据财力及需要另订办法。其二,改革以前选派留学生漫无标准的缺陷,确定以后选派留学生应注重自然科学与应用科学,以能满足国内建设的需要,并储备大专院校尤其是理、农、工、医诸科师资为准;严格公费生派遣,应视国内建设上的特殊需要确定人选及学科;在每次所遣名额中,理、农、工(包括建筑)、医至少应占总数的 70%;对自费留学生所择专业不予限止,但学理、农、工、医药科者,可优先叙补公费或津贴。③《国外留学规程》实施后,留学专业的技术性、实用性进一步得到强化。据相关资料统计,1929—1932 年文科留学生多于理工科,而 1933 年后文科类开始少于理工科类,到了 1937 年理工科类已多于文科类,且超过了半数。④

随着国民政府留学政策的修订,地方政府也对自费留学政策进行了相应的调整。例如,四川省政府于 1936 颁发了《修正四川省各县自费留学贷费规程》、《修正四川省各县自费留学贷费审查会规程》。该修正自费留学贷费规程,从留学贷款经费的来源、取得贷款的资格、资格审查、贷款金额、

---

① 《教育部注意派遣公费留学生　对留学国语言文字须严加考试》,《申报》1930 年 2 月 13 日。
② 《严格规定自费留学生》,《中央日报》1930 年 7 月 18 日。
③ 李华兴主编:《民国教育史》,上海教育出版社 1997 年版,第 563 页。
④ 中国第二国家历史档案馆编:《中华民国史档案资料汇编》第 5 辑第 1 编,江苏古籍出版社 1991 年版,第 396—397 页。

偿还方式等各个环节都作了详尽的规定，具有较强的操作性，反映出当时地方政府留学政策的水平，有一定的代表性，现抄录全文如下：

修正四川省各县自费留学贷费规程

第一条　四川省政府为便利寒畯学生自费留学起见，特制定本规程，设贷费金额，指定特种捐款支给之。

第二条　各县留学贷费以经收中资捐每契价百元加抽银五角为专款，其在该县留学人数甚多，教育经费又较充裕、原经筹有的款或尚有他项足资增筹之款，并得呈请省政府核定作为自费留学生贷费。

第三条　留学贷费分为国外、国内两项。

甲、留学国外者（以呈准教育部发给留学证书者为限）

一、在指定之国外大学或高等专科学校学习农工医及教育者；二、在前项学校毕业后，入指定之国外场所研究或实习者，但以未受实习或研究机关之津贴为限。前两项指定之学校场所另行公布。

乙、留学国内者，在国立省立或经教育部立案、确著成绩之私立大学，或私立学院学习农工医及教育者。

第四条　留学贷费数额如下

甲、留学欧美各国者每名年贷与国币六百元；

乙、留学日本者每名年贷与国币三百元；

丙、留学省外者每名年贷与国币一百五十元；

丁、留学省内者每名年贷与国币八十元。

第五条　各县经收贷费专款如不能达到前条规定各项经费额数分配支给时，应量入为出，照核定留学人数按成比例摊贷，不得称借他款补充，但如有奇零存数或照额分配尚有盈余时，应切实保管汇入次期贷费办理，不得移作别用。

第六条　学生全年贷费分上、下两期，回原籍县政府请领。

第七条　各县应组织贷费审查会详查贷费学生家庭经济状况，决定应否给与贷费，其规程另定之。

第八条　学生请求贷费应将最近一学期在校或在实习之场、厂、院证明书及留学监督证明书连同三代履历，及家庭经济概况表呈由县政府汇交贷费审查会，但已经核准续领贷费之学在国内者，每学期呈在学证明一次，在国外者每年呈在学证一次。

第九条　各生贷费经审查决定后，应由县政府造具贷学生一览表，内分学生姓名、肄业学校、家庭收支概数及有无证书，各项填列检同各生证件，及审查报告书呈请省政府核定转咨教育部备案。

第十条　贷费核定后，由贷款人或其直接亲属邀殷实妥保到场书立无息借约两张，交由县政府存查，并分存省政府备案。

第十一条　学生贷费应自核准后起领，不得追请补贷。

第十二条　核准贷费各生是否继续在校求学应由县政府随时调查，如有中途辍学或被斥退者即立于停贷，并饬将以前所贷之款于其辍学或斥退之年起分三年偿清。

第十三条　学生贷费自毕业之次年起分年偿还，其清偿期至多不得过六年。

第十四条　学生分年应偿贷款如逾限不清，由县政府照通常债务勒令举行。

第十五条　收入学生分年偿还贷款应即悉数加入经收贷费专款内，分配支给如有余存仍依第五条规定办理。

第十六条　贷费学生毕业后，如在本县服务满一年者得减还贷费四分之一，满两年者得减还贷费四分之二，满三年者免还全部。

第十七条　各县经收贷费专款与收回分年偿还贷出之款，其数额应逐年增加，如照额分配尚有多量积成时，得酌移拨举办其他教育事业，但非先呈经省政府核准，不得擅行动用。

第十八条　本规程自咨教育部备案后公布施行。①

县政府是留学政策的执行者。从重庆梁平县政府的一次留学贷费审查会的会议记录来看，县上是相当重视留学教育的，将省级政府的自费留学贷费政策落到了实处。这次留学贷费审查会议除县长亲自参加外，县财务、经征处、县金库、县中校、职业校、县小校、教育筹备会及第二科、第三科督学技士等部门都要参与讨论，并共同形成决议，其决议如下：

---

① 《国立四川大学周刊》1936年第5卷第8期，第8—9页。

依照四川省修正各县自费留学贷费规程第四条省内每期每名贷费四十元、省外每期每名贷费七十五元之规定，就实收现金按比例摊发，计补二十四年度下期省内留学生三名，每名各补贷三十二元，省外一名，补贷六十元。二十五年度上期计省内五名，每名各贷二十二元，省外四十七名，每名各贷四十二元。①

通过上述政策手段，国民政府建立了比较系统的留学生管理制度，规范了留学生出国的资格要求、选考办法、留学资格的认证以及国家在留学学科专业选择上的政策导向等，为中国留学教育建立了规范化、制度化的现代管理模式。尔后，"抗战的全面爆发，更加速了南京国民政府统制管理全国留学教育的进程"。② 为了集中财力、物力、人力，国民党政府于1938年6月颁布了《限制留学暂行办法》，第二年4月又出台了《修正限制留学办法》，规定除特殊情况外，公费留学生一律暂缓派遣；自费留学生一律暂缓出国。由是，1938年到1941年出国人数锐减，历年分别为92人、65人、86人、57人。③

"七七事变"之前，中国留日学生总数在6000人左右。抗战爆发后，国民政府关闭驻日大使馆，中、日两国邦交断绝。同时，国民政府负责主管留日事务的留日学生监督处也停止工作。1937年9月下旬，教育部下令留日学生"撤离敌国，回国参战"。不到两个月的时间里，回国的留日学生达到4000多人。到了10月下旬，留日学生几乎全部返国。自此国民政府不再向日本派遣留学生。根据教育部出国留学生登记处编制的《历年度出国留学生数（十八学年度至三十五年度）》表册，1937年留日学生数49人，而1938—1946年均为零。④

针对留日学生返回祖国的参加抗战的现实情况，1937年9月，国民政府颁布了《留日返国学生救济办法》，规定各生在本部战区来京学

① 《北洋周刊》1937年第159期，第6页。

② 章开沅、余子侠主编：《中国人留学史》，社会科学文献出版社2013年版，第334页。

③ 蒋致远主编：《第二次中国教育年鉴》，台湾宗青图书公司1991年版，第11页。

④ 《国民政府教育部档案》，中国第二历史档案馆藏，转引自王春南《抗战时期中国留学教育》，《南京大学学报》1993年第4期。

生登记处或各省市教育厅、社会局登记后，可分配入相当程度学校肄业旁听或介绍战时服务。①

同归国留日学生相比，"留欧留美学生的回国情景不似留日学生之声势壮观"。留欧美学生回国的行动相对要迟缓，人数也相对较少。抗战时期回国的留学生唯一的信念就是为祖国的抗战贡献自己的一份力量。他们毅然中断难得的留学机会和放弃即将获得的学位；有的不惜放弃自己的事业和国外安逸的生活，甚至别妻抛子回到祖国。这些归国学子当中，也有很多是已经完成学业，学有所成回国的。据《教育杂志》载："查十二月二十九日北德邮船公司博士丹号抵香港时，有学成归国者之留学生杨树棠、齐燠等十余人。其中学矿冶、化学、机械、电机教育、法律、军事者均有。彼等将转乘法邮赴海防，取道往昆明，参加抗战建国工作，为祖国效力。"② 另外，也有一些留学生因家乡沦陷、经济来源断绝而提前回国。

随着归国学生日渐增多，重庆国民政府教育部在 1939 年初相继颁发《抗战期间回国留学生登记办法》、《抗战期间回国留学生分发服务简则》。《抗战期间回国留学生登记办法》要求申请登记的留学生，需领有教育部发给的留学证书者为限；且登记地点在重庆本埠，在外埠者须用通信登记。申请登记时，须填具登记表，并呈缴国内学校毕业证件及国外学历证明文件。登记经审查合格后，按以下两种情况分别处理。（1）国外专科以上学校毕业或大学毕业后在国外研究院研究一年以上者，由教育部就可能范围内，按照本人专门研究，分别介绍服务，并得由教育部指定相当工作，酌情给生活费。（2）出国前在国内专科以上学校尚未毕业，出国后在国外专科以上学校亦未毕业者，由教育部按照其所习学科，分发于国内的同等学校试读，俟学期试验及格后，编为正式生。③

《抗战期间回国留学生分发服务简则》有 17 条，规定留学生分发工作为编译、研究、教学、技术及其他工作，由教育部审查时依其专长

---

① 《救济留日返国学生教育部已规定办法昨令发各教育厅遵行》，《中央日报》1937 年 9 月 11 日。

② 李喜所、元清：《中国留学通史》，广东教育出版社 2010 年版，第 250—252 页。

③ 《中华民国史档案资料汇编》第 5 辑第 2 编教育（一），江苏古籍出版社 1997 年版，第 861—862 页。

及志愿，酌量分派给生活费。留学生分派在学校或机关任研究工作者，
应自行撰写研究详细计划，商得主管人员同意呈部核定后开始工作。留
学生分派在各校研究或服务者，各校如有需要得指定其担任教学或其他
工作，惟教学时间以六小时为度。分配担任编译工作之留学生，应自行
拟定编译计划，呈部核定，每月所编文稿，至少须满一万五千字以上，
如系译稿，每月至少须满二万字以上。应于每月底呈缴工作成绩，以凭
核发生活费。留学生分发服务后，立即呈缴不兼职证明书，证明人须具
下列资格之一：（甲）现任荐任以上公务员；（乙）现任专科以上学校
校长。如查明担任其他有给职务者，追还已领生活费，取消登记资
格。① 以上办法主要针对留学生的救济和安置，为统筹抗战期间留学生
服务及继续求学起到了重要作用。

　　抗日战争全面爆发后，国民政府就将有限的财力全部用于抗战。抗
战之初，经费严重紧缺，外汇极度匮乏，大批留学人员所需的巨大费用
无法承担。为了控制外汇和培养抗战迫切需要的人才，国民政府对留学
教育加以限制，对出国留学作了较严格的规定。

　　1938 年 4 月，国民党临时全国代表大会上通过《战时各级教育实施
方案纲要》，提出"改订留学制度，务使今后留学之派遣，成为整个教育
计划之一部分，对于私费留学，亦应加以相当统制，革除过去分歧放任
之积弊"。② 同年 6 月，国民政府颁布了《限制留学暂行办法》，其中明确
规定：在抗战期内公费留学生，非经特准派遣者，一律暂缓派遣；自费
留学生除有国外奖学金或其他外汇补助费，除无须请购外汇外，一律暂
缓出国；已在国外的公费留学生，所学科目非军、工、理、医而出国已
满三年者，应立即回国；已在国外的自费留学生，除成绩特别优良者外，
无论学习何种科目，一律不核给外汇；同时将留学派遣权上收至军委会
委员长和行政院院长所有，实施了战时最高程度的中央统筹管理。③

　　与 1933 年 4 月公布的《国外留学规程》相比较，《限制留学暂行

　　① 《中华民国史档案资料汇编》第 5 辑第 2 编教育（1），江苏古籍出版社 1997 年版，
第 864—865 页。
　　② 《革命文献》第 58 辑之《战时各级教育实施方案纲要》，杜元载主编：《抗战时期教
育》，台北"中央"文物供应社 1972 年版。
　　③ 《行政院通过修正限制留学暂行办法》，《申报》1939 年 4 月 24 日。

办法》对出国留学管理要严格得多。首先，在研究科目上，由"各省市考选赴国外研究专门学术者应注重理、农、工、医等专科"，改变为规定出国留学无论公费自费都以研究军、工、理、医各科有关军事、国防为急切需要者为限，文、法诸科除特殊需要外一律严加控制。由原来的"应注重"改为"一律"，对出国留学生的研究科目作了严格的规定，而"理、农、工、医"到"军、工、理、医"的转变，则突出了战时的需要。其次在留学生资格上，改为"国内外公立或已立案之私立大学或独立学院毕业而成绩优良者"。原先并没有对毕业后工作年限作规定，也就是说一毕业就可以直接报名考试，现改变为必须在公私立大学毕业后，曾继续研究或服务两年以上，且卓有成绩者（专科学校毕业须在四年以上）才能报名考试。[①] 这样的留学教育管理政策，对于提高留学人员的素质，保证留学质量无疑是一种有效的措施，表明中国留学教育管理水平的提高。由此一来，出国留学人数迅速减少。据统计，1932 年 576 人，1933 年 621 人，1934 年 859 人，1935 年 1033 人，1936 年 1002 人，1937 年 226 人，1938 年 92 人，1939 年 65 人，1940 年 86 人，1941 年仅 57 人。[②]

　　但这一时期的留学教育质量却得到了提高。由于对留学生资格及其学术水准的严格限定，有效地改变了以往留学教育中雷同于本国高等教育的状况，将留学教育纳入了学术交流、谋取西方先进的科技文化的高层次轨道。同时也因为对留学生所学科目的限制造成了人才在专业结构上的某种失调，及行政部门、研究机关、各级学校尤其是高等学校文、哲科人才的严重缺乏。所以，1941 年教育部在《教育部三十年度工作成绩考察报告》中就指出："留学政策至今尚未确定，现在办理留学科目之限制亦不甚合理。兹后似应将办理留学事宜统一于教育部，其他机关不应自行举办，至于科目似不必以严格之限制，因今后之需要文法人才，并不较理工人才为轻。唯对人才之选拔，则须另订较高标准，若仅以大学毕业为资格，实嫌不足。"[③]

---

① 王焕琛编：《留学教育》（四），台湾"国立"编译馆 1980 年，第 1830 页。
② 李华兴主编：《民国教育史》，上海教育出版社 1997 年版，第 568 页。
③ 《抗战时期之教育》，《革命文献》第 58 辑，第 215 页。

1940 年 4 月，教育部长陈立夫在致行政院《请转给各部会录用回国留学生服务呈》中指出："凡在国外专科以上学校毕业者，由本部在可能范围内，按其专长，分别介绍服务，并由本部指定相当工作，酌给生活费。办理以来，收效尚宏，唯查回国之留学生自谋工作者固多，其未有工作机会而来部登记，由部发给生活费者，亦复不少（截至最近为止共计一百一十九名），其由部介绍工作之机关，大抵限于教育有关方面，如派往国立编译馆服务，及介绍至各大学担任教职或研究工作。"他还指出："抗战期间，百端待举，各方需材孔殷，回国之留学生既各学有专长，自应代谋适当之位置，俾就其所学，作特殊之贡献，报效党国，以符总理'人尽其才'之至意。如仅限于教育方面工作之介绍，殊不足以宏图国家培养人才之本旨。查国内农工采矿及其他交通运输、建设等技术机关，值此抗战建国兼程迈进之际，此项专才，需用孔亟。拟请院通令各部会转给所属机关，以后需用是项技术人材，及举办各项建设事业，希能尽量聘用回国留学生担任工作，并经由各部会咨请本部介绍，庶留学生回国免生抱才向隅之憾，而亦所承弘国家百年树人之大议。"[①]

抗战前期的留学政策是在日军步步紧逼的严峻情况下制定的，本身就具有一种临时性、应急性的特点。随着抗战进入相持阶段，国内国际形势的逐步好转，留学政策也就开始逐步调整，由限制向放宽逐步转化，留学教育也获得了发展的转机。

1941 年 12 月，太平洋战争爆发后，美国的参战使得日本愈加陷入战争的泥潭，中国战场则相对稳定。1942 年 1 月 1 日，苏、中、美、英等 26 个国家在华盛顿发表联合宣言，共同反对德、意、日法西斯的侵略。同时鉴于中国在抗战中的巨大贡献，美、英等国开始承认中国的大国地位，分别同中国缔结新的条约，宣布废除在过去不平等条约中享有的特权。这种国内、国际的有利环境为留学政策的放宽和留学生的大量派遣提供了可能。于是，国民政府决定重新启动留学教育。

为了充分体现留学教育吸取外国学术优长的根本宗旨，国民政府政策调控的重点将留学教育定位于同国内高等以上教育相衔接。为此制定了三管齐下的方针：第一，实行广泛而严格的大学程度留学教

---

① 《中华民国史档案资料汇编》第 5 辑第 2 编，江苏古籍出版社 1997 年版，第 88 页。

育；第二，有选择地展开研究生层次的留学教育；第三，在最高学术层次上，开展科研人员出国进修和建立同国外著名大学教授、专家的互访活动。①

1942 年 11 月，国民党五届十中全会在重庆召开。会议提出："抗战建国，齐头并进。设高深学术人才及专门技术人员未能充分储备，非仅战时无才可用，建国工作及战后建设，亦将无法推行尽利，更感严重之影响。"出于储备人才的需要，会决议大量派遣留学生出国。此时的留学人数已增加到 228 人，为 1941 年 57 人的四倍。②

1943 年，随着国际反法西斯战争形势的进一步好转，德、意、日法西斯的失败已成定局。这年的 1 月，蒋介石在《中国之命运》中指出，抗战结束后十年内，中国急需各类人才 50 万，其中技术人才非国内高等教育机构短期所能养成，故而着眼于战后，派遣留学生应为当务之急。他还手令教育部："以后对于留学生之派遣应照十年计划，估计理工各部门中高低各级干部所需之数目，拟具整个方案呈报为要。"③国民政府遂决定把大量派遣留学生出国纳入教育计划。1943 年 1 月，遵照蒋介石的授意，国民党政府教育部先后制定了以五年为期的《留学教育方案》和以一年为期的《选派公费出国研究实习员生办法》；经济部制定了《选派国外工矿实习人员办法》；交通部制定了《派遣国外学习生办法》。仅从留学政策的制定来看，这些方案、办法重点突出，目标明确，但鉴于国民党政府当时具体情况，显然是不切实际的。

这一时期，国民政府放宽了留学政策、鼓励留学，废止了对自费留学的限制。一时间，青年人趋之若鹜。据 1942 年 8 月 16 日的《大公报》报道：重庆沙坪坝各大学毕业生，近因政府提倡自费留学，纷纷返校请领证件，办理出国手续。大抵家有余粮百石或腰缠余金十万者，不问条件如何，均欲作美洲之游。④ 对此种现象，国民党政府于 1943

---

① 李华兴主编：《民国教育史》，上海教育出版社 1997 年版，第 748 页。

② 《中华民国史档案资料汇编》第 5 辑第 2 编，江苏古籍出版社 1991 年版，第 890—891 页。

③ ［日］多贺秋五郎编：《近代中国教育史料·民国篇》，台北文海出版社 1986 年版，第 2082 页。

④ 《渝市各报讨论留学问题材料汇编》，《国民政府教育部档案》，中国第二历史档案馆藏。

年颁布了《自费留学生派遣办法》，主要对策有：自费出国留学一律由教育部统筹派遣和管理，凡专科以上学校毕业而有志自费留学者，每年由教育部统一考试，考试及格后，由教育部发给留学证书；自费留学名额每年以 600 名为限，留学科目规定五分之三学习理工科，五分之二学习文科；自费留学时间暂定为二年。① 同年 12 月，中国近代留学史上首次自费留学资格考试举行。

1943 年 12 月，国民党政府又出台了《国外留学办法》，明确提出留学教育的目标，规定今后无论公费、自费，出国前均须通过教育部的统考。考试暂定为每年两次，于每年 2 月、8 月各举行一次。考试科目分普通科目、专门科目、口试三部分。1944 年 12 月，教育部举办了首届公费留学统考，应考者 1824 人，录取 209 人。1946 年 7 月，同时举办了第三届全国公费、自费留学生留学考试。但与此同时，留学教育管理的中央集权化也走向了极端。"战后各类留学考选与派遣活动几乎全为教育部一手操办，就连青年军及译员留学这两项本该由军事委员会复原管理处和外事局办理的考试，也是委托教育部代劳。……最终确立了以教育部为主导的统考原则，各地方政府、团体及学校已基本丧失留学考选的自主权力。"②

为了进一步强化留学管理，1947 年 4 月国民政府教育部又颁布了《国外留学规则》15 条，主要内容有：

1. 凡赴国外研究专门学术或实习技术学科者均为国外留学生。其留学费用全部由教育部或省市教育行政机关供给，或国际学生交换，由留学国给予公费者为公费生。由私人或私法人借给者为自费留学生。

2. 国外留学生在出国前均应经教育部考试合格。各省市考选公费留学生为初试，复试由教育部举行。

当国民党政府加紧管制留学教育之际，也是其政权摇摇欲坠之时，

---

① 《国民政府教育部档案》，中国第二历史档案馆藏。
② 章开沅、余子侠主编：《中国人留学史》，社会科学文献出版社 2013 年版，第 336 页。

1948 年 1 月，国民党政府终因外汇匮缺，停止了公费、自费留学生考试。"此后，除少数能获得国外奖学金和自备外汇者出国外，大规模的留学运动随着国民党在大陆的垮台而划上句号。"①

1948 年 1 月，国民政府教育部奉行行政院令在全国范围内暂停选派留学生工作。此后，直至重庆解放，重庆就未再派遣留学生。

二　留学教育政策在重庆实施

1940 年 1 月，在重庆举办了第二期留日生培训班。当时，中华民国留日同学会发出开办第二期留日学生训练班的通知后，得到各地归国留日学生的积极响应，他们不顾战时交通困难，长途跋涉，按期抵达重庆报到。据当时统计，从全国各地先后赶到重庆报到的归国留学生就有200 多人，其中以广东籍最多，也有来自沦陷区的。大批归国留学生不愿在沦陷区做亡国奴，回国后纷纷投奔西部，齐集重庆，使重庆成为归国留学生的主要集散地，留学人才济济。这使得西部在实行留学考试时，既有高水平的主考专家又不乏应试之人才，一扫战前人才匮乏的局面。另一方面，作为一种高水平人才的选拔和培养方式，留学考试无疑是留学教育管理中非常重要的一个环节，从考选到派遣都需要一个相对有序稳定的社会文化环境。当时全国其他地区相继沦陷，不具备组织大规模留学考试的条件。而作为大后方陪都的重庆就自然成为国民政府留学生出国考试和实施其他留学政策的主要地区之一。如 1937 年 4 月，重庆、南京、北平等 7 地就曾同时举行过教育部翻译官考试，共录取97 名曾任军事委员会外事局翻译官的知识青年出国留学。

为了节省外汇，国民政府对留学出国在研究科目及留学资格上做了严格的限制，但是中英庚款留学考试和清华留美考试仍继续进行。这些留学考试的场所则主要设置在重庆。1938 年 7 月 30 日至 31 日，重庆、汉口、昆明、上海、香港同时举行第六届中英庚款留学考试。报名参加者有 439 人，实际应考者 338 人，考试最终录取 20 人。这是庚款留英考试以来，首次在西部设立考试。此外，同年 10 月，教育部为了庆祝时任中央政府主席林森的七十寿辰，特设"林主席寿辰纪念奖学金选

---

① 王奇生：《中国留学生的历史轨迹》，湖北教育出版社 1992 年版，第 163 页。

送国外留学考试"，也是在重庆举行，考试录取了一人赴美学军事化学。①

1939 年，国民政府又在重庆、上海、昆明、香港四地举办第七届庚款留英考试，并且规定上海、香港考区的考生名单及试卷须送重庆庚款会总会乃至教育部统一审查核定。② 这次共录取 24 名学生。

1940 年 5 月 15 日至 6 月 30 日，管理中英庚款董事会招考第八届留英公费生在重庆两路口玉川别业协会报名（同时也在上海报名），8 月 4 日、5 日在重庆、昆明、上海、香港四地同时考试。同年 8 月 1 日至 3 日，教育部令清华大学招收第二届留美公费生考试在重庆两路口的中英庚款董事会报名，8 月 12 日在重庆、昆明、香港三地同时举行考试。

1942 年，英国文化协会设中国留英公费研究生 10 名，每名由该会补助 200 英镑。当年 9 月 25 日、26 日国民政府教育部在重庆、昆明、桂林、汉中四地举行留英公费研究生考试，报考学生 181 人，重庆考区有沈元、孟庆元、袁随善、陈汝全、唐本熹、陆迪利、张自存、林××等人被录取。

1943 年 12 月，教育部在重庆上清寺求精商业专科学校举行了第一届自费留学生考试，参加考试的学生有 751 人，都是准备留学美国的。这届考试分为实科与文科两大类，其中实科包括理、工、农、医四科，具体计有数学、物理、化学、生物、生理、心理、地理、地质、天文、气象、土木工程、造船、水利、建筑、机械工程、航空工程、电机工程、采矿、化学工程、冶金、大地测量、纺织工程、医科、牙科、公共卫生、药学、农艺、园艺、森林、植物病虫害、畜牧、兽医、农业经济、农业化学、水产 35 门；文科包括文、法、商、教、艺术五科，具体计有英国文学、哲学、历史、图书馆学、法律、国际法、政治、国际政治、外交、经济、财政金融、社会学、新闻学、教育、公民训育、体育、货币银行、国际贸易、会计、工商管理、交通管理、统计、地政、

---

① 《林主席寿辰奖学金下月一日起考试》，《中央日报》1938 年 9 月 22 日；《林主席寿辰奖学金录取韩继邦一名》，《中央日报》1938 年 11 月 23 日。

② 《投考留英生名单送渝审查》，《申报》1939 年 6 月 23 日。

美术、音乐、戏剧等 26 门，共计 61 个专业（其中实科 35、文科 26）。① 这次考试有 327 人通过，其中四川考试 116 人，这批学生于 1944 年陆续赴美。

1944 年，世界反法西斯战争取得了实质性进展，同盟国在各战场势如破竹。为感谢中国人民在第二次世界大战时的英勇作战，加强同盟国之间的文化交流，英美等国政府及企业，各给予中国若干奖学金研究生及实习生的留学名额。其中，英国文化协会提供各科奖学金 60 名，英国工业协会提供理工科奖学金实习 69 名，美国麻省理工等五所大学提供理工科奖学金研究生 41 名，美国万国农具公司奖学金 20 名，英国 Allan Han Buty Ltd. 等五家公司设置药剂奖学金 5 名，共计 195 名留学生名额。② 为此，1944 年 12 月，重庆国民政府举行了首届公费留学考试，在重庆、成都、贵阳、昆明、西安、兰州、建阳 7 地分设了考区，在 1842 考生中录取了 195 人。③ 同一时间，美国蚕丝学会及密歇根大学等捐赠中华农学会奖学金 14 名，由该会初选后选送教育部复试，连同以上 195 名被录取的学生，共 209 人于 1945 年 3 月集中在重庆青木关参加教育部选派出国学生讲习会。4 月 1 日讲习会结业后，学员办理出国手续，并于暑假陆续出国。

除上述教育部组织考选事宜外，当时在重庆的某些中央党政军机关也曾在战时自行直接派遣留学生出国求学。如三民主义青年团先由各地分团部甄选初试，再于 1944 年 3 月在重庆中央团部复试后，录取合格留学生 20 名。④ 在军事方面，1941 年、1942 年海军司令部与空军司令部分别在重庆举行了三次留美考试。⑤ 1944 年，军事委员会还直接选送了 1000 名海军学员出国培训。

---

① 李华兴主编：《民国教育史》，上海教育出版社 1997 年，第 568 页。

② 教育部年鉴编纂委员会编：《第二次中国教育年鉴》第一编，商务印书馆 1948 年版，第 879 页。

③ 《英美奖学金生将考选》，《中央日报》1944 年 9 月 21 日；《英美奖学金生考试揭晓》，《中央日报》1945 年 1 月 31 日。

④ 《团员留学考试重庆市支团部明日考试甄选》，《中央日报》1944 年 1 月 10 日；《团员留学考试三月五日复试》，《中央日报》1944 年 3 月 5 日。

⑤ 《渝海军留学生考试下月举行》，《申报》1942 年 11 月 2 日。

此外，交换留学生也为留学教育开辟了一条新的途径，并在抗战期间得到了发展。1942 年印度教育顾问沙金特来华访问。次年教育部又组团回访印度，并与印度达成互换留学生的协议，随后便于当年秋选派10 名留学生赴印留学。这些选派工作也主要是在重庆进行的。另外，1941 年，中国中央大学、西南联大、浙江大学、武汉大学、四川大学、重庆大学、云南大学又派遣学者应邀赴美讲学、进修，其中包括金岳霖、张共陶、费孝通、梅贻宝、严济慈、袁敦礼、林同济、陶孟和、华罗庚、钱端升等著名学者。1943 年秋，经考选，教育部又派教育考察人员出国。中央研究院也直接派遣科研人员出国考察。

1946 年 5 月 5 日国民政府还都南京后，重庆仍为陪都及行政院直辖市，解放战争时期选派留学生工作依然在重庆继续开展。

1946 年 7 月，国民政府教育部第二次公费生和自费生留学考试在重庆、南京、上海、北平、武汉、西安、昆明、成都、广州 9 区举行。报考公费留学生的人数有 4463 名，最终录取 148 名，其中重庆考区考生占 30 名。报考自费留学生的人数为 3817 名，考试后录取 1216 名，重庆考区 160 名学生被录取，属重庆籍的共有 23 名。由于此次考试规定公费生考试落选而成绩合乎自费生录取标准的可取得自费留学资格，转为自费留学生，于是又增加 718 名自费留学生。

1946 年 7 月 21 日，重庆举行了青年军留学考试，选出了 25 名抗日战争中的优良青年出国深造。

另外，这一时期，国民政府军政部兵工署在重庆选送了多批兵工勤务人员赴美训练（具体情况不详），仅 1945 年 10 月 25 日的《兵工署留美兵工勤务学员队回国学员分发服务名单》中，分到重庆八大兵工厂服务的留美学员就有 28 人。1946 年，兵工署考选兵工勤务队赴美训练，初试录取的 120 名学生中重庆占 60 名。

1947 年 11 月，重庆市长张笃伦签发的《重庆市政府训令》规定："所有各机关派遣出国考察实习进修人员，已派者，饬提前返国并减少其经费，未派者，一律暂停。"[1]

国民政府教育部从 20 世纪 30 年代到抗日战争期间，通过制定一系

---

[1]　重庆市教育委员会主编：《重庆教育志》，重庆出版社 2002 年版，第 774—775 页。

列的留学教育政策，逐步形成了一套留学教育管理制度，减少了留学的
盲目性，使留学教育服务于本国的科技、军事、经济、文化；多次举办
的留学考试不仅积累了选派优秀人才出国留学的经验，而且也提高了留
学教育的质量。而重庆借助于国民政府留学政策在本地的实施，其留学
教育也得到了促进和发展，加速了中国教育与世界教育的接轨。

三　战时首都重庆的高教发展

从民国初年到抗战前，重庆教育基本上是在艰难中生存和曲折缓慢
发展，在数量上不能满足人们对教育的需要，也跟不上社会经济发展的
需要，与中国东部各省相比较依然是落后的。因地方税收减少，有的县
只能按照八折发放留学贷费，[①]"是带着沉重的负担进入抗日战争时期
的"。[②]然而，在中华民族的危亡关头，正是重庆这座经济和教育都落
后的城市勇敢地肩负起了承担中国教育事业绵延发展的历史重任。

1937年7月卢沟桥事变揭开了全国抗战的序幕，1937年7月31
日，蒋介石发表《告全体将士书》："和平既然绝望，只有抗战到底"，
宣告中国抗日战争已经全面爆发。以蒋介石为首的中国军队在上海战场
进行顽强抵抗，但国民党军队在正面战场上接连失利，造成大片国土失
守，国民政府首都南京告急。1937年10月29日，蒋介石在南京主持
召开国防最高会议，做全局退却的部署。会上，蒋介石在《国府迁渝
与抗战前途》的讲话中提出，在全局主动退却后的时期，"四川为抗日
战争的大后方"，并指出应择定"重庆为国民政府驻地"。

会议接受了蒋介石的提议，国民政府迁都重庆。1938年1月11日
国民政府机关从南京迁都到重庆，1938年12月蒋介石从桂林飞抵重
庆，随后国民政府军事委员会也迁移到重庆。重庆遂成为中国抗战时期

---

① 巴县教育经费经理处，近因征入费少，贷出数大，不敷分配，特悬牌通告云："查征
收局二十三年下期减税，本处依贷费规程，截至二十四年二月底，共收入洋七千九百八十四
元七角七仙七星正，若据各生原贷数目计算，需洋九千以上，始敷分配。兹特照数八折拨发，
如省外五十元者，贷四十元，余类推。自二十四年三月一日起，开始发给。"《四川月报》
1935年，6（3）—195。

② 隗瀛涛：《近代重庆城市史》，四川大学出版社1991年版，第695页。

的政治、军事、经济、文化、教育的中心，① 由一个区域性中心城市上升为全国性中心城市，其政治地位、经济地位、文化教育地位都得到了极大的提高。"30 多个国家的外交使团陆续迁驻重庆，为重庆的对外交流、派赴留学生提供了有利条件。"②

与此同时，在日本侵略者的铁蹄下，中国的教育事业遭受了空前的灾难，损失巨大。"当时平津京沪各地之机关、学校均以变起仓促不及准备，其能将图书仪器设备转运内地者仅属少数，其余大部分随校舍毁于战火，损失之重，实难估计。"③ 在开战后的头三个月间，全国范围内高校因日寇轰炸破坏，所受损失总计达 21036842 元，学生总数也由 1936 年的 41922 人减少为 31188 人。④ 在这种情况下，为了保存中国教育科研事业的有生力量，国民政府不得不采取措施帮助一批重点大学、研究院和中学迁移到大后方。1938 年，国民政府在重庆建立了全国战时教育协会，具体负责全国高校的迁建工作。"于是，上海、南京、北平、天津、广州、浙江等沿海大城市的国立、省立和私立大中学开始陆续向以重庆为中心的西南大后方迁移，中国历史上出现了一次教育重心由东向西的大转移。"⑤ 这不仅保护了中国科技文化教育事业的精华，也促进了重庆地区文化教育事业的快速发展。

在抗战爆发前的 1936 年，全国共有高校 108 所，重庆仅有 2 所，占总数的 1.85%；全国有中等学校 3200 所，重庆为 20 所，占总数的 0.62%；全国有私立小学 39565 所，重庆只有 20 所，占全国总数 0.05%，⑥ 到抗战中期，重庆的大学（包括原有、迁来和新设置的）已有 38 所，占当时全国高校总数的近三分之一。中等教育（仅市区而

---

① 周勇主编：《重庆通史》，重庆出版社 2002 年版，第 869—870 页。

② 李定开：《重庆教育史》第二卷，西南师范大学出版社 2006 年版，第 437 页。

③ 教育部年鉴编纂委员会编：《第二次中国教育年鉴》第一编，商务印书馆 1948 年版，第 8 页。

④ 教育部年鉴编纂委员会编：《第二次中国教育年鉴》第五编，商务印书馆 1948 年版，第 526 页。

⑤ 隗瀛涛：《近代重庆城市史》，四川大学出版社 1991 年版，第 696 页。

⑥ 中共重庆市委政策研究室编印：《重庆概况》，1952 年内部版，第 209 页。

言）到 1944 年已有 72 所，学生 25449 人，为战前的 3.6 倍。[1]

这些来渝高校，为教育资源贫瘠的重庆带来了丰厚的教学科研资源，不少知名学者、专家来渝讲学和从事科学研究，在很大程度上改变了抗战前重庆高等教育的落后状态，使重庆成为战时中国高等教育中心、抗战文化中心。随战时首都迁移而来重庆的留学生们有的在国民政府各党政机关任职，有的在高校任教，为国育才，有的抱着"科技救国"的决心奋力钻研，极大地促进了重庆当地的经济、文教发展和社会进步。

1939 年 3 月 2 日第三次全国教育会议在陪都重庆召开，这是抗战期间有关文化教育最为重要的一次会议，会议的目的是"教育部为讨论抗战建国时期教育实施方案"。[2] 蒋介石专门为此发表训词并接见了与会代表。这次会议后，蒋介石、陈立夫关于"战时须作平时看"的教育方针得到了社会的共识和持续的贯彻落实。而在当时的情况下，这一教育方针政策也只有在西部地区才有条件实施。于是，原本落后、不受重视的西部教育不仅提高了地位，而且还获得了优先发展的好时机，尤其是重庆，其陪都的政治地位和国内著名高校西迁来渝，加之重庆各级教师为战时教育的生存、发展所做出的最大努力，"因而，抗战八年，重庆的各级教育得到了空前的发展和繁荣。公私小学林立，遍布全城；中等学校和高等院校数量大增，名列全国各大城市之首，特别是高等院校数量约占全国高等院校的四分之一至三分之一，形成了以沙坪坝和北碚夏坝为主体的若干文化区。重庆成为战时中国抗战教育基地，为抗战的胜利和中国近代化的发展作出了杰出的贡献。"[3]

第三节　留学生对重庆发展的贡献

抗战的爆发，激发了重庆人的爱国主义热情。在中共重庆地下党的

---

① 教育部年鉴编纂委员会编：《第二次中国教育年鉴》第五编，商务印书馆 1948 年版，第 1230 页。

② 教育部年鉴编纂委员会编：《第二次中国教育年鉴》第二编，商务印书馆 1948 年版，第 69 页。

③ 隗瀛涛：《近代重庆城市史》，四川大学出版社 1991 年版，第 697 页。

领导下，重庆人民的抗日救亡运动迅速兴起。作为社会精英的留学生，其爱国情怀和忧患意识更为强烈；在国家、民族危亡的关键时刻，重庆籍和客籍的留学生们又一次挺身而出，浴血奋战，如重庆铜梁的郭汝瑰、忠县的罗广文、长寿县的韩任民就是英勇战斗在抗战前线的留日学生。

郭汝瑰（1907—1997），原名郭汝桂，1926 年考入广州黄埔军校第五期学习，1928 年加入中国共产党，1931 年 4 月考进日本士官学校。抗战时期，郭汝瑰参加了华北的抗战，中途因日军进攻上海，又奉命回师参加淞沪会战，在数十架敌机的狂轰滥炸下，郭汝瑰率部坚守阵地。在战局危急关头，郭汝瑰留下遗书，继续亲临指挥作战。淞沪会战后，郭汝瑰又参加武汉战役，他利用武汉山地，在外围作战，进行积极防御，使得国民政府军未遭受重大损失。接着，他还率部参加了长沙第三次会战，并以弱胜强，立下战功。

罗广文（1905—1955），1929 年毕业于日本士官学校第二十期炮兵科，回国后任国民党十八军炮兵营中校营长。1937 年，"八·一三"事变后，参加上海保卫战和武汉保卫战，任旅长、师长等职。1938 年冬，罗广文率十八师驻防重庆北碚地区，训练新兵，要求官兵非因公一律不准进城，三个月后，该师获得表彰。1941 年冬，罗广文率师参加鄂西会战，击退日军，立下战功，升任十八军中将军长。

韩任民（1898—1962），1926 年考入日本士官学校骑兵科，1929 年毕业回国。抗战爆发后，韩任民随川军总司令刘湘出川，任旅长，赴抗日前线作战。韩任民还支持自己的儿子韩子重到陕北参加八路军抗日，后又安排其在四川省军官区供职，期间保护了不少共产党员。

重庆江津的漆克昌（1910—1988），则是以通晓日语服务于抗战。漆克昌 1922 年赴日本留学，在帝国大学经济科就读时，开始接受马克思主义。抗战时期，漆克昌赴山西抗日前线，在八路军前方野战政治部敌工部任科长、副部长等职，以通晓日语和熟悉日本情况的专长，为抗战做出了贡献。

在大后方重庆，有更多的留学生组织、领导、参与宣传抗日救亡活动，在科技、文化教育等各个方面施展才华，无私奉献，成为国共合作、抗日救亡的重要生力军。

一　领导团结抗日救亡

1937年任中共重庆市工作委员会书记的漆鲁鱼，在组织和宣传抗日救亡工作中，贡献突出，是重庆留日学生积极参与组织和领导抗日救亡的杰出代表之一。

漆鲁鱼（1902—1974），原名灵洁、宗曦，重庆江津县人。1924年留学日本，1928年回到家乡，1929年加入中国共产党，1930年在上海从事地下工作时被捕入狱。出狱后继续从事党的地下工作，后进入中央苏区。红军长征后，为照顾受伤的陈毅等同志，留在苏区。在一次战斗中，漆鲁鱼与党失去联系，1935年辗转回到江津。1936年春，漆鲁鱼到重庆积极寻找党组织，并在重庆《新蜀报》任编辑，经常在《商务日报》上发表抗日救亡文章。漆鲁鱼与一批与党组织暂时失去联系的中共党员及进步青年研究了"一二·九"运动后，针对重庆抗日救亡运动情况，决定成立一个秘密的救亡组织。1936年6月，重庆救国会正式成立，漆鲁鱼任总干事。救国会开展工作需要经费，但救国会并无经济来源，全靠社会资助和骨干成员的薪金收入，在这一段时间，漆鲁鱼把在《新蜀报》领到的薪水的百分之六七十均用在救国会的工作开展上。

重庆救国会的活动和影响迅速扩大，该会下属有重庆学生界救国联合会（简称"学救会"）、重庆职业青年救国联合会（简称"职救会"）、重庆文化界救国联合会（简称"文救会"）、重庆妇女界救国联合会（简称"妇救会"）。其中，除重庆文化界救国联合会（"文救会"）是公开的以外，其余都是秘密的。重庆救国会广泛深入宣传中国共产党联合抗日的主张，唤醒民众，集中开展了下列活动。

第一，举行"山村新文字暑期讲习班"，培养抗日积极分子。讲习班培训了学员90多名，吸收了20多名积极分子参加救国会，成为抗日骨干。

第二，开展反对日本非法在成都设置领事馆的斗争。1936年8月，日本企图在成都非法设置领事馆，遭到全国人民的强烈反对，成、渝两地掀起了"反日在蓉设领"的斗争，重庆救国会的许多成员都参加并领导了这次斗争，挫败了日寇在成都设领事馆的政治阴谋。

第三，举行悼念鲁迅的活动，宣传抗日救国。1936 年 10 月，鲁迅逝世，漆鲁鱼写了《鲁迅先生思想思考》，着重赞扬了鲁迅先生的后半生，并联络文化界召开了 300 多人参加的"鲁迅先生追悼会"。漆鲁鱼等在会上讲话，号召大家以鲁迅为榜样，勇敢地反抗黑暗势力，为抗日救亡、民族解放而奋斗到底。这次活动既联合各界纪念鲁迅，又宣传了抗日救亡。

第四，为抗战募捐。1936 年 11 月，傅作义部队在绥远奋起抗战，激发了全国人民的爱国热忱。重庆救国会通过《商务日报》联合文化界知名人士 20 多人，发起各界支援绥远的募捐活动，有力地声援了抗日军队，推动了更多的民众加入抗日救亡的队伍。

第五，通过文艺活动，坚持宣传抗日。1938 年、"七七事变"、"八·一三惨案"周年之际，重庆救国会发起组织了上千人参加的火炬游行，轰动了整个山城。1937 年 11 月，以重庆救国会成员为骨干，组织了 170 多人的宣传队到磁器口地区的兵工厂、机械厂演出抗日戏剧，开展街头抗日演讲。在一年多的时间内，救国会协同陆续从外地迁来重庆的全国性戏剧团体共 20 多个，举行了大型戏剧公演六七十场次，演出剧目 50 多个，有力地揭露了日本侵略中国的罪行，热情歌颂了英勇不屈的中国同胞。[1]

为了领导宣传抗日，漆鲁鱼时常往返重庆与江津之间，关注这两个文化区的动态，指导学生的抗日救亡运动。在重庆抗日救亡运动中，"学救会"是救国会下属组织中最大的一个组织，始终发挥着先锋的作用。另外，重庆救国会还利用《商务日报》、《新蜀报》、《齐报》、《人力周刊》、《春云》等报刊宣传抗日救亡，举行要求释放全国救国会"七君子"的活动，慰问绝食的政治犯，出版进步刊物等，把重庆的抗日救亡运动推向了高潮。

重庆救国会的活动和影响在日益扩大的同时，又逐步建立了自强读书会、民众歌咏会等群众性组织，并在抗日救亡运动中，培养了大批干部，为重庆党组织的恢复重建奠定了基础。在救国会成立之初，张曙时

---

① 以上内容来自黄友凡、彭承福《抗日战争中的重庆》，西南师范大学出版社 1986 年版，第 150—151 页。

（受上海局派遣、公开身份是《新蜀报》编辑）从成都转到重庆就与漆鲁鱼等取得了联系，对重庆的救亡运动提出了具体指示，救国会随即在党的领导下开展活动。1937 年 10 月，党在重庆救国会核心成员中恢复了与党失去联系的党员的组织关系，重建了重庆的党组织，随即在救国会成员中发展了一批党员，成立了以漆鲁鱼为组长的中共重庆干部小组，着手恢复川东及重庆地区党组织。后经四川省委批准，中共重庆干部小组改为中共重庆市工作委员会，漆鲁鱼任书记，从而加强了中国共产党对重庆抗战救亡运动的领导。

漆鲁鱼善于结合当地情况和团结群众，"创建并正确领导了重庆救国会，其贡献是卓越的"。"对重庆救国会在历史上的积极作用，党中央给予了肯定。1938 年 5 月，抗大召开过一次由重庆去延安的'救国会'成员的座谈会，当时抗大政治部主任张际春同志出席会议听了汇报，发表讲话给予了鼓励。1984 年，中共中央组织部通过（84）22 号通知指出：'重庆救国会'是我党在白区直接领导的抗日群众团体，其成员的革命工龄，应从参加之日算起。"①

1939 年 1 月，中共中央为适应抗战相持阶段的形势，决定在战时首都重庆设立以周恩来、董必武为书记的中共中央南方局，代表党中央全面领导国统区党组织，广泛开展统一战线工作。

周恩来（1898—1976）不仅是伟大的马克思列宁主义者，中国无产阶级革命家、政治家、军事家、外交家，也是中国留学生的骄傲。作为以毛泽东为核心的党的第一代中央领导集体重要成员的周恩来，曾留学日本、法国、德国，在国际上享有很高威望，其卓著的功勋、崇高的品德、光辉的人格广为世人传颂。以周恩来为代表的老一辈革命家、共产党人和先进留学生所培育的红岩精神，是中国共产党、中华民族及重庆人的宝贵精神财富。

红岩，是抗战时期中共中央派驻国民党统治中心陪都的代表机关所在地，是党为坚持抗战、维护合作的前哨阵地，同时又是党在南部中国的指挥中心。正是在红岩，周恩来领导的中共中央南方局高举抗日民族统一战线的旗帜，贯彻党中央"坚持抗战，反对投降；坚持团结，反

对分裂；坚持进步，反对倒退"的三大政治口号，坚持抗战，维系国共合作，作了大量统战工作，有力地团结了各党各派各阶层人士积极投入到抗日的洪流中去，为夺取抗战胜利，为新中国建立后共产党领导的多党合作和政治协商制度奠定了坚实基础。红岩由此成为中共中央南方局的代称；南方局及作为其公开身份的第十八集团军驻渝办事处在重庆艰苦奋斗、开拓创业所赖以支撑和表现出来的精神力量，被世人称道为红岩精神。而团结在南方局下的一批归国留学生则是推动中国民主党派产生和发展的主力军；陪都重庆则成为诞生中国民主党派的摇篮。正如贾庆林所指出的："在重庆，我国民主党派得到发展。我国现有的八个民主党派中有'三个半'发祥于抗日战争时期的重庆，也就是民盟、民建、九三学社和民革前身之一的'三民主义同志联合会'。"[①]

1941年3月19日，中国民主政团同盟（1944年9月19日改为"中国民主同盟"）在重庆诞生，成立大会选举所产生的中央执行委员有不少是归国留学生，如：

张澜（1872—1955），25岁中秀才，补廪生，先后执教于四川南充乡塾和广安紫荇书院。1902年入成都尊经书院深造，专攻经史。因成绩优异被选送日本东京宏文书院学习教育。

罗隆基（1896—1965），1913年考入北京清华留美预备学校，1921年赴美留学，先后入威斯康辛大学和哥伦比亚大学攻读政治学，后赴伦敦政治经济学院，获得政治学博士学位，1949年后任民盟中央副主席。

章伯钧（1895—1969），1922年入德国柏林大学攻读哲学，1923年在德国加入中国共产党，1926年回国后任中山大学教授，中国民主同盟副主席，《光明日报》社长。

沈钧儒（1875—1963），字秉甫，号衡山，1905年秋，以新科进士被清政府派赴日本，入东京私立法政大学法政速成科政治部学习，后继入补修科，于1908年4月毕业回国，是著名的爱国民主人士，中国法学家，政治活动家，曾任民盟中央主席。

1945年12月16日，另一个民主党派——中国民主建国会（简称

---

① 贾庆林：《风雨同舟　团结奋进》，参见中共中央统战部、重庆市委统战部编著《重庆与统一战线》序言，华文出版社2011年版。

"民建")在重庆白象街西南实业大厦内宣告成立,其基本政治纲领的核心是民主和建设。重庆永川的黄墨涵是民建的筹建人之一。

黄墨涵(1883—1955),名云鹏,1902 年考入成都东文学堂,次年官费在日本早稻田大学攻读政治经济学,三年毕业,获法学学士学位,1910 年回国。1945 年,黄墨涵参加"陪都各界反对内战联合会"的活动,并筹建中国民主建国会和担任民建常务理事、民建四川会务指导员办事处常务指导员。

九三学社的创建人之一许德珩(1890—1990),1920 年赴法国勤工俭学,毕业于里昂大学,后入巴黎大学,师从居里夫人研究放射性物理学。许德珩是著名爱国人士、政治活动家、教育家、学者,九三学社创始人和杰出领导者。抗战期间,许德珩利用自己国民参政会参政员的身份,在重庆公开反对国民党的独裁统治。1944 年,许德珩与知名人士梁希、褚辅成、税西恒等组织民主科学座谈会,主张团结民主、抗战到底。抗战胜利后,毛泽东来重庆时曾在红岩村会见许德珩,建议将民主科学座谈会搞成一个永久性的政治组织。1945 年 9 月 3 日,民主科学座谈会在重庆青年会举行座谈会,决定改建成为永久性的政治组织,名为九三学社,以纪念抗日战争的伟大胜利。①

除了强化统一战线外,南方局还利用中国共产党在国统区唯一公开发行的机关报《新华日报》和机关刊物《群众》周刊为阵地,积极宣传共产党的抗日主张。

1938 年,董必武以中共代表和《新华日报》董事会董事的身份到重庆,参与了中共与国民党的谈判,并指导《新华日报》和八路军驻重庆联络处的工作。1939 年 1 月,董必武任南方局委员、常委,后又任南方局统一战线工作委员会书记、南方局政治研究室主任等职,协助周恩来领导国统区中共党组织活动,并开展广泛的抗日民族统一战线工作。

董必武(1885—1975)曾留学日本、苏联,是中国共产党的创始人之一,伟大的马克思主义者,杰出的无产阶级革命家,中华人民共和

---

① 重庆市地方志编纂委员会总编室编:《重庆名人辞典》,四川大学出版社 1922 年版,第 117 页。

国开国元勋，党和国家的卓越领导人，中国社会主义法制的奠基者。他为中国人民的解放事业和社会主义建设事业作出了卓越的贡献，建立了不朽的功勋。董必武于1911年参加了辛亥革命，同年加入中国同盟会，1914年考入日本东京私立日本大学学习法律，在日本加入孙中山创建的中华革命党。1928年赴莫斯科中山大学、列宁学院学习。

董必武在重庆期间，向民主党派人士宣传中共的政治主张和救国政策，出席他们举办的各种团结抗日的集会，支持他们发表抗战言论，逐渐将他们之中的大多数人吸引到中共的旗帜下，作出了重大贡献。1944年党中央提前为他作六十大寿，对他的功绩作了高度的评价。党中央在贺电中说："现在你正代表着党站在抗日民族统一战线的前卫地位，高举着毛泽东同志的旗帜，不屈不挠地奋斗着。你是中国民族解放、社会解放的老战士，你是中国共产党的模范的领导者之一。中国共产党、中国人民为庆祝你的生日，将感到光荣。"1945年4月，董必武同志代表中国共产党和解放区军民，参加中国代表团，出席在美国旧金山举行的联合国制宪会议，并向旅美侨胞和国际人士介绍中国共产党的纲领和解放区各方面的成绩，扩大了中国人民革命的影响。董必武不愧是中华民族优秀文化和中国共产党优良传统的杰出代表之一。

在老一辈无产阶级革命家的领导下，《新华日报》、《群众》周刊成为中共宣传团结抗战的坚强阵地，在宣传党的方针、政策，巩固和发展统一战线，增强人民抗战到底的信心方面发挥了重要作用。1938年，《新华日报》在重庆城区的中央公园举行义卖献金活动，筹集抗战经费。1945年8月13日，《新华日报》发表社论《光荣属于人民》，赞扬伟大的中国人民英勇抗日，保家卫国的精神。1945年8月15日，日本宣布无条件投降，中国人民取得了抗日战争的伟大胜利，《新华日报》发表了毛泽东主席庆祝抗战胜利的题词。

除了周恩来、董必武外，南方局在重庆还聚集了一批忧国爱民、才华横溢的留学生，如秦邦宪、凯丰、王炳南、夏衍等。

秦邦宪（1907—1946），又名博古，江苏省无锡人，是中国共产党早期领导人，早年就读于苏州工业专门学校，积极参加学生爱国运动，1925年入上海大学学习，参加五卅运动。同年年底加入中国共产党。1926年赴莫斯科中山大学学习。1930年5月回国，任全国总工会宣传干事、共青团中央组织部长。1931 年 4 月任社会主义青年团书记。1938 年 10 月，以中共代表、国民参政员的公开身份到重庆，参加筹建中共中央南方局和八路军重庆办事处。南方局成立后，秦邦宪任南方局委员、常委兼组织部长、社会部长、统战工作委员会委员。1939 年 6 月至 1940 年 5 月，周恩来离渝期间，秦邦宪代理南方局书记。在此期间，他通过《新华日报》、《群众》周刊和各种集会，宣传中共的抗日主张，参与组织领导国民党统治区反对汪精卫投敌叛国的斗争和其他各种抗日救亡的群众运动；通过国民参政会和各种活动，对广大中间人士做了大量统战工作，争取让他们向中国共产党靠拢，为争取中共及其领导下的抗日军队和解放区的平等合法地位，为坚持抗战、团结进步、反对投降和分裂进行了有理、有利、有节的斗争。同时，协助周恩来领导了国民党统治区中共各级党组织的革命活动，主持起草了一系列党内指示和秘密工作手册，使国统区各级党组织转入地下，为保存大后方的精干力量、巩固党的组织、加强党的建设打下了基础。1940 年，秦邦宪奉命调回延安后，创办中共中央报《解放日报》，担任社长，将《解放日报》办成我党舆论宣传的喉舌。[①]

南方局的宣传部长凯丰（1906—1955）也是留学苏联的学生之一。凯丰 1938 年年底来重庆工作，在《新华日报》发表了《动员全体人民参加抗战》一文，是《新华日报》的负责人。凯丰认真宣传中共抗日政策，宣传全民抗战，与周恩来、董必武、秦邦宪等一起积极开展统战工作，同时还主持编审国际宣传资料，扩大对外宣传，进行国际统战工作。凯丰还兼任了南方局文化工作委员会书记，遵照中共中央《关于发展文化运动的指示》，专门研究国统区抗日文化运动的发展策略、方式等问题，促进了国统区抗日文化运动和文化统战工作的深入发展。1940 年年底，奉命调回延安任中共中央宣传部代部长等职。

南方局外事组组长王炳南（1908—1988），于 1929 年留学日本、德国，曾任德共中国语言组书记、国际反帝大同盟东方部主任以及旅欧华侨反帝同盟主席，1936 年 2 月回国，奉中共指令到杨虎城将军处做

---

① 张泽宇：《留学与革命——20 世纪 20 年代留学苏联热潮研究》，人民出版社 2009 年版，第 409 页。

统战工作。抗战爆发后，经由武汉来到重庆。在重庆，王炳南是周恩来的助手和新闻发言人，常与各国记者、自由主义人士、国民党上层人物保持联系，积极协调周恩来做统战工作和新闻宣传工作，同时担负情报工作。1945 年 8 月，毛泽东到重庆参加国共和谈，王炳南担任毛泽东的秘书，并负责向社会各界介绍中共对当时局势的看法、基本立场和方针政策，以及国共谈判要点与进展情况，其出色的才能为重庆新闻界、外交界瞩目。

南方局文化组副组长是著名的电影剧作家、戏剧家夏衍（1900—1995）。夏衍 1921 年考入日本明治专门学校，1927 年加入中国共产党，并在上海闸北区从事秘密工人运动，不久进入文艺界。1929 年 10 月，夏衍与郑伯奇、冯乃超等组成上海艺术剧社，在中国话剧史上首次提出了"普罗列塔利亚戏剧"这一无产阶级戏剧口号。1930 年 3 月左联成立，他被选为执行委员。1933 年 3 月，他的第一部电影创作《狂流》问世，轰动上海，同年，他又完成了《春蚕》、《上海二十四小时》、《女儿经》、《自由神》等进步影片。1937 年卢沟桥事变后，与郭沫若创办了上海文艺界救亡机关报《救亡日报》，任总编辑。1942 年 4 月来到重庆，积极从事抗日宣传活动。他秘密担任中共中央南方局委员兼文化组副组长，参加了《新华日报》的部分领导工作，撰写社评、评论及重要新闻。1942 年年底，与金山、章泯、宋之的、于伶等创办"中国艺术剧社"，担起抗日救亡、反对法西斯、争取自由民主的重任，1944—1945 年，又创作了话剧《离离草》、《芳草天涯》等作品，为抗战时期重庆的进步文化事业作出了卓越的贡献。

二　抗战文化繁荣重庆

抗战时期，重庆充分发挥了战时首都的多种功能，一跃成为中国的政治文化中心，不仅有众多的政坛要人，还有许多全国一流的文学家、艺术家集中在重庆。他们以文艺为武器，宣传和动员人民一致抗日，形成了独具特色的重庆抗战文化，并营造了重庆抗战文化空前繁荣的局面。正所谓"国家不幸诗家幸"，面对国难当头，文学艺术家们爆发出了强烈的爱国热忱和巨大的创作动力，而国民政府也实行《抗战建国纲领》和较为开放的文化政策。抗战时期，重庆的各种刊物如雨后春笋，数百种报刊、戏剧音乐美术走向街头、甚至农村；广播电台也提供面向全国和世界的舞台与喉舌；陪都大中学校教育、国民教育和大众识字教育的迅速发展，又为抗战文艺的发展培养了生力军和广大的读者观众，从而使陪都重庆的抗战文艺运动空前繁荣，并形成了群众性的爱国主义教育运动。"较之'五四'时期的北京和20世纪30年代'左联'时期的上海，抗战时期陪都文艺运动的成就，无论就其质量水平，还是数量范围来看，都毫无愧色；而以成就的总量来说，实事求是地讲，应该说是比过去只有过之而无不及。"①

1937年5月，重庆文化界救国联合会成立。漆鲁鱼、金满城、严华龙、李华飞等15人为干事，金满城为主席。"文救会"在中国共产党抗日民族统一战线思想的指引下，组织群众，宣传群众，积极开展各种救亡活动。为了与各地文化界救亡协会协调一致，重庆文化界救国联合会改为重庆市文化界救亡协会，并宣言称："在这种神圣战争的进行中，是每个国民都应当把他的力量贡献给国家的。……文化工作者一致团结起来！努力救亡运动。"②

面对外敌的入侵，在中华民族的生死存亡关头，国共两党合作，共同抗日。"国民政府军事委员会政治部第三厅"（简称"第三厅"），便是抗日战争时期国共两党合作的一个重要标志。第三厅虽属国民党政府的一个军事部门，但组成人员除国民党各派系人物外，还有周恩来以及在共产党领导下的进步人士参加，实际上是由中共长江局和周恩来直接领导。第三厅坚持了中国共产党的抗日民族统一战线政策，宣传了党倡议的"十大救国纲领"。与国民党反动派消极抗战、积极反共的行径进行针锋相对的斗争，起着重庆抗战文化统一战线的战斗堡垒作用，并在哲学、社会学、文学、电影艺术、美术、音乐、教育、经济学、自然科学等领域，团结了一大批归国留学人员，如章伯钧留学德国、沈钧儒留学日本、巴金留学法国；而邹韬奋、陶行知、晏阳初、罗隆基、梁实秋、冰心等则是留学美国的文人才子。

---

① 民革中央孙中山研究学会重庆分会编著：《重庆抗战文化史》，团结出版社2005年版，第297页。
② 《新蜀报》，1937年9月24日。

　　第三厅厅长郭沫若也是留学日本的著名文化人。郭沫若（1892—1978），原名郭开贞，乳名文豹，字鼎堂，号尚武，笔名沫若，中国现代著名的无产阶级文学家、诗人、剧作家、考古学家、古文学家、历史学家、书法家、革命家、社会活动家，1914年春，赴日本留学，先学医，后从文。毕业于日本九州帝国大学医科。郭沫若担任第三厅厅长后，于1938年12月到重庆，在阳翰笙、冯乃超、杜国库、洪深等人的协助下，克服困难，积极工作，利用自己在文化界的地位和声望，经常前往重庆各文化、教育、新闻和社会团体，广泛开展抗日宣传活动，先后在中央大学、复旦大学、《新民报》职工读书会、中国国民外交协会及国民党外交部举行外国记者招待会等地，发表演说、作报告，以充分的事实和材料揭露日本帝国主义的危机，以透彻的道理说明日本侵略者必败，中国人民必胜。期间还组织了声势浩大的武汉抗战文化运动，发动歌咏、话剧、电影等各界一同宣传抗战。他本人也创作了大量话剧剧本，鼓舞民心士气，包括《屈原》、《虎符》、《棠棣之花》、《南冠草》、《孔雀胆》、《高渐离》六出历史悲剧作品，其中《屈原》于1942年4月3日在重庆国泰大戏院公演，引起轰动。

　　值得一提的是，重庆的留德归国人士、时任重庆群益出版社社长的刘盛亚，曾大力支持和帮助过中华剧艺社演出《屈原》、《棠棣之花》，以及陈白尘的《翼王石达开》等进步话剧，还亲自照顾一些来自外地的进步文化人士。

　　聚集在重庆的全国大批文化精英，纷纷以各种文艺形式为武器，向广大民众宣传抗日，鼓动抗日，揭露日本侵华罪行；由此也创作出了众多的艺术佳作，为巴蜀文化增光添彩。在画坛群星璀璨，有徐悲鸿、丰子恺、张大千、傅抱石等美术大师名家，他们都曾经在海外留学深造。

　　著名画家徐悲鸿（1895—1953），1919年留学法国，在弗拉孟画室学习油画。抗战时期，徐悲鸿随中央大学迁来重庆，居住在江北盘溪。徐悲鸿以抗日为题材，创作了《负伤》、《侧目》、《会师东京》等作品，还有以重庆沙坪坝为生活题材的《巴人汲水》、《自写》、《贫妇》等。此外，徐悲鸿还多次在国外举行画展，并将卖画所得救济同胞。1942年，徐悲鸿在沙坪坝筹办中国美术学院。

　　丰子恺是著名漫画家（1898—1975），1921年游学日本，在东京学习西洋画和提琴，1941 年 11 月携家人来到重庆的璧山。丰子恺在重庆期间积极投入战时重庆文化界的抗日文化活动，创作了大量反映抗战和大后方人们生活的作品，著名的有《蜀江山碧蜀水清》、《纤夫》、《草草杯盘供笑语，昏昏灯光话平生》等。

著名画家、北京人民大会堂巨幅画《江山如此多娇》的作者之一傅抱石（1904—1965），1933 年赴日本学习美术史，抗战爆发后，立即与进步文化人士来渝。傅抱石在重庆期间，除参加抗日救亡运动外，在艰苦的条件下，还创作了不少抗敌宣传画，所画人物栩栩如生。

被纽约世界美术家协会誉为当代第一大画家的张大千（1899—1983），1914 年考入重庆曾家岩求精中学，1917 年赴日本学习绘画和印染艺术，1938 年 10 月来到重庆，与其兄共同举办抗日爱国画展赈济难民。

最能体现重庆抗战文学成就的是小说和戏剧。作为留学生代表的著名作家有巴金、冰心等。巴金 1927 年至 1928 年在法国留学，1945 年，先后在重庆完成了《寒夜》、《第四病室》等创作。这些小说既揭露了黑暗的现实，又给予未来生活的希望，为抗日救亡增添了信心和勇气。

在学术研究方面成果也很丰富，如著名历史学家翦伯赞（1889—1968），1924 年赴美国加利福尼亚大学研究经济学，次年回国。1940 年 12 月到重庆，从事抗战文化宣传和历史研究工作，历任中苏文化协会理事兼《中苏文化》杂志副主编，国民党军委会政治部名誉会员，撰写了《中国史纲》第一、二卷，发表论文 60 多篇。留学法国的侯外庐（1903—1987），抗战时期在重庆歇马场从事中国社会史和思想史研究，撰写出版了《中国古典社会史论》、《中国古代思想学说史》等几部著作，还担任《中苏文化》杂志的主编。

抗战时期，重庆创作演出的话剧最多，题材以弘扬爱国抗日的民族精神为主，风格多样，长演不衰，极大地鼓舞了民众的抗战信心，有力地鞭笞了敌人。这些优秀的话剧创作大都出自中国现代话剧的创始者或名家之手，其中田汉、洪深、沈西苓都是留学海外的著名戏剧家。

中国现代戏剧的奠基人、著名戏剧家田汉（1898—1968），是第三厅改组为文工会后第六处的处长，负责组织指导宣传工作。田汉，原名寿昌，曾用笔名伯鸿、陈瑜、漱人、汉仙等，1916 年考入东京高等师范学校，1919 年，在东京加入李大钊等组织的少年中国学会，开始发表诗歌和评论。1921 年，田汉与郭沫若、成仿吾等组织创造社，倡导新文学，是《三叶集》的作者之一。1922 年回国，受聘于上海中华书局编辑所。田汉多才多艺，1934 年他为电影《风云儿女》所写的主题歌《义勇军进行曲》（聂耳作曲），是抗战重庆最为普遍的著名歌曲之一。1938 年 2 月，田汉应周恩来之邀，到武汉参加国共合作的军委会政治部第三厅，任第六处处长，负责艺术宣传工作。他同洪深等组建了 10 个抗敌演剧队、4 个抗敌宣传队和一个孩子剧团。1938 年 11 月，撤离武汉到长沙，团结湖南广大戏曲艺人进行抗日救国之演出，并亲自写作了《新雁门关》、《江汉渔歌》、《岳飞》等戏曲剧本。1940 年，田汉赴重庆，与欧阳予倩、杜宣、许之乔等创办《戏剧春秋》，又先后主持"戏剧的民族形式问题座谈会"和"历史剧问题座谈会"，促进了抗战文艺工作。

洪深（1894—1955）是中国话剧创始人之一，著名剧作家、戏剧理论家，中央大学教授，1916 年毕业于清华大学，随即赴美国留学，先后进入俄亥俄州立大学、哈佛大学学习，期间用英语创作了话剧《牛郎织女》、《虹》。1938 年，洪深在武汉任第三厅第六处第一科科长，负责戏剧、音乐方面的宣传工作，1939 年春到重庆，1942 年 10 月导演了夏衍编剧的《法西斯细菌》，获得极大成功。1943 年，中共在重庆有计划地组织了雾季艺术节公演，洪深积极参与，先后导演了《祖国在召唤》、《春寒》、《草莽英雄》等剧，扩大了抗日戏剧的号召力。

沈西苓（1904—1940），1924 年留学日本，在东京美术专门学校学习美术，1927 年回国。1937 年，沈西苓在上海编导了《十字街头》，在全国引起轰动，1938 年在重庆，沈西苓导演了夏衍编写的话剧《一年间》、阳翰笙编写的话剧《塞上风云》，编导了影片《中华儿女》。

宣传、鼓动抗日离不开新闻媒体。重庆陪都时期的新闻出版界也得到了空前的发展。抗战爆发前的 1936 年，重庆仅有十余家报纸，也全属地方性质，在省内有一定影响的只有《国民公报》、《新蜀报》和《商务日报》等几家。随国民政府西迁，当时国内最著名的出版社如商务印书馆、中华书局、正中书局、大东书局等都迁至重庆。据不完全统计，八年抗战先后在重庆印刷出版的报纸有 133 种，杂志有 600 多种，先后设立的通讯社有 36 家，居全国首位。据 1943 年 10 月重庆市图书杂志审查处负责人称，1943 年 3—8 月，重庆出版图书 1674 种、杂志534 种，占全国出版物的三分之一。1944 年，在重庆文化趋于衰落的情况下，出版的各种图书仍然多达 1450 种，平均每月为 120 种。①

重庆新闻出版的繁荣，也有归国留学生的贡献。重庆《新华日报》的总编辑章汉夫（1950—1972），毕业于清华大学，1926 年留学美国。1937 年抗战全面爆发后，章汉夫在南京参与筹办《新华日报》，1938年在武汉任《新华日报》编辑部主任。《新华日报》迁至重庆后不久，章汉夫便承担了总编辑的重任，并担任《群众》周刊编委、中共重庆局候补委员。章汉夫为《新华日报》等报刊撰写了大量的社论、国际述评，巧妙地与国民党专制的新闻检查制度斗争，经常用漏检、开天窗的形式揭露国民党新闻对中共团结抗日主张、八路军战绩的封锁。

抗战初期发行量最大的月刊杂志《文摘》，其主编孙寒冰也是留学美国的归国学生。孙寒冰（1903—1940），原名锡琪，在美国华盛顿大学获经济学硕士学位后，又入哈佛大学进修，1927 年回国任复旦大学法学院政治系主任，1937 年主编《文摘》。孙寒冰于 1938 年年底由香港经昆明到达重庆，1939 年出任复旦大学教务长、法学院院长，并恢复了《文摘》战时旬刊的出版。在国民党严格控制舆论的情况下，《文摘》大力宣传抗日救亡，1940 年 5 月 1 日出版的《文摘》被删除了 3篇重要文章，大开天窗。对此，孙寒冰坦诚表示，《文摘》和其他一切文化战线上的战友一样，具有追求真理的热和改善世界的诚。不幸的是，这位热爱和平、追求真理的留美学者，在 1940 年 5 月 27 日日本侵略者的狂轰滥炸中，遇难于重庆黄角镇。陪都文化界名人郭沫若、夏衍、胡愈之等人均发表悼念的诗词文章。

胡风（1902—1985），原名张光人，曾就读于北京大学、清华大学，1929 年留学日本著名的庆应大学英文系，并在日本加入了日本共产党，是中国左翼作家联盟东京分会负责人，1933 年回国。抗日战争爆发后，胡风长期担任"中华全国文艺界抗敌协会"的领导工作，与周恩来等党在后方的领导人保持紧密的联系。1938 年，胡风来重庆创

---

① 唐润明：《国民政府迁都重庆及其作用考评》，《档案史料与研究》2002 年第 1 期。

办了《希望》杂志，恢复了《七月》，写下大量文艺理论、评论文章，推出和评介了大量国统区进步青年作家和解放区作家的作品，以此团结和培养了一批青年作者，形成了中国现代文学史上著名的"七月派"。"七月派"与抗日战争休戚与共，既承传了五四新文学的启蒙精神，又将启蒙与抗战的现实需求结合起来，升华和丰富了五四新文学启蒙精神的内涵。

在新闻出版界，重庆的留法勤工俭学生周钦岳也是一位杰出的老报人。

周钦岳（1899—1984），重庆巴县人，1919年10月赴法勤工俭学。1921年9月，因参加进驻里昂中法大学的斗争，与陈毅等104人被法国政府强行驱逐回国。1922年初，周钦岳被重庆《新蜀报》聘为主笔，开始了报业生涯。同年秋天，周钦岳出任《新蜀报》的总编辑，着手改革，使报纸焕然一新。在周钦岳、陈毅、漆南薰等人的共同努力下，《新蜀报》成为当时重庆人获取新思想、新文化的重要渠道；1923—1925年，周钦岳聘请萧楚女为主笔，萧在《新蜀报》上先后发表了100多万字的文章，较为系统地介绍了马克思主义思想。1925年，周钦岳加入中国共产党，1927年重庆"三·三一"惨案后，离开重庆。1935年秋，周钦岳返回重庆出任《新蜀报》总经理、社长。在他的主持下，《新蜀报》以丰富的内容、精美的印刷赢得读者的喜爱。抗战期间，周钦岳邀请进步人士到报社任主笔，重点宣传团结抗战，反对投降。周钦岳还接受周恩来的委托，帮助《新华日报》在重庆的出版发行。"皖南事变"发生后，《新华日报》开了天窗，有的报纸发表了反对共产党的文章；《新蜀报》坚持不表态，以示反对。1945年6月，军统特务张骏霸占了《新蜀报》，周钦岳愤而向法院起诉，后又离开重庆到香港，参加反内战、反独裁的斗争。

此外，刘盛亚在抗日文化运动中，也为新闻出版业做出了很大的贡献。刘盛亚1938年从德国学成归国后在四川大学任教，积极参加抗日救亡运动，除在茅盾主编的《文艺阵地》和文协总会刊物《抗战文艺》上发表文学作品外，还与其他人创办了文艺旬刊《文艺后防》，自任编辑，刊载了大量进步作家的作品。1942年，刘盛亚回到家乡重庆，在周恩来的支持下，与于立群、郭培谦集资创办了群益出版社，出版了数十种进步文艺作品和学术著作。

三　科技教育奉献重庆

科技救国、教育救国是无数爱国留学生的理想和抱负。抗战陪都重庆的特殊环境，为归国留学生们提供了施展才华、报效祖国的广阔空间。在科技教育的各个领域，不乏留学生们艰苦奋斗的身影，他们以其聪明才智为重庆开创了无数个第一，在重庆的历史画卷中绘上了精彩的一笔。重庆人民将永远怀念和感谢这些学成归国报效祖国的重庆籍留学生和客籍留学生。兹列举如下。

1. 重庆第一家专业自来水厂

税西恒（1889—1980），在重庆从事供水事业 40 年的工程专家，九三学社中央副主席，1912 年公费留学德国，攻读机械、水利、建筑，1917 年毕业于柏林大学，获德国国家工程师称号进入西门子电力公司任工程师，1919 年回国。1932 年，税西恒任总工程师，设计并建成重庆第一家专业自来水厂。从此，终身投入重庆的供水事业。

2. 中国第一座跳伞塔

杨廷宝（1901—1982），1921 年毕业于清华大学后留学美国宾夕法尼亚大学建筑系。20 世纪 30 年代起，杨廷宝在重庆的建筑设计领域大显身手，美丰银行大楼、国民政府办公楼抱阁及门廊、中国农民银行、青年会电影院、中国第一座跳伞塔等都是其主持设计的。

3. 中国城市史上第一个具有近代意义的下水道工程

罗竟忠（1903—1975），1919 年赴法国勤工俭学，1922 年在比利时沙洛瓦大学攻读土木建筑科道桥专业，1925 年获土木建筑学博士学位。1930 年，罗竟忠创办了重庆市最早的土木工程设计单位——三益建筑师事务所。1935 年任四川省公路总局川黔公路工程处处长兼总工程师时，仅用 3 个月就完成了整修川黔公路任务。1946 年，重庆下水道工程处正式成立，罗竟忠任处长，主持设计了重庆下水道工程，创中国城市排水系统化、科学化之先。

4. 创立地质力学理论

李四光（1889—1971），著名地质学家，1904 年被选派留学日本，1907 年考入日本大阪高等工业学校，学习造船机械，1913 年留学英国伯明翰大学，1919 年获伯明翰大学自然科学硕士学位。1945 年，李四光在重庆大学主讲地质力学，整理演讲稿后正式命名为"地质力学之基础与方法"，同年 5 月由重庆大学地质系印发，标志着李四光的地质力学理论的创立。

5. 把卡介苗引入中国的第一人

王良（1891—1985），自幼随父定居重庆巴县，10 岁进入法文学校学习，毕业后随法国人去安南（今越南）河内医学院学医。1932 年进入巴黎大学巴斯德学院卡介苗实验室，在介兰的亲自指导下从事卡介苗研究，以《结核菌现时的培养及分离法》等四篇论文获得法国国家科学博士学位。1933 年，王良携带卡介苗菌种回国，在重庆建立微生物实验所并创设了中国第一个卡介苗实验室，进行卡介苗和其他防疫制品的制造、接种工作，开创了免费在国内给婴幼儿接种的先河。

6. 全国第一条客运缆车工程

茅以升（1896—1989），杰出的桥梁专家，1916 年考取留美的官费研究生，美国康奈尔大学攻读桥梁专业，1917 年获得硕士学位，1919年获得卡利基理工大学夜校桥梁系博士学位。抗战爆发后茅以升来到重庆，1944 年与国民政府经济部及重庆市政府共同发起组建了重庆缆车特种股份有限公司，主持设计了全国第一条客运缆车工程，该工程于1945 年 5 月建成通车，全天客运量可达 2 万人次。

7. 筹建四川第一座火力发电厂——重庆大溪沟电厂

吴锡赢（1901—1978），1934 年重庆电力公司成立，被聘为总工程师，负责大溪沟电厂的筹建，一年多后，四川第一座火力发电厂在大溪沟建成，开始向重庆城区送电。鉴于吴锡赢的才能，重庆电力公司送吴锡赢留学英国的曼彻斯特工业大学，专攻电机。1937 年回国，吴锡赢携带两部 4500 千瓦的发电机，安装在大溪沟电厂。抗战期间，为了避免日机轰炸，他建议将一部 4500 千瓦电机拆迁到近郊长江边上的鹅公岩石洞中发电，成为大溪沟电厂的分厂，保证了电厂安全发电。1949年 11 月重庆解放前夕，吴锡赢同大溪沟电厂的职工一起保护电厂免遭国民党特务破坏。

8. 主持开拓重庆市最早的城市道路

傅友周（1886—1965），又名傅骦，重庆市人，1909 年毕业于上海复旦公学，1910 年 9 月考取官费留学美国，1914 年毕业后回国，曾任四川省长官署代理实业科科长、天津南开大学教授等职。1926 年回到重庆，任重庆商埠督办公署工务处处长、重庆市公务局局长，期间主持修建了重庆朝天门、储奇门、千厮门、太平门、望龙门等首批近代码头；主持开拓了重庆市区最早的七星岗—观音岩—两路口—曾家岩、南纪门—菜园坝和七星岗—民生路—较场口—都邮街—大梁子—小什字等几条城市道路，开办了重庆的公用电话和公用电力事业。傅友周是重庆公用事业开创者之一，对重庆的市政交通建设贡献颇大。

9. 在重庆创建中国第一家棓酸塑料厂

徐僖（1921—2013），1938 年夏，徐僖考入重庆南开中学，1940 年夏毕业，考入当时内迁贵州的浙江大学化工系。1947 年初，中华教育基金董事会招考留美学生 5 名，其中化学专业 1 名。徐僖一举考中，于 1947 年 9 月到美国宾州里海大学化工系攻读硕士学位。他用从国内带去的五棓子在实验室首次试制成功五棓子塑料，1948 年获得硕士学位。1949 年冬，徐僖受聘为重庆大学化工系副教授，并继续学术研究。1950 年，徐僖用五棓子、玉米秆研制出中国化工史上第一批棓酸塑料，在重庆沙坪坝汉渝路创建了中国第一座棓酸塑料厂，填补了中国化工的空白，在科学界引起轰动，被评为重庆市甲等劳动模范。

抗战时期，大后方急需各种与战争密切相关的应用科学技术，其中兵器、交通、能源等尤为重要，关系到抗战能否坚持到最后并取得的胜利，也关系到国民政府的存亡，因此，战时首都重庆的国民政府对此非常重视，采取多种政策吸引这方面的技术人才。从海外归来的留学生更是战时宝贵的人才。重庆学子赵宗燠就是其中之一，享有"中国人造石油之父"的美誉。

中国科学院院士赵宗燠（1904—1989），重庆荣昌县人，1929 年毕业于南京中央大学化学系，后留校任教并继续研究生的学业。1932 年的"一·二八"淞沪抗战时，赵宗燠曾带领学生义勇军为前线送子弹。1935 年，赵宗燠赴德国在柏林工科大学化工学院攻读煤炭化学工程，主要从事石油加工和石油代用品转换工程技术方面的学习研究。1939 年，赵宗燠完成毕业论文《油类紫外光谱分析》，获柏林工科大学化学工程博士学位。此时，四川大学、中山大学、同济大学等纷纷致信邀他去当教授，国民政府军政部也向他发出了邀请信，希望他回来从事石油代用品的研发工作，因为日军封锁，中国军队所需要的汽油、煤油、柴油运不进来，军用燃料奇缺，有些汽车已靠烧木炭行驶。当时的军政部部长是何应钦，次长张伯旋，都是留美的，也是学燃料的，很想研究植物油代替柴油、酒精代替汽油，并建立煤炼油工厂。赵宗燠受命于抗战危难之时，担任了合成油厂厂长，国民政府给予他视同少将级的待遇。

赵宗燠殚精竭虑，日夜操劳，一边指挥土建工程的进行和机器设备的采购和安装，一边带领技术人员开始了以煤为原料合成汽油等车用油品及其他代用品（包括煤层快速干馏、煤焦油裂解、加压脱水制酒精等）的研究试验，以及投产准备。该厂得到了资源委员会主任翁文灏（留学比利时）、资源委员会人事处代处长宁嘉风（留欧回国的经济学博士）等的大力支持，尤其在所需人才方面，宁嘉风调来了留学德国和国内的大、中学毕业生多名，组织起数十人的技术队伍，使得建厂工作得以迅速开展。煤炼油研究试验工作很快取得成果，有的还达到了当时的世界水平。

新中国成立后，赵宗燠在石油炼制、煤类液化、煤类汽化及石油代用品等化工科技领域取得了卓越成就，当他第一次走近仰慕已久的共和国领袖毛泽东、刘少奇、周恩来、朱德、邓小平等时，周总理亲切地指着他向毛主席和朱总司令介绍说，这位赵宗燠同志是我们中国的人造石油专家。1986 年中央还采纳了赵宗燠主持起草的实行"夏时制"的建议。

被尊称为"工矿泰斗"的孙越崎留学美国，是抗战时期大后方最大煤矿天府矿业股份有限公司的总经理；重庆的电力、兵工、航运、纺织、化工、市民生活用煤的大部分都是天府煤矿供应的。

孙越崎（1893—1995），著名的爱国主义者、实业家和社会活动家，是中国共产党的诤友，是我国现代能源工业的创办人和奠基人之一，1929 年在美国加州斯坦福大学采矿系和纽约哥伦比亚大学采矿系研究院留学，1932 年经由莫斯科回国后，任河南中福煤矿总工程师，1936 年任总经理。

1937 年，七七事变后，孙越崎力排中外董事众议，冒生命危险组织中福煤矿员工将大部分设备拆除抢运至四川、重庆,与民生公司、资源委员会、盐务总局、四川银行界分别合办天府、嘉阳、威远、石燕四个煤矿,他自己兼任四个矿业的总经理。经过孙越崎几年的努力,重庆天府煤矿开始机械化生产,原煤产量由合办前的年产 10 万吨左右,逐年上升到 1945 年的 45 万余吨,约占重庆全市煤炭总产量的 50%,成为当时后方最大的煤矿。孙越崎对抗战后方工业和民用煤炭的供应做出了很大的贡献。孙越崎一生抱着科技兴国的理念,艰苦奋斗,为中国煤炭、石油事业的开发建设作出了卓越的贡献。

抗战时期,重庆兵工署第二十一工厂厂长李承干,是中国兵器工业界卓有成就的兵工专家。

李承干(1888—1959),1905 年留学日本,辛亥革命爆发后,毅然辍学回国,在武昌从军于黄兴部,后再次东渡日本,入东京帝国大学电器机械科学习。1917 年学成回国。1927 年,任南京金陵制造局工务科长,潜心研究枪械、弹药制造,制造局改为兵工厂后,任厂长。抗战初期,金陵兵工厂西迁重庆,改为兵工署二十一兵工厂,仍任厂长。李承干研制的宁造 24 式马克沁重机枪、82 迫击炮等武器性能精良,享誉于兵工界,曾获国民政府嘉奖 9 次。李承干在兵工企业 20 年,其中任厂长 17 年,由少将升至中将军衔,常以"匈奴未灭,何以家为"自勉,坚持洁身自好,清廉平淡,终生未婚,对属下却关怀备至,要福利部门组织婚姻联欢会,促成男女青年喜结良缘。1947 年 3 月在重庆辞去二十一兵工厂厂长职务,以兵工署副署长身份赴美考察工业。1948 年回国后,李承干任南京永利化工公司协理兼厂长。南京解放前夕,李承干积极组织职工开展护厂保产斗争,拒绝将厂迁往台湾。中华人民共和国成立后,李承干是首任国家计量局局长,还任中国民主建国会中央常委、全国工商联中央执行委员会委员、人大预算委员会副主任委员、全国工商联中央执行委员会委员等职。

中国著名土木工程专家凌鸿勋(1894—1981),1915 年赴美国哥伦比亚大学学习,1918 年回国。1938 年,凌鸿勋来重庆主要负责大后方交通建设,实地指挥铁路、公路的修筑、抢修工程以及开辟国际通道等,他辗转于陇海铁路、粤汉铁路、湘桂铁路、南镇段铁路以及西南、西北各省的筑路工地,对抗日战争时期的军民运输作出了贡献。凌鸿勋早年在美国曾参加发起组织"中国工程学会"，后与中国国内的"中华工程师学会"合并为"中国工程师学会"，并多次被选为会长。1940 年他在重庆主持该学会的年会，将大禹诞辰的 6 月 6 日规定为工程师节。

这一时期，在重庆做出重大贡献的留学生还有中国化学工业的巨子范旭东。

被毛泽东定位中国民族工业发展史上不能忘记的 4 个实业界人士①之一的范旭东（1884—1945），1901 年赴日本，1905 年考入日本冈山高等学堂、1909 年考入日本京都帝国大学化学系，1912 年毕业回国。1914 年，在天津创办久大精盐公司制成第一批中国精盐；1918 年在天津创办永利制碱公司；1920 年在塘沽建立碱厂；1925 年永利纯碱制作大获成功，获得美国费城万国博览会的金质奖。日本帝国主义入侵中国后，范旭东断然拒绝日本人的收买，表示"宁举丧，不受尊仪"，毅然转移资产、西迁入川至重庆。1938 年，范旭东在重庆发起成立迁川工厂联谊会，并在重庆设立永利铁工厂。1943 年，又提出了战后建设十大化工厂的计划，因得不到国民政府的支持，忧愤成疾，1945 年 10 月病逝于重庆。范旭东的逝世引起了重庆各界爱国人士的巨大反响，毛泽东送来挽联：工业先导、功在中华。

创办学校、发展教育历来都是留学生教育救国的主要途径，也是他们的强项。抗战期间，留学生们的这一专长在重庆也得到了充分施展，不论是来自省外的还是重庆籍的留学人士都为重庆地方教育添砖加瓦，为今天重庆教育的发展提供了坚实的基础和留下了深厚的历史文化底蕴。在此，着重介绍几位有代表性的教育家、教授。

1. 陶行知创办重庆育才学校、重庆社会大学

陶行知（1891—1946），1914 年毕业于南京金陵大学文学系后，留学美国伊利诺伊大学，获政治硕士学位，后入哥伦比亚大学研究教育，师从杜威。1917 年秋回国，先后任南京高等师范学校、国立东南大学教授、教务主任等职，开始了他的教育生涯。1938 年 10 月，陶行知到重庆参加国民参政第二次会议，提出了《推行普及教育及增强抗战力量树立建国基础案》的议案。1939 年，创办重庆育才学校。

---

① 另外三位是搞重工业的张之洞、搞纺织工业的张謇、搞交通运输业的卢作孚。

该校因材施教，选拔有特长的儿童，给予专门培养，获得巨大成功，名震中外。1940 年 9 月，周恩来、邓颖超专访育才学校，并题词"一代胜似一代"。1946 年初，陶行知与李公朴等人创办重庆社会大学，并任校长。陶行知一生办过许多各种类型的学校，这些学校为社会培育了大批有用人才，还输送了不少革命青年到延安和大别山抗日根据地参加革命。

2. 张伯苓、喻传鉴创办重庆南开中学

张伯苓（1876—1951），是中国著名教育家，一生致力于教育救国，创立天津南开大学，1936 年，迫于抗战形势的吃紧，张伯苓来到重庆，先后购地 800 余亩，创办了被千百万重庆人赞誉为"人才的沃土，院士的摇篮"的重庆南开中学。在重庆，张伯苓常驻南开中学内的津南村，热心发展学校所在地区的文化事业，其寓所成为抗日战争时期重庆的社交活动中心之一，周恩来、邓颖超、郭沫若、曹禺等各界人士常去拜访他。1945 年，毛泽东、周恩来、王若飞等也到津南村专程拜访张伯苓。1946 年，美国哥伦比亚大学授予张伯苓名誉博士学位。

喻传鉴（1888—1966），早年赴美国哥伦比亚大学留学，获得教育硕士学位。1936 年 2 月，受张伯苓派遣，来重庆沙坪坝区筹建重庆南渝中学，1938 年南渝中学改名为重庆南开中学，他先后任校务主任、副校长，实际主持学校工作，以南开为家，将毕生的精力都用在南开中学的建设上，深受师生爱戴和社会支持，使学校声誉日隆。为了纪念他，1986 年重庆南开中学庆祝建校五十周年之际，专门在校园里新建了"传鉴亭"，并设立"传鉴奖学金"。

3. 晏阳初创办中国乡村建设育才院

晏阳初（1890—1990），1913 年赴香港，考入圣保罗书院，1916 年毕业后就读耶鲁大学，主修政治经济，1918 年获学士学位。抗战爆发后，晏阳初辗转来到重庆，从 1939 年到 1949 年，在重庆开展了长达 10 年的乡村建设实践，创办了中国乡村建设学院、建立了华西实验区，从农村经济、教育、卫生和地方自治"四大建设"出发，进行了一系列平民教育与乡村建设的实验和探索。这些经验和做法，曾被推广至台湾地区和世界其他国家，产生了重要影响。晏阳初被推崇为"世界的平民教育之父"。1943 年，在纪念哥白尼逝世 400 年的大会上，晏阳初与爱因斯坦等被列为"全球十位具有革命性贡献的伟人"。

1951 年，中国乡村建设育才院被重庆军事管制委员会接管，共招收学生 1180 人，修业期满，并经教育部核准毕业的学生共计 379 名，其中专科毕业生 134 名，本科毕业生 245 名。① 新中国建立后，中国乡村建设学院的毕业生成为各个行业的骨干，特别是水利和农学两系的学生，早在 20 世纪五六十年代，在中央和省市一级有关部门中有许多已是专家和学术带头人。其中许多人虽然历经种种坎坷，但大都矢志不渝，为国家建设作出了自己的贡献。1985 年，晏阳初应邀回国考察期间，邓颖超会见他时，还特意称赞他解放前在国内从事教育工作，培养了不少人才。②

此外，1940 年在重庆璧山创建国立社会教育学院的是留学美国芝加哥大学的陈礼江 (1896—1984)。该学院为当时全国唯一完备的成人教育最高学府，专门培养社会教育专业人才。

"战前，重庆的职业学校仅有 7 所，到抗战胜利前夕，已增加为 22 所，为战前的 3 倍。"③ 重庆职业教育的快速发展，也有留学生的贡献，举例如下。

重庆璧山县的张凌高，早年就读于重庆求精学堂，1919 年从华西大学毕业后，多次赴美，在芝加哥西北大学研究院、德鲁大学研究院深造，获文学硕士、哲学博士。张凌高回国后，利用主持宗教事务及掌管教会财产的有利条件，各方筹集，先后办起多所私立学校。

中国第一代著名口腔医学专家安龙章 (1905—1983)，1935 年赴美国芝加哥西北大学攻读牙科研究生，获牙科硕士学位。1937 年，安龙章回国后在重庆行医，曾任重庆市医师公会理事长。1947 年，他创办了重庆私立扶青聋哑学校，自任校长。

西南美术专门学校与内迁的武昌艺术专门学校、国立艺术专门学校

① 詹一之、李国英：《平民教育之父晏阳初评价》，四川教育出版社 1994 年版，第 262 页。

② 张高：《邓颖超会见晏阳初博士》，《人民日报》1985 年 9 月 21 日。

③ 黄友凡、彭承福：《抗日战争中的重庆》，西南师范大学出版社 1986 年版，第 90 页。

并称为大后方的三大艺术教育学府，也是西南第一所培养艺术人才的学府。该校的主要创办人杨公托、万从木都是留学归国的人才。

万从木（1898—1971），重庆永川人，1921 年由日本西京美术学校毕业回国，在景德镇作瓷画，1922 年回重庆任教，并创办《世界美术画报》、举办个人画展，颇有影响。1925 年，受聘于杨公托（留学法国、德国）创办的西南美术专门学校，同年秋接任该校校长。1933 年，万从木四处奔走，通过借贷、募捐，在重庆牛角沱建起了教学大楼和宿舍，该校名为"西南艺术职业学校"。学校初具规模，而万从木却债台高筑。抗战中，万从木与学生一道举办抗日画展，出版 16 开本的《抗日画刊》，所得收入全部捐作抗日经费。解放战争后期，万从木积极支持学生的爱国民主运动，多次出面营救被特务和警察抓捕的"美专"进步师生。万从木精中西绘画，山水、人物尤工，作品集有《从木诗集》、《从木画集》。

抗战时期，一批知名人士、留学生也推动了重庆初等教育的发展。如 1938 年始办的重庆树人小学。该小学校创办伊始，国民政府元老于右任先生题写校名，聘请同济大学校长周均时（留学德国）、重庆大学校长胡庶华（留学德国）等任校董，聘曾任国民党教育部初等教育司司长黄石农先生为校长。办学不久，即成重庆三大名校之一。时至今日，重庆树人小学仍是重庆最好的小学之一。再有，许多知名学者、教授来到重庆后，不少人在高校任教并进行学术研究；各大学也邀请知名学者、专家来校讲学。这些知名学者、专家大多有留学教育的背景。

1947 年受聘为重庆大学商学院院长的陈豹隐（1886—1960），是《资本论》（第一分册）最早中文本的译者。1907 年进入日本东京帝国大学法科学习，1918 年回国，次年受聘为北京大学教授，开设马克思主义经济学概论，举办现代政治学讲座，指导学生学习《资本论》。抗战期间，陈豹隐来到重庆，为抗日训练班和学校讲授经济学，在重庆《大公报》、重庆《中央日报》发表过发展战时经济的论文。1947 年，陈豹隐与马哲民创办了西南学院。1949 年 11 月，重庆解放前夕，被选为重庆大学冬防委员会常务委员，在护校斗争中尽责尽职，为保护学校的财产贡献了力量。陈豹隐一生译、著颇多，出版的书籍有 70 多种。

重庆大学理学院院长是著名的数学家何鲁（1894—1973）。何鲁是中国第一批留法勤工俭学生，1919 年，他以优异成绩成为第一个获得科学硕士学位的中国人。1932 年，何鲁赴重庆，担任重庆大学理学院院长。自此至新中国成立十余年间，何鲁一直在重庆度过了抗日战争和解放战争时期的艰苦岁月，曾担任重庆大学校长、教育部部聘教授（国民政府教育部共聘任 6 位部聘教授）。在重庆大学期间，何鲁审阅、核勘了华罗庚写的《堆垒数之论》。何鲁注重学术研究，数十年如一日地沉醉于应用数学领域，著述有《二次方程式评论》、《代数》、《行列式论》、《微分学》、《爱因斯坦学说概述》等，被誉为"数学大师"。

重庆土木建筑学院（1954 年 4 月更名为重庆建筑工程学院、1994 年 1 月更名为重庆建筑大学、2000 年并入重庆大学）的首任院长李文海（1904—1955），1933 年去美国俄亥俄州立大学留学，1936 年获得机械工程硕士学位。1937 年回国任西北工学院教授，1945 年到重庆国立中央专科职业学校，创建航空专业，兼任主任。1952 年院系调整，西南工业专科学校等七所院校的土木建筑科合并组建重庆土木建筑工程学院。作为首任院长的李文海，在当时极为困难的情况下，以乐观积极的态度团结教职工，发展学科，为国家培养了大批工业建设急需的人才。

吴宓（1894—1978），是著名的西洋文学家、比较文学家，1911 年考入北京清华学校留美预备课，1917 年官费留学美国，获哈佛大学文学硕士学位。吴宓是中国比较诗学的奠基人，中国比较文学的开创者，毕生从事教育，培养了钱钟书、吕叔湘、季羡林、许国璋等一大批知名学者。1949 年，吴宓谢绝友人邀他美国、香港、台湾讲学的劝告，决心留在大陆，在重庆湘辉学院和勉仁学院任教，并兼任重庆大学外文系主任。1950 年，吴宓执教于西南师范学院，开设"英国小说""世界文学""中国古典文学"等课程；编写《法文文法》、《拉丁文文法》、《外国文学名著讲读》等高等教材。1956 年，吴宓将自己珍藏多年的外文图书（其中有不少是绝版）1000 多册捐给学校图书馆。

今天，我们耳熟能详的"科学"一词，与出生在重庆垫江县的中国近代科学的奠基人之一任鸿隽（1886—1961）密不可分。

任鸿隽为晚清末科秀才，曾就读于重庆府中学，再考入上海中国公学，1908 年，任鸿隽东渡日本，考入东京高等工业学校应用化学科。

1912年，他以"稽勋学生"资格，被指定去美国公费留学，1913年考进了美国康奈尔大学文理学院，主修化学和物理学专业。1914年夏，他与同学赵元任、胡明复、周仁等联合发起成立科学社，集资创办《科学》月刊。次年，中国科学社正式成立，他被推举为董事会董事长和中国科学社社长。该社是中国最早的综合性科学团体；"以传播世界最新科学知识为帜志"的《科学》月刊也于同年正式公开出版，这是中国最早的综合性科学杂志，开创了中国科学传播的一个新时代。"科学"一词，自从1897年由康有为把日文汉字转变为中国文字之后，走到任鸿隽这里，才算是得以正名。在以任鸿隽为首的一批具有远见卓识的知识分子领导下，该社和该刊在此后的几十年历程中，为促进中国现代科学事业的发展做出了重要贡献。任鸿隽知识渊博，一生撰写论文、专著和译著300多篇（部），内容相当广泛，涉及化学、物理、生物、教育、政治、文学、科学思想、科学组织管理和科技史研究等多方面。他的学术思想和对科学事业的开拓精神，至今仍为学术界所重视，在我国现代科学技术史上写下了光辉的篇章。

奋发的留学归国学子及其著名的学者教授，是抗战期间重庆高等教育在数量和质量上空前提高的重要因素之一；重庆籍和客籍留学生们的这一卓越贡献无疑使这一时期的重庆高等教育，在重庆教育史乃至中国教育史上留下极其光辉的一页。

第 四 章

1949—1966 年重庆的留学教育

　　1949 年中华人民共和国成立，中国留学生教育进入新的历史时期。新中国的留学教育是从争取海外留学生归国、建立新的留学体制开始的。国际格局的巨大变化，社会制度的根本转变，使新中国的留学教育政策随之转向，呈现出与以往截然不同的新面貌。这一时期的留学教育从 20 世纪 50 年代初起步并逐步发展，到六七十年代转而曲折和低落。本章对新中国留学教育的研究时间界定为 20 世纪 50 年代初到 60 年代中期。在新的时代背景下，这一时期的留学教育在留学管理体制、留学生政策及其演变等方面体现出鲜明的时代特征。

　　1949 年 11 月 30 日，重庆解放，成为西南军政委员会驻地，行政级别为中央直辖市。1954 年 7 月，重庆市并入四川省，行政级别为省辖市。重庆的社会发展迎来了崭新的一页，留学教育也随之兴起。随着国家整体教育的建立和发展，重庆的教育事业也进入了一个比较快速发展的阶段。同时，随着国家留学教育的开展，重庆市的留学教育也上了一个新的台阶。由于国家在教育方面的统筹规划，重庆的留学教育与国家的留学教育计划和方针保持一致，并完全服从国家计划的统一安排；但同时还要按照四川省的留学规划，结合自身实际来具体执行和操作。这一时期，重庆的留学教育也呈现出一定的时代特征和地方特色。

第一节　新中国留学教育的大背景

一　国际环境与中国留学教育

　　中华人民共和国成立前后，新中国的留学政策也同时启动。而这一时期的留学教育与先前的留学教育明显不同。20 世纪五六十年代，中国的留学生主要被派往苏联和东欧社会主义国家，其中又以苏联为主。留学苏联成为这一时期中国留学教育的代名词。留学教育的转向与当时的历史背景和国际国内环境密切相关。

新中国成立之初，由于西方对中国实行了全面封锁，同时出于意识形态的考虑，当时的出国留学政策总的来说就是"严格选拔，宁少毋滥"。政府采取一边倒的政策，向苏联及东欧国家大量派遣留学人员，1950—1965 年间共派出 10695 人。因而，也被称为"向苏联和东欧派遣留学生的时期"。在这批留学人员中产生了一批新中国的第三代领导人，并形成了中国科技队伍的领导和骨干力量。

第二次世界大战结束后，以美国为首的资本主义国家与以苏联为首的社会主义国家形成冷战的格局。在社会主义新中国成立后，苏联在世界上率先承认中华人民共和国，断绝与国民政府的外交关系，与新中国互派大使，正式建立外交关系。这一举措对新中国政府是一个巨大的支持。1949 年 12 月 16 日，以毛泽东为首的中国代表团访问苏联，两国签订了《中苏友好同盟互助条约》，规定了双方在政治、经济、军事、文化等各个领域的全面合作，确立了中苏之间的同盟关系。条约的核心内容是，缔约国双方均不参加反对对方的任何同盟、集团、行动和措施，缔约一方如果受到第三国的侵略，另一方"即尽其全力给予军事及其他援助"。《中苏友好同盟互助条约》在当时的缔结，标志着社会主义阵营的形成，对反击美国的"冷战"攻势起了积极作用，它有利于促进两国人民的友好团结。继苏联之后，保加利亚、罗马尼亚、波兰、捷克斯洛伐克、阿尔巴尼亚、越南等社会主义国家先后与新中国建立外交关系。在"二战"之后的国际冷战政治格局下，新中国首先受到以苏联为首的社会主义阵营接纳，而发展与苏联和其他社会主义国家的关系，自然成为新中国外交的基本方针，即"一边倒"方针。这也是新中国留学生派遣转向苏联等社会主义国家"一边倒"的一个必然选择。

中华人民共和国成立后，以美国为首的资本主义阵营对新中国抱以敌视的态度，采取全面封锁政策，使中国面临巨大的政治、经济和外交压力。中国与西方的关系基本上处于断绝状态，联合国席位被蒋介石国民政府占据，外交空间狭窄，这也是新中国实行"一边倒"外交方针的另一个背景。20 世纪 50 年代初的朝鲜战争，使中国面临国家安全的威胁，中国随即组成志愿军参战，中美在战场上直接交锋，更加深了中国与以美国为首的资本主义阵营的敌对，中国不可避免地被卷入到国际冷战格局中。

这样的政治格局和国际环境也决定了新中国成立后的外交政策的原则，就是独立自主的和平外交政策。毛主席曾形象地解释为"打扫干净屋子再请客"、"一边倒"、"另起炉灶"。"打扫干净屋子再请客"就是首先清除帝国主义在中国的残余势力，取缔帝国主义在华的一切特权，然后再考虑与西方国家建立外交关系。"一边倒"就是中国政府在外交上坚定地站在社会主义阵营一边。"另起炉灶"就是不承认国民政府建立的一切旧的屈辱的外交关系，而要在新的基础上同各国另行建立新的平等外交关系。特别是"一边倒"政策，明确中国加入社会主义阵营，与以苏联为首的社会主义国家站在一起。由此，中国与以苏联为首的社会主义国家密切往来与合作，先后与各国签订了多项双边文化交流协定，留学苏联、留学东欧，就成为新中国留学教育的必然选择。因此，这一时期的中国留学教育的转向，不仅是单纯的教育和文化交流问题，更体现出国际政治格局和中国所处环境对新中国留学教育的影响。同时，社会主义国家阵营，尤其是苏联，其强大的经济实力、先进的技术、发展经验和发展模式也是我国派遣留学生的前提条件，为我国派遣留学生提供了可供借鉴和学习交流的技术及经验。

二　新中国成立之初留学教育的取向

留学教育的转向与特定的国内背景也密切相关。中华人民共和国成立后，经济建设成为国家的重心，将中国从一个落后的农业国转变为先进的工业国，这既是富民强国的要求，也是巩固新中国政权的必然选择。在特定的国际背景下，唯一可依赖和可从中获得援助的国家就是苏联。首先，工业化建设需要依赖苏联的支持和帮助，苏联援助的 156 个项目为中国大规模的工业经济建设拉开了序幕；其次，我国工业化建设需要大批技术专家，鉴于当时国内教育和技术的落后，技术人才缺乏，无法学习先进的技术和经验的现状需要留学苏联学习先进的技术和经验；再次，我国社会主义建设的模式与苏联模式相近，全面学习苏联，培养中国人的"苏联专家"成为必然。毛泽东就生动地指出,"社会主义胜利建设的苏联"是我们"向前发展的活榜样","苏联共产党就是我们的最好的先生,我们必须向他们学习","以俄为师"成为风尚。这等于向世界宣告了中国学习苏联模式建设社会主义的时代抉择。

新中国成立后,中央对知识分子的改造教育和培养知识分子的新生力量也十分重视。这一时期中央对知识分子的基本工作思路就是在改造教育的基础上,争取、团结广大知识分子,使其服务于国家建设事业。1956年,周恩来在《关于知识分子问题的报告》中指出:知识分子是工人阶级的一部分,"社会主义建设,除了必须依靠工人阶级和广大农民的积极劳动以外,还必须依靠知识分子的积极劳动,也就是说必须依靠体力劳动和脑力劳动的密切合作,依靠工人、农民、知识分子的兄弟联盟"。[1] 同年,中央在《关于知识分子问题的指示》中强调"大力培养知识分子的新生力量,提高知识分子的业务水平,才能够根本解决我国的知识分子问题"。办法之一就是"按照我们所急需的门类,派遣若干组专家、优秀的科学工作人员和优秀的大学毕业生到苏联和其他国家去做适当时间的学习,或者当研究生……应该按照需要,每年都陆续派人去实习和研究"。[2]

这一期间为提高和保证我国的科学研究质量、技术水平和高等教育质量,除了加快国内人才的培养、聘请苏联专家及其他外国专家指导外,还采取了以下措施:向苏联及其他国家派遣留学生,学习各国先进的技术、学科和经验;最大努力地争取先前留学的学生回国;加强国际交流与合作,派遣国内专家和学者出国进修和考察等。

从上述分析可知,新中国成立后我国留学教育的转向与国际国内形势密切相关。我国建立社会主义制度与苏联及东欧等社会主义阵营站在一起,形成全面合作关系,加之我国"一边倒"的外交政策,使得我国留学教育全面转向社会主义阵营,尤其是苏联。新中国的成立与资本

① 中央教育科学研究所编:《周恩来教育文选》,教育科学出版社1984年版,第104页。
② 《中共中央关于知识分子问题的指示(一九五六年二月二十四日中央政治局会议通过)》,《建国以来重要文献选编》第8册(1956年上半年),中央文献出版社1991年版,第141、144页。

主义阵营形成敌对状态，其相互关系基本处于断绝状态，合作交流是"天方夜谭"，派遣留学生几乎不可能，也无法实现。因此，新中国的留学教育和政策与西方资本主义国家无关。此外，新中国成立之初，百废待兴，急需经济建设，我国经济基础薄弱、工业设备落后、技术与专业人才缺乏，这些现状都需要派遣留学生学习苏联等发达国家的技术、经验，引进先进的设备等；新中国特殊的知识分子政策，使得知识分子的改造和教育也与留学教育相挂钩。在这些历史背景下，中央做出了向苏联大量派遣留学人员，全面、系统、深入地学习苏联社会主义建设经验和先进科学技术的战略决策。

这时的重庆处于新中国成立后新的历史发展时期，百废待兴。各项政策、方针的制定、实施都与中央保持高度的一致。重庆留学教育的开展与新中国成立后所面临的国际国内形势紧密相关，这也是重庆留学教育最大的背景，重庆地区各项社会事业建设都急需人才则是重庆最大的实际需要，而中央做出的向苏联学习、派遣留学生赴苏联学习先进技术、培养人才的战略决策，得到了重庆地区的热烈响应和积极支持。

随着国家留学教育的全面展开，各项留学政策也在不断地制定、实施和完善，这些政策对我国的留学教育影响巨大。

三　新中国的留学教育政策概述

新中国成立后，自 1950 年开始派遣留学生起，到 1966 年留学教育被迫中断为止，这一时期是中华人民共和国留学教育史上一个特殊和特定的阶段。留学教育的巨大转向不仅体现在留学去向国家和目的的区别上，更多的体现在留学体制和留学政策的转变上。这主要体现在留学生派遣政策、留学生管理政策和留学生回国政策等留学教育体制和政策之中。[①]

（一）留学生派遣政策

早在中华人民共和国成立后不久，中央即决定大规模向苏联和东欧各社会主义国家派遣留学生，成立了由聂荣臻、李富春、陆定一主持的

---

① 本部分内容主要参考田涛、刘晓琴、李喜所编《中国留学通史·新中国卷》，广东教育出版社 2010 年版，第 36—58 页。

留学生派遣工作领导小组，制定方针、计划和组织实施，以便与经济建设计划相协调。20世纪五六十年代，留学生的派遣单位主要是教育部（或高等教育部，简称"高教部"）①，此外还有中国科学院及国家科学技术委员会。留学生的选拔由高等教育部、教育部和人事部（后来又增加了科学技术委员会等机构）会同进行。在派遣程序上，先由教育部（高教部）和其他单位组织选拔，然后报政务院文化教育委员会批准，会同外交部办理出国手续。

中华人民共和国成立之初，政务院文化教育委员会负责制定留学计划大纲，教育部（高教部）负责具体选拔工作。同时，中国科学院等机构也参与选拔和派遣。留学人选经政务院文化教育委员会同意后，由教育部和外交部办理出国手续。1955年政务院改称国务院后，留学生派遣工作由国务院第二办公室负责。到1956年，留学生派遣先由国家计划委员会制订专业计划，然后由高教部负责选拔，参与留学生派遣工作的单位有国务院二办、国家计委、高教部和外交部。1957年国家规定"在国务院科学规划委员会的领导下，由科学院、国家经济委员会、国家计划委员会、高等教育部等有关部门指定负责人组织派遣留学生专门小组，负责制订长期的和年度的派遣留学研究生的专门派遣计划，经国务院批准后，责成高等教育部负责选派（科学院计划派遣部分仍由科学院负责选派）"。② 1959年以后，科学技术委员会（简称"科委"）成立，留学生派遣工作改由科委和教育部共同执行。为此，科委、教育部和外交部联合召开了两次留学生工作会议，建议由科委统一领导留学生工作，教育部、科学院、外贸部、科学院哲学社会科学部、二机部和文化部等分口负责。各部门具体的分工是：科委负责留学生的派遣规划、统一布置选拔计划并负责制订毕业留学生的分配计划，教育部负责留学生的选拔和派遣前的审查批准及派出工作。到1961年，国家对留学生选派工作做了进一步分工，长远规划和年度派遣计划的控制数

---

① 高等教育部成立于1952年11月，1958年2月"高教部"和教育部合并为教育部，1964年3月教育部再次正式分为教育部和高等教育部，分管留学生派遣机构的名称也因此而变化。

② 《高等教育部对改进留学研究生派遣工作的报告》，李滔主编：《中华留学教育史录：1949年以后》，第151页。

（包括专业和理工农医及社会科学各科的派遣比例）由国家科委负责拟定；高等学校系统的人员选拔由教育部负责；根据两国科学技术协议派遣的实习生的选拔工作，由国家科委负责；按照两国科学院协议派遣的研究生、进修生或实习生的选拔工作，由中国科学院负责。此外，"外贸部负责去苏联的生产实习人员的派遣，同苏联签订合同，及办理转厂、延期等工作"；"二机部负责有关原子能专业方面留学生的派遣工作"；"科委还直接负责进修专家和科学研究方面的实习生的派遣计划的汇总平衡、选拔工作"；"文化部负责文化艺术方面的派遣、选拔工作"；"科学院社会科学部负责全国社科方面的派遣、选拔工作"。① 诸多部门和机构参与留学事务，也说明国家对留学教育的重视和控制的强化。

20 世纪五六十年代，留学苏联是留学教育的主流，1950—1965 年的留苏人员占到派遣总人数的 78.64%。留学派遣政策主要是针对留苏教育制定的，中苏关系交恶后才发生变化，派遣国家从社会主义国家扩大到亚非拉新兴民族独立国家和少数西方国家，留学政策也发生相应改变。总体而言，这一阶段的留学政策可以概括为四个发展阶段，第一，尝试阶段（1950—1953）——"严格选拔，宁缺毋滥"；第二，快速发展阶段（1954—1956）——"严格审查，争取多派"、"以理工科为主，兼顾全面"；第三，调整阶段（1957—1963）——"以研究生为主，以高、精、尖、缺为主"；第四，单一派遣阶段（1964—1965）——"以外语留学生为主"。在各个阶段，具体的派遣政策又有所不同。

根据统计，1950—1958 这九年间，中国共派出 1.6 万余名留学生（包括由教育部、各部委等派遣的大学生、研究生、进修生、实习生等各类人员，因此人数远远大于教育部门的统计结果），91% 派往苏联，2/3 学习的是工科。② 到 1958 年，学成归国的有 9000 人，取得了不错的成绩。但留学工作也存在着问题，主要是"质量不高，专业不全，

---

① 《中央批转国家科委党组、教育部党组、外交部党委关于留学生工作会议的报告（1959 年 7 月 27 日）》，中共中央文献研究室编：《建国以来重要文献选编》第 12 册（1959年），中央文献出版社 1996 年版，第 460 页。

② 同上书，第 449—450 页。

缺乏长远规划，对基础理论专业重视程度不够”等问题。① 1959 年 4 月
13 日到 5 月 9 日，国家科委、外交部、教育部在北京联合召开留学生工
作会议（又称“第一次留学生工作会议”）。针对留学工作的问题，会议
确定了此后派遣留学生的方针是：“一、保证重点，兼顾一般。根据国内
的需要和国外的可能，派人出国学习‘高、精、尖、缺’的学科和专业。
二、保证留学生的质量，特别是研究生的质量，在保证质量的前提下争
取数量。三、既要注意长远需要，派一定数量的研究生和大学生，作长
期培养，又要派人出国短期进修或学习，以满足当前需要。”②

此后，留学选派就以此为指导思想。1959 年留学生选拔类型分大
学生、研究生、进修教师、实习生和翻译五种，专业以“高（级）、尖
（端）、精（密）、缺（门）”为原则，仍以理工科为主，医科和农科次
之，文化艺术等专业领域也有少量人员，计划规模在 700—1000 人。留
学生选拔人数按省（包括所属大学）分配，研究生、进修教师条件没
有变化，实习生选拔同研究生标准。从高中毕业生选拔预备生的名额预
定为 400 人。③ 该批留学生于 1960 年派出。

随着中苏关系的恶化，以留苏为主的留学教育面临着现实的困境。
在这一背景下，1960 年 9 月 13 日至 21 日，国家科委等单位举行了第二
次留学生工作会议，对留学生的选派、派遣、管理、分配、使用等进行
重新调整。在派遣方针上，主要有以下变化。第一，减少数量、提高质
量。第二，派遣专业应该选择国内需要、对方特长而又可能接受的，绝
不存在依赖思想，对方不接受，就不勉强。社会科学专业一般不派，学
习对方国家的历史、语言文学等专业的适当派遣，体育、艺术类一般不
派。第三，派遣人员仍是大学毕业后有两年以上的工作经验者出国作研
究生、进修生和实习生，高中毕业生原则上不派。

这一时期，留学教育规模不断缩小，预备生的选拔数量明显下降。

（二）留学生管理政策

与民国相比，新中国留学教育的一个显著变化，就是留学教育由国

---

① 《中华人民共和国教育大事记（1949—1982）》，第 244 页。
② 同上。
③ 李滔主编：《中华留学教育史录：1949 年以后》，第 161—164 页。

家统一组织和实施，留学生均属公费性质，由国家统一派遣，由此也带来了管理政策上的变化。北洋政府时期和南京国民政府时期虽然也在驻外使馆设置过留学生监督等职位，对留学生进行管理，但主要处理公费生的经费发放等问题，由于留学渠道多样化，官费、私费及各类基金留学等共存，使留学生的统一管理无法实现；中华人民共和国成立后，由于留学生均属于公费范畴，统一、严格的管理也是必然的。因此，相对于前一阶段的留学管理政策，这一时期的留学管理政策更加严谨和完善，并呈现出强烈的政治色彩。

1950 年中国派出第一批赴东欧交换留学生时，教育部和外交部共同制定了第一个留学生暂行管理办法。按照管理办法，留学生在国外的具体事宜由大使馆负责，每学期结束后两周内，留学生应对学习成绩及生活情况作出总结，并拟订下学期学习计划要点，通过使馆送回国内审核。留学生一般情况下不能中途改变所学习的专业，如有学习不力或违规的行为，由教育部进行处理或勒令回国。另外，留学生在国外期间需要遵守的规则还有：一，建立小组会议制度，定期进行对学习、生活、思想的检讨，发扬团结互助、批评与自我批评的精神，并向大使馆汇报学习情况；二，在有必要参加政治性活动、发表文章或演说时，事前必须获得大使馆的批准；三，须遵守所在国的法令、学校规章，遵守所在国的风俗习惯，不得随便打听有关国家的机密的问题；四，生活应保持朴素耐劳的作风，费用不得超过所在国政府发给的津贴；五，在假日的活动，如参加文化、娱乐、旅行、运动等，应尽可能集体参加。① 这些规定主要从政治着眼，对留学生的学习、生活和言行进行管理，体现了这一时期留学生管理的基本精神。

1951 年起，中国开始大规模派遣留苏学生。留苏学生的管理最初由驻苏联大使馆代为负责。1951 年，驻苏联大使张闻天在关于留苏学生的报告中说："现在的留学生已不是几十人，而是几百人的问题了。这一大批留学生又包括各方面的专门人才，情况很复杂，问题亦多，加强对他们的管理，十分必要。"建议在使馆内增设留学生部

---

① 《中央人民政府教育部 1950 年度派往东欧新民主主义国家的交换留学生暂行管理办法》，李滔主编：《中华留学教育史录：1949 年以后》，第 229 页。

或留学生管理处，其主要职能有：一，与国内各有关部门保持经常联系，负责考查、了解留学生的学习情况，定期到各个城市巡视，并向国内有关部门报告；二，与苏联高等教育部及其他有关方面联络，办理入学、转系手续，并协同处理其他有关留学生的问题；三，研究苏联各高等学校的情况，具体了解其科系、课程、设备的配置，作为派遣留学生及改进国内高等教育的参考；四，保管留学生的履历表、学习成绩及其他有关材料，建立档案，对回国留学生进行鉴定，并提出分配意见，供有关部门参考；五，做好留学生中的党、团组织工作，加强留学生的政治领导；六，指导留学生学生会工作，及其必要的对外活动；七，解决留学生学习和生活上的困难。[①] 这一建议被采纳后，设立留学生管理处或指定干部专门负责，就成为此后留学生管理的基本模式。1952 年驻苏联使馆设立留学生管理处，其基本工作几乎涵盖了留学生在留学期间的所有事务，成为留学生与国内、与苏联各部门联系的纽带。

1952 年，政务院制定了派送出国留学生暂行管理办法，目的是正确地领导、督促并检查留学生的思想、学习、生活，以保证其按期完成留学计划。此后，教育部又制定了《公费出国留学生书报供给暂行办法》、《留学生守则》，[②] 高教部则颁发了"留学生注意事项"，使留学管理工作进一步规范化。1954 年，外交部、高教部还联合颁发了《派赴苏联及各人民民主国家留学生暂行管理办法》。按照规定，留学生在留学期间，由驻外使馆指定专人或经外交部统一由高教部派出专职干部，必要时设立留学生管理机构进行管理。使馆全面管理留学生的思想、学习和生活，重要事务报外交部会同高教部处理。[③]

新中国成立后，留学生管理的基本要求，简单来说就是"学习好、身体好、纪律好"，希望留学生成为"政治坚定、业务精通、作风正派、身体健康"的全面发展的专门人才。1955 年，高教部于专门下文

① 李滔主编：《中华留学教育史录：1949 年以后》，第 230—231 页。
② 同上书，第 233—234 页。
③ 同上书，第 235—236 页。

《关于改善国外留学生健康情况的指示》，要求留学生重视身体健康，以保证完成学业。驻外使馆要建立留学生健康检查制度，帮助留学生保持健康。①

1958 年，为了加强对留学生的管理，高教部和外交部联合颁发了《关于管理派赴各国留学生的规定》。1959 年规定："原则上应不同意留学生在学习期间与外国人结婚，但不公开宣布，而用加强说服教育的方法。"② 1960 年又进一步明确："留学生在学习期间不论同外国人或中国人都不准结婚。对留学生和外国人恋爱，不要用法律形式加以禁止。但是要加强教育。"③ 从中可见，那个时期对留学生的管理，甚至涉及留学生的个人生活。

1964 年制定了更为具体的留学生管理章程，即《中华人民共和国派往国外留学生管理教育工作的暂行规定》。这是"文化大革命"前最为详尽的一部留学生管理规定。根据规定，高教部对留学生管理负主要责任，外交部和外文委、国家科委、科学院等单位配合高教部的工作。留学生在国外的管理，由使馆全面负责。

除上述管理办法或规定外，五六十年代留学生管理的其他一些政策也不断变化。关于留学年限，1958 年以前，研究生学习年限为前后共四年（国内补习一年，国外学习三年）。1958 年以后，在"多快好省"大跃进思想指导下，国务院科学规划委员会认为还可以尽量缩短。"缩短时间的办法，除哲学等可以在国内先学，也不必在国外写副博士论文，只要学好本事，即行回国，论文可在工作中慢慢作。各部门希望能把学习期限缩短到两年半左右；科学院表示，如时间短些就愿意多派人。"④ 1959 年规定研究生留学年限是三年，进修生一般一年，至多两年，实习生的年限一般不超过两年。缩短留学年限，主观意图在于尽快

---

① 李滔主编：《中华留学教育史录：1949 年以后》，第 238—239 页。

② 《中央批转国家科委党组、教育部党组、外交部党委关于留学生工作会议的报告（1959 年 7 月 27 日）》，《建国以来重要文献选编》第 12 册（1959 年），第 460、461 页。

③ 《关于今后一个时期的留学生工作的意见（摘录）》，李滔主编：《中华留学教育史录：1949 年以后》，第 172 页。

④ 《国务院科学规划委员会关于增加 1958 年派遣留学研究生的报告》，李滔主编：《中华留学教育史录：1949 年以后》，第 159 页。

培养人才，但客观上并不利于留学教育的发展。

严格的管理、高度的组织性和纪律性，是五六十年代留学生教育的一个基本特点。在特定的政治背景和时代环境下，留学教育十分注重组织纪律性。

留学生管理的另一项重要内容，是有关经费开支的规定。由于留学生均属于公费生，其在国外的学习、生活费、旅费等，均由国家供给。1959 年教育部制定了《关于派往国外留学生、实习生经费开支的几项规定》。依据经费拨付办法，除了与各国交换学生产生的经费由对方支付外，派出留学生的经费发放办法如下：

（1）出国服装补助费：留学生平均不超过 450 元，实习生不超过 250 元。从晚清到民国时期，给公费学生发放制装费已是一项传统，新中国成立之初的留学教育也延续了这一传统。

（2）出国旅费：主要是根据前往国家的不同而制定相应的支出标准。

（3）国外生活费：由驻外使馆根据具体情况制定。

（4）留学生在外学习期间，原已参加工作的，工资按 80% 发给，还可以根据家属的具体情况给予适当补助，福利待遇也由原单位照常供给；未参加工作的大学毕业生，也可以根据家属情况给予补助，高中毕业生原则上不发放家庭困难补助。

在 1959 年经费开支办法的基础上，1964 年又重新制定了《关于派往留学生国外经费开支的几项具体规定》以及《关于派出留学生国内经费开支的几项具体规定》，基本仍遵循前一个经费支出标准。1965 年年底对经费规定进行调整，重新制定《关于派往国外的留学生经费开支的几项规定》，内容更加细化。

中国政府对留苏教育的重视直接体现在留苏学生的经济待遇上。在当时的情形下，留学生的待遇非常优厚。1952 年，中、苏签订《关于中华人民共和国公民在苏联高等学校学习之规定》（简称《学习之规定》）前，中国政府规定的留苏费用标准为："留学大学生每人每月膳费、宿费、书籍文具费、零用费等共计 595 卢布（以上四项包干发给留学生个人），学费 33 卢布，特别费 22 卢布（以上两项由大使馆统一掌握），以上合计每人每月供给标准 650 卢布；研究生每人每月供给标准 900 卢布；大行政区部长级干部再加 100 卢布。"① 在《学习之规定》签订后，费用标准定为 "大学生津贴，每人每月 500 卢布；研究生津贴，每人每月 700 卢布"。② 其中，苏联支付生活费与学习费的一半。当年留苏学生回忆说，他们的生活待遇都特别好。这表明了中国政府对留学生寄予的厚望。

（三）留学生回国政策

新中国成立后到 1965 年，这期间总共有两次留学生归国高潮。其区别在于，第一批留学回国高潮的留学生并不是新中国派出的留学生，而且这些留学生更多的是在西方资本主义国家留学；第二批留学生则是新中国派出的留学生，学成归国，是真正意义上的新中国留学教育的成果。相同的是这些留学生的回国为新中国的建设事业作出了巨大的贡献。这里主要讨论新中国派遣的留学生的回国政策，其中最主要的就是分配政策。

有出国留学就必有学成归国。新中国最早的 "留学回国潮" 出现在 20 世纪 50 年代初。1949 年 12 月 6 日，经当时的政务院批准，国家成立了 "办理留学生回国事务委员会"，还先后在北京、上海、广州、武汉、沈阳等地设立 "归国留学生招待所"，专门负责接待回国的留学生和学者，并对经济困难者予以接济和补助。在新中国的感召下，2000多名在外留学或讲学的学生及学者先后返回祖国。华罗庚、钱三强、李四光、钱学森、黄昆、赵忠尧等是其中的优秀代表。要知道，当时在海外的留学生和学者的总数仅有 5600 多人。

第二次回国留学潮出现在 60 年代初期，50 年代派往苏联和东欧的新中国留学人员相继完成学业，大批回国。数据显示，当时中国向苏联和东欧等国家共派出 8414 名留学生，到 1965 年时，学成回国的已有7324 人，占 87.05%。加上出国进修生和实习生等，留学回国人员有1.5 万多人。这批留学人员不仅回国率非常高，成才率也很高。30 年后

---

① 教育部档案 1951—90 卷，"函请电知我驻苏大使馆代垫赴苏 375 名留学生学习生活费"，转引自周尚文、李鹏《一种新的留学模式的开端——新中国首批（1951 年）派遣留苏学生的历史考察》，《历史教学问题》2007 年第 6 期。

② 李滔主编：《中华留学教育史录：1949 年以后》，第 83 页。

的一个统计数据显示，在这批留学人员中，产生了一名国家主席，一名
国务院总理，多名国务院副总理或国务委员，200多位正副部长及省部
级官员，100多位将军和军队高级将领。

　　20世纪五六十年代的留学教育中，没有专门的回国政策，但在这
一方面也有特定的要求。事实上，"文化大革命"前的公费留学教育，
所有留学生都必须回国。这一时期留学生的回国率之高，是中国留学教
育开展以来绝无仅有的。这种国家统招统分的方式，是计划经济时代留
学教育的特色之一。

　　回国留学生的分配方式是一个逐步完善的过程。尽管具有高度计划
性，但由于留学生的选拔、派出部门是教育部及各部委，工作分配事实
上也是由教育部、计委、外交部、科学院等单位共同管理。"大家都管
理，但都没有认真地管起来，形成了多头状态。"① 在缺乏认真研究的
情况下，留学生分配的一个实际特点是"平均分配、分散使用"。为了
解决这一问题，1957年高教部在改进留学生派遣工作的报告中，建议
由国务院科学规划委员会根据选派计划的培养要求，核定留学研究生毕
业回国后的工作分配计划。此后毕业回国学生的分配计划主要归国家科
委负责。

　　中华人民共和国科学技术委员会关于调查从社会主义国家毕业回国
的自然科学方面留学生使用情况的通知［（62—5）科专张字第164
号］② 显示：建国以来，约有六千名自然科学方面的大学生、研究生从
社会主义国家留学毕业回国参加工作，他们在不同工作岗位上积极努
力、刻苦钻研，对我国社会主义建设事业起了一定的促进作用。各使用
部门对他们的分配使用是重视的，一般能够做到学用一致、发挥专长；
但分配不当、用非所学、拆散配套、专业不对口径、随便令人改行等浪
费人才的现象，也相当严重。因此，对这些安排不妥、使用不当的人，
加以调整，充分发挥他们的所学和专业，是当前调整工作中的一项重要
任务。这显示了这一时期的留学生回国后的政策存在一定的问题，需要

　　① 《中央批转国家科委党组、教育部党组、外交部党委关于留学生工作会议的报告
（1959年7月27日）》，《建国以来重要文献选编》第12册（1959年），第453页。
　　② 资料来源：重庆大学档案馆。

不断修改和调整。

　　1961 年制定的留学生政策中，毕业留学生（包括提前毕业）的工作分配，由国家科委负责，在职干部毕业回国参加政治学习后，由教育部负责介绍其回原单位工作，中途退学回国的留学生，也由教育部负责处理。具体的留学生分配办法是：出国前系在职教师、在职干部和在职研究生的，仍回原单位工作，其他则由科委负责分配。60 年代初派遣的学习语言等社会科学的留学生，分配办法是：凡从高等学校选拔的青年教师仍回原单位分配工作，从本届毕业生或高年级学生中选拔的，由国家统一分配工作。1964 年以后，国家派遣大批外语留学生，他们在毕业回国后，主要补充到外事翻译、科研干部及外语师资当中。

　　回国留学生工资待遇的规定，是在 1958 年制定的。1954 年以后，先期派出的留学生陆续毕业回国，这些归国学生在工作见习期间的工资待遇，最初并不统一，而由用人单位自定。1956 年 9 月 5 日国务院人事局制定的基本原则是：凡干部选送出国留学的，回国后的工资应在不低于原待遇的原则下评定；凡高等学校和中等学校毕业后出国留学的，回国后的工资，应稍高于国内同等学力的毕业生。但在对"稍高"的理解上，各个部门有很大差异，"例如留苏大学生，在高等学校工作的，一般是 78 元或 69 元，在国家机关工作的，一般是 102.5 元，相差 30%—50%。1957 年回国留学生（382 人）的工资，到目前为止，绝大多数单位是暂时借支的，高低很不一致"。为统一工资待遇，国务院人事局于 1958 年初制定了《关于留学生回国分配工作以后见习期间工资待遇的规定》，规定留学生回国后的工资待遇，按照研究生、大学院校修业四年以上和大学院校及专科学校修业三年毕业三类各自分别执行。留学生见习期间的工资待遇标准，比国内同等学校毕业生要高一级，反映了在计划经济时代背景下，国家对于留学生的重视。

　　关于工龄计算问题，1992 年人事部对"文化大革命"前赴苏联、东欧留学的本科生在学习期间的工龄计算问题通知如下：一，"文化大革命"前赴苏联、东欧国家留学的本科生，所学专业与国内专业相比较，凡学习时间（包括俄语预备部和国内高校学习及实习、锻炼的时间）长于国内相同或相近专业的学习时间均计算工龄（不计算工龄的学习时间最低不得少于四年）。二，改变计算工龄的起始时间后，在享受工资保险福利待遇时，开始计算工龄的时间视为参加工作的时间。改变工龄计算时间均从文件下达之日起执行，改变工龄之前的与工龄和参加工作时间有关的工资保险福利待遇，不予追补。①

四 留学教育政策的评价

新中国成立初期的留学教育是新中国留学史上浓重的一笔，它在我国社会主义建设事业人才培养上，在确定我国社会主义留学制度上，做出了很大的贡献。但它也留下一些缺憾，而这些缺憾由于历史条件的限制也是难以逾越的。

（一）留学教育的优点

1. 留学政策完备

从 20 世纪五六十年代的留学教育看，由于全部以公派留学生的身份派出，所以国家在派出政策、管理政策再到留学生回国工作的政策制定上都相当的完备。首先，此阶段的公费留学生均通过考试的政策派出，为今后留学生的派遣起了很好的带头模范作用。其次，设立了留学生预备学校，格外注重留学生出国前的综合素质的培养。最后，教育部、外交部等各部分工明确，使留学工作更具实效。

2. 留学归国人员贡献显著

随着时间的推移，20 世纪五六十年代的留学生回国后，从 20 世纪 80 年代起，开始在国家科技、工业、政治、文化建设中发挥重要的作用。如在 1994 年至 1999 年四届具有留学经历的中国工程院院士中，留苏人员最多，占到 49.47%。在 20 世纪五六十年代的留苏学生中，还产生了江泽民、李鹏、刘华清等中共第三代领导集体的成员，肩负了一个时代党和国家的重要领导工作。

3. 留学教育为我国社会主义建设事业培养了大批人才，留学教育是吸收国外先进科学技术、新的知识、先进管理经验和有益文化，提高

---

① 《人事部关于"文化大革命"前赴苏联、东欧国家留学本科生学习期间工龄计算问题的通知》，1992 年 6 月 16 日。

培养专门人才的能力，开发、储备人才资源，促进社会经济发展的一条重要途径。

4. 在 16 年的时间里，有关部门发布了一系列指示和政策，做了一系列规定，确定了留苏教育的指导思想、原则、派遣标准和方法，及解决了留学管理、留学人员的专业结构、经费等重要问题，从而构建了新中国留学制度的基本框架。

新中国建立时，苏联已积累 30 多年社会主义革命和建设的经验，在科学文化、工业农业、文化教育及马列主义研究等方面远比中国先进。1951—1965 年派往苏联的近万名留学生，分布在工业、农业、交通、政治、经济、法律、师范、外语、文艺、军事等多个领域，此外还有大批高校、厂矿赴苏实习、研修人员。他们经过几年的留学活动，开阔了眼界，学到了新知，增长了才干。归国后，缓解了我国科技建设管理人才，特别是高级科技建设管理人才紧缺的局面。他们用自己的才智，报效祖国，为我国社会主义建设和国民经济发展作出了重要贡献。他们中的不少人，今天仍活跃在我国政治、科技、经济、文化、教育等各条战线上。

（二）留学教育的不足

1. 受政治影响颇深

20 世纪五六十年代的中苏关系对当时留学运动影响巨大，也可以说，成也萧何、败也萧何。在 50 年代中期中苏关系亲密阶段，留学教育也呈现出繁荣景象，随着 60 年代后中苏关系的恶化，留学教育也陷入了萎缩和停滞。留学教育本身是一种学术间的友好交流活动，是留学国之间相互学习的途径。但是一旦它与政治挂钩，就会使留学教育呈现出畸形发展的态势。20 世纪五六十年代的留学运动后期，随着中苏政治意识形态的分化，留学质量下降，适逢国内反右斗争、"大跃进"运动展开，留学归国人员被定为"修正主义分子"，这也对留学教育造成了极大的损害。

2. 留学国家单一

1950—1959 年我国派出的一万多名留学生中，90% 被派往苏联，8% 派往东欧人民民主国家。我国从 1957 年开始与意大利、瑞士、瑞典、挪威、丹麦、比利时等资本主义国家交换留学生。1964 年向英、法派出留学生。到 1965 年，派往资本主义国家的留学生只有 1200 多人，且主要学语言。由于派遣国的单一，对世界各国、各民族的优秀文化就缺乏比较与选择，且苏联的高等教育专业设置有限，我们只能被动适应，影响了留学生的眼界和知识的扩展。更为惨痛的教训是，由于派遣国单一，苏联社会主义建设模式成了我们效仿的唯一模式。应当说，斯大林大体是按照马克思关于社会主义的公有制、计划经济和按劳分配的构想来建设社会主义的。但是，他忽略了苏俄整体上落后的生产力背景，一味拔高生产关系，忽视发展生产力，逐步建立起高度集中的计划经济体制和高度集权的政治体制，既束缚了生产力的发展，又限制了社会主义民主和法制建设，影响了广大人民群众积极性的发挥。这种有严重弊端的体制，使矛盾不断积累、激化，促成斯大林逝世后一系列政治事件的发生，最终导致社会主义苏联的崩溃和解体。我国留学生派遣的全盛时期，正是苏联这一模式成型和发展时期。此时，中苏特定的关系及广泛的政治、经济、文化交流，使这一模式对中国产生了深远的影响，有些弊端至今仍是我们深化改革的重点和难点。另外要提及的是，进入 60 年代，苏联在电子、自动化、计算机等领域已落后于西方，由于派遣国单一，延缓了中国接触西方先进科技的时间。

3. 留学形式单一

尽管在 20 世纪五六十年代的留学运动中，党和国家十分注重公费留学生的派遣及管理。但是由于经济、教育水平的局限加之受政治的制约，直到 20 世纪 70 年代末期仍只采用公费留学这一单一的派出形式，自费留学被严格控制，使留学形式受到极大的限制。这对当时新中国建立后急需建设和科技人才的现实来说，其派出的人数简直是杯水车薪。

4. 专业知识狭窄

我国派往苏联的留学生中 70% 学理工，造成自然科学与社会科学的比例失调。90% 的留学生派往苏联，造成国内外语教学比例失调，俄语人才过剩。苏联高校的极端专业化，造成留学生知识面的狭窄。学习过程中，实践环节主要在学校的实验室内进行。60 年代后，不让中国留学生到尖端实验室、工厂、研究设计院等现场，实行技术封锁，使得留学生毕业归国后大部分在其他领域的适应能力和独立开发研究的能力受到局限。一些高校科研机构，机械性地吸收借鉴苏联的科研模式，增加了对苏联的依附性。与此同时，苏联大学的专业设置，中小学教学方法，具有法律权威的"一纲一本"，重智轻能、重教轻学的教育观念，都对中国产生了负面影响，增加了后期中国教育改革的难度。

5. 学术层次有限

留苏人员的类别有大学生、研究生、进修生、实习生。其中，学习实用技术的实习生，特别是工业部门的生产性实习生最多。另外，大学生的比例占到 65% 以上，研究生的比例仅占 26%，同 20 世纪三四十年代的公费留学相比，在留学层次上相对较低。尽管 1956 年后国家多次强调留苏教育应以研究生、进修生为主，但始终未能扭转大学生占多数的局面。

6. 管理体制存在弊端

弊端表现为国家包揽、内控式的选拔、过分强调政治标准等。实践证明，20 世纪六七十年代，世界性留学教育思潮已从单一国家派遣向多形式多渠道派遣转化，从单纯的政府行为向非政府行为转化，留学管理从人治化向法制化转化，留学政策从内部规定向公开化转化。留学管理体制已逐步走上重服务、轻管理的轨道。这些，在当时的政治背景下是无法效仿、无法想象的，无疑影响了我国留学教育的发展。不过，也为我国改革开放后留学教育的重新起步和发展提供了重要的经验和教训，这无疑是这一时期留学教育留给我们的宝贵财富。

第二节　重庆执行留学政策概况

新中国成立后，国家的各项建设事业蒸蒸日上，社会欣欣向荣，而重庆的社会事业建设也日新月异。社会的发展，文化教育事业的兴盛，为重庆的留学教育奠定了基础。重庆的留学教育作为国家整体留学教育的一部分，严格遵循国家的留学规划，并依照四川省的留学要求，结合重庆地区的实际情况进行具体安排和操作。

一　重庆的发展与留学教育

1949 年年底，重庆及西南其他各地除西藏外相继解放，大规模的军事行动结束。1949 年 12 月 8 日，邓小平与刘伯承进驻重庆。党中央为了统筹经营西南，实行军事管制，同时建立新的社会秩序，发展社会生产力，决定参照其他先行解放地区的经验，在西南地区同样实行大区一级的行政区划建制。西南党政军首脑机构中共中央西南局、西南军政（行政）委员会和西南军区均驻重庆，重庆也因其特殊的历史地位而成为新中国成立以后西南地区唯一的中央直辖市。重庆在中共中央西南局、西南军政委员会的直接领导下，顺利完成城市接管工作，中共重庆市委、市人民政府及各级人民政府和各种社团组织相继建立。

这一时期，留法、留苏的老前辈邓小平、刘伯承为新重庆的建设作出了卓越的贡献。

邓小平与刘伯承、贺龙一道领导重庆人民开展建立人民政权、恢复生产、稳定社会秩序等一系列工作。邓小平十分关心重庆的建设，在 1950 年 1 月于重庆召开的第一届各界人民代表大会上作了《团结起来，战胜困难》的总结报告，大抓党政机关的廉洁作风，在西南局召开的驻重庆各机关党员干部大会和重庆第二次党代会上发表了重要讲话：《关于整编节约问题》、《关于整风问题的报告》。在邓小平的主持下，西南局做出了"建设人民的生产的新重庆"的重大决策，邓小平豪情满怀地说："不用怀疑，人民的新重庆是会在重庆人民团结的基础上加速地建立起来的。"邓小平以开拓者的胆略做出了修建成渝铁路的重大决策："以修建成渝铁路为先行，带动百业发展，帮助四川恢复经济。"于是，新中国成立后的第一条铁路正式动工修建。在邓小平的亲自主持下，重庆解放仅半年时间，1950 年 6 月 15 日成渝铁路便正式动工。1952 年 7 月，成、渝两市同时举行通车典礼。这是第一条由中国人自己设计、自己修筑，全部采用国产器材的铁路，在中外铁路建筑史上写下了光辉的篇章，西南人民近半个世纪的美梦终于成真了。毛泽东闻讯大喜，挥毫题词"庆贺成渝铁路通车"。

刘伯承在重庆召开的第一届各界人民代表大会上作了《为建设

人民的生产的新重庆而斗争》的报告，提出建设人民民主专政、恢复社会经济的方针和任务，为重庆顺利完成新民主主义革命指明了方向。1950 年年底，刘伯承出任人民解放军军事学院院长，在离开重庆之前，将自己收藏的 4000 余册图书赠送给了新建成的西南人民图书馆。

以邓小平为第一书记的西南局，针对新中国成立初期社会秩序较为混乱的情况，按照中央和西南局的部署，开展了镇压反革命、取缔反动会道门组织、遣送旧军政人员及禁止鸦片烟毒和打击嫖娼卖淫等工作，使社会秩序迅速好转，新生的人民政权得到巩固，重庆的社会发展取得巨大的进步。与此同时，按照中央统一规划，建设新重庆，实行民主改革，包括减租退押和土地改革运动、城市工厂的民主改革运动和婚姻与司法改革。

在那激情燃烧的年代，在毛主席和党中央的领导下，重庆充分发挥了中国内陆地区最重要的老工业基地的作用，成为共和国的坚强脊梁。1954 年 6 月，中央作出撤销大区一级行政机构和合并若干省、市建制的决定，将重庆等 11 个中央直辖市改为省辖市。7 月 1 日，重庆并入四川建制，成为四川省辖市。但是，考虑到重庆的历史地位和它在西南的特殊区位优势以及经济上的巨大影响力，中央于 1954—1958 年、1964—1967 年两次对重庆实行国家经济计划单列体制。

"一五"计划轰轰烈烈开展起来，向社会主义过渡的实现，初步奠定了社会主义现代化建设的工业基础，社会各项事业取得了长足的发展，人们生活水平稳步提升，促进了重庆的巨大发展。到了 20 世纪 60 年代，中央再次把目光投向了重庆，重庆成为"大三线"建设的重要部分。当时的中国，面临着西方资本主义世界的战略包围。为了防止帝国主义入侵，保卫国家安全，毛泽东做出了对国家经济建设按"三线"布局的战略决策。"三线建设"既涉及军工，也涉及民用；既包括常规武器，更包括核武器。以重庆为中心的西南成为"大三线"。中央的意图是"在纵深地区，即在西南和西北地区（包括湘西、鄂西、豫西）建立一个比较完整的工业体系"；"初步设想，用三年或者更多一点的时间，把重庆地区，包括从綦江到鄂西的长江上游地区，以重钢为原材料基地，建设成能够制造常规武器和某些重要机器设备的基地"；在机械工业方面，"以重庆为中心，逐步建立西南的机床、汽车、仪表和直接为国防服务的动力机械工业"。"三线"建设奠定了重庆作为新中国最重要的重工业基地之一的地位，极大地提高了重庆的工业实力和战略地位，促进了重庆进一步发展。经过近 20 年的建设，重庆地区的国民经济快速恢复，兵工、船舶、电子、航天、冶金、化学、机械、交通等行业在填补地区工业空白的同时，得到了大规模的建设和发展，给中国经济建设史留下了规模空前的一页，也为重庆的工业进一步发展奠定了坚实基础。

随着重庆社会的整体发展和进步，重庆的教育事业也取得了质的飞跃，教育的国际交流与合作逐渐展开。这一时期的重庆留学教育可以用"新生"来概括，"新生"不仅仅意味着留学教育新一段旅程的开始，更意味着她有了新的生命体，在留学背景、留学规划安排、留学特征、留学国家、留学政策等方面与之前大不相同，充满新的活力。

新政权建立后，新政权的留学教育也随之展开。随着国家整体教育的开展和发展，重庆的教育事业也进入了一个比较快速发展的阶段。同时，随国家留学教育的开展，重庆市的留学教育也上了一个新的台阶。基于国家在留学教育方面实行全面统筹规划，因重庆的留学教育必须与国家的留学教育计划和方针保持一致，并完全服从国家计划的统一安排。此外还要按照四川省的留学规划，结合自身实际来具体执行和操作。留学苏联成为这一时期重庆留学教育的绝对主流，同时留学东欧等社会主义国家和留学西方资本主义国家也相继展开，表明重庆留学教育与国家整体留学教育一样开始转向。这一时期的重庆留学教育为重庆地区和国家的社会主义事业的建设培养了大批的人才，留学归国学生积极投入到社会主义事业的建设中去，为新中国的发展做出了巨大的贡献。

二　重庆对留学政策的执行

重庆的留学教育与国家整体的留学教育开展的步伐基本一致。重庆的留学政策服从国家的整体留学规划并严格执行，同时作为四川省的省辖市也服从四川省的留学计划安排和政策措施，重庆地区各高校也结合自己的实际情况制定相应的留学政策。重庆的留学政策在重庆作为中央直辖市时由西南军政委员会文教部直接通知，列为省辖市后由四川省科学技术委员会和四川省高等教育局通知发文或转发教育部和高等教育部的政策文件。

（一）留学人员选拔政策

根据 1952 年西南军政委员会文教部［文高 2960 号］通知，留苏预备生的选拔条件有三个方面。第一，政治上经过审查完全可靠，在学习和工作中一贯表现忠诚积极，思想进步，品质优良，纪律性强，有钻研精神及培养前途者。第二，文化或业务水平合乎下列各项规定之一者：1. 入苏联高等学校研究部或研究院者（教师），选拔助教、讲师、教授、副教授及高等学校毕业生曾在研究机构做过一年以上研究工作或业务部门工作一年以上，年龄在三十五岁以下者；2. 入苏联高等学校一年级者（学生），选拔高等学校一年级肄业生，年龄在三十岁以下者。第三，身体健康无传染病，经医师严格检查合格者（女同志怀孕者不送）。此外，各校对拟保送人员应会同当地教育及人事部门首长进行严格的政治审查，并由系主任、院长、教务长、主委或校长、教育及人事部门首长逐级负责保证，并限于七月二十日前将保送名单及有关材料，包括（一）登记表；（二）自传；（三）细致鉴定及行政鉴定；（四）原保送单位审查意见及保证书；（五）健康证明书；（六）学业成绩单或著作及工作考绩等一并报部审查。①这份通知是最早的关于西南地区，包括重庆在内的关于选拔留苏预备生的政策通知和文件，是最初的留学政策，体现了当时与国家统一规划相一致的原则，这也为西南地区，甚至四川省及重庆市制定以后的留学政策提供了模板和借鉴。

重庆大学在 1954 年选拔留学生工作总结中描述了具体的关于留学生的选拔情况。为保证选拔人员政治上完全可靠，遵照人事部门提名，

---

① 《通知你校选拔赴苏留学预备生以便审查保送》，《西南军政委员会文教部通知（文高 2960 号）》，1952 年 7 月 4 日。

党委审查批准的方式，抽调人事干部及市公安局干部组成审查小组，在党委具体领导下工作。可见留学生选拔的政治条件十分严格。而具体的选拔操作步骤大致如下。

第一，提名。提名时着重在本人历史清楚、思想进步、学业成绩优良、身体无影响学习的疾病等方面。

第二，审查，分为整理材料和调查两个方面。整理材料，提出调查方向，拟定具体详细的调查提纲。调查分为校内调查和校外调查两个部分。其中校内调查采取的方法是向群众公布名单后，公开向群众收集意见。校外调查又分为本市及附近地区调查和外地调查，外地的发函到学生原校及家庭住地的公安机关以及向关系最为紧密的外地同学了解情况；本市和就近地区的，如在高等学校的，则交给高等学校负责留学生审查的同志或人事部代为调查，并且通过公安机关亲自到机关、老百姓及派出所等处调查。而且校内调查和校外调查是同时进行的。

第三，得出结论，这也是主要内容。包括：1. 关于本人在政治审查登记表内已填写好的情况，工作组都需要调查对证，若无问题，不须重抄，只要在审查意见栏内作出"本人所填各项经审查属实，有旁证材料"的结论即可；2. 关于本人、家庭主要成员及主要社会关系存在的问题，但经过调查清楚不影响选送留学，需要提出并做出结论；3. 本人政治面貌、政治态度及思想转变过程、觉悟程度、工作情况、学业成绩、健康状况等均须一一明确写出。根据调查内容，最后作出有关有无培养前途、可否留学的明确结论。

第四，思想教育工作。即针对最后结论，向录取和未被录取的人员作出说明，开展思想教育工作，一方面让录取的人员做好留学的准备；另一方面做好未被录取人员的安抚工作。

重庆大学关于1962年选拔留学研究生和进修教师提到的入选条件有：第一，政治条件，符合出国人员条件（详见教育部通知）；第二，业务条件，必须是大学本科毕业生，对本专业具有坚实的基础理论和专业知识，有三年以上与专业有关的实际工作经验，并有一定的科研能力；第三，身体条件，身体健康；第四，外文条件，具有阅读政治性文章和专业书籍，能听讲、记笔记以及提出问题的能力。① 而该年重庆大学共提名 15 名人员，最终合格者只有 2 人（不合格者 13 人，其中政治不符合条件 7 人；业务差 3 人；身体差 2 人；已留学过苏联 1 人），从这也可以看出出国留学选拔的政策条件十分严苛，一项条件稍微不合格，就必须被淘汰，淘汰率非常之高，这也确保了我国留学人员的质量，追求"宁缺毋滥"。

　　1964 年西南师范学院关于选拔留学生或进修生工作的情况报告中的选拔情况与重庆大学相似。这一年中央分配给西南师范学院的留苏名额是 1 人，结果因为选拔不出合格的人员而失去了这一名额。其原因在于选拔的条件十分严苛。该校根据教学需要、国外专长和对方接受的可能性，紧密结合师资培养规划，采取上下提名、院系结合的方式，在理科的数学、物理学、化学、生物学和文科的汉语言文学、政治教育等专业中摸底，推荐 17 名。审查过程中，除了查阅现存档案材料外，还派专人到省内外 17 个市县进行各方面的调查，可谓"查无不细、查无不严"。经排查，12 人政治条件不合格，另外 5 人业务不合格。经此，这一年的留苏派遣工作在西南师范学院就结束了，没有完成出国留学的选拔任务。可见审查之严格。

　　1960 年的专业科目考试由于时间比较紧迫，四川省高等教育局专门发文给重庆大学、重庆建筑工程学院和成都工学院，将原定的考试科目由四门合并成三门，去掉了金属与非金属高温材料中的应用电子学，同位素在建筑工业上的运用、普通物理和近代物理（有关同位素、超声波、红外线部分）合并。重庆大学的鲜学福教授当时是采矿系选拔留学的，他考的是中文写作、俄语、专业课（地质）、露天采矿设计、农村运输共五门课。

（二）其他留学政策

　　生活待遇政策方面。1958 年选拔的研究生、实习生、进修生的生活待遇。出国前在留苏预备部学习期间工资仍由原单位照发，但需扣除由留苏预备部发给每人每月 40 元的生活费。至于出国以后的国内待遇与 1959 年的规定完全相同。自 1959 年起选派的留学研究生、

---

　　①　重庆大学：《重庆大学关于 1962 年选拔留学研究生和进修教师》，1962 年 9 月 13 日。

实习生、进修生的生活待遇标准是：凡出国学习的人员离职后，仍由原单位保留编制，照发工资，但在留苏预备部期间本人的生活费自理；出国后本人的费用按照国家规定的标准供给，但派遣单位应扣除其原工资的20%折抵本人的生活费，如无家庭负担的本人出国后可不再发给工资。

留苏学生家属困难补助。经中央选送留苏的学生，原为工资制待遇者，由原机关在预算"家属补助费"目内编列原工资60%的数额，各机关在此总数额内，根据留苏学生家属的具体困难情况，予以补助。原为供给制待遇者，由原机关照出国前的各家属补助数予以补助，编列预算在家属补助费之内。家属补助费，一般应以直系亲属为限。

归国后工资评定方面。回国留学生回国分配工作以后，在见习期间工资标准比国内同等学校和同样修业年限的学生一般高一级，并规定在见习期满后评定的正式工资，一般不低于见习期间的工资，但也不宜差别过大。

四川省科学技术委员会和四川省高等教育局还专门就出国留学、研究生、科学研究实习生和进修人员服装补助费开支单独发文，规定出国留学人员服装补助费按派出系统归由主办出国工作单位编列预算。各单位抽调在职人员留学，由外国语学院统一办理出国事宜，出国制装费由该院编列预算，体现出留学人员照顾政策的细致。

三 重庆留学教育的特征

1. 重庆的留学教育开展得相对较晚，选派人员范围相对固定。

重庆解放较晚，留学教育开展得也比较晚。作为中央直辖市重庆从1952年开始选派留学生，第一批留学生于1953年才被派遣出国。在列入四川的省辖市后，1955年才开始有计划、有系统地选派留学生。这相对于国家整体计划开展来说，相对较晚。前面提到，重庆地区的选派人员主要集中在重庆大学和重庆建筑工程学院两所高校的工科专业，两所高校选派人员占到重庆选派总人数的80%以上。50年代中后期开始，四川外语学院、西南农学院、西南师范学院也陆续开始选派部分留学人员。

2. 培养教育师资和新兴科学的高级专门人才，逐步建立多层次多学科的留学教育体系，是这一时期重庆留学教育的主要特征。

由于当时重庆地区教育事业比较落后，人才素质普遍不高，振兴教育，培养教育师资力量成为主要需求。根据国家整体要求，选派"高"、"精"、"尖"、"缺"方向的留学生，重庆选派留学生学习新兴科学，以重庆建筑工程学院的建筑，重庆大学的电机、无线电、自动化、动力为主，西南农学院是以设置的农业物理、无线电技术及电子学专业，来为重庆培养高级专门人才的。同时，逐步减少了高中毕业生留苏预备生的选拔名额，转向以选派研究生和进修生为主，1952 年重庆大学选派 7 名留学生，只有 2 名研究生，而 1960 年选派的 4 人都是研究生，提高了选派质量，更好地培养高级人才做准备。另外，60 年代后，除了重庆建筑工程学院、重庆大学、西南农学院等高校继续选拔自然科学方面的留学生外，四川外语学院、西南师范学院、西南农学院等高校的语言、医学、农业经济、教育、体育等专业也陆续有被派遣出国的，留学专业体系逐步趋于合理。① 这些留学生都是为了培养教育师资和新兴科学而选拔的高级专门人才，有助于逐步建立多层次多学科的留学教育体系。

3. 受"一边倒"的外交政策影响，50 年代重庆留学生主要派往苏联，后来，随着国际国内形势的不断变化，留学生的派遣逐步扩大到其他国家乃至少数西方资本主义国家。

与国家的整体留学规划相一致，重庆留学教育一开始的政治色彩比较浓厚。同全国一样，四川、重庆教育的发展、改革以学习苏联教育经验为主，从培养目标、学制、专业设置到教学计划和方法，都参照了苏联教育工作的一套办法。作为高等教育的继续和补充，四川、重庆的留学教育自然也瞄准了苏联。50 年代，重庆地区的留学生选派基本上都是去苏联，1954—1958 年间，所派人员 95% 以上都是留学苏联。60年代中苏关系的恶化，留苏人员数量大幅度减少。根据重庆大学 1960—1962 年选派留学人员规划的记载，这三年每年分别有 12、15、19 名人员选派出国，但实际上每年仅有少量人员得以出行，1960 年这一年，重庆大学经选拔合格的仅有 4 名，1962 年只选拔 2 名。这一期间，留

---

① 西南农学院：《1955 年选拔留学生录取发榜名册》，1955 年 8 月 22 日。

学方向开始转变，留学东欧社会主义国家和西方资本主义国家的人员数量开始增加：1954 年重庆建筑工程学院就开始选派学生赴民主德国留学；1964 年重庆大学选拔的留学生有 6 人，赴东欧等社会主义国家和资本主义国家的就有 4 人，英国、法国、日本、东欧（蒙古）各 1 人；四川外语学院也向英国、法国派遣了语言留学生。这说明重庆的留学教育从单一的学习苏联转向吸取各国所长，四川、重庆的留学教育在曲折中走向成熟。

4. 后备力量不足、录取人数少。

据统计，1955—1959 年，四川留学生录取率约为 31%；1961—1965 年，留学生录取率约为 69%，国家下达的选拔指标，四川没有一年是完成了的，这一点在重庆也是一样，如 1952 年选拔留苏预备生 34 人，最终成功录取的仅有 7 人，录取率仅为 21%；而 1962 年，重庆大学共提出 15 名候选者，最终录取 2 人，可见录取人数很少，录取率很低。之所以如此，与以下因素有关。一是政治审查非常严格，1962 年重庆大学共提名 15 名人员，最终合格者只有 2 人，不合格的 13 人中政治不符合条件者达到 7 人，政治表现、家庭出身和社会关系都对选拔有重要的影响。① 二是地处内陆，长期处于封闭状态，不仅经济、文化较落后，教育欠账多和教育质量差也是五六十年代的突出问题。各学校对学生状况缺乏深入的了解，师资力量不足以及教学质量差导致学生成绩特别是数、理、化成绩上不去，这使重庆留学教育一开始就面临后备力量不足的问题。学生身体状况也令人担忧，1962 年选拔不合格的 13 人中有 2 人是因为身体原因。据调查，当时学生健康状况不良是普遍现象，尤其是肺病倾向者多，对人才的培养构成严重的威胁。这都导致人才后备力量不足，无法递补。三是对于解放后大力提倡的留学教育，无论是认识水平还是教育观念、应变能力等，四川都跟不上全国发展的需要。在选拔工作中，或强调客观困难，认为条件高选不出来；或怕学生出国学不了多少东西，反而受坏的影响；或怕学生出国学的知识多了，回来翘尾巴，不服领导；或怕骨干力量走了，教学和科研工作受影响。如此种种，不愿把政治思想好、业务水平高、符合出国条件的骨干分子

---

① 《重庆大学关于 1962 年选拔留学研究生和进修教师》，1962 年 9 月 13 日。

送出国培养。①

第三节　重庆的留苏及东欧等国

这一时期重庆的留学教育方向与国家整体留学教育一致。留学国家以苏联为绝对主导。至此，重庆选拔留学生主要面向苏联，自国家开始整体选派留苏生后，重庆一直在积极执行，重庆选拔留苏生的类别、专业分布等与国家计划也相一致，不过随着中苏关系的恶化，重庆的留苏教育规模逐渐缩小直至中断。在这一阶段重庆的留学教育也开展了向东欧等社会主义国家和西方资本主义国家派遣留学生的工作，这也构成了重庆留学教育的重要组成部分。

一　留苏教育在重庆
（一）中国留苏教育的背景

我国与苏俄之间的教育交流由来已久。民国建立后，北洋政府就曾派出一批学生到俄国的圣彼得堡大学及炮兵学校留学，但人数较少，影响不大。五四新文化运动之后，中国"以俄为师"，学习马克思列宁主义和十月革命的经验，探索中国的革命道路，留学苏联开始成为中国留学教育的一个支流。但在当时大规模学习日本、欧美教育的浪潮中，与苏俄的教育交流并未在我国的教育理论和制度层面上产生太大的影响。

南京国民政府成立后，其教育理念深受西方国家特别是美国教育的影响，尤其是美国的实用主义教育思想在中国产生了较大的影响，因此这一时期的中国留学教育方针以全面学习美国教育为内容，南京国民政府的对外教育交流大多是面向欧、美、日等国。虽然南京国民政府的对外教育交流以欧美为主，但苏联教育在中国的影响并非完全消失。大规模往苏联派遣留学生并不多见，但各个省市特别是东北、西北地区的官费、自费赴苏留学人数仍然不少。以新疆为例，1933—1939年间，仅伊犁地区锡伯族去苏联留学的就有50多人。1934年冬，新疆地方政府

---

① 四川省高教局：《关于布置选拔留学生工作的情况报告》（64）高人师字第087号。

分三批派出 294 名留苏学生，其中维吾尔族学生占到 40%。20 世纪 30 年代，广禄出任中国驻苏联塔什干总领事时，其子女亲属中就有十余人自费到苏联留学。①

在中国近代民主革命的历程中，苏联对中国的影响是其他任何国家都无法比拟的。基于中国革命和苏俄革命、中国共产党与苏联共产党的特殊关系，在新民主主义革命时期，可以说，苏联是培养中国革命干部的海外基地。从 1921 年中国共产党成立到 1949 年中华人民共和国成立的 28 年时间里，苏联通过不断为中国培养革命干部和输入政治理念的方式影响着中国革命的发展，其中通过留苏学生为中国培养革命干部的影响是最为直接的。

由于意识形态的相同和苏联对中国革命的关注，中国早期共产主义者一直很重视与苏联的教育交流。早在 1920 年，当时在北京的毛泽东曾写信给友人，拟组织一些学生赴俄勤工俭学。毛泽东等人在正式组织了俄罗斯研究会后，在俄罗斯研究会的推动下，经上海共产主义小组介绍，一批湖南学生动身到苏俄留学，这是我国共产主义者早期赴苏留学的开始。1921 年后，在中国共产党刚成立，急需一批懂得革命理论又能开展实际工作的干部，而自己又不具备大规模培训能力之时，苏联和共产国际创办的莫斯科东方大学、中山大学、列宁学院积极承担了为中国革命培养理论干部的任务。此后，随着国共两党合作的加强，两党相继派遣大批人员到苏联学习，从而形成了 20 世纪二三十年代我国留苏教育的第一次热潮。从教育层面来看，新民主主义革命期间，中国与苏联的教育交流特别是 20 世纪二三十年代广大留苏学生群体的存在，对中国共产党领导下的革命根据地的教育，甚至是新中国教育都产生了重大影响。

1948 年 8 月，中共东北局选派 21 名青年赴苏联学习科学技术，即后来所谓的 "4821"，拉开了新中国成立后大规模向苏联派遣留学生的序幕。在此之前，据教育部的报告称，在 "4821" 以前还有 24 名 "老留学生"，他们是国际儿童院长大的中国革命先驱和烈士的子女，早先

① 李涛、田正平：《借鉴与发展——中苏教育关系研究：1949—1976》，浙江教育出版社 2006 年版。

以苏联公民身份进入苏联的各大学，在 1951 年后转为中国留学生。他们是新中国留苏教育的先行者，为新中国的留苏教育做出了有益的探索。中华人民共和国成立后，在特定的国际格局和国内环境下，中国加入以苏联为首的社会主义阵营，全面学习苏联成为一项基本方针，留苏教育获得巨大发展，留学苏联在当时中国留学教育中处于绝对的主体地位，并成为 20 世纪五六十年代中国留学教育的代名词，在近代以来的中国留学教育史上留下了特殊的印记。

（二）重庆留苏教育的概况

重庆留苏教育只是国家留苏教育的一部分，虽然所占比例很小，但是不可或缺的组成部分，对重庆的留学教育具有重要的意义和作用，其培养的人才为重庆和国家做出了不可磨灭的贡献。重庆留苏教育的概况主要包括中学选拔留苏预备生，高校选拔留苏预备生和留学人员类别等方面，其中包括了留学类别、选拔留学人员的数量和所学专业等。

1. 留苏学生类别

根据中苏 1952 年签订的《（中苏两国政府）关于中华人民共和国在苏联高等学校（军事学校除外）学习之协定》，苏联高等学校只接收我国两类留学生，即研究生和大学生。1955 年后留苏人员种类的增加，标志着新中国成立后留苏教育走向成熟。具体表现如下。

第一，从高校派遣进修教师。1955 年 2 月 28 日，高等教育部颁布《关于 1955 年度选拔高等学校教师赴苏联进行短期专业研究的通知》。通知指出："赴苏进修年限据所学课程内容及本人的业务条件决定，一般为半年至一年半，最多不超过两年，进修课程一门为限，归国后仍回原校继续工作。"[①] 1956 年 8 月 2 日，教育部又专门发出了《教育部关于派遣出国教师的规定》以加强我国出国进修教师的管理工作。

第二，从机关干部中选拔留学预备研究生。1956 年高教部发出

---

① 高等教育部：《关于 1955 年度选拔高等学校教师赴苏联进行短期专业研究的通知》，转引自何东昌《中华人民共和国重要教育文献》（1949—1975），海南出版社 1998 年版，第 418 页。

通知，计划从中央各部门和中国科学院所属机构在职干部中选拔留苏研究生 300 名于 1957 年派赴苏联留学。

第三，从中央各部门所属研究机构、厂矿企业的在职干部中选拔一些人前往苏联进行短期专业研究和技术训练，回国后仍回原部门工作。① 上述派遣渠道从整体上贯彻了"按需派遣、学以致用"的原则，使得派出人员能从苏联学到对口的专业技术，回国后能迅速发挥专业技术特长。至此，留苏生的人员构成为大学生、研究生、进修教师和实习生四种。这些留学类别在以下的叙述中都可以体现。

2. 选拔留苏人员概况

（1）中学选拔留苏预备生

根据国家教育部和高教部的联合指示，从 1954 年起，重庆开展了在中学毕业生中选拔留苏预备生的工作。这项工作是在中共重庆市委的统一领导下，以教育部门为主，在人事、公安、卫生、共青团等部门的配合下进行的。具体办法是：由重庆市教育局、人事局、公安局、卫生局和共青团重庆市委分别抽调干部组成工作组，分赴学校协助工作。工作中采取初审和复审相结合的做法，即首先由学校在毕业生中摸底排队，初步提出选送对象，再由工作组和学校党委组织经过调查研究确定初步选送名单，同时办理体格检查及填表等手续，最后由工作组就本人填写的登记表和原有各项材料认真核对，做出结论，经重庆市委组织部、教育局、公安局、共青团市委等有关部门共同审查后报重庆市委审查核定。

选拔对象主要是应届高中毕业生（包括高中提前毕业生）和重庆大学、西南师范大学两校附设工农速成班的应届毕业生（也曾选拔过大学一年级的学生和少数机关干部）。选拔时，为了贯彻中央精神，特别注重家庭出身和本人成分。由于派遣生以培养国家重工业建设所需人才为主，所学专业大部分为理工科，因此以男生为主，选拔比例，男生约占 85%，女生约占 15%。

按分配的任务，1954 年，重庆选送留苏预备生共 68 名，其中大学一年级的 20 名，工农速成中学毕业生 14 名，高中毕业生 32 名，

---

① 黄新宪：《中国留学教育的历史反思》，四川教育出版社 1990 年版，第 208—210 页。

机关干部 2 名。经过国家统一考试后，最终取得留苏预备生资格的高中毕业生为 27 名。1955 年，四川省教育厅分配给重庆市选送留苏预备生的名额为普通中学 30 名，重庆大学附设工农速成中学 25 名，西南师范学院附设工农速成中学 8 名。1956 年重庆市选拔的留苏预备生是 20 名，其中女生 3 名。1960 年，在高中毕业生中选拔留苏预备生，当年四川省分配给重庆的预选名额为 22 人。[①] 之后，随着留学重点的转移和中苏关系的恶化，从高中毕业生中选拔留苏预备生人数逐渐变少。

（2）高等院校选拔留苏人员

重庆高等院校和国家计划相一致，从 50 年代初开始选派人员出国学习，派出学校主要是重庆建筑工程学院、重庆大学、西南农学院和西南俄文专科学校 4 所，西南师范学院和西南农业科学研究所也选派了少许人员。这些留苏人员包括进修生（教师）、留苏预备生、大学生、研究生和实习生。

关于 50 年代的留苏进修人员，重庆地区的高校共派出留苏进修人员 43 人。从 1954 年开始到 50 年代末，各校每年选派的出国人数具体如下：

1954 年，重庆建筑工程学院选派 4 人；

1955 年，重庆建筑工程学院选派 5 人，西南农学院选派 4 人；

1956 年，重庆建筑工程学院选派 3 人，西南农学院选派 1 人；

1957 年，重庆建筑工程学院选派 3 人；

1958 年，重庆建筑工程学院选派 4 人，重庆大学选派 10 人，西南俄文专科学校选派 3 人，西南农学院选派 3 人，西南师范学院选派 1 人，西南农业科学研究所选派 1 人；

1959 年，四川外语学院（系俄专扩建）选派 1 人。

这些选派名额都是事先下达给各个高校的。不过，由于选拔条件非常严格，实际上派出的名额与之有出入。[②] 据西南农学院的档案记载，1956 年 7 月，西南农学院土壤农化系教授陈兆畦赴苏联进修原子能在农业方面的应用，是该校成立以来第一批赴外进修的教师。

---

① 　重庆教育志委员会：《重庆教育志》，重庆出版社 2002 年版。

② 　同上。

1958 年 10 月，西南俄文专科学校（后更名为四川外语学院）的讲师程贤光赴苏联莫斯科大学进修现代俄语，也是该校首批赴外进修的教师。

　　关于 50 年代高等院校的留学生的选拔，根据重庆大学档案馆的档案——1952 年西南军政委员会文教部文高 2960 号通知记载，重庆大学、四川大学、华西大学、云南大学、西南农学院、贵阳医学院在 1952 年就开始选拔赴苏留学预备生工作。据 1952 年西南军政委员会文教部文高 3016 号通知记载，因中央计划有变，对重庆大学的留苏预备生名额进行重新分配，变为：一年级肄业生改为地质 8 名，采矿 6 名，冶金 4 名，土木 4 名，数学 2 名，物理 2 名，化学 2 名，教师改为古生物学及地史 2 名，选矿、兵器制造、输配电、电厂设备各 1 名，经过考试等选拔合格后，方能录取。最终，据 1952 年西南军政委员会文教部文高 4256 号通知记载，1952 年重庆大学报考第二批留苏预备生被录取的人数有 7 人，包括研究生 2 名（袁孝治、郭尚平），大学生 5 名（黄文举、甘源明、廖进德、邓光宗、张惠明），这说明重庆的高等院校的留苏预备生选拔工作开展得也比较早，基本上与国家的步伐、情况相一致。1953 年西南师范学院报考留苏预备生的就有 2 名学生被录取（张德芳、童福贞）。1954 年，中央分配给重庆大学的名额为：从本科一年级学生中选拔留学生 15 名，在讲师、助教中选拔留学研究生 2 名。不过，由于选拔条件十分苛刻，最终选出来的只有 11 名留学生。1954 年，西南师范学院选派 4 人（李洪福、王瑜、高淑媛等）。据西南农业大学的校史记载，1955 年西南农学院在应届本科生毕业生中选拔土壤农化系和农业经济系 4 名学生赴苏联留学（吕淑珉、李俊德、白瑛、何绍唐），这是该院成立后首批向国外派出的留学生和进修人员。这一年，西南师范学院选拔了 2 名留学预备研究生，1 名地理学系，1 名物理系。1958 年，西南农学院又选派留苏研究生曾觉廷赴苏联留学，并且通过交涉，由先前的哈尔科夫农学院改派到列宁格勒土壤研究室学习。1959 年 10 月，西南俄文专科学校（四川外语学院）的孙致祥被选拔为留苏研究生赴苏联的列宁格勒大学俄语专业学习俄罗斯语言文学，成为该校首批赴苏联留学的研究生。

表 4—4　　　　西南区各高等学校选拔留苏预备生名额分配表

类别 学校 人数	合计		工		理		医		农林		财经		政法		教育		艺术		体育	
	研究生	大学生	研究生	大学生	研究生	大学生	研究生	大学生	研究生	大学生	研究生	大学生	研究生	大学生	研究生	大学生	研究生	大学生	研究生	大学生
四川大学	1	5		5	1															
重庆大学	2	11	2	11																
西南农学院		3								3										
四川农学院		2								2										
华西医学院		10						10												
西南师范学院		4				1										1				2
总计	3	35	2	16	1	1		10		5						1				2

注：该表来源于重庆大学档案馆，是 1953 年西南区各高校的选拔留苏预备生的分配名额。

表 4—5　　　　1954 年西南区高等学校选拔留学生名额分配表

校别	科别 人数 校别	各校现有学生数	各校应选学生数	语文	社会科学	政法财经	理科	工科	农科	医科	艺术	体育
西南区	总计	2275	56	8	5		18	25				
	四川大学	355	10				10					
	云南大学	566	15	5	5		5					
	重庆大学	345	15					15				
	重庆土木建筑学院	237	5					5				
	四川化工学院	192	5					5				
	西南师范学院	645	4	2			2					
	昆明师范学院	127	2	1			1					

注：1954 年西南区高等学校选拔留学生名额分配表来源于西南师范大学档案馆。

　　1957 年，重庆大学与基辅多科工学院、西南农学院与库恰耶夫农学院分别建立校际联系，加强双方的合作交流。1958 年在高师学校选派留学专业中的数学分析在西南师范学院数学系选拔过。50 年代，重庆市所选拔的留学人员规模与国家留学人员整体计划比例相一致，留学开展比较广泛，选拔留学人员也比较多，重庆的留学教育在这一时期取得了较大的进步和发展。

　　随着中苏关系的破裂，国家整体留学教育规模逐渐缩小，60 年代，重庆所选派的留学人员也急剧减少，不仅包括留学大学生和研究生，也包括进修教师、实习生等。每年仅有少量的留学人员能被派遣出国。

　　根据重庆大学 1960—1962 年选派留学研究生、进修教师、实习生规划的记载，这三年每年分别有 12、15、19 名人员被选派出国，但实际上每年仅有少量人员得以出行，1960 年这一年，重庆大学经选拔合格的研究生有 4 名，进修教师 1 名，实习生 3 名（电机系游庆华等）；1961 年选拔 2 名，分别是采矿系助教徐光明和无线电系讲师陈申和；1962 年选拔 2 名，分别是机电系讲师米麟书和冶金系讲师龚士弘两人。西南农学院 1960 年本来有 1 个名额，却因为审查未合格，就没有派遣（见表 4—6、4—7）。

表 4—6　　1961 年四川省有关高校选拔留学生、进修教师计划表

学校名称	选拔人数	备注
成都工学院	4	
西南师范学院	2	
西南农学院	1	
四川农学院	1	
合计	8	

　　资料来源：西南农业大学档案馆。

表 4—7　1962 年四川省有关高校选拔留学研究生、进修教师人数表

省份	学校	人数
四川省	四川大学	2
四川省	重庆大学	2
四川省	成都电讯工程学院	3
四川省	成都地质学院	1
四川省	成都工学院	1
总计		9

资料来源：西南农业大学档案馆。

　　1964 年，根据四川省高教局有关高等学校选拔留学研究生、进修教师计划，重庆大学选拔留学研究生 6 人，其中留苏的只有 2 人，留英、法、日、东欧的各 1 人；西南师范学院选拔留苏生 1 人；四川外语学院选拔外语进修生 3 人，只有 1 人去苏联进修俄语，另外 2 人分别去往英国和法国，这也充分说明这一时期留学教育转型的开始，留苏教育不再处于绝对主流的地位。1965 年，国家下达给四川省四川大学、重庆大学、成都电讯工程学院、四川医学院和四川外语学院五所高校选拔自然科学留学生、外语留学生和进修生的指标是 24 名。随着"文化大革命"的开始，国家留学教育计划被打断，重庆这一时期的留学教育也告一段落。

　　这一期间，国家在各高师学校开展选派人员赴苏联进行短期专业研究的活动。如 1955 年度选拔高等学校教师赴苏联进行短期专业研究中西南师范学院有 2 名教师，理科 1 名，文史科 1 人；1957 年，西南师范学院又选派 6 人到苏联进行短期的专业研究，俄语 1 人，教育史 1 人，动物生理学 1 人，物理化学 1 人，数学分析 1 人，理论物理 1 人，短期专业研究活动也是重庆地区留学教育的一部分。

　　3. 留学人员情况分析

　　1951 年选派苏联留学生的计划开始就规定，派遣赴苏留学生的主要学习目标是："学习先进的科学技术及教学经验，以培养我国高等学校的各科师资。"1952 年派遣赴苏联留学生的目标规定为："为着培养高级建设人才以适应今后国家建设的需要……选一批优秀的青年学生、有专长的革命干部及教师赴苏联学习先进的科学技术和经验。"

　　重庆的留学人员选拔基本上集中在重庆建筑工程学院、重庆大学、西南农学院等各高等院校，而且这些学校都是以工科为主，也有极少数的西南师范学院学生和四川外语学院的外语留学生。因此，与国家总体留学专业分布相匹配，重庆市留学人员专业主要是以基础理论和新科学技术方面的空白和薄弱学科为重点。重庆选拔的留学人员专业集中在建筑、机械、高温材料、自动化等专业，如重庆建筑工程学院主要是建筑，重庆大学主要是机械、电机和动力等。以重庆大学 1954 年选拔的 11 名留学人员专业分布情况为例，机械制造 3 人，电机系 2 人，动力系 2 人，冶金系 3 人，采矿系 1 人，全部都是工科方向的专业；而重庆建筑工程学院历年都是以建筑专业为主；西南农学院选拔的留学生专业以农林、土壤农化等为主，西南农学院编制 1960—1962 年选派留学研究生、进修教师三年规划时选拔专业以拟设置的农业物理、无线电技术及电子学专业为主。只有后来才从四川外语学院、西南农学院、西南师范学院选拔过语言、农业经济、教育、体育等少量的文科专业。所以，从专业分布看，留学生所学专业重点在工科，其中又以地质、采矿、冶金、机械制造和土木建筑等科为主。这一时期派赴苏联的留学生学习以工科为主，其比例达 80% 以上。

　　留学初期，留学人员以大学生为主，后来为了提高留学人员质量，逐渐转为以研究生为主体。留学生群体中男生占绝对多数，而女生人数很少，以重庆大学 1954 年的选拔结果来看，11 名留学生中，男生有 10 人，女生仅有 1 人，这从侧面反映出留学生的性别倾向，即使是四川外语学院选拔的文科性质的语言留学生和进修生也都是男生；在重庆大学 1954 年选拔的这 11 人中，有 2 名党员，8 名团员，1 名是群众，年龄在 18—20 岁的有 8 人，21—24 岁的有 3 人，这也说明国家对政治条件和年龄的要求都是比较高的。

　　值得一提的是，从 1953 年起，教育部开始举行全国统一的留学生考试，重庆作为当时西南高等教育局所在地，成为全国六个考区之一，考试地点就设在重庆大学，负责西南区的留学生考试事务，这之后像重庆建筑工程学院也成为西南区的考试地点。这也表示重庆在国家留学教育方面发挥了重要的作用。

二 留学东欧等国家

20 世纪 50 年代到 70 年代，除了留学苏联外，中国政府还向其他国家派出了留学生，这些国家包括民主德国、捷克斯洛伐克、匈牙利、波兰、罗马尼亚、阿尔巴尼亚、保加利亚等东欧社会主义国家和朝鲜、蒙古、越南、古巴等社会主义国家及法国、英国、瑞典、丹麦、挪威、瑞士、意大利等西方国家。与留苏学生相比，虽然这些留学生属于公费性质，但规模有限，但也是这一时期中国留学教育的一部分，"星星之火，可以燎原"，为以后大规模的留学奠定了基础。

根据国家留学的总体规划，重庆地区和蒙古、越南、朝鲜以及东欧民主德国、匈牙利、波兰等社会主义国家进行过一些教育交流，但远不及同苏联的交流多，而且局限于人员的互访上。这一时期的留学教育虽然以留学苏联为主，不过也有留学民主德国等东欧社会主义国家以及西方资本主义国家的学生，虽然名额和数量很少，但也构成了这一时期重庆市留学教育的内容。以下将留学东欧等社会主义国家和西方资本主义国家的情况合并叙述。

（一）留学东欧等社会主义国家

20 世纪 50 年代，除苏联外，接收中国留学生最多的是民主德国。1953 年 8 月，首批留学民主德国的 31 名学生从国内出发，乘火车经过苏联到达民主德国，这是新中国留德教育的开始。据记载，重庆建筑工程学院建筑系学生白绍良选拔成为这一批留学生中的一员，他们都是由留苏预备生改派而来的。到达东德时，民主德国将他们安排在莱比锡卡尔·马克思大学工农学院进修德语。经过一年的语言学习后，这批留学生分别进入不同的大学，主要集中在莱比锡大学和德累斯顿工业高等学校，前者是德国最古老的大学之一，在两德统一之前，被称作卡尔·马克思大学，在 50 年代有着强大的教师队伍；后者成立于 1878 年，当时称为工业高等学校，1961 年改为德累斯顿工业大学，是德国东部最大的综合性工业大学。这批留学生有 13 人进入德累斯顿工业大学学习，其中土木工程系 5 人、机械系 5 人、电机系 3 人。白绍良就是在民主德国的德累斯顿工业高等学校学习结构工程专业的。据这批留德学生回忆，在民主德国留学期间，他们感受到东德各界人士的友好态度，与这里的老师和同学结下了深厚的友谊。校方对留学生的学习及生活给予了很大关照，还特意为留学生安排辅导员。留德期间，中国驻东德使馆经常组织活动，都得到德方的大力支持。留学生还经常受邀参加各种游行、会议等，假期则到各地游览参观，还到农村参加农业生产合作社的劳动。所有这一切，给中国留学生留下了美好的印象。白绍良在德累斯顿工业高等学校获得工学硕士学位后于 1960 年回国，任教于重庆建筑工程学院和重庆大学。这是最早的关于重庆这一时期留学其他国家的留学记载，这也说明国家对重庆的留学教育比较重视。

1960—1961 年，四川美术学院曾派 2 名教师到匈牙利、罗马尼亚和波兰进行讲学和进修。

1964 年四川省高等教育局《关于我省七所高等学校选拔留学生工作情况及进一步加强选拔工作的意见》提到，这七所高校包括重庆地区的重庆大学和四川外语学院，在选送出国学习的专业、国家、人数统计表中显示，重庆大学有一名采矿专业的学生将可能赴波兰学习。也是在 1964 年，根据教育部关于 1964 年选拔留学生工作和四川省高教局有关高等学校选拔留学研究生、进修教师计划，重庆大学选拔留学研究生 6 人，其中有 1 人赴蒙古留学。

留学东欧与留学苏联在派遣方式、类别上几乎一致，但与留苏教育不同的是，派赴东欧各国的留学生未采取预备教育的方式，一般是在抵达目的国之后进行语言学习。相对于留学苏联教育来说，语言、历史等社会科学专业受到更多的关注。除了阿尔巴尼亚（同时期来华留学生有 194 人，超过我国派遣的 71 人），东欧其他各国派遣来的留学生数量都不多，都以接收中国留学生为主，这一情形也与留苏教育相近。1966 年留学教育暂停后，留学东欧社会主义国家的留学活动也暂时告一段落。

（二）留学西方社会主义国家

虽然新中国成立早期，我国与西方国家的官方与民间交流均告中断，但 20 世纪五六十年代，随着同西方资本主义国家的建交，初步具备了向这些国家派遣留学生的条件。同时，"不少（西方）国家的民间团体及政府曾向我提出互派留学生的建议"①，由此拉开了尝试性地向西方国家派

---

① 李滔主编：《中华留学教育史录：1949 年以后》，第 158 页。

遣留学生的序幕。从 1957 年开始，我国便开始向西方国家派遣少量留学生，同时也有派往日本等亚洲资本主义国家的少量留学生。学习专业以语言、文化为主，其他专业则根据国内需要和接收国的特长确定。

　　根据高教部关于 1961 年选拔留学研究生、进修教师工作的补充通知，国家将从各高校选拔少数留学生到英国、瑞士、瑞典、挪威等资本主义国家学习科学技术方面的专长。重庆大学被选为此次留学选拔的高校之一。

　　1964 年重庆大学可能将有 1 名学生赴法国学习电器专业，3 名学生赴英国留学，1 名学习雷达专业，2 名学习金相专业。而 1964 年，根据教育部关于 1964 年选拔留学生工作的通知和四川省高教局有关高等学校选拔留学研究生、进修教师计划，重庆大学选拔留学研究生 6 人[①]；四川外语学院选拔外语进修生 3 人，虽然最后只有谢盛根去苏联成行外，郭家铨进修英语和杜才良进修法语都因为种种原因而未能成行。但这也表明重庆留学其他社会主义国家和留学西方资本主义国家的留学教育已逐步开展和实施。同时，这一时期的留学苏联的比例已经不再像50 年代那么高，也体现了国家留学教育的整体转型。

表 4—8　　1961 年选赴资本主义国家留学生学习科学技术专业名称

国家	专业	备注
英国	无线电电子学及无线电技术、大型汽轮发电机设备、原子能、低温物理、金属变形、理论物理、原子核物理、计算技术	
瑞士	精密机械、精密仪器、化学工程	包括：精密磨床、仪表机床、钟表零件加工；测量仪器、航测仪器、光学仪器；化学染料、药品制造、玻璃制造、人造宝石等
瑞典	电力工程、电机电器、冶炼	包括：水力发电、地下电站、高压输电线路及技术；水轮发电机；优质合金钢、特殊钢、旋转式转炉炼钢等

　　资料来源：中华人民共和国教育部关于 1961 年选拔留学研究生、进修教师工作的补充通知［（61）教留徐密字第 43 号］，重庆大学档案馆藏。

---

　　①　重庆大学：《重庆大学选拔留学生工作情况》，1964 年 11 月 19 日。

根据表4—8，派赴上述西方资本主义国家留学所学的专业符合"高"、"精"、"尖"、"缺"的要求，都是西方比较发达而我国暂时没有或比较落后的高技术专业。

高等教育部原计划在此基础上逐步加大派往西方国家留学生的力度，但随着"文化大革命"的进行，这项工作也不得不中止。

总体而言，由于当时中国仅与少数西方资本主义国家建立了外交关系，接触有限，文化教育交流发展也较为缓慢，只是在60年代才形成一定的规模，但随后便因为"文化大革命"而中止。这些留学生的派遣，只是双方接触和交流的开始，却在重庆、新中国与西方资本主义国家的文化交流史上留下了永久的印记。

（三）留学重庆的外国留学生

这一时期，重庆的留学教育主要是向苏联派遣留学生，此外还有一些国家向重庆派遣了留学生，这也是重庆留学教育的一部分。"文化大革命"前被重庆各高校接收的外国留学生主要来自越南、阿尔巴尼亚、朝鲜等国家。这些外国留学生主要分布在重庆大学、西南农学院、西南师范学院等高等院校进行学习。由于特殊原因，日本的部分留学人员也被分到重庆进行学习。1954年2月，因东北部分日籍工程技术人员和技工调来重庆工作，他们的子女随之来重庆进入重庆一中学习。这批学生于1955年2月随父母返回日本。1955年西南师范学院接收日本留华学生曾根宏等9名学生。

在"文化大革命"之前，重庆接纳了来自越南的军事留学生约200人，来自阿尔巴尼亚和朝鲜的实习生100余人。1961年，越南派来78人，这些留学生主要是到部队学习军事技术，学习时间分别为3年、4年、5年，主要安排在421部队、412部队和242部队。同年阿尔巴尼亚98名留学生于11月2日、9日分批来到重庆，1963年1月离开。1963年，朝鲜实习生20人来重庆实习，实习时间为3个月。同年，还有越南、阿尔巴尼亚、古巴的实习生来重庆实习。1964年，越南留学生44人到重庆通讯雷达技术学校学习军事技术，于1965年1月回国。1966年，又有越南留学生100余人来重庆学习，其中到421部队的22人，到242部队的19人，到412部队的57人，到通讯雷达技术学校的

22 人。另有 2 人到国营 296 厂实习。

20 世纪五六十年代我国派出的 1.8 万多留学人员全部回国，无条件地服从分配，愉快地奔赴祖国最需要的地方，奉献出自己的智慧和青春年华，成为后来发展工业和全面建立科研体系的骨干力量。他们在苏联、东欧等国学习期间得到了各国政府和人民的热情帮助，与教师、同学建立了诚挚的友情，成为中俄、中欧友好时代的美好佳话，被载入史册。

三　重庆培养的留学人才

（一）采矿、能源、建筑、电力等领域

鲜学福，男，1929 年生，四川阆中人。1950—1956 年在今中国矿业大学学习。毕业后分配到重庆大学采矿系当老师。1958 年，学校推荐其参加留苏学生考试并被录取，1960 年赴苏联莫斯科矿业学院采矿系师从鲁诺克学习水力采煤技术。1964 年获苏联技术科学副博士学位后回国，继续在重庆大学采矿系从事教学、科研工作。鲜学福院士长期从事矿井煤层气理论及其工程应用方面的研究，是我国著名矿山安全技术专家，煤层瓦斯（煤层气）基础研究的开拓者。现为中国工程院院士，重庆大学资源及环境科学学院教授、博士生导师，重庆大学矿山工程物理研究所所长。

郭尚平，男，1930 年生，四川隆昌人。1951 年毕业于重庆大学矿冶系，后留校任矿冶系油田开发专业助教，1952 年被选拔到北京俄文专修学校留苏预备部学习，并于次年赴苏联留学，在莫斯科石油学院和全苏油田开发研究所攻读研究生，专攻渗流力学。1957 年获副博士学位后回国，历任中国科学院兰州分院院长、北京石油勘探开发研究院副院长等职。其为生物渗流的建立打下了初步基础，率先提出"微观渗流"和"生物渗流"概念和理论，在渗流力学和生物力学方面做出创新性、系统性成就，是克拉玛依油田和大庆油田主要的设计者与开发者，在发展学科和面向经济建设方面有突出贡献。郭尚平是我国著名的石油开发专家，也是流体力学家和生物力学家，并当选为中国科学院院士。

罗民权，男，1934 年生，四川巴县人。1952—1956 年在重庆大学

采矿系采煤专业学习，毕业后，通过国家留学研究生选拔考试，赴苏联列宁格勒矿业学院留学，1963 年荣获苏联技术科学副博士学位后回国。主要从事煤炭系统科研和科技管理。负责或参加完成了十三个研究项目。主要成果有掩护支架采煤方法的研究及推广，急倾斜厚煤层开采的放煤研究，提高水力采煤回采率的研究等，研究成果多次获得国家、省级表彰，著名高级工程师。1978—1983 年担任河北省煤炭科学研究所所长，1983—1995 年任河北省科学院副院长、院长、党委书记。其间还曾兼任中共河北省委委员、省人大常委等职务。为河北省科学院的发展做出了杰出的贡献。

邓新文，男，1931 年生，四川内江人。1955 年毕业于重庆大学采矿工程系。1956 年由国家选派到苏联科学院矿业研究所学习。1960 年获副博士学位，并于同年回国。邓新文主要从事工业炸药和工业爆破方面的教学和科研工作，其研究成果多次获得国家级、省级大奖，曾任中国科学技术协会湖南分会委员、湖南煤炭学会理事、湘潭煤炭学会副理事长和湖南爆破学会理事等。并担任我国科技论文评审专家，享受国务院颁发的政府特殊津贴。其事迹被广泛收录在《中国当代著作家大辞典》、《世界名人录》等中。

侯雪岩，1935 年生，上海人。1960 年毕业于莫斯科建筑工程学院工民建筑专业，获硕士学位。回国后主要从事建筑结构的教学、设计和研究工作，现为重庆大学教授。曾任一级注册结构师、城乡建设及环境保护委员会委员、城市雕塑艺术委员会委员，及九三建筑设计事务所重庆分所所长、总工程师。编著与参编教材和著作多本，发表论文多篇。多次获得国家级、省级奖励，并于 1992 年起享受国务院颁发的政府特殊津贴。

姚雨霖，男，1931 年生，辽宁沈阳人。1953 年毕业于东北工学院土木系，1955 年哈尔滨工业大学给水排水研究生毕业，后任教于重庆建筑工程学院。1960 年被选拔赴苏联莫斯科古比雪夫建筑工程学院学习，1964 年获技术科学副博士学位。回国后继续在重庆建筑工程学院任教，长期从事给水排水专业教学和科研工作，在市政工程学科给水水质处理，特别是在过滤技术与理论研究方面造诣较深，曾组建了全国过滤技术研究会。曾担任中国土木学会给水协水学会第一二届理事，给水委员会委员、全国过滤技术研究会理事长、四川省土木建筑学会市政委员会副理事长等。曾被评为建设部和全国基建系统先进科技工作者，1992 年被评为国务院特殊津贴获得者。

白绍良，1935 年生，北京人。1953 年至 1960 年就读于德国德累斯顿工业高等学院结构工程专业，获得工学硕士学位，回国后一直任教于原重庆建筑大学和现重庆大学。主要从事建筑结构工程领域的研究工作，主要研究领域为钢筋混凝土结构基本理论、钢筋混凝土结构抗震性能及设计理论、结构非弹性二阶效应及稳定理论、高层建筑结构设计等。所有研究项目均为国际学术前沿或我国国民经济发展亟待解决的问题。多项研究成果经鉴定为国际先进水平，部分成果达国际领先水平。绝大部分研究成果已通过国家设计规范等途径及时应用于工程设计。现为重庆大学资深教授、博士生导师。曾任国际混凝土委员会（FIB）抗震设计委员会中方委员，中国标准化协会混凝土结构标准技术委员会顾问委员会副主任委员，重庆市结构工程学科学术带头人。

唐俊昆，男，四川资阳人，毕业于重庆建筑工程学院建筑系，1958 年赴苏联莫斯科建筑学院建筑学专业攻读研究生，1962 年获副博士学位，回国后，在重庆建筑工程学院任教。其于 1995 年在深圳创建唐俊昆建筑师事务所，任教授、董事长、总建筑师、一级注册建筑师。撰写《现代民用航空站建筑设计》等多部专著，并发表《航空站平面类型初探》等多篇学术论文，在航空站研究领域有着杰出的贡献。

杨劲，男，1932 年生，重庆合川人，教授。1953 年毕业于重庆建筑工程学院工业与民用建筑结构专业。1957 年被选派赴苏联莫斯科建筑工程学院研究原子能建筑施工。1961 年获技术科学副博士学位后回国。主要从事中小型预应力双由抛物面壳板的设计和施工研究。曾任重庆建筑工程学院建筑工程系教研室主任，中国建筑学会建筑统筹研究会理事。曾获得四川省重大科学技术研究成果奖等。编著《建筑工程定额原理与概预算》、《价值工程》等。

蒲心诚，男，1931 年生，四川岳池人。1953 年毕业于重庆建筑工程学院土木工程系。1957 年赴苏联列宁格勒建筑工程学院建筑工程系混凝土制品工艺专业学习，1961 年获科学技术副博士学位。同年回国后在重庆建筑工程学院和现重庆大学任教，教授，博士生导师。主要从事建筑材料制品研究。首先在我国研制成功碱矿渣水泥与混凝土。曾任中国土木工程学会混凝土与预应力混凝土学会理事。承担多项国家级、省级课题。出版专著《灰砂硅酸盐建筑制品》、教材《混凝土学》，发表论文六十余篇。1991年被评为享受国务院特殊津贴专家。

蔡绍怀，男，1929年生，重庆南川人。1951年毕业于重庆大学土木工程系结构组，毕业后参与设计重庆市人民大礼堂穹顶钢屋架结构，1955年被选派赴苏联莫斯科土木建筑工程学院学习，主要研究钢筋混凝土结构，1959年初获技术科学副博士学位后回国。参加核工业建设，历任二机部第二研究设计院土建设计室结构组长、主任工程师、副主任和院技术委员会委员。后调中国建筑科学研究院工作，任研究员、博士生导师、研究室主任和院学术委员会委员，主要研究钢管混凝土结构理论和工程应用，他由"套箍强化理论"导出的钢筋混凝土承压强度计算公式，被我国各行业混凝土结构设计规范普遍采用。他是我国第一代大型核反应堆工厂施工图主要设计人之一。曾获得过全国科学大会奖、国家科学进步奖等奖项。1991年起享受国务院特殊津贴。

杨光璇，男，1930年生，浙江杭县人。1952年毕业于重庆大学建筑系，任教于重庆建筑工程学院。1957年被选派赴苏联莫斯科建筑学院留学，获建筑副博士学位。1961年回国。曾在重庆建筑工程学院建筑系任教，教授。主要从事建筑光学的科研和教学工作。曾任中国照明学会理事。主持和参加编制《工业企业采光设计标准》、《民用建筑照明设计标准》、《晴天采光计算程序》。编写《建筑物理》、《建筑采光和照明设计》。参加《建筑光学译文集》、《阳光与建筑》等书的翻译工作。

曾德汲，男，1929生，重庆永川人。1951年毕业于重庆大学电机系，毕业后留校任教，1958年赴苏联莫斯科电信工程学院有线电信工程系电信线路设备教研室，从事高频对称电缆结构和参数计算的研究。1960年回国。曾在国防科委第21基地研究所从事我国首批核武器试验工作，多次荣获军功。后任职于人民邮电出版社国际文献编辑部，从事国际电信联盟技术文献中文版的编译。翻译或合译著作多本。还曾担任欧美同学会留苏分会第二三届理事、副秘书长。

顾乐观，男，1935年生，江苏吴县人。高电压与绝缘技术博士生导师。1956 年毕业于重庆大学电机系电力专业并留校任教，1959 年与鲜学福、胡新等一起赴苏联留学，1964 年从苏联列宁格勒工学院电机系高电压技术专业研究生毕业，获技术科学副博士学位。回国后一直在重庆大学任教，长期从事高电压绝缘技术领域的教学和科研工作，特别是对恶劣环境（污秽、高海拔、覆冰、酸雨、酸雾）下的电力系统外绝缘放电机理和放电特性进行系统而深入的研究，取得了创造性成果。其研究成果在国内 500 千伏路线和其他工程领域得到实际应用，为我国西部水电开发、西电东送以及电气化铁道的推广应用做出了突出贡献。曾担任重庆大学校长、党委书记、中国电机工程学会高电压专委会副主任、绝缘分专委会主任、中国电机工程和电工技术学会理事等。多次获得国家和省、部、委级奖励。

郑美特，男，1933 年生，广东汕尾人。1956 年毕业于重庆大学电机系，后被选派赴苏联莫斯科动力学院学习，1962 年研究生毕业并于同年回国。曾在电力科学研究院任电力系统研究所主任工程师、高级工程师。主持承担多项国家和部级重点课题，其中武钢冲击负荷供电技术，电力系统稳定及其提高措施，三峡电站向华东电网送电的电压等级及网络研究，分获水电部科技进步一、二、三等奖。另有十多项获电力科学研究院科技进步一、二等奖。参加制定《电力系统安全稳定导则》和《电力系统技术导则》，参加编写《中国能源现状及展望》、《电源规划与数学模型》等书。他在科学技术研究领域取得了丰硕的成果，受到国家和企业的肯定，荣获国务院政府特殊津贴，为我国电力系统规划和电力安全稳定方面的科技进步作出了重要贡献。

另外，还有毕业于重庆大学的胡新、李超和杨光睿等也留学苏联，回国后也都在各自的领域做出过杰出的贡献。

（二）地质、物理、航天、化工领域

章振根，男，1929 年生，浙江绍兴人，研究员。1955 年毕业于重庆大学地质系金属及非金属矿产地质及勘探系。1956 年赴苏联莫斯科有色金属及黄金学院读研究生，1961 年获苏联地质—矿物学副博士后回国。在中国科学院贵阳地球化学研究所工作。主要研究地球化学和矿床地球化学。进行铀矿床、铁矿床、铜矿床、铂族矿床、锡矿床和金矿床的矿床地球化学研究。提出"锡矿床的三个地球化学系列"、"锡的

三个成矿阶段"、"3B 花岗岩"、"含碳岩系层控金矿床"等新理论和新概念。首次以数据证实西藏南迦巴瓦峰地区属于印度古板块,同时计算出该区的隆起及侵蚀速度。获国家级和中国科学院院级科研成果奖九次。参加编写《中国金矿大全》、《80 年代地质地球化学进展》。发表论文八十余篇。

甘源明,女,1931 年生,四川广安人。1951 年在重庆大学地质系学习。1953 年赴苏联列宁格勒大学地质系学习。1958 年毕业回国。曾在中国地质科学院矿床所工作,担任研究员。主要研究稀有元素矿床的成矿规律及稀有元素矿床矿物学特征等。把量子化学和量子力学引入矿物学研究。确定新的金矿床类型——蛇绿岩型金矿,命名一个成矿系列及四个成矿模式。发表论文多篇。

王道德,男,1932 年生,四川资中人。1955 年毕业于重庆大学地质系。1956 年赴苏联科学院金属矿床地质、岩石学及地球化学研究所学习。1960 年获副博士学位后回国。曾任中科院地球化学研究所广州分部陨石与天体化学研究室主任,研究员。主要从事陨石学、天体化学及矿床学研究。曾担任中国空间科学学会理事,中国矿物岩石地球化学学会陨石与天体化学专业委员会主任。首次系统研究了"川西地区锂辉伟晶岩成因及其找矿方向",负责筹建我国第一个成矿模拟实验室。首次在我国开展月岩综合研究,率先开展实验宇宙化学研究。曾获中国科学院科技进步一等奖及国家自然科学三等奖各一项。主编过《中国陨石导论》等多本专著,发表论文百余篇。

龚国元,女,1935 生,安徽合肥人。1956 年毕业于西南师范学院地理系。1959 年赴苏联莫斯科大学学习地貌专业。1963 年回国。曾在中国科学院地理所工作,任研究员。主要从事长江中下游河流地貌、黄淮海平原农业自然条件、资源评价与合理治理、平原地貌类型划分及农业地貌条件评价、汉江游荡性河流河床演变规律及整治计算方法的研究。获国家自然科学二等奖、交通部科技攻关成果三等奖及中国科学院科学技术进步二等奖。著作有《河流地貌概论》、《汉江丹江口水库下游河床演变》、《华北平原农业地貌条件评价及其合理利用》等。

梅世蓉,女,1928 年生,四川广安人。1952 年毕业于重庆大学物理系。1956 年赴苏联莫斯科全苏科学院大地物理研究所学习地震学。

1960 年获副博士学位后回国。曾在国家地震局分析预报中心工作，任研究员。中国地震学会第一、第二、第三届常务理事，地震前兆专业委员会主任。完成一系列重大工程建设项目的地震研究任务。她是我国地震预报研究的创始人之一，在地震预报理论和实践方面都做出了突出贡献。她是将地震活动性研究应用于地震预报实践的开拓者，提出的强震活动在时空上准周期活动特征，仍然是地震中长期预测研究中的重要依据。1986 年被授予有突出贡献的中青年科技专家称号。

蔡嗣忠，男，1931 年生，四川成都人。1952 年毕业于重庆大学物理系。1958 年被选派赴苏联儒可夫斯基空军工程学院从事战术导弹控制系统的研究。1963 年获副博士学位后回国。曾任国防科技大学自动控制理论及应用教研室主任，教授。主要从事教学和人造地球卫星、语言识别、智能车的导航及控制方面的研究。1988 年被评为优秀研究生指导教师。研制完成"精密伺服转台的数字式定位系统"。

胡诗可，男，1930 年生，四川成都人，教授。1951 年毕业于重庆大学物理系。1959 年赴苏联杜布纳联合核子研究所从事粒子理论研究。1962 年回国。后分别赴美国爱阿华州立大学物理系从事高能物理理论研究和意大利的里雅斯特国际理论物理中心访问。曾任四川大学物理系主任，四川省物理学会理论物理专业委员会副主任。主要从事粒子物理理论研究，领导"基本粒子理论研究"，获 1979 年四川省重大科技成果三等奖。合作发表的《Weinberg 胶子 CP 破坏算符的演化》获 1991 年四川省科技进步二等奖。在国内外发表粒子物理论文三十余篇。主编《高等量子力学》。

（三）机械、农业、水利、人文领域

唐泳洪，男，1932 年生，江苏扬州人。1953 年毕业于重庆大学机械制造系。1956 年被选派赴苏联莫斯科机床工具学院及机床研究院留学，从事半导体数控系统的研究。1960 年获副博士学位并于 1961 年回国。曾长期在华中工学院（今华中科技大学）任教，教授。长期从事NC、CNC 及 FMS 等方面的研究。完成多项科研项目，也多次获得国家及省部级奖项。出版专著有《机床数控系统设计基础》、《数控系统逻辑线路设计及 CAM》、《系统可靠性、故障诊断及容错》等。参加了《中国大百科全书》自动控制与系统工程分卷的编写。发表学术论文多篇。

陈上达，男，1933年生，湖北汉川人。1955年毕业于重庆大学机械系。1957年赴苏联国立莫斯科技术大学留学。1961年获博士学位归国。曾任国家机械电子部西安重型机械研究所总工程师。全国机械设计学会理事。主要从事重型锻压设备新技术、新原理的开发研究，创建我国第一台用于难变形合金、形状复杂带高筋的航空兵器零件模锻成形的高能高速锻锤及其系列。第一台用于原子能、航天工业压制铍砖的高真空热压液压机3000KN及精密模锻汽轮机叶片的重型液压螺旋压办机63000KN全套设计、真样机10000KN。撰有《高速锤机器参数的选择及动力学》、《现有模锻震动及减振分析》、《重型锻压设备的现状及发展趋势——兼论我国的对策》等论文。

郑正炯，男，1932年生，浙江宁波人。1955年毕业于西南师范学院生物系。1956年被选派赴苏联莫斯科大学生物系留学，1961年获副博士学位后回国。长期在武汉大学任教，曾担任生理工程研究中心副主任，科学院水生生物态及生物技术国家开放实验室副主任，教授。湖北省生物工程学会荣誉理事长。主要研究细胞生物学。研究辐射对鱼类遗传的影响。提出有关生物液晶的研究。提出并论证热疗与细胞膜的关系。进行蚌外套膜上皮组织培养与珍珠质的形成和分泌及分泌珍珠细胞的基因转移的研究。在国内外发表论文四十多篇。

何源禄，男，1927年生，陕西石泉人。1952年重庆大学化学工程系毕业。1957年赴苏联植物原料水解研究所进修，1959年回国。曾在中国林业科学研究院林产工业化学研究所工作。中国林产化学化工学会常务理事，中国糠醛出口协会理事，国家发明奖评审委员会林业专业组委员。从事木材水解研究。主持"浓硫酸小酸比木屑水解工业化试验研究"等，多次获国家级、省部级等奖项。参加《中国大百科全书》林业卷、《中国农业百科全书》森林工业卷的撰稿，合译《木材水解》，发表论文三十多篇。被评为江苏省劳动模范。

胡文淦，男，1929年生，四川人。1950年毕业于重庆大学化学工程系。1951年赴苏联钢铁厂学习炼钢技术。1953年回国。1956年赴苏联科学院冶金研究所学习放射性同位素应用技术，1957年回国。曾在天津市冶金局工作，高级工程师。曾担任中国金属学会常务理事，中国优先法、统筹法与经济数学研究会常务理事，中国石油工程材料研究会理事。主要从事应用放射性同位素和数学方法研究完善工艺技术及统筹管理。与他人合作完成"攀钢雾化提钒工艺参数的系统优化——完善提高雾化提钒工艺技术"，获 1988 年国家科技进步一等奖。发表论文多篇。

吕淑珉，女，1933 年生，贵州黔西人。研究员。1955 年毕业于西南农学院土化系。1955 年 9 月就读于北京外国语学院，1956 年吕淑珉与西南农学院李俊德、白瑛、何绍唐一同被选派赴苏联留学，吕淑珉在哈尔科夫农学院研究生院学习。获生物科学副博士学位。1960 年回国。曾在深圳农业科学研究中心工作。主要从事昆虫病原微生物、菌剂工业生产及其在害虫防治中的应用研究。"苏云金杆菌菌株选育、发酵工艺、剂型改进及应用的研究"获农业部、中国民航总局科技进步二等奖，广东省科委生物技术专项奖。"苏云金杆菌制剂效价检测标准化技术研究"获 1990 年农业部科技进步二等奖。曾发表论文十余篇，参加撰写了《中国生物防治进展》、《苏云金杆菌》等有关著作。

朱安国，男，1941 年生，安徽沭阳人，教授。1954 年毕业于西南农学院土壤农化系。1960 年赴苏联莫斯科农学院水利系学习水利土壤改良。1962 年回国后任教于贵州农学院。主要从事我国南方山区土壤侵蚀规律及防治措施研究。曾担任贵州省科学技术协会副主席，中国科协三届、四届委员，中国土壤学会理事，中国水土保持学会理事，贵州省土壤学会理事长。研究发现贵州山区土壤侵蚀的严峻性，呼吁加强山区环境保护和生态建设。从事农业区划、国土资源及区域经济持续协调发展的综合研究，对贵州中低产田土壤改良、武陵出区资源保护与开发等重大课题组织多学科综合考察论证。研究成果获国家科技进步三等奖一次、省部级科技进步二等奖二次、四等奖二次。著《水土流失与水土保持》获西南西北地区优秀科技图书奖。发表论文几十篇。被贵州省人民政府授予先进科技工作者、先进农业区划工作者称号。

孙振国，男，1930 年生，云南昆明人。1954 年毕业于西南农业大学园艺系。1958 年赴苏联全苏甜菜研究所学习甜菜遗传育种。1960 年回国。任内蒙古甜菜制糖工业研究所所长。从事甜菜育种等研究。参加主持我国第一对甜菜雄性不育系。主持完成甜菜育种及高糖丰产栽培技术的研究，获国家计委、科委、经委、财政部攻关成果奖。主持土默特右旗甜菜低产低糖综合治理措施的研究，对全国甜菜糖业的发展具有普遍的意义。曾担任内蒙古甜菜糖业学会理事长，中国甜菜糖业学会副秘书长，中国食品科技学会理事。主编《甜菜手册》。参加《作物育种与良种繁育学》和《中国甜菜栽培学》的编写。发表论文几十篇，其中《甜菜的低产低糖与高产高糖》获内蒙古自治区科协优秀论文一等奖。1986 年被授予国家有突出贡献的中青年科技专家称号，1989 年被评为内蒙古自治区劳动模范。

林季周，男，1928 年生，四川南充人。1951 年毕业于西南农学院农艺系。1956 年赴苏联莫斯科季米里亚捷夫农学院，从事非黑钙土带一年生牧草生物学及栽培研究，1960 年获副博士学位。曾担任陕西省政府特邀顾问，省政府决策咨询委员会主任。曾任陕西农科院院长，陕西省副省长，中国农学会第五届常务理事，陕西省农学会副理事长、名誉会长，省作物学会理事长，省种子学会副会长、名誉会长，省灾害防御协会会长。主要从事玉米、水稻育种栽培研究、科技管理等工作。获得过国家级、省部级等奖励多项。发表论文四十多篇。参加编写《玉米遗传育种学》。1978 年全国科学大会和省科学大会授予先进科技工作者称号。

曾觉廷，1928 年生，四川三台人。1953 年毕业于西南农学院土化系。1960 年赴苏联列宁格勒农学院学习土壤物理学。1963 年回国。长期任教于西南农业大学，教授。曾任西南农业大学学术委员会主任，中国土壤学会理事，重庆市土壤学会理事长。长期从事土壤物理学教学与研究。主持完成"四川省土壤区划"，获四川省重大科技成果三等奖。提出"西南云贵川三省土壤工作方案及系统"，获四川省土壤普查成果三等奖。

叶公强，男，1936 年生，江苏吴县人。1961 年毕业于苏联哈尔科夫农学院土地规划系。回国后长期任教于西南农业大学和今西南大学，教授。曾任该校农经系副主任，历任中国土地学会一至四届理事、省土地学会和市国土学会副理事长。他长期从事土地管理教学与科研。1993 年被评为全国土地系统先进教师。主编、参编专著多本，主编《土地管理基础》获西南西北优秀科技图书三等奖；应聘全国土地利用现状调查技术指导组成员及四川组组长和重庆市组长；负责的项目成果曾多次获得国家级、省级奖项。曾获农业部有突出贡献专家称号，享受政府特殊津贴。

李洪福，男，1934 年生，四川人。1953 年，李洪福在西南师范学院被选拔为留苏预备生，1954 年到北京外语学院学俄文，1955 年被送到苏联哈尔科夫农业机械化电气化学院留学。1960 年留苏获工程师职称回北京，由国家科委分派到中国农业机械科学研究院，从事研究与设计工作。1962 年到南昌市创建农业机械部南方水稻机械研究所，后调任江西大学教授。曾先后担任江西省农业机械学会理事，省图书馆学会副理事长、省图书馆系列高级职称评委会委员兼学科组组长等。1989 年调到重庆图书馆当馆长。被选为四川省图书馆学会副理事长、四川省图书馆学系列高级职称评委会委员，重庆市图书馆学系列高级职称评委会主任，重庆市图书馆学会副理事长、重庆市翻译协会副会长。曾发表文章与专著百余篇（部）。在图书情报领域取得了巨大的成就。

王作高，男，1929 年生，四川纳溪人。1953 年毕业于重庆建筑工程学院工业及民用建筑专业。1960 年被选派赴苏联列宁格勒水电设计院、全苏水工科学研究院进修。1961 年回国。曾任交通部水运规划设计院副总工程师，中国水力发电工程学会常务理事兼通航专业委员会主任等多种职务。参加设计黄河三门峡工程。负责设计贵州乌江东风水电站。参加设计葛洲坝工程获国家科委科技进步奖。负责设计长江三峡工程及泥沙与航运关键技术研究课题。发表《西德吕内堡升船机》、《葛洲坝水利枢纽三号船闸设计》等论文多篇。主编《船闸设计》。负责多项攻关课题研究，受国家部委表彰多次，享受政府特殊津贴。

罗西北，男，1926 年生，上海人。1938 年从重庆去了延安，1948 年，罗西北作为留苏学生的先锋到苏联留学，并于 1953 年毕业于苏联莫斯科动力学院水能利用专业，回国后，又于 1955 年底来到重庆，组建成都水电勘测设计院，任总工程师，而且一干就是十年。罗西北是我国动能经济和水能规划方面的知名专家，负责并参加了龙溪河、大洪河等河流规划和水电站的初步设计以及刘家峡、龙羊峡等大型水电枢纽工程的勘测、设计、施工工作，主持审了水口、李家峡、漫湾等一批大中型水电工程的可行性研究和初步设计，组织领导了黄河上游、乌江、澜沧江等大江大河的考察、规划选点工作。在刘家峡水电站设计施工中，首次研制成功并使用了低流态混凝土新技术。1981 年参加的"国家十二个重要领域技术政策研究"及 1985 年参加的全国水力资源普查，获国家科技进步一等奖。

常怡，男，1931 年生，山西沁水人。1955 年毕业于中国人民大学法律系。1956 年赴苏联列宁格勒大学留学。1960 年获法学副博士学位。回国后长期在西南政法学院法律系工作，教授。曾担任中国法学会第三届理事，四川省法学会第二、三届常务理事。主要从事民事诉讼法的研究和教学。主编《中国调解制度》、《强制执行理论与实务》。编写《民事诉讼法教程》获全国高校优秀教材奖和司法部优秀教材奖。专著有《刑事诉讼法教程》、《新中国民事诉讼法学研究综述》、《民事诉讼法法学》等。发表论文多篇。常怡是中国民事诉讼法界泰斗级人物，是新中国民事诉讼法奠基人。

孙致祥，男，1933 年生，江苏苏州人，四川外语学院教授，1952 年毕业于西南俄专。1963 年苏联列宁格勒大学研究生毕业，获语文学博士学位。主要著述有《俄汉搭配大词典》（主编）、《俄汉教学词典》（合编）、《列宁文稿》第三卷（总校）、《浅论喜剧〈智慧的痛苦〉的语言特点》、《浅析现代俄语中的公文用语》、《现代俄语中的套语及其修辞功能》、《主观修辞与客观修辞》等论文数十篇。曾任四川省翻译工作者协会理事，西南修辞学会理事等。获重庆市优秀教师、四川省研究生教育优秀导师称号，享受政府特殊津贴。

程贤光，男，四川外语学院教授。西南俄专俄语专业毕业，1958 年赴苏联莫斯科大学进修现代俄语，1961 年毕业回国。长期任教于四川外语学院，主要从事俄语语言文学教学与研究工作。曾任俄语系教研室主任、系主任和外国儿童文学研究所所长，中国俄语教学研究会常务理事，四川省翻译工作者协会常务理事等。主编的《俄语教学词典》（上下册）获重庆市第三届社会科学成果一等奖、四川省社会科学成果二等奖。

谢盛根，男，1934 年生，四川外语学院教授。1956 年西南俄专俄语专业毕业，1965—1966 年在苏联伊尔库茨克大学进修现代俄语。回国后长期任教于四川外语学院，著有《苏联历史百科全书》一书，在俄语研究领域著作颇丰，享有一定的名望。

参考文献

（一）普通文献资料

1. 陈学询、田正平：《中国近代教育史资料汇编·留学教育》，上海教育出版社 1991 年版。

2. 王焕琛：《留学教育·中国留学教育史料》，刘真：《近代中国教育史料丛刊》，台湾"国立"编译馆 1980 年版。

3. 郭荣生：《日本陆军士官学校·中华民国留学生名簿》，沈云龙：《近代中国史料丛刊续编》，台湾文海出版社。

4. 周勇：《重庆通史》，重庆出版社 2002 版。

5. 李喜所：《中国留学通史》（民国卷），广东教育出版社 2010 年版。

6. 舒新城：《中国近代教育史资料》，人民教育出版社 1980 年版。

7. 隗瀛涛：《近代重庆城市史》，四川大学出版社 1991 年版。

8. 李润苍、李有明：《四川近代史》，四川省社会科学院出版社 1985 年版。

9. 隗瀛涛：《四川近代史》，四川省社会科学院出版社 1985 年版。

10. 任一民：《四川近现代人物传》，四川省社会科学院出版社 1985 年版。

11. 俞笙：《重庆公强会散论》，《近代史研究》1987 年第 2 期。

12. 周棉：《中国留学生大辞典》，南京大学出版社 1999 年版。

13. 宋毅军：《邓小平与重庆留法勤工俭学运动》，《红岩春秋》2011 年第 4 期。

14. 彭崇琏：《四川最早留法女学生》，《文史杂志》1994 年第 2 期。

15. 唐钺、朱经农、高觉敷：《教育大辞典》，商务印书馆 1930 年版。

16. 鲁子健：《清代四川财政史料》（上、下），四川省社会科学院出版社 1984 年版。

17. 钟达：《孙中山给我表叔赠挽联》，山西《文史月刊》2001 年第 11 期。

18. 教育部教育年鉴编纂委员会：《第二次中国教育年鉴》，商务印书馆 1948 年版。

19. 隗瀛涛、赵清：《四川辛亥革命史料》（上、下），四川人民出版社 1981 年版。

20. 李大钊：《李大钊选集》，人民出版社 1959 年版。

21. 吴玉章：《吴玉章回忆录》，中国青年出版社 1978 年版。

22. 吴玉章：《辛亥革命》，人民出版社 1969 年版。

23. 中国科学院历史研究所第三所：《锡良遗稿（奏议）》，中华书局 1959 年版。

24. 文史资料研究委员会：《辛亥革命回忆录》（三），文史资料出版社 1961 年版。

25. 黄新宪：《中国留学教育的历史反思》，四川教育出版社 1990 年版。

26. 李滔：《中华留学教育史录：1949 年以后》，高等教育出版社 2000 年版。

27. 中国第二历史档案馆：《中华民国史档案资料汇编·教育》，江苏古籍出版社 1991 年版。

28. 《教育部行政纪要（民国元年四月至四年十二月）》，沈云龙《近代中国史料丛刊三编》，台湾文海出版社 1974 年版。

29. 《中华民国教育法规汇编》，沈云龙：《近代中国史料丛刊三编》（第十一辑），台湾文海出版社 1985 年版。

30. 《五四运动回忆录（续）》，中国社会科学出版社 1979 年版。

31. 《学部奏咨辑要》，沈云龙：《近代中国史料丛刊三编》（第十辑），台湾文海出版社 1974 年版。

32. 向思立：《重庆辛亥革命札记》，重庆市委员会文史资料研究委员会：《重庆文史资料选辑》第 12 辑，中国人民政治协商会议四川省重庆市 1981 年版。

33. 熊飞宇：《有关重庆辛亥人物石青阳的两件珍贵文献》，《云南档案》2012 年第 1 期。

34. 曾绍敏：《邹容革命思想的渊源》，《西南师范学院学报》1983 年第
　　2 期。

35. 杨瑞松：《打造共同体的新仇旧恨：邹容国族论述中的"他者建
　　构"》，《深圳大学学报》2011 年第 6 期。

36. 李喜所：《清末留日学生与拒俄运动》，《天津师范大学学报》1981
　　年第 2 期。

37. 姜锦春：《巴蜀造纸先驱的人和事》，《四川造纸》1998 年第 27 卷
　　第 2 期。

38. 马宣伟：《李龢阳支持反袁斗争》，《文史杂志》2001 年第 5 期。

39. 《广益丛报》，1905 年第 2 册，1906 年第 12 册，1911 年第 5 册。

40. 《东方杂志》，1904 年第 2 册，1905 年第 11 册，1907 年第 6、
　　11 册。

41. 《四川官报》，1906 年第 20 期，1907 年第 1 期。

42. 《四川教育官报》，1908 年第 2、3、4、7 册。

43. 朱寿朋：《光绪朝华录（五）》，中华书局 1958 年版。

44. 《德宗景皇帝实录》，卷 422。

45. 东京留学生：《留学生鉴》，东京启智书社 1903 年版。

46. 王奇生：《中国留学生的历史轨迹》，湖北教育出版社 1992 年版。

47. 汤志钧：《康有为政论集》，中华书局 1981 年版。

48. 朱必谦：《对〈四川学生官费留日考订〉之商榷》，《四川文史资料
　　选辑》第 15 辑，四川人民出版社 1964 年版。

49. 王小全、张丁等：《老档案》，重庆出版社 2007 年版。

50. 黄万机：《黎庶昌评传》，贵州人民出版社 1992 年版。

51. 刘行道：《川东建置中学堂述义》，《渝报》第 8 册，光绪二十
　　三年。

52. 周勇：《重庆辛亥革命史》，重庆出版社 1986 年版。

53. 《广益丛报》，1905 年第 2 期。

54. 向楚、朱必谦等：《蜀军政府成立前后》，《四川文史资料选辑》第
　　一辑，政协四川省委员会、四川省省志编辑委员会 1979 年版。

55. 刘中国、黄晓东：《容闳传》，珠海出版社 2003 年版。

56. 胡沙：《四川学生官费留日考订》，《四川文史资料选辑》第 6 辑，政协四川省委员会、四川省省志编辑委员会 1980 年版。

57. 何一民：《邹容留学日本时间考》，《史学月刊》1985 年第 4 期。

58. 王笛：《清末四川留日学生概述》，《四川大学学报》1987 年第 1 期。

59. 刘志强：《百年中国史话留学史话》，社会科学文献出版社 2000 年版。

60. 章炳麟：《邹容传》，中国人民政治协商会议四川省委员会：《四川文史资料选辑》第 1 辑《纪念辛亥革命 50 周年专辑》，四川人民出版社 1979 年版。

61. 邹以海：《怀念曾祖父邹容》，政协重庆市委员会文史资料委员会：《重庆文史资料》第 36 辑《重庆辛亥革命 80 周年纪念专辑》，西南师范大学出版社 1991 年版。

62. 孙文：《革命原起》，《中国近代史资料丛刊辛亥革命》，上海人民出版社 1957 年版。

63. 周勇：《辛亥革命重庆纪事》，重庆出版社 1986 年版。

64. 张孟虚：《邹容的少年时代》，政协四川省重庆市委员会文史资料研究委员会：《重庆文史资料选辑》第 13 辑（下册），中国人民政治协商会议四川省重庆市 1981 年版。

65. 陈新尼：《重庆早期的革命思潮和组织》，政协四川省文史资料研究委员会：《四川保路风云录》，四川人民出版社 1981 年版。

66. 鲁迅：《杂忆》，《鲁迅全集》第一卷，人民文学出版社 1981 年版。

67. 爱读《革命军》者：《读〈革命军〉》，张枏：《辛亥革命前十年间时论选集第一卷》（下册），生活·读书·新知三联书店 1960 年版。

68. 陈新尼：《重庆早期的革命思潮和组织》，政协四川省文史资料研究委员会：《四川保路风云录》，四川人民出版社 1981 年版。

69. 梅际郇：《蜀军政府成立前后》，《重庆蜀军政府资料选编》，重庆地方史资料组 1981 年编印。

70. 《邹杰传》，朱之洪主编：《蜀中先烈备征录》卷 3，新记启渝公司代印 1923 年版。

71. 陈筱序：《袍哥唐廉江与辛亥重庆"反正"》，《辛亥革命回忆录》

（七）文史资料出版社 1961 年版。

72. 隗瀛涛：《重庆开埠史》，重庆出版社 1983 年版。

73. 薛新力：《重庆文化史》，重庆出版社 2001 年版。

74. 《冉君谷简介》，江津县政协文史办整理：《江津文史资料选辑》第 5 辑，商务印书馆 1994 年版。

75. 《辛亥革命时期巴县人物简介》，政协四川省巴县委员会文史资料研究委员会：《巴县文史资料》第 3 辑《纪念辛亥革命 75 周年专辑》，1986 年 12 月版。

76. 丁守和：《辛亥革命时期期刊介绍》（第一辑），中国社会科学出版社 1982 年版。

77. 毛俊萍：《清末留日学生译者群体的文化取向》，王振锁主编《亚太主要国家历史与文化初探》，天津人民出版社 1999 年版。

78. 郭荣生：《日本陆军士官学校·中华民国留学生名簿》，沈云龙主编：《近代中国史料丛刊续编》（第三十七辑），台湾文海出版社 1974 年。

79. 刘济平：《杨柏舟》，政协重庆市秀山土家族苗族自治县委员会文史资料委员会编：《秀山文史资料》第 9 辑，2002 年 09 月。

80. 高兴亚：《高亚衡、李鸿钧与涪陵光复》，《四川保路风云录》，四川人民出版社 1981 年版。

81. 周勇、刘景修译编：《近代重庆经济与社会发展》，四川大学出版社 1987 年版。

82. 何鹿蒿：《鹿蒿玻璃厂四十年的回顾》，《重庆工商史料》第 2 辑，重庆出版社 1983 年版。

83. 袁树勋、袁树椿：《袁觐光事略》，江津县政协文史资料研究委员会：《江津文史资料选辑》第 7 辑，新世纪出版社 1988 年版。

84. 刘子华：《孙镜清事略》，江津县政协文史资料研究委员会：《江津文史资料选辑》第 7 辑，新世纪出版社 1988 年版。

85. 锡良：《锡良遗稿》第一册，中华书局 1959 年版。

86. 尚小明：《留日学生与清末新政》，江西教育出版社 2008 年版。

87. 彭伯通：《辛亥老人曾吉芝》，《重庆文史资料》第 36 辑，西南师范大学出版社 1991 年版。

88. 刘骏伯：《刘国襄先生事略》，政协四川省江津市委员会文史资料委员会：《江津文史资料选辑》第 14 辑，辽宁人民出版社 1988 年版。

89. 陈东埠：《龚北居先生与津南文专校》，政协四川省江津市委员会文史资料委员会：《江津文史资料选辑》第 14 辑，辽宁人民出版社 1988 年版。

90. 廖德富：《曹麟书先生事略》，政协四川省江津市委员会文史资料委员会：《江津文史资料选辑》第 12 辑，辽宁人民出版社 1988 年版。

91. 古基祥：《鞠躬尽瘁的教育家邓绱仙》，江津县政协文史资料研究委员会：《江津文史资料选辑》第 7 辑，新世纪出版社 1988 年版。

92. 张寿康：《"刘草鞋"三善治蒲》，政协四川省江津市委员会文史资料委员会：《江津文史资料选辑》第 14 辑，辽宁人民出版社 1988 年版。

93. 孟凤英：《论五四运动对青年赴法勤工俭学运动的影响》，《湖北社会科学》2011 年第 2 期。

94. 傅德岷、李书敏：《巴渝英杰名流》，重庆出版社 2004 年版。

95. 高瑞泉：《向着新的理想社会——李大钊文选》，上海远东出版社 1995 年版。

96. 聂元素：《陈毅早年的回忆和文稿》，四川人民出版社 1981 年版。

97. 李定开：《重庆教育史》，西南师范大学出版社 2006 年版。

98. 蔡元培：《蔡元培全集》第 2 卷，浙江教育出版社 2011 年版。

99. 盛成：《海外工读十年纪实》，湖南人民出版社 1986 年版。

100. 张允侯：《留法勤工俭学运动》（资料集）第 1 册，上海人民出版社 1980 年版。

101. 政协四川省委员会文史资料研究委员会编：《四川文史资料选辑》第 23 辑，四川人民出版社 1980 年版。

102. 江津县聂帅文物征集办公室编：《聂荣臻青少年时代》，解放军出版社 1988 年版。

103. 斯诺：《西行漫记》，上海三联书店 1979 年版。

104. 毛毛：《我的父亲邓小平》上卷，中央文献出版社 1993 年版。

105. 聂荣臻：《聂荣臻回忆录》，解放军出版社 1984 年版。

106. 刘道慧：《邓小平的旅法留苏岁月》，人民出版社 2004 年版。

107. 鲜于浩：《留法勤工俭学运动史稿》，巴蜀出版社 1994 年版。

108. 中共四川省委党史工作委员会主编：《四川留法勤工俭学运动》，四川大学出版社 1992 年版。

109. 鲜于浩、田永秀：《留法勤工俭学运动中的四川青年》，巴蜀书社 2006 年版。

110. 《赵世炎文集》，四川人民出版社 1984 年版。

111. 王梦岩、孙玉珍：《西线战争》，经济时报出版社 2009 年版。

112. 罗传昴：《重庆名人辞典》，四川大学出版社 1998 年版。

113. 中共中央马恩列斯著作编译局编译：《列宁全集》第 38 卷，人民出版社 1959 年版。

114. 张泽宇：《留学与革命——20 世纪 20 年代留学苏联热潮研究》，人民出版社 2009 年版。

115. 郑超麟、范用：《郑超麟回忆录》（上），东方出版社 2004 年版。

116. 孙耀文：《风雨五载——莫斯科中山大学始末》，中央编译出版社 1996 年版。

117. 《中华人民共和国教育大事记（1949—1982）》，教育科学出版社 1984 年版。

118. 廖盖隆：《中共党史文献年刊》（1987），中共党史资料出版社 1990 年版。

119. 杨尚昆：《杨尚昆回忆录》，中央文献出版社 2001 年版。

120. 余子侠、冉春：《中国近代西部教育开发史》，人民教育出版社 2008 年版。

121. 林清芬：《抗战时期我国留学教育史料——各省考选留学生》第 4 册，台北"国史"馆 1994 年版。

122. 龚由甫：《漆树菜传》，共青团江津县委 1992 年版。

123. 周棉：《留学生与中国的社会发展（二）》，吉林人民出版社 2008 年版。

124. 《中央批转国家科委党组、教育部党组、外交部党委关于留学生工作会议的报告（1959 年 7 月 27 日）》，《建国以来重要文献选编》1959 年第 12 册，中央文献出版社 1993 年版。

125. 钱其琛：《外交十记》，世界知识出版社 2003 年版。

126. 刘晓：《出使苏联八年（1955—1962）》，中共党史出版社 1998
　　　年版。

127. 《关于征求〈一九五六——一九六一年科学技术发展远景规划岗岩
　　　（修正草案）〉意见的报告（1956 年 12 月 20 日）》，《建国以来重
　　　要文献选编》1956 年第 9 册，中央文献出版社 1993 年版。

128. 民革中央孙中山研究学会重庆分会编著：《重庆抗战文化史》，团
　　　结出版社 2005 年版。

129. 《新蜀报》，1937 年 9 月 24 日。

130. 胡大牛：《中国共产党三代集团领导在重庆》，重庆出版社 2002
　　　年版。

131. 中共重庆市委政策研究室编印：《重庆概况》，1952 年内部版。

132. 人事部：《人事部关于"文革"前赴苏联、东欧国家留学本科生学
　　　习期间工龄计算问题的通知》，1992 年 6 月 16 日。

133. 章开沅、余子侠：《中国人留学史》，社会科学文献出版社 2013
　　　年版。

134. 中国第二历史档案馆编：《中华民国史档案资料汇编》第 5 辑第 2
　　　编，江苏古籍出版社 1991 年版。

135. 王焕琛：《留学教育》（四），台湾"国立"编译馆 1980 年版。

136. 《西南军政委员会文教部通知（文高 2960 号）》：《通知你校选拔
　　　赴苏留学预备生以便审查保送》，1952 年 7 月 4 日。

137. 王奇生：《留学与救国——抗战时期海外学人群像》，广西师范大
　　　学出版社 1995 年版。

138. 《发给留学证书规程》，《中央日报》1928 年 9 月 15 日。

139. 《教育部修正发给留学证书规程》，《中央日报》1929 年 10 月
　　　3 日。

140. 《驻外官吏子弟得援用规程发给留学证书》，《申报》1934 年 3 月
　　　3 日。

141. 《教育部将限制出洋留学》，《申报》1933 年 4 月 15 日。

142. 《教育部注意派遣公费留学生　对留学国语言文字须严加考试》，
　　　《申报》1930 年 2 月 13 日。

143. 《严格规定自费留学生》，《中央日报》1930 年 7 月 18 日。

144. 《学术咨询处调查国外留学生状况》，《申报》1935 年 1 月 13 日。

145. 《教育杂志》1920 年第 12 卷 12 号。

146. 詹一之、李国英：《平民教育之父晏阳初评价》，四川教育出版社 1994 年版。

147. 黄友凡、彭承福：《抗日战争中的重庆》，西南师范大学出版社 1986 年版。

148. 田涛、刘晓琴、李喜：《中国留学通史——新中国卷》，广东教育 出版社 2010 年版。

149. 中央教育科学研究所编：《周恩来教育文选》，教育科学出版社 1984 年版。

150. 李涛、田正平：《借鉴与发展——中苏教育关系研究：1949—1976》，浙江教育出版社 2006 年版。

151. 《重庆大学选拔留学生工作情况》，重庆大学档案藏，1964 年 11 月 19 日。

152. 清华大学中共党史教研组：《赴法勤工俭学运动史料》第 2 册，北京出版社 1980 年版。

153. 重庆市南岸区政协文史资料委员会：《重庆南岸文史资料》第 6 辑，政协广东省中山市委员会中山文史编 1990 年版。

154. 《传承百年积淀谱写特色新篇——重庆市广益中学以文化建设推动学校可持续发展纪实》，《重庆商报》2009 年第 030 版。

155. 四川省高教局：《关于布置选拔留学生工作的情况报告》，高人师字第 087 号。

156. 重庆大学档案馆：《重庆大学关于 1962 年选拔留学研究生和进修教师》，1962 年 9 月 13 日。

157. 西南农学院档案馆：《1955 年选拔留学生录取发榜名册》，1955 年 8 月 22 日。

158. 四川省高等教育局：《四川省高等教育局关于召开成都地区有选拔任务的学校人事处长会议纪要》，1965 年 2 月 25 日。

159. 四川省高等教育局：《四川省高等教育局（函）关于制定 1960 年度选拔留学人员计划的通知》，1960 年 4 月 8 日。

（二）档案资料

1. 四川省档案馆，全宗名《巴县档案缩微胶片》，全宗号：清6，案卷号1618，缩微号11，"四川法政学堂学绅何炳奎等察恳筹集设所永励留学卷"，1909年。

2. 四川省档案馆，全宗名《巴县档案缩微胶片》，全宗号：清6，案卷号5939，缩微号53，"重庆府批发直隶法政学堂章程卷"，1906年。

3. 四川省档案馆，全宗名《清朝档案联合全宗》，全宗号：清9，案卷号44，省县关于教育经费事项，1908—1910年。

4. 四川省档案馆，全宗名《清朝档案联合全宗》，全宗号：清9，案卷号36，"清学部颁发的学务章程等及省县实施办法"，1910年。

5. 四川省档案馆，全宗名《清朝档案联合全宗》，全宗号：清9，案卷号5，"四川清理财政局：关于财政收支等章程、报告条款"，1909年。

6. 四川省档案馆，全宗名《巴县县署》，全宗号：民193，案卷号993，"四川自费留学日本学生展历册、留学贷费生保证书"，时间不详。

7. 四川省档案馆，全宗名《巴县县署》，全宗号：民193，案卷号971，"巴县国产第一、二、三、四、五、七、八、九小学教职员学生教科用书等一览表"，时间不详。

8. 四川省档案馆，全宗名《四川东川道尹公署》，全宗号：民191，案卷号1099，"四川清国各军总司令部令东川道通令留日考生携带公文或证明前往"，1918年。

9. 四川省档案馆，全宗名：《四川东川道尹公署》，全宗号：民191，案卷号1092，"东川道令各县筹设好生游学贷费"，1922年。

10. 巴县档案馆，《江北县自费生贷费规程实施细则》。

（三）志书

1. 巴县县志办公室：《巴县志选注》，重庆出版社1989年版。

2. 永川县地方志编纂委员会：《永川县志》，四川人民出版社1997年版。

3. 石柱县地方志编纂委员会：《石柱县志》，四川辞书出版社1994

年版。

4. 涪陵市地方志编纂委员会：《涪陵市志》，四川人民出版社 1995 年版。

5. 巴县地方志编纂委员会：《巴县志》，重庆出版社 1994 年版。

6. 达县地方志编共委员会：《达县志》，四川辞书出版社 1994 年版。

7. 重庆市沙坪坝区石桥乡人民政府《乡志》编撰组：《石桥乡志》。

8. 四川省地方志编纂委员会编纂：《四川省志·教育志》，方志出版社 2000 年版。

9. 四川省潼南县志编纂委员会编纂：《潼南县志》，四川人民出版社 1993 年版。

10. 重庆市地方志编纂委员会总编室编：《重庆名人辞典》，四川大学出版社 1922 年版。

（四）中文论著

1. ［日］实藤惠秀：《中国人留学日本史》，生活·读书·新知三联书店 1983 年版。

2. 熊明安、徐仲林、李定开：《四川教育史稿》，四川教育出版社 1993 年版。

3. 阮滋涛：《四川近代史稿》，四川人民出版社 1990 年版。

4. 林子勋：《中国留学教育史》，台北华冈出版有限公司 1976 年版。

5. 二舒新城：《近代中国留学史》，上海文化出版社影印版 1984 年版。

6. 李华兴：《民国教育史》，上海出版社 1997 年版。

7. 陈翔林：《最近三十年中国教育史》，太平洋书店 1940 年版。

8. 李长发、高广温：《中国留学史萃》，中国友谊出版社 1992 年版。

9. 孙石月：《中国近代女子留学史》，中国和平出版社 1995 年版。

10. 陈玲：《中国留学大潮纪实》，海潮出版社 1995 年版。

11. 吴霓：《中国人留学史话》，商务印书馆 1997 年版。

12. 李喜所：《近代中国的留学生》，人民出版社 1987 年版。

13. 黄福庆：《清末留日学生》，《"中央研究院"近代史研究所专刊》1975 年第 34 期。

14. 董守义：《跨出国门·清末出国潮》，辽宁人民出版社 1997 年版。

15. 周邦道：《近代教育先进传略（初集）》，中国文化大学出版部印行 1981 年版。

16. 费正清：《剑桥中国晚清史》（下），中国社会科学出版社 1985 年版。

17. 汪向荣：《中国近代化与日本》，湖南人民出版社 1987 年版。

18. 毛泽东：《毛泽东选集》（第二、四卷），解放军出版社重印 1991 年版。

19. 张学君、张莉红：《四川近代工业史》，四川人民出版社 1990 年版。

20. 重庆教育委员会：《重庆教育志》，重庆出版社 2002 年版。

21. 王笛：《跨出封闭的世界——长江上游区域社会研究》，中华书局 1993 年版。

22. 陈青之：《中国教育史·民国丛书第一编》，上海书店 1989 年版。

23. 陈凉莹：《清季留学政策初探》，文史哲出版社 1989 年版。

24. 张洪样、王永样：《留法勤工俭学运动简史》，黑龙江人民出版社 1982 年版。

25. 王桂：《中日教育关系史》，山东教育出版社 1993 年版。

26. 邹鲁：《中国国民党史稿》第二册，中华书局 1981 年版。

27. 隗瀛涛：《四川保路运动史》，四川人民出版社 1981 年版。

28. 冯自由：《革命逸史（第 2 集）》，中华书局 1981 年版。

29. 苏贵民：《辛亥革命前中国留日学生人数考证》，《社会科学战线》 1981 年第 4 期。

30. 陈宇翔：《清末留日学生的政治倾向》，《人大复印资料中国近代史》1992 年第 3 期。

31. 蓝勇、阚军：《近代日本对于四川文化教育的影响初探》，《中华文化论坛》2004 年第 3 期。

32. 谢长法：《清末民初中学的发展及其师资培养》，《焦作教育学院学报》（综合版）2001 年第 17 期。

33. 陈麟辉：《留日运动与中国现代化》，《同济大学学报》（人文·社会科学版）1995 年第 6 期。

34. （日）大原启子：《中国学生的办报活动与日本政府的法律钳制》，新闻大学 1999 年版。

35. 冯开文：《论晚清的留学政策》，《近代史研究》1993 年第 2 期。

36. 吕顺长：《清末留日学生从量到质的转变——关于清末"五校特约"留学的考察》，《浙江大学学报》（人文社会科学版）2001 年第 31 期。

37. 吕顺长：《近代日本人对中国人留学日本的认识》，《世界历史》2001 年第 6 期。

38. 苏贵民：《辛亥革命前中国留日学生人数考证》，《社会科学战线》1981 年第 4 期。

39. 李凤斌、王炜：《清末中国学生留日原因初探》，《阴山学刊》（社会科学版）1996 年第 2 期。

40. 赵寿莲：《清末留日热潮出现的原因及其影响》，《唐山师专学报》1998 年第 20 期。

41. 喻春梅：《论二十世纪初中国留日热潮形成的原因》，《淮阴工学院学报》2003 年第 4 期。

42. 吴小龙：《试析清末留日学生革命取向的形成》，《浙江社会科学》2001 年第 6 期。

43. 陈麟辉：《留日运动与中国现代化》，《同济大学学报》（人文·社会科学版）1995 年第 6 期。

44. 黄天缘、丁贤矩：《重庆市中区志》，重庆出版社 1997 年版。

45. 何东昌：《中华人民共和国重要教育文献》（1949—1975），海南出版社 1998 年版。

46. 张雪蓉：《浅析建国 60 年来我国留学教育的历史变迁和时代特点》，《南京邮电大学学报》（社会科学版）2010 年第 1 期。

47. 周尚文、李鹏：《一种新的留学模式的开端——新中国首批（1951 年）派遣留苏学生的历史考察》，《历史教学问题》2007 年第 6 期。

48. 李振平、朱国亮：《留学生管理专家》，《中华儿女》（海外版）1997 年第 8 期。

49. 月光：《李滔：共和国第一任留学"管家"》，《国际人才交流》2002 年第 1 期。

50. 程斯煌：《留苏岁月》，《炎黄春秋》2001 年第 61 期。

51. 木青、王冠：《宁津生：大地测量泰斗》，《人物》2005 年第 7 期。

52. 张高：《邓颖超会见晏阳初博士》，《人民日报》1985 年第 9 期。

53. 唐润明：《国民政府迁都重庆及其作用考评》，《档案史料与研究》2002 年第 1 期。

54. 《英美奖学金生将考选》，《中央日报》1944 年 9 月 21 日；《英美奖学金生考试揭晓》，《中央日报》1945 年 1 月 31 日。

55. 《团员留学考试重庆市支团部明日考试甄选》，《中央日报》1944 年 1 月 10 日；《团员留学考试三月五日复试》，《中央日报》1944 年 3 月 5 日。

56. 《渝海军留学生考试下月举行》，《申报》1942 年 11 月 2 日。

57. 《林主席寿辰奖学金下月一日起考试》，《中央日报》1938 年 9 月 22 日。

58. 《投考留英生名单送渝审查》，《申报》1939 年 6 月 23 日。

59. ［日］多贺秋五郎编：《近代中国教育史料·民国篇》，台北文海出版社 1986 年版。

60. 《抗战时期之教育》，《革命文献》第 58 辑。

61. 王春南：《抗战时期中国留学教育》，《南京大学学报》1993 年第 4 期。

62. 《救济留日返国学生教育部已规定办法昨令发各教育厅遵行》，《中央日报》1937 年 9 月 11 日。

63. 吴艾生：《留法勤工俭学运动在重庆》，《四川文物》1991 年第 4 期。

64. 钟永玲、张宗祺、祝继南：《重庆市市中区教育志》，四川文艺出版社 1993 年版。

65. 丁页：《汪云松：为共和国培养了两位副总理》，《重庆与世界》2003 年第 10 期。

66. 张洪祥：《“五四”时期留法勤工俭学学生在法国的劳动与学习》，《历史教学》1981 年第 10 期。

67. 陈宛茵：《巴县赴法勤工俭学记略》，巴县文史资料研究委员会：《巴县文史资料》第 10 辑，1994 年版。

68. 赵世炎：《旅法的中国青年应该觉醒了》，《少年》1924 年第 7 号。

69. 酉阳县党史办：《缅怀烈士赵世炎》，政协酉阳土家苗族自治县委员会等编：《酉阳文史资料选辑》第 3 辑，1984 年版。

70. 杨平：《巴蜀英杰谢唯进战斗在西班牙》，《四川文物》1989 年第 8 期。

71. 古基祥：《颜实甫生平》，《江津文史资料选辑》第 5 辑，江苏人民出版社 1985 年版。

72. 王友平：《杨尚昆与杨闇公的手足情》，《百年潮》2007 年第 8 期。

73. 单丽莎：《温嗣芳》，《财经科学》1991 年第 2 期。

74. 《教育部修正发给留学证书规程》，《中央日报》1929 年 10 月 3 日。

75. 《驻外官吏子弟得援用规程发给留学证书》，《申报》1934 年 3 月 3 日。

76. 《教育部将限制出洋留学》，《申报》1933 年 4 月 15 日。

77. 《教育部注意派遣公费留学生对留学国语言文字须严加考试》，《申报》1930 年 2 月 13 日。

78. 《严格规定自费留学生》，《中央日报》1930 年 7 月 18 日。

79. 《学术咨询处调查国外留学生状况》，《申报》1935 年 1 月 13 日。

80. 重庆大学编印：《重庆大学校史》，重庆大学出版社 1984 年版。

81. 阎钢、袁代奎：《重庆辛亥英烈之忠州骄子秦希文》，辛亥革命网：http：//www.xhgmw.org。

82. 雷春霞编辑：《忠州英烈秦希文》，辛亥革命网：http：//www.xhgmw.org。

83. 陈继荣、吴守正等编纂：《万县地区教育志》重庆出版社 1997 年版。

84. 《林主席寿辰奖学金录取韩继邦一名》，《中央日报》1938 年 11 月 23 日。

重庆留学史大事记

1898 年

夏 黄大暹出游日本，历时两个多月。

1899 年

秋 黄大暹赴日本，进入柔道创始人嘉纳治五郎办的亦乐书院学习，成为重庆最早的官费留日学生。

1899—1903 年

重庆留学日本初兴时期，留日学生较少，其中官费生多，所进的学校也只有六所，大多数只接受了中等教育，学习师范的较多。

1900 年

胡景伊获官费派赴日本学习军事，先入学成城学校，后进入日本陆军士官学校学习。

1901 年

朱必谦东渡日本学习警务一年；龚秉权官费留日学习；邓缡仙进入日本宏文师范学院学习。

1902 年

程昌祺以优异成绩考取官费留学日本，就读日本弘文师范学校；王培菁选送到日本士官学校学习；程昌祺（芝轩）、陈宿航（象垣）被选中赴日本弘文师范学校留学；刘国襄东渡日本留学；张澜被选送日本东京宏文书院学习教育。

9—10 月 邹容到达日本，就读于东京神田同文书院。

1903 年

童宪章赴日本高级师范学校深造；萧湘授刑部主事后派送日本留

学；杨霖留学日本；高亚衡留学日本；何鹿蒿自费留学日本，到东京岩城硝子厂（即岩城玻璃厂）学习玻璃生产技术；吴玉章东渡日本留学；黄墨涵官费留学，在日本早稻田大学攻读政治经济学。

1904 年

冉君谷留学日本宏文师范学校；周征寰留学日本；李蔚如赴日本成城学校留学；尹昌衡、刘存厚、周俊等去日本学习军事；杨尚荃就读于日本中央大学经济系；李龢阳、李湛阳赴日本早稻田大学学习；重庆府选派了曾吉之、李映同、杨霖、邓鹤丹（缡仙）等一批秀才举人到日本学习师范教育；曾吉之留学日本弘文书院；刘季刚考取官费留学日本，就读于早稻田大学；龚焕辰就读于东京数理院；黄复生赴日本学习印刷。

1904—1905 年

重庆的留学日本进入高潮，留日学生的数量猛增至数百人。

1905 年

李肇甫、龚农瞻考取官费生进入明治大学法科；金少穆官费留学日本，攻读经济学；石青阳进入大野县长町蚕桑学校学习蚕业；吴恩洪就读于东京法政大学；杨柏舟进入日本东京的振武学堂；孙镜清入日本早稻田大学法科学习；曾鸿官费留学日本，就读于日本高等工业学校；郑东琴公费留学日本；曹麟书留学日本早稻田大学；钟稚琚赴日本弘文学院学习，后进入日本东京高等师范学校地理历史部学习。

1906 年

春　李蔚如重返日本，考入东斌学校。

9 月　张佑贤、杨重持、卢翰卿、左元臣、舒品轩等结伴自费到日本留学。袁觐光赴日本东亚铁道学校学习铁路建设技术，后转读土木工程。

1908 年

杨希仲以品学兼优被选送日本留学；吴玉章等在重庆创办留法勤工俭学预备学校；任鸿隽东渡日本，考入东京高等工业学校应用化学科。

1909 年

马仁庵进入日本东京物理学校。

1910 年

9 月　傅友周考取官费留学美国。

1911 年

潘大道从日本早稻田大学学成归来。

1912 年

税西恒公费留学德国。

1913 年

段调元在法国留学，获得数学硕士学位；胡庶华考取公费留学德国，先后入柏林矿科和工科大学。

1914 年

秋　秦伯卿就读于东亚同文学校；吕子方考入日本东京高等工业学校。

1915 年

漆南薰赴日本留学，入东京第三高等学校；李初梨赴日本留学。

1917 年

杨公托留学法国巴黎美术学校，获得文学博士学位，后又前往德国深造；杨闇公东渡日本，入成城学校补习日语。

1918 年

刘安恭赴德国留学；杨肇燫赴美国麻省理工学院电机系学习。

1919 年

8 月 28 日　在重庆总商会成立留法勤工俭学会重庆分会并筹备开办重庆留法预备学校。

9 月　重庆留法预备学校开学，邓小平等 100 多名学生入学。

10 月　谢唯进同李富春、李维汉、周钦岳、颜实甫等人一道由上海赴法勤工俭学，后留学英国、德国，学习英、德、俄、西班牙等国语言。

冬　潘大道留学美国，专攻政治学。

1920 年

刘运筹进入英国爱丁堡大学学习。

1 月 10 日　聂荣臻、周子君、钟汝梅等学生共 35 人赴法勤工俭学。

7月4日　重庆留法预备学校进行毕业典礼,有83名学生毕业。

10月19日　邓小平、袁文庆、冉钧、戴坤忠、谢陈常、周贡植、李季达、冯陶钧、吴宥三等83人抵达法国马赛。

12月　郑毓秀带领重庆女生张振华等10人赴法,送至法国勤工俭学。

1921年

聂荣臻和多名重庆籍勤工俭学生在法国参加"三大运动";彭用仪自费出国留学,先到法国,后到德国,在慕尼黑大学攻读化工;万从木由日本西京美术学校毕业回国。

1922年

3月18日　赵世炎等12名旅欧学生从巴黎出发赴苏联留学。

4月上旬　赵世炎等到达莫斯科,进入东方大学学习。

8月20日　在法的重庆巴县勤工俭学生,在巴黎成立了"留法巴县勤工俭学同学会"。

漆克昌赴日本留学就读于帝国大学经济科。

1923年

杨公达留学法国国立政治学院和巴黎大学,学习国际公法与国际关系,获得政治学硕士、法律学博士学位;李先闻赴美国留学,先学园艺,后专攻遗传学,获博士学位。

1924年

10月中旬　聂荣臻等27名国内学员进入东方大学学习;漆鲁鱼留学日本。

1925年

李伯钊赴莫斯科中山大学学习。

1926年

1月7日　邓希贤(邓小平)等20名旅欧学生从巴黎出发赴莫斯科,分别在东方大学和中山大学学习。

10月　邹进贤和童庸生一同被派往莫斯科东方大学学习。

12月底　杨尚昆赴莫斯科中山大学学习。

1927年

刘伯承赴苏联莫斯科高级步兵学校学习。

12 月　温嗣芳赴英国爱丁堡大学学习。

1929 年

程登科留学德国柏林体育大学；金锡如被保送赴美深造。

10 月 12 日　重庆大学在菜园坝杨家花园创办并正式开课。

1931 年

郑思群赴日本东京高等师范学校学习。

1933 年

彭光钦获美国霍普金斯大学生物学博士学位，并任德国威廉皇家学会研究员及意大利那波里动物学会研究员。

1934 年

杨西孟去美国留学，攻数理统计及经济统计等。

1935 年

刘亚盛赴德国法兰克福大学留学；赵宗燠赴德国在柏林工科大学化工学院攻读煤炭化学工程。

1936 年

张伯苓创办重庆南开中学。

1937 年

罗志如获美国哈佛大学哲学博士学位；重庆等 7 地就曾同时举行过教育部翻译官考试，共录取 97 名曾任军事委员会外事局翻译官的知识青年出国留学。

1938 年

徐近之进入爱丁堡大学攻读地形学，获哲学博士学位；包括重庆在内的 5 地同时举行第六届中英庚款留学考试，这是庚款留英考试以来，首次在西部设置考试点；国民政府在重庆建立了全国战时教育协会，具体负责全国高校的迁建工作。

1939 年

重庆国民政府教育部相继颁发《抗战期间回国留学生登记办法》、《抗战期间回国留学生分发服务简则》、《抗战期间回国留学生登记办法》；国民政府又在重庆等四地举办第七届庚款留英考试。

3 月 2 日　第三次全国教育会议在陪都重庆召开，这是抗战期间有关文化教育最为重要的一次会议。

1940 年

1 月　中国留英同学会在重庆成立。该会以"研究学术、联络感情"为宗，1942 年，有会员 345 人；在重庆举办了第二期留日生培训班。

5 月 15 日至 6 月 30 日　管理中英庚款董事会招考第八届留英公费生在重庆两路口玉川别业协会报名；

8 月 1 日至 3 日　教育部令清华大学招收第二届留美公费生考试在重庆两路口的中英庚款董事会报名；8 月 12 日在重庆等三地同时举行考试。

留学美国芝加哥大学的陈礼江在重庆璧山创建国立社会教育学院，这是当时全国唯一完备的成人教育最高学府，专门培养社会教育专业人才。

1942 年

9 月 25 日、26 日　国民政府教育部在重庆等四地举行留英公费研究生考试，报考学生 181 人，重庆考区沈元、孟庆元、袁随善、陈汝全、唐本熹、陆迪利、张自存等人被录取。

1943 年

1 月　国民党政府教育部先后制定了以五年为期的《留学教育方案》和以一年为期的《选派公费出国研究实习员生办法》。

8—9 月　重庆报纸就留学生派遣问题展开热烈讨论。

12 月　国民政府教育部在重庆等地举办第一届自费留学生考试，应考学生 751 人，及格学生 327 人。

1944 年

12 月 1 日　国民政府教育部在重庆等七地举办英美奖学金研究生、实习生考试，英研究生录取 65 名，实习生 69 名，留美研究生 61 名，总计 195 名。

1945 年

3 月　参加 1944 年公费留学考试录取学生，集中在重庆参加教育部举办的讲习会。

1946 年

钱荣堃考取了中英"庚款"公费留学生，赴伦敦经济学院攻读货币银行学博士学位。

7月　国民政府教育部举办了第三届全国公费、自费留学生留学考试；国民政府教育部第二次公费生和自费生留学考试在重庆等9区举行，报考人数有4463名，最终录取148名，其中重庆考区考生占30名。

7月21日　重庆举行了青年军留学考试，选出了25名抗日战争中的优良青年出国深造。

1947年

江泽佳赴加拿大McGill大学攻读硕士学位。

1948年

1月　国民政府教育部奉行行政院令在全国范围内暂停选派留学生工作。此后，直至重庆解放，重庆就未再派遣出国留学生。

1950—1965年

留苏人员占到派遣总人数的78.64%。留学派遣政策主要针对留苏教育制定的。

1951年

中国乡村建设育才院被重庆军事管制委员会接管，共招收学生1180人；胡文淦赴苏联钢铁厂学习炼钢技术。

1952年

作为中央直辖市，重庆从1952年开始选派留学生，第一批留学生于1953年才派遣出国。在列入四川的省辖市后，1955年才开始有计划、有系统地选派留学生。

1953年

郭尚平在北京俄文专修学校留苏预备部学习，随后赴莫斯科石油学院和全苏油田开发研究所攻读研究生，专攻渗流力学；甘源明赴苏联列宁格勒大学地质系学习；蔡嗣忠赴苏联儒可夫斯基空军工程学院从事战术导弹控制系统的研究。

1954年

根据国家教育部和高教部的联合指示，重庆开展了在中学毕业生中选拔留苏预备生的工作。

1955年

蔡绍怀毕业于重庆大学土木工程系，随后赴苏联莫斯科土木建筑工程学院，研究钢筋混凝土结构；李洪福被送到苏联哈尔科夫农业机械化电气化学院留学。

1956 年

邓新文毕业于重庆大学采矿工程系，后赴苏联科学院矿业研究所学习；王道德毕业于重庆大学地质系，后赴苏联科学院金属矿床地质、岩石学及地球化学研究所学习；梅世蓉毕业于重庆大学物理系，后赴苏联莫斯科全苏科学院大地物理研究所学习地震学；林季周毕业于西南农业大学园艺系，后赴苏联莫斯科季米里亚捷夫农学院。

1957 年

杨劲毕业于重庆建筑工程学院工业与民用建筑结构专业，后赴苏联莫斯科建筑工程学院研究原子能建筑施工；蒲心诚毕业于重庆建筑工程学院土木工程系，后赴苏联列宁格勒建筑工程学院建筑工程系混凝土制品工艺专业学习。

1958 年

国家又开始选拔留苏学生，鲜学福被重庆大学推荐参加考试并被录取，在莫斯科矿业学院采矿系师从鲁诺克学习水力采煤技术；唐俊昆赴苏联莫斯科建筑学院建筑学专业读研究生；曾德汲毕业于重庆大学电机系，毕业后留校任教，随后赴苏联莫斯科电信工程学院有线电信工程系电信线路设备教研室；程贤光赴苏联莫斯科大学进修现代俄语。

1959 年

罗民权毕业于重庆大学采矿系采煤专业，随后赴苏联列宁格勒矿业学院留学；胡诗可毕业于重庆大学物理系，后赴苏联杜布纳联合核子研究所从事粒子理论研究。

1960 年

王作高从重庆建筑工程学院工业及民用建筑专业毕业，随后赴苏联列宁格勒水电设计院、全苏水工科学研究院进修；曾觉廷赴苏联列宁格勒农学院学习土壤物理学。

1965 年

谢盛根西南俄专俄语专业毕业，随后赴苏联伊尔库茨克大学进修现代俄语。

1978 年

2 月 17 日　重庆大学恢复为全国重点大学之一，重庆建筑工程学院、西南政法学院新增为全国重点大学。

3 月 18 日　全国科学大会召开，邓小平在讲话中指出"科学技术是生产力"。

4 月 1 日　教育部发出通知，决定当年选派科技生 200 名左右。

6 月 23 日　邓小平做出扩大派遣留学人员指示："我赞成留学生数量的增大，主要搞自然科学。要成千万地派，不是只派十个八个。"

7 月　教育部向中央上报《关于加大选派留学生数量的报告》。

7 月　国务院批准教育部、侨办《关于接收华侨、港澳学生回国和到内地升学的意见》。

10 月 7—22 日　中国教育代表团访问美国，与美国国家科学基金会主任理查德阿特金博士为首的美国教育代表团进行会谈。

12 月 16 日　中美两国发表公报，决定自 1979 年 1 月 1 日起建立正式外交关系。

12 月 18 日—22 日　中共十一届三中全会召开，中国进入改革开放时期。

12 月 25 日　教育部派遣第一批赴美进修生 50 人启程。

12 月 28 日　教育部发布通知：经国务院批准恢复和增设 169 所普通高等学校，其中重庆高校有重庆交通学院、四川畜牧兽医学院。

1979 年

1 月 30 日　邓小平在访美期间与美国总统卡特签署《科学技术合作协定》。

2 月　教育部、外交部、财政部发布《关于加强外国教材引进工作的规定和暂行办法》。

3 月 28 日　教育部决定在重庆大学和省外其他 7 所高等学校筹建外国教材中心图书室，以加强外国教材的引进、管理和使用，推动我国教材的建设工作。

6 月　教育部、国家科委和外交部等共同制定《试行出国留学人员管理教育工作的暂行规定》和《出国留学人员守则》。

8 月　教育部、外交部、国务院科技干部局提出《关于改进中国留学人员工作的请示报告》，计划 1979—1981 年选拔 4000 名出国留学人员。

9 月　美国加州大学圣地亚哥分校与重庆大学签订教学、科研合作协议。这是重庆大学与国外签订的第一份校际合作协议。

本年　中美联合招考物理研究项目（CUSPEA）开始试办。

1980 年

1 月　根据教育部给四川、陕西、辽宁省高教局和相关外语院校关于增设出国留学生预备部并加快建设的意见，四川外语学院设立出国留学生预备部，规模为 500 人。在留学预备部的建设上，四川外语学院作为地方项目，接受教育部的补助。四川外语学院出国培训部培训语种主要为英语。

10 月　国务院批准实施《外国文教专家工作试行条例》。

本年　四川省高等教育局与美国戈申学院签署了《中国四川省高等教育局与美国印第安纳州戈申学院的交流协议》，戈申学院从 1980 年起，每年接收四川省高教局派出 9 名教师去该院进修 9 个月。在美费用由该院负责，四川省高教局指定四川师范学院负责接待戈申学院的学生，在华费用由中方负责。这项交流计划到 1990 年还在继续进行。至 1990 年，西南师范大学先后接受了美国、英国、日本、加拿大、挪威、以色列等国学习汉语和其他学科的普通进修生 149 名，研究生 11 名。四川外语学院接受了美国、加拿大、日本等 15 个国家学习汉语的 76 名普通进修生和 80 名短期进修生。西南政法学院接受了美国、加拿大、日本、法国等学习法律和汉语的 73 名普通进修生，3 名学习法律的高级进修生。

重庆医科大学接受了美国、英国、日本等国 159 名研究学者，其中 16 名本科生和 1 名博士生。四川美术学院、重庆建筑工程学院、重庆大学均接受过少量的外国留学生。

1981 年

1 月 14 日　国务院批转教育部、外交部等 7 个单位《关于自费出国的请示》和《关于自费出国留学的暂行规定》。

3 月　教育部、财政部、外交部对纳入政府间交流计划来华的外国学者进入高等院校从事科学研究工作作出规定。

7 月 16 日　《出国留学人员管理教育工作条例》下发。

10月　中美生物化学与分子生物学联合招生项目（简称"CUSBM-BEA"，1982年起更名为"CUSBEA"）开始举办，至1988年起共选拔424人赴美留学。

11月4日　中国与世界银行第一期贷款项目协议签署。根据协议，一部分贷款由教育部选派教师出国进修使用，使用时间截至1986年6月30日。

11月25日　经国务院批准，国务院学术委员会下达首批博士和硕士学位授予名单。重庆市重庆大学、西南农学院、重庆医学院，被批准为有博士授予权的单位。

12月　TOEFL考试首次在中国举行。之后日本语能力测试、雅思考试、TEF（法语水平测试）、Test DaF（德福考试）相继在中国推广。

本年　中美联合招考物理研究生项目（CUSPEA）正式实施，西南师范学院派遣了一名物理学生参加此项目，赴美留学。

1982年

1月20日—2月7日　四川美术学院油画作品展览在北京举行。其中，全国优秀青年画家罗中立创作的《父亲》等5件作品参加了法国沙龙美展。

7月　国务院批准《自费出国留学的规定》。

本年　中美化学研究生培养规划项目（CGP）开始实施，持续至1986年。

本年　欧美同学会开始恢复活动。

1983年

日本首相中曾根康弘内阁提出"在20世纪末接收外国10万留学生"的目标。

1984年

9月　中国教育国家交流协会成立，成为民间对外交流窗口。

11月　国务院召开全国留学人员工作会议。

12月26日　国务院发布《关于自费出国留学的暂行规定》，凡中国公民个人通过正当合法手续取得外汇资助或国家奖学金，办好入学许可证件的，不受学历、年龄和工作年限的限制，均可申请自费到国外上大学、做研究生或进修。

1985 年

元旦前后国务院组织慰问留学人员代表团，分四路前往 21 个国家，慰问在外留学人员。

7 月 7 日 《人民日报》刊登《自费留学出国问答》。

7 月 国务院批准推行博士后制度，以吸引留学人员回国。

10 月 应英国国际展览中心邀请，由国家科委会同国家经委、国家教委、中国科学院等单位，从我国数百名发明项目中，选出 30 多个项目赴英参加伯明翰国际技术展览会，重庆大学梁锡昌副教授研究发明的"曲线零件的制造法"被选中。

1986 年

1 月 国家教科委发布《高等学校接受国外访问学者的试行办法》。

3 月 西南政法大学与法国图卢兹社会科学大学签订《中国西南政法学院、法国图卢兹社会科学大学建立校际联系协议书（草案）》。

6 月 联合国儿童基金委员会官员和联合国教育基金会官员来渝考察教育。

12 月 国务院批准国家教育委员会《关于出国留学人员工作的若干暂行规定》，公派人员划分为国家公派和单位公派两类。

1987 年

4 月 22 日 重庆市教育局下发《关于选派赴朝留学生问题的通知》。重庆市赴朝留学推荐候选人名额计 10 名。

5 月 面向海外留学人员的《神州学人》杂志创刊。

6 月 《中美教育会谈新闻公报》发表，美国承认包括中国留学生在内的外国留学人员需在学成后回国服务两年。

8 月 国家教委、公安部通知：国内外组织和个人不得擅自在中国招收自费出国留学人员。

11 月 国家教育委员会颁布《公派出国留学人员身份的管理细则》等出国留学人员工作管理细则。

11 月 西南政法大学第一个赴法国代表团访问图卢兹大学。

12 月 国家教育委员会颁布、司法部发布《关于签订〈出国留学协议〉的通知》。国务院批转国家教委《关于出国留学人员工作的若干暂行规定》。

本年　重庆大学出国留学人员方祯云以优异的成绩在著名的比利时新鲁汶大学取得理学博士。7月17日《人民日报》（海外版）刊载了表扬方祯云的报导——《我们的老方》。

本年　重庆大学出国留学人员张湘伟在日本获得工学博士学位后回国。

1988 年

5月21—23日　"国家相变传热讨论会"在重庆大学召开。来自9个国家正式代表96人，列席代表13人参加了会议。

5月20日　西南政法学院院长与伊萨克（Guy ISAAC）校长签订《中国西南政法学院和法国图卢兹社会科学大学建立校际关系协议书》。

7月　国家教育委员会组织49名留学人员代表参加回国汇报。

9月　国家教委对招收和培养外国来华留学研究生作出规定。

10月28日　国家教育委员会第13次全委扩大会议传达了中央对出国留学工作的指示，研究部署进一步改进出国留学工作。

本年　赴日本就读语言学校的自费留学生达到80年代最高潮。

本年　西南政法大学开始接收外国留学生。

1989 年

2月　重庆大学公派学者李重生赴美国西北大学进行访问，在进修期间李重生修正了诺贝尔物理奖某获得者一个错误结论，在国际国内同行中引起了轰动。

3月31日　中国留学服务中心正式成立。

6月　重庆大学吴云鹏教授带队的中国代表团如期抵达巴黎参加第七届国际生物流变学大会。

10月31日　邓小平会见美国前总统尼克松时表示，对参加游行示威和签名的海外学生，都采取原谅的态度，不追究责任。

11月19、20日　美国众议院、参议员相继通过《中国移民紧急救援法案》，取消持J—1签证的中国留学人员学业期满必须回国服务两年的限制。

本年　国家教育委员会成立留学生司。

1990 年

1 月 25 日　国家教育委员会发布《关于具有大学和大学以上学历人员自费出国留学的补充规定》，规定本、专科毕业生等自费留学必须完成规定的服务年限。

4 月 16 日　美国华盛顿教育官员访问团参观访问对口友好学校重庆南开中学和育才中学。

7 月 18 日　《人民日报》海外版创办"中国留学生之页"。

12 月　国家教委发布《海外考试考务管理细则》。

本年　国家教育委员会设立留学回国人员科研资助费，1997 年更名为教育部回国人员科研启动基金。

据本年统计，重庆大学 71.4% 的博士导师和 43.9% 的教授都是近 10 年来留学归来的教师。

1991 年

1 月　中宣部、国家教委、国务院学位办、人事部表彰有突出贡献的博士学位获得者、回国留学人员和优秀大学毕业生。

3—4 月、10—11 月、11—12 月　国家教育委员会分别组织三个招聘团出国招聘留学生。

本年夏　海外留学人员发起赈灾活动，为淮河、长江流域洪涝灾区捐款 76.7 万多美元。

本年下半年　国家教育委员会为留学归国博士提供科研工作资助费。

本年　重庆大学被国家教委确定为西南唯一改进公派试点的重点对外联系院校。

1992 年

1 月 18 日—2 月 21 日　邓小平在视察南方时提出："希望所有出国学习的人回来，不管他们过去的政治态度怎样，都可以回来，回来后妥善安排，这个政策不能变。"

7 月　25 个单位被确定为国家公派出国留学改革试点单位，这些单位的国家公派留学人选不再经过国家教委的专家评审。

8 月 12 日　国务院办公厅发布《关于在外留学人员有关问题的通知》，解决了留学工作中许多重大政策问题，鼓励留学人员回国服务。

8月23日　国务委员兼国家教育委员会主任李铁映首次提出"支持留学，鼓励回国，来去自由"的留学工作总方针。

10月9日　美国总统布什签署《1992年中国留学生保护法》，数万中国留美人员据此申请获得永久居留权。

10月下旬至11月　国家教育委员会组织6个招聘团到9个国家招聘留学生。

本年底，各类在外留学人员约12万人。

本年　重庆大学吴云鹏教授被指定为第八届国际生物流变学分会主席。

1993年

2月　中共中央、国务院发布《中国教育改革和发展纲要》，明确提出办好100所左右重点大学和一批重点学科专业。

5月　国家教育委员会组织招聘团，赴加拿大进行招聘活动。

7月10日　国家教育委员会发布《关于自费出国留学有关问题的通知》，自费留学政策进一步放宽，同时明确了自费留学须完成服务期年限或交纳高等教育培养费的规定。

7月　国家教育委员会成立"211工程"，即面向21世纪，重点建设100所左右高等学校和一批重点学科。

10月20—22日　重庆大学召开"中国重庆抗战陪都史国际学术研讨会"。

11月14日　在中国共产党第十四届三中全会通过的《关于建设社会主义市场经济体制若干问题的决定》中，"支持留学、鼓励回国、来去自由"的出国留学方针得到确立。

本年　中美、中加教育交流项目开始恢复。

本年　跨世纪优秀人才培养计划设立。

本年头4个月　重庆大学8名留学人员回国。

本年　重庆大学主办了第二次国际学术讨论会。

1994年

2月1日　中共中央政治局常委胡锦涛、国务院副总理李岚清会见了22名优秀留学回国人员代表。

11月1日　重庆市印发《重庆市鼓励出国留学人员来渝工作暂行

规定》。

1995 年

4 月　国家教委发布《关于开办外籍人员子女学校的暂行管理办法》。国家教委设立"国家教委留学基金会管理委员会",改革现行国家公派留学生办法。

11 月　国务院批准《"211 工程"总体建设规划》,由国家计委、国家教委、财政部负责实施。

本年　留学回国人员达 5000 多人,比上年增长 15%。

本年　中英友好奖学金计划结束,该计划共选派留英人员 1728 名。

本年　"留德学人回国考察团"等留学人员回国服务活动多次举行,党和国家领导江泽民、李岚清等出席了有关活动。

1996 年

年初　国家教育委员会与人事部联合举办"优秀留学回国人员代表出国汇报暨慰问活动",202 名回国人员参加。

6 月　"国家留学基金管理委员会(China Scholarship Council,简称 CSC)"正式成立。

本年　公费留学改革在全国范围开始实施。

本年　春晖计划开始实施,鼓励在外留学人员以多种方式为国服务。

本年　重庆大学本科、硕士毕业生庄苗从爱尔兰国立都柏林大学毕业到清华大学任教。

1997 年

1 月 20—23 日　全国留学工作会议召开,表彰了 318 位优秀回国留学人员和 25 个留学工作先进单位。

6 月　国家科技领导小组第三次会议决定实施《国家重点基础研究发展规划》,又称 973 计划。

12 月　国家教育委员会制定《国家留学基金资助出国人员选拔简章》。

1998 年

5 月 4 日　中国国家主席江泽民在庆祝北京大学建校 100 周年大会上宣布建设若干所具有世界先进水平的一流大学的目标。教育部随后实施重点支持部分高校创建世界一流大学和高水平大学的工作，即"985工程"。

8月 长江学者奖励计划开始实施，主要吸引海外高层次留学人才。

10月 教育部制定《留学回国人员科研启动基金暂行规定》。当年共有609位优秀留学回国人员获得资助。

本年 招商局重庆交通科研设计院有限公司前董事长、首席专家，重庆市首批学术技术带头人蒋树屏赴日本早稻田大学作客座研究员。

本年 国内各界和海外留学人员举行活动，纪念邓小平扩大留学教育讲话20周年。

1999年

2月3—4日 全国留学回国成果汇报成果在北京举行，105名优秀留学回国人员参加。

7月1日 教育部提高了在9个国家的公派留学人员奖学金资助标准。

8月 教育部、公安部、国家工商行政管理局联合发布《自费出国留学中介服务管理规定》及实施细则。

8月13日 重庆市人民政府印发《关于重庆市引进人才优惠政策实施细则》。

9月18日 中共中央、国务院、中央军委授予23名科技专家"两弹一星功勋奖章"，其中21人为留学归国科学家。

9—10月 海外留学人员多次举办庆祝中华人民共和国成立50周年活动。

10月1日 数百名留学人员代表在天安门广场参加了庆典活动。

本年重庆瑞潮公司成立。它是一家主要从事出国移民、海外留学、外派劳务、国际商务与投资等跨国服务的大型专业出国咨询公司，现为重庆市自费出国中介服务行业协会会长单位。

2000年

6月21日 科技部、人事部、教育部发出关于组织开展国家留学人员创业园示范建设试点工作的通知。

6月8日 中共中央和国务院批准人事部印发《关于鼓励海外高层

次留学人才回国的意见》。

6月30日　西南政法大学16名学生和2名带队教师赴泰国宋卡王子大学交流学习，这是西南政法大学首批走出国门的交流生。

7月1日　重庆市人民政府印发《关于进一步优化人才环境的决定》，其中涉及到吸纳留学人员来渝创业和工作的规定。

12月31日　中共中央印发《关于加强统一战线工作的决定》，将出国和归国留学人员明确为统战工作对象。

本年　教育部调整了在英国等16个国家的公派留学人员奖学金资助标准。

本年　重庆高新区留学生创业园成立。

至本年年底，各类出国留学人数近38万，其中国家公派5.6万人，单位公派10万余人，自费留学人员22万多人。

2001年

3月　留美硕士汪渝创办重庆瑞笛恩科技发展有限公司，主要从事研制短消息业务中心和移动增值业务生成环境等产品。

7月　重庆市成立第一所外资独立学校——重庆耀中国际学校。

7月　经教育部、公安部批准，重庆渝教出国留学服务中心、西南师范大学自费出国留学服务中心、四川外语学院海外留学服务中心、索通企划出国留学服务中心正式挂牌成立。

9月　全球知名的软件教育机构——印度NIIT在重庆大学和重庆工学院挂牌成立了两个国际软件工程师教育基地，合作培养软件人才。

9月28日　中共重庆市委，重庆市人民政府印发《重庆市实施西部大开发若干政策措施》。

10月初　重庆市选拔一批初中毕业生赴新加坡学习。

本年　西南地区人才培养特别项目在重庆开始实施，首批候选人在四川外语学院出国培训部接受培训。

本年重庆市教育系统接待国外及港澳台代表团来访285批次，组织代表团出国访问108批次，举办教育国际交流展3次，引进来渝工作的外籍专家113人，其中，"美中友好志愿者"28人。引进中外合作项目9个，项目资金4100余万元人民币。

2002 年

10 月 25 日　教育部、公安部和国家工商行政管理总局联合发出《关于进一步规范自费出国留学中介活动秩序的通知》。

10 月　中国欧美同学会商会成立。

11 月 1 日　国务院取消收取自费留学人员高等教育培养费的政策。

12 月　《中国投资》杂志社评出十大"海归"创业人物。

本年　出国留学人员首次超过 10 万人，达到 12.5 万。

本年　博士谢东和姜和创办重庆前沿生物技术有限公司，致力于艾滋病新药的开发，并拥有 5 项生物技术专利。

本年　政法大学与法国马赛三大举办的"中法税法研讨会"等大型国际学术活动，产生了较大的学术影响。

本年　驻华大使兰锋先生访问重庆，期间专程参观西南政法大学，对西政的外语培训工作作出高度评价。

2003 年

2 月 23 日　中国和英国签署《关于相互承认高等教育证书的协议》。

4 月 7 日　重庆市人民政府颁布印发《关于进一步稳定和用好现有人才若干政策意见》。其中在第八条、第九条中分别规定了鼓励人才开展人才培训活动及鼓励人才开办中介服务机构。

7 月 16 日　教育部设立"高级研究者"、"研究生选派"和"国家优秀自费留学生奖学金"三个留学项目。

9 月 1 日　"国家优秀自费留学生奖学金"开始在美、日、英、法、德五个国家试点。

9 月 30 日　"全国留学回国人员先进个人和先进工作单位表彰大会"举行，表彰了 311 名留学回国先进个人和 22 个先进工作单位。

下半年　建立了留学预警制度。自 8 月 1 日至年底，共发布留学预警 13 期，受到社会关注。

本年　邓小平做出扩大派遣留学生指示 25 周年，国内组织了系列纪念活动。1. 教育部启动"西部地区人才培养特别项目"，与西部 13 个省（区、市、兵团）签订协作协议，促使国家公派出国留学项目全面走入西部地区。2. 中央在"支持留学，鼓励回国，来去自由"的留学工作方针的基础上，又提出了"拓宽留学渠道，吸引人才回国，支持创新创业，鼓励回国服务"的要求。3. 重庆市获得国家留学公派资格 33 人。

2004 年

2月 中国留学人员回国创业成就展在北京举行。其中，统计出重庆市两所教育部直属高校重庆大学和西南大学从 1978—2003 年间派遣留学人次，即分别为 704 人与 500 余人。

本年部、公安部、外交部、国家工商行政管理总局等开展为期三个月的"春雷行动"，共查处非法从事出国留学中介服务的机构（个人）254 个。

本年 "全国优秀自费留学生奖学金"项目实施范围扩大到 28 个国家。

本年 市教委决定启动"重庆市高校优秀中青年骨干教师"的评选命名工作，每年评选命名 100 名。

本年 重庆市获得国家留学公派资格 47 人。西部特别人才项目继续实施，有 60 人通过该项目出国深造。"春晖计划"实施成效显著，49 个项目取得阶段性成果。重庆市召开中外合作办学工作会议，批复 3 个高等教育合作项目和 1 个高中项目。

本年市制定了《关于加快重庆市来华留学生发展的意见》，组织部分高校到南非、埃及等国家和地区参加我国境外教育展。与加拿大驻重庆领事馆合作举办了中加教育贸易研讨会、"枫叶杯"英语和法语比赛，与美国密歇根州立大学合作举办了中美基础教育论坛；成立重庆市教育国际交流协会基础教育专委会。

本年 重庆市来华留学生在校 698 人，引进长短期外国文教专家 690 人。

本年 组织了 40 名中小学英语骨干教师赴加拿大参加为期 6 个月的培训。全年公派留学 115 人，其中获得国家留学基金资助 52 人，单位公派 63 人；赴境外参加学术会议和短期培训 234 人；自费留学 1012 人，其中大专以上自费出国 214 人，高中生自费出国 798 人。来渝学习的境外学生 376 人，其中接受学历教育的 42 人。重庆市市现有中外合作办学机构 21 家，常年招生 6000 余人。

2005 年

7 月　四川外语学院国际教育学院成立。

7 月　原西南师范大学、原西南农业大学合并组成西南大学。西南大学是由教育部直属的综合性重点大学，是国家"211 工程"重点建设学校。

9 月 29 日　国务院侨办举行首届华侨专业人士"杰出创业奖"表彰大会，100 位获奖学者中，绝大部分是 1978 年后出国留学人员。重庆留学生、中国重庆前沿生物技术有限公司执行董事、首席技术官姜和获奖。

重庆大学留学回国人员获得第二批"重庆市高校优秀中青年骨干教师"称号。

重庆市建立了留学生奖学金制度、留学生保险制度，组织了全市 11 所高校到越南举办了主题为"学在重庆"的重庆国际教育展。

西部人才特别项目和"春晖计划"继续实施，全年有近 100 人获得国家公派留学资格。AFS 项目继续推进，中学生新加坡项目力度加大，启动了中学骨干校长培训，举办了中英中学校长论坛，组织了两期共 32 名校长赴英国参加短期培训。

实施日元高等教育贷款项目，30 名高校领导赴日接受了大学运营培训，30 名大学和中学领导赴新加坡学习了现代教育管理。

本年重庆市人民政府设立外国留学生市长奖学金。

2006 年

10 月　由多家媒体发起评选的"2006 年度中国十大海归创业新锐"揭晓，获奖者分别来自科技、教育、互联网多个领域。

11 月 15 日　人事部印发《留学人员回国工作"十一五"规划》。

西南大学出国留学服务中心获得 2006 年度教育影响力最佳出国留学机构。

本年共有 11 所院校的 105 名学生获得了重庆市 2006 年度来华留学生市长奖学金。

2007 年

1 月 5 日　国务院批准设立"国家建设高水平大学公派研究生项目"。

3月2日　教育部印发《关于进一步加强引进海外优秀留学人才工作的若干问题意见》。

3月3—20日　由留学服务中心主办的第十二届"中国国际教育巡回展"，在北京、重庆、上海、武汉、南京和广州举行。

7月6—7日　由重庆市教育委员会主办的"中国（重庆）国际教育展览会"在重庆举办。

7月7日　《人民日报》海外版开设海归创业栏目。

7月　教育部、财政部联合制定印发《国家公派出国留学研究生管理规定（试行)》，要求公派出国的留学研究生学成后需要回国服务两年，如果不遵守需要偿还所有的资助费用并支付30%的违约金。

9月27日　海外留学人员北京创业十年活动周开幕。

西南大学出国留学服务中心获得2007重庆诚信出国服务机构。

2008年

4月21日　中国重庆留学生创业园在高新区揭幕。重庆市留学生创业园，正式升格为中国重庆留学生创业园。

7月9日　重庆市印发《重庆大学国家大学科技园企业准入实施细则（试行)》。

11月26日　"国家建设高水平大学公派研究生项目说明会"在重庆大学举行。国家留学基金管理委员会副秘书长杨新育女士详细介绍了公派研究生项目的相关事宜。

11月28日　2009年国家公派出国留学选派工作会议在重庆召开。会议总结了2008年国家公派出国留学工作情况，公布了2009年国家留学基金资助出国留学选派计划。

12月5日　纪念"长江学者奖励计划"实施10周年大会举行，该计划实施10年共聘任"长江学者"1300多名，其中90%以上具有海外留学或工作经历。

12月　中共中央组织部等多个部门印发《引进海外高层次人才暂行办法》等文件，以吸引海外高层次人才归国服务。

本年　各类出国人员达到17.98万人，1978年以来累计各类留学人员已接近140万人。

西南大学出国留学服务中心获得"2008重庆出国留学责任机构"

称号。

2009 年

3 月 17 日　由留学 e 网主办，意大利意中基金会协办的"国际教育服务信息化高峰论坛"在重庆隆重召开。

10 月 28 日　人力资源社会保障部决定实施中国留学人员回国创业启动支持计划。重庆市江津区人事局转发了《关于实施中国留学人员回国创业启动支持计划的意见》。

2010 年

国家公派留学人员出国行前培训会在重庆大学举行。

6 月 23—24 日　2010 年"国家建设高水平大学公派研究生项目"和"政府互换奖学金项目"重庆地区获资助人员在重庆大学进行出国行前培训。参加培训会的有来自重庆大学和西南大学共 100 余名公派研究生。

截至 2010 年 7 月 16 日，教育部公布重庆地区已领取资格认定书的自费留学中介服务机构名单。它们分别是：西南大学自费出国留学服务中心、四川外语学院海外留学服务中心、重庆索通出国企划有限公司、重庆市渝教出国留学服务中心有限公司、重庆加成出国咨询服务有限公司、重庆亚欧教育文化咨询有限公司、重庆瑞潮出国商务咨询有限公司。

9 月 8 日　重庆大学人事处印发《关于组织参加 2010 年教育部出国留学人员英语培训秋季班的通知》。

本年　重庆市外国留学生首次突破 4000 人，留学生生源国增多，目前来自 117 个国家和地区的留学生在重庆市学习和进修。全年聘请长期外国专家及外籍教师 782 人，短期外国专家及外籍教师 1417 人。

本年　通过国外政府互换奖学金项目、"西部地区人才培养特别项目"、"国家建设高水平大学公派研究生项目"、"青年骨干教师培训项目"等，重庆共派出 377 名优秀人才出国学习。

2011 年

3 月 24 日　在重庆市政府、市教委领导及法国驻成都总领事出席的大型签字仪式上，西南政法大学与图卢兹大学正式签署《西南政法大学与图卢兹大学合作协议》。

5月18—19日　由教育部主办、重庆大学承办的"2011年国家公派留学人员出国行前培训会"在重庆大学顺利举行。来自重庆大学、西南大学、第三军医大学等高校的2011年国家公派研究生项目录取人员、"西部项目"录取人员、拟申请国家公派出国留学的人员及相关工作人员等近200人参加了培训会。

11月25日　重庆市人民代表大会常务委员会公布，重庆市实施《中华人民共和国归侨侨眷权益保护法》办法。《实施办法》第5条规定：对申请来本市工作或定居的华侨和其他回国来渝学成人员，根据本人的情况和要求，按国家有关规定给予推荐或安置。

本年　重庆医科大学设立重点学科优秀中青年人才培养基金，每年资助部分优秀人才赴国外知名大学和科研院所进行培养。

截至2011年9月5日，教育部公布重庆地区最新留学中介名单，其中有西南大学自费出国留学服务中心、四川外语学院海外留学服务中心、重庆索通出国企划有限公司、重庆市渝教出国留学服务中心有限公司（资格证书已过期）、重庆加成出国咨询服务有限公司、重庆亚欧教育文化咨询有限公司、重庆瑞潮出国商务咨询有限公司。

2012年

3月8日　重庆市人力资源和社会保障局为摸清重庆市留学回国人员队伍现状，印发《关于开展2011年全市留学回国人员统计工作的通知》。

本年　国家人力资源和社会保障部发布《关于2012年"中国留学人员回国创业启动支持计划"申报工作的通知》。